LISTEN to the MAX

실전모의고사 ❶

유형편

K&Y English Lab

James Kapper
B.A. Linguistics, The University of North Dakota
M.A. Linguistics, The University of Illinois
Faculty, Ansan College in the Department of Tourism English

Lucia Barrimore
B.A. English literature and History, University of Queensland, Australia
Full-time teacher, Heathfield High School, Austrailia

Nathan Kim
B.A. Political Science, The University of Michigan, High Honor
M.A. Social Studies, HKUST, High Honor

Elaine Cho
B.A. Economics, Indiana University
Director, IU English Academy

외고 영어듣기대비 | Listen to the MAX

실전모의고사 ❶ 유형편

지은이 K&Y English Lab
펴낸이 정규도
펴낸곳 (주)다락원

초판 1쇄 발행 2008년 7월 10일
초판 7쇄 발행 2016년 1월 14일

책임편집 홍혜정, 김명진, 김금발미
디자인 조화연
삽화 김인화

다락원 경기도 파주시 문발로 211
내용문의: (02)736-2031 내선 504
구입문의: (02)736-2031 내선 250~252
Fax: (02)732-2037
출판등록 1977년 9월 16일 제300-1977-23호

Copyright ⓒ 2008, K&Y English Lab

값 17,000원 (MP3 CD1장 포함)

ISBN 978-89-5995-924-2 58740

http://www.darakwon.co.kr

- 다락원 홈페이지를 통해 인터넷 주문을 하시면 자세한 어학 정보와 함께 다양한 혜택을 받으실 수 있습니다.
- 다락원 **Cyber 어학원** 내 〈영어 공부방〉에서는 다양한 영어 학습 코너가 제공되고 있습니다.

LISTEN to the MAX

실전모의고사 ❶ 유형편

K&Y English Lab

다락원

LISTEN to the MAX 실전모의고사 시리즈에 대하여

해가 갈수록 외고에 대한 관심이 높아지면서 외고 입시를 준비하는 학생들 또한 늘어가는 추세이다. 이러한 관심 속에 외고의 입학 전형은 학교마다 그 특색을 더하며 다양화되고 있지만 가장 중요하고도 큰 비중을 차지하고 있는 영어듣기에서의 고득점은 외고 입학의 기본이자 필수 조건이라고 할 수 있다.

외고 입시 영어듣기 시험은 해마다 새로운 유형의 문제가 등장하고 있는 것은 물론, 스크립트 길이는 길어지고 보다 폭넓은 주제가 출제되고 있다. 또한 영어 교육의 중요성이 강화되고 있는 분위기 속에서 학생들의 실력도 나날이 늘고 있으므로 앞으로도 그 난이도가 더욱 심화될 가능성이 크다. **LISTEN to the MAX 실전모의고사** 시리즈는 그러한 영어듣기 시험에 대비해 효과적으로 리스닝 실력을 다지고 실전 감각을 키울 수 있도록 다양한 유형과 주제의 난이도 있는 문제들을 풍부하게 제공하고 있다.

먼저 실전모의고사 1권에서는 〈유형편〉 코너를 두어 실전 훈련에 돌입하기 전에 외고 영어듣기에 단골손님처럼 등장하는 주요 유형들에 대한 이해도를 높일 수 있도록 하였다. 이 〈유형편〉에서는 외고 영어듣기의 기본이 되는 주요 유형들은 물론, 외고 특유의 유형과 학생들이 어렵게 느끼는 유형까지, 총 14개의 유형에 대비할 수 있다.

실전모의고사 2권과 3권에서는 회당 40문제로 이루어진 실전모의고사를 각각 7회분씩 배치하여 본격적인 실전 감각을 키우게 하였다. 각 회의 모의고사는 다양한 외고에서 출제되고 있는 여러 가지 유형의 문제들을 두루 접해볼 수 있도록 구성하였으며 다양한 주제의 스크립트를 통하여 실전에서 어떤 주제의 듣기가 출제되어도 이해할 수 있는 생각의 토대를 마련해 주고자 하였다. 또한 실전모의고사에 대한 〈Dictation Test〉 코너에서는 단순히 문제를 풀어보고 끝나는 것이 아니라 보다 실질적인 리스닝 실력을 단련시킬 수 있다.

부디 이 **LISTEN to the MAX 실전모의고사** 시리즈가 보다 나은 내일을 위해 오늘도 열심히 노력하고 있는 상위권 학생들에게 최상의 대비서가 되기를 바라며, 이 책으로 공부하는 모든 학생들이 영어 리스닝 실력과 자신감, 성취감을 모두 얻을 수 있기를 바란다.

저자 일동

LISTEN to the MAX 실전모의고사 ❶ 유형편의 구성과 특징

유형편–외고 시험 단골 14개 유형에 대한 완벽 대비

실전모의고사를 풀어보기 전에 시험에서 가장 많은 비중을 차지하는 14개 유형과 친해져 보는 코너. 일반적인 수능형 문제뿐만이 아니라 외고시험 특유의 유형과 새롭게 출제되고 있는 신유형들에 대한 대비가 가능하다.

기출문제 맛보기

기출문제들을 통한 유형 감잡기. 해당 유형이 실제 외고 시험에서 어떻게 출제되었는지 확인하여 실전에 대한 감각을 키운다.

유형 연습하기

같은 유형, 그러나 다양한 주제의 스크립트를 가진 문제들을 반복 연습하며 해당 유형을 확실하게 익힌다.

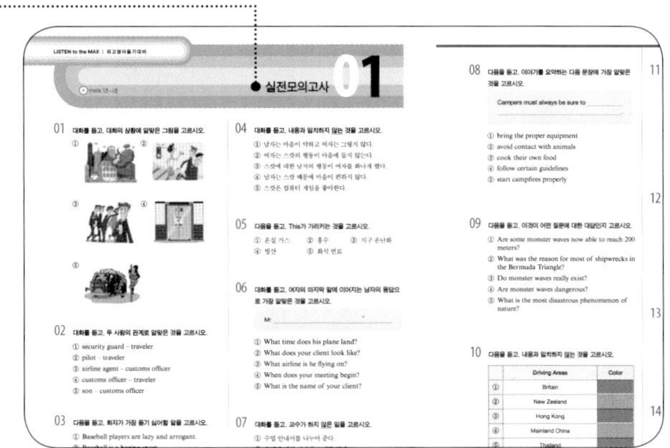

40문제의 모의고사 3회분

유형편에서 익힌 감각을 시험해볼 수 있도록 3회분의 모의고사를 추가했다. 유형편이 각 유형들에 대한 분석과 연습이었다면, 여기에서는 실제 외고 시험에 대한 전체적인 파악을 해볼 수 있다. 유형편에서 다루어지지 않았던 유형들도 포함되어 있어 이 한 권만으로도 실전 대비는 완벽.

- **여러 외고의 갖가지 유형을 모두 풀어볼 수 있는 40문제**

  한 회의 실전모의고사 안에 각 외고 특유의 유형들이 모두 들어 있어 각종 유형들에 대한 기본 내공을 키울 수 있다.

- **다양한 분야의 시사성 있는 토픽들**

  경제, 문화, 예술, 과학 등의 여러 분야에 대한 문제들을 통해 듣기 실력뿐만이 아닌 다양한 정보와 지식을 습득할 수 있게 하였다. 특히 최근 화제가 되는 여러 논점들을 다룸으로써, 폭넓은 분야의 시사성 있는 문제가 다양하게 등장하고 있는 외고영어듣기시험에 대한 완벽한 대비가 가능하다.

Dictation Test

3회의 모의고사에 대한 3회의 Dictation Test. 단순히 문제만 풀어보고 끝나는 것이 아니라 직접 받아 써봄으로써 궁극적인 리스닝 실력을 키울 수 있고 자신의 취약점이 무엇인지 알 수 있다.

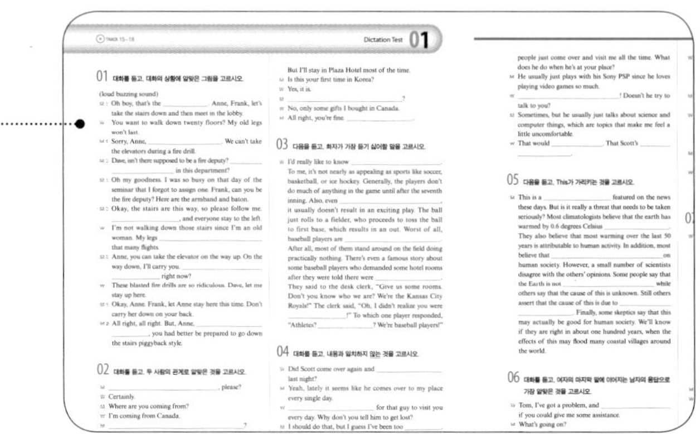

정답 및 해석

보기 편하도록 별책으로 제공되는 정답 및 해석에서는 유형편의 **유형 연습하기**와 **실전모의고사 3회분**에 실린 모든 문제의 스크립트와 해석을 제공한다. Dictation Test의 정답도 여기에서 찾아볼 수 있다.

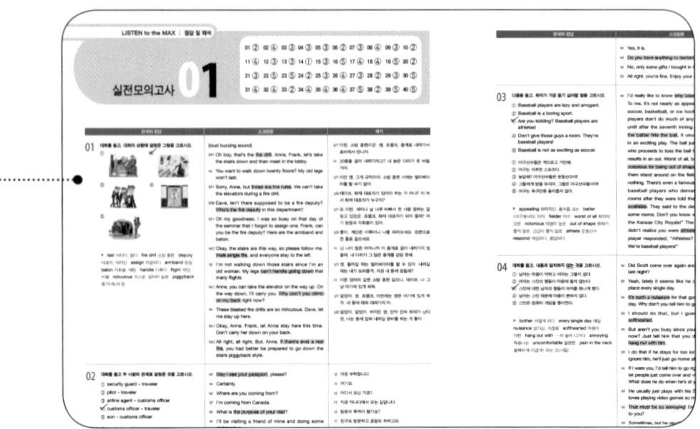

❗ 유형 알고 가기

'주제 파악하기' 유형은 대화나 담화를 듣고, 들은 내용의 주제, 요지 등을 직접 찾거나 도출하는 문제와 내용의 주제와 연관된 속담 알아내기, 어떤 일을 한 이유나 화자의 심정을 알아내는 문제가 있다. 글 전체의 내용을 이해하고 핵심을 파악하는 능력이 필요하다. 이 문제 유형으로 자주 등장하는 질문은 다음과 같다.

+ 다음을 듣고, 무엇에 관한 내용인지 고르시오.
+ 다음을 듣고, 남자가 말하고자 하는 요지를 고르시오.
+ 다음을 듣고, 내용을 가장 잘 나타내는 속담을 고르시오.
+ 다음을 듣고, 화자의 심경을 가장 잘 나타낸 것을 고르시오.
+ 다음을 듣고, it이 가리키는 것을 고르시오.

> **유형 해결 하기**
>
> 1) 처음이나 마지막 문장에 화자가 말하고자 하는 것이 나와 있는 경우가 많으므로 첫 문장과 마지막 문장을 잘 들어야 한다.
> 2) 어떤 일을 한 이유나 화자의 심정을 묻는 문제는 내용상의 원인과 결과를 파악해야 한다.
> 3) 조언이나 관련 속담을 고르는 문제는 기출된 표현들을 많이 알아야 한다.

❗ 기출문제 맛보기

1 What is the man talking about? (07 명지외고)

① a cellular phone   ② a tape recorder   ③ a computer   ④ a CD player   ⑤ a video camera

스크립트	해석
M Have you used one of these before?	남 이런 거 전에 사용해 보신 적이 있나요?
W No, never.	여 아뇨, 없습니다.
M Right. First of all, bring it up to your shoulder. Is it comfortable like that? Look through the viewfinder, and that's the picture you'll get. Okay so far?	남 좋습니다. 먼저 이것을 어깨 위로 올리세요. 그러면 편안하지 않습니까? 뷰파인더를 통해서 보시면, 그것이 당신이 찍을 사진입니다. 여기까지 아시겠습니까?
W Yes, fine.	여 예, 알겠네요.
M Right. Now, it says "stand-by," which means it's ready to record. So simply press the red button to start. What can you see now?	남 좋습니다. 이제, 이게 촬영할 준비가 되었다는 뜻으로 'Stand by'라는 것이 나타날 겁니다. 그러면 간단히 빨간 버튼을 누르고 시작하십시오. 이제 뭐가 보이시죠?
W It says "recording," and there's a light flashing on and off.	여 '촬영중'이라고 뜨네요. 그리고 깜박이는 밝은 빛이 보이네요.
M That's great.	남 훌륭합니다.
W Do I have to focus it?	여 초점을 맞춰야 하나요?
M No, it does it automatically, but you can zoom in and out by using this button with the arrows.	남 아닙니다. 자동으로 되지만 이 화살표 버튼을 이용해 화면 확대와 축소를 할 수 있습니다.
W And afterwards, when I've finished?	여 그런 다음, 다 끝났을 때는요?
M Just press the red button again. Then turn the machine off using the on-off switch at the side.	남 다시 빨간 버튼을 누르기만 하세요. 그리고 측면에 있는 전원 스위치를 이용하여 기계를 끄시면 됩니다.

해설 ▶ 정답 ⑤ 남자가 무엇에 대해 말하고 있는지를 고르는 문제이다. 남자의 말을 주의 깊게 들어보면, the picture you'll get, it's ready to record, you can zoom in and out 등을 통해 video camera에 대해 말하고 있음을 알 수 있다.

2 **Which of the following is NOT the man's point?** (07 명덕외고)

① We cannot judge job competence by age.

② Mandatory retirement cannot lower the unemployment rate.

③ Mandatory retirement is age discrimination.

④ Young people can do voluntary work, too.

⑤ The retirement age should be decided by individuals.

스크립트

W What do you think about mandatory retirement at the age of 55?

M I'm very much against that.

W Can I ask why?

M Sure. It's true that some workers are less competent than others, but competence should be judged on a case-by-case basis. There is no solid evidence to suggest that all 56-year-olds are less competent than 25-year-olds.

W Think about this, though. A mandatory retirement age opens up a profession or industry for young workers to start their paid careers, lowering unemployment among younger people.

M But that is outright age discrimination.

W Older workers should be encouraged to shift from paid work to voluntary and charitable work, which is very important.

M Voluntary work is very beneficial and could be done by any adult regardless of his or her age.

W Mandatory retirement should not be looked at negatively. This would help the elderly live fuller lives.

M Just let them decide which kind of life is fuller.

해석

여 정년퇴직 나이가 55세인 것에 대해 어떻게 생각합니까?

남 저는 그것에 매우 반대합니다.

여 이유를 물어도 될까요?

남 물론입니다. 몇몇 직장인들이 다른 사람들보다 유능하지 못한 것은 사실이지만, 능력은 사례별로 다르게 판단되어야 합니다. 모든 56세인 사람들이 25세인 사람들보다 뒤처진다는 것을 제시하는 확실한 증거는 없습니다.

여 그러나 이런 것도 한 번 생각해 보세요. 정년퇴직은 젊은이들에게 봉급을 받는 일을 시작할 수 있는 직업이나 기업에의 기회를 열어 주고 청년실업을 줄여 줍니다.

남 하지만 이것은 명백한 연령 차별입니다.

여 고연령 직장인들은 봉급직장인에서 자원봉사나 자선 사업 등의 일을 하도록 장려되어야 합니다. 그건 매우 중요한 거죠.

남 자원 봉사는 아주 유익하지만, 이것은 나이에 관계없이 할 수 있는 일입니다.

여 정년퇴직은 부정적으로 보여져서는 안 됩니다. 이것은 고령자들이 보다 충만한 삶을 살도록 도울 겁니다.

남 어떤 삶이 더 충만한지는 그들 스스로가 결정하게 하세요.

해설 ▶ 정답 ② 남자의 의견이 아닌 것을 묻고 있으므로, 남자의 말을 귀 기울여 들어야 한다. I'm very much against that. 이 문장을 통해 남자가 mandatory retirement에 반대하고 있음을 알 수 있다. ②를 제외한 나머지는 남자의 말에서 확인할 수 있지만, 남자는 mandatory retirement가 실업률을 낮출 수 없다고 말하지는 않았다.

Note

01 다음을 듣고, 이것이 무엇에 관한 내용인지 고르시오.

① frogs
② dogs
③ hawks
④ cats
⑤ horses

02 다음을 듣고, 이야기의 주제가 무엇인지 고르시오.

① wrestling
② uncertainty
③ sadness
④ disappointment
⑤ lying

03 대화를 듣고, 내용을 가장 잘 나타내는 속담을 고르시오.

① Look before you leap.
② Look on the bright side.
③ Don't judge a book by its cover.
④ Many hands make light work.
⑤ Do to others as you would be done by.

04 다음을 듣고, 내용을 가장 잘 요약한 것을 고르시오.

① The Minoans fled Greece after a volcanic eruption.
② The Santorini volcano left a trail of destruction.
③ Though once enormous, the Santorini volcano is small and inactive today.
④ Most of the Greek islands are volcanic and unstable.
⑤ Regular earthquakes make Santorini uninhabitable.

05 대화를 듣고, 두 사람이 무엇에 관해 이야기하는지 고르시오.

① being homesick
② teaching
③ living abroad
④ using recruiters
⑤ peer pressure

06
Listen to the conversation and choose the statement which best summarizes it.

① Nuclear power plants do not damage the environment.

② Nuclear power plants are not harmful to the environment.

③ There are disagreements about how to protect the environment.

④ Newspapers are important for keeping the population informed.

⑤ It is important to write letters to the government to express one's views.

07
What is the topic of the conversation?

① Technological advances in construction

② The man's promotion

③ Building a children's hospital

④ The man's new job

⑤ Temporary jobs *vs.* permanent jobs

08
What is the topic of the conversation?

① The dangers of old buildings

② Whether historic buildings should be preserved

③ Newspapers' influence on public opinion

④ The use of public money

⑤ The cost of repairing historic buildings

09
What is the speaker's main message to hikers?

① Pack the right clothing, but don't forget to dress well.

② A hat is not so important on a hike.

③ Don't forget to wear a long-sleeved shirt.

④ Pack the right clothing for the hike and be prepared, but pack lightly.

⑤ It can rain very suddenly on a hike, so be prepared.

10
What is the topic of the lesson?

① The uses of rubber in consumer products

② The history of rubber

③ The properties of rubber

④ The chemical structure of rubber

⑤ The uses of rubber in science

유형 02 목적 및 의도 찾기

유형 알고 가기

'목적 및 의도 찾기' 유형은 대화나 담화를 듣고 화자의 말의 의도를 찾는 문제이다. 화자의 행위/발언의 목적이나 의도가 대화나 담화 속에 분명하게 드러나는 경우도 있지만, 내포된 의도를 찾는 문제도 있으므로 전반적인 내용을 이해하고 말하는 이의 입장에서 이해하려고 노력하는 것이 중요하다. 이 문제 유형으로 자주 등장하는 질문은 다음과 같다.

+ 다음을 듣고, 남자가 인터넷을 하는 목적으로 알맞은 것을 고르시오.
+ 대화를 듣고, 여자가 남자에게 전화를 건 목적을 고르시오.
+ 다음을 듣고, 남자가 여자를 찾아간 이유를 고르시오.
+ 대화를 듣고, 여자의 마지막 말이 나타내는 의미를 고르시오.

> **유형 해결 하기**
>
> 1) 목적을 묻는 문제에서는 주로 용건을 묻고 답하는 부분에서 답이 드러나는 경우가 많으므로, 이런 표현들을 미리 알아두는 것이 좋다.
> 2) 화자의 의도가 마지막에 나오는 경우가 많으므로, 마지막 부분을 주의 깊게 들어야 한다.
> 3) 드러나지 않은 목적이나 의도를 고르는 문제는 말하는 이의 어조에 주의해야 한다.

기출문제 맛보기

1 다음을 듣고, 담화의 목적을 고르시오. (07 이화외고)

① To explain why the price of fish is increasing

② To describe advances in fishing technology

③ To convince people to stop eating fish

④ To alert people about the decreasing fish populations

⑤ To inform the listener how much fish is consumed worldwide

스크립트

W People around the world eat fish more than any other type of animal protein, but you may not be able to buy your favorite fish at restaurants or supermarkets because fish may become rarer and more expensive than ever before. The reason is that there are too many fishermen in the world and not enough fish for everyone who wants to eat them. Since the 1950s, governments worldwide have spent billions of dollars to encourage more people to become fishermen. Back then, the supply of fish seemed endless, and people became more interested in fishing as fishing technology improved. That sounded like good news at first, but the number of fish in the oceans has begun to go down. At least sixty percent of the world's fish species are captured to the limit, and that means that fish are caught at faster rates than they can reproduce.

해석

여 전 세계 사람들은 다른 어떤 동물의 단백질보다 생선을 많이 먹지만, 전에 없이 생선이 비싸지고 귀해졌기 때문에 당신이 좋아하는 생선을 식당이나 슈퍼마켓에서 구입할 수 없게 될지도 모른다. 왜냐하면 전 세계적으로 어부들은 많은데, 사람들이 모두 원하는 만큼 먹을 생선은 충분하지 않기 때문이다. 1950년대부터 전 세계의 정부들은 더 많은 사람들이 어부가 되도록 장려하기 위해 수십억 달러를 썼다. 그 때는 어류의 공급이 끝이 없을 것처럼 보였고, 어획 기술이 진보함에 따라 사람들이 어업에 더 많은 흥미를 느끼게 되었던 것이다. 처음에 그것은 좋은 소식처럼 들렸지만, 바다에 있는 어류의 개체수는 점점 줄어들기 시작했다. 적어도 전 세계 어종의 60퍼센트는 한계점에 이르도록 포획되었는데, 이것은 태어나는 개체보다 잡히는 개체가 더 많다는 것을 뜻한다.

해설 ▶ **정답 ④** 담화의 목적을 이해하기 위해서는 전반적인 내용을 이해한 후 말하는 사람의 입장이 되어 생각해 보아야 한다. 이 이야기의 도입부에서는 생선이 희귀해지고 가격이 비싸지고 있다는 내용으로 시작하여 그 이유로 어부들이 너무 많은 생선을 포획하고 있다는 점을 들었다. 따라서 이 담화의 목적은 생선의 수적 감소에 대해 경고하기 위한 것으로 볼 수 있다.

2 다음을 듣고, 남자가 원하는 것을 고르시오. (06 대일외고)

① 숙박료 환불

② 객실 교체

③ 객실 예약

④ 투숙일자 변경

⑤ 책임자 면담

스크립트

M I have a problem with my room.

W What seems to be the problem?

M I paid for a room with a king-sized bed and a view of Lake Michigan.

W So what's the problem?

M Well, my room has a tiny bed, it smells of cigarettes, and it's facing a highway.

W All of our rooms are the same. They have beds of the same size, and they face a quiet street.

M Ma'am, look at this brochure you sent me. It has a picture of a room with a king-sized bed and a view of Lake Michigan.

W That's just an advertisement. But we can change your room if you want.

M No way! I want a refund.

W No problem.

해석

남 제 방에 문제가 있습니다.

여 무엇이 문제입니까?

남 저는 킹사이즈 침대와 미시건 호수가 보이는 방에 대한 비용을 지불했습니다.

여 그래서 뭐가 문제이시죠?

남 제 방의 침대는 작고, 담배 냄새가 나고, 고속도로를 마주하고 있더군요.

여 저희의 모든 방은 다 같습니다. 침대는 모두 같은 크기이고 조용한 거리를 마주하고 있죠.

남 이봐요, 당신이 나에게 보낸 팜플렛을 보세요. 이 사진에는 킹사이즈 침대와 미시건 호수의 풍경이 보입니다.

여 그건 광고일 뿐이에요. 그러나 손님이 원한다면 방을 바꿔 드릴 수는 있습니다.

남 싫습니다! 환불해 주십시오.

여 알겠습니다.

해설 ▶ **정답** ① 남자의 마지막 말 I want a refund.를 통해 남자의 의도가 숙박료를 환불하고자 하는 것임을 알 수 있다.

◉ TRACK 02

Note

01 다음을 듣고, 담화의 목적을 고르시오.
① 관광객들에게 한국의 관습을 알리기 위해
② 한국인들의 친절함을 묘사하기 위해
③ 관광객들이 한국을 방문하도록 설득하기 위해
④ 한국의 낡은 가치관을 비판하기 위해
⑤ 한국인들이 외국인을 대할 때 주의해야 할 점을 알리기 위해

02 다음을 듣고, 담화의 목적을 고르시오.
① To illustrate the importance of trusting one's own business instincts
② To provide ideas for new business products and services
③ To convince new owners to work with a group
④ To help new owners have fun when starting a business
⑤ To clarify some important business regulations

03 다음을 듣고, 이 내용이 누구를 대상으로 한 광고인지 고르시오.
① 요리를 못하는 한국인들
② 요리를 못하는 남성들
③ 한국 음식 요리법을 배우고자 하는 서울의 외국인들
④ 한국을 여행하고 싶어 하는 외국인들
⑤ 외국에서 한국 음식점을 내려고 하는 사람들

04 대화를 듣고, 남자가 무엇을 하고 있는지 고르시오.
① Invite the woman over for a visit
② Explain the plans for his new basement
③ Recommend his contractor to the woman
④ Brag about how much money his new house costs
⑤ Demonstrate his skill at making blueprints

05 다음을 듣고, 담화의 목적을 고르시오.
① 알래스카의 겨울에 대한 잘 알려지지 않은 정보를 알리기 위해
② 관광객들이 알래스카를 방문하도록 장려하기 위해
③ 알래스카의 혹독한 기후를 알리기 위해
④ 지구 온난화의 위험성을 경고하기 위해
⑤ 하와이에 필적하는 멋진 휴양지로서의 알래스카를 알리기 위해

06 What is the purpose of this conversation?

① To promote honesty and integrity in the workplace

② To illustrate the importance of learning a foreign language

③ To convince teachers to improve so they can become principals themselves

④ To alert the listener to a job opening

⑤ To describe the perfect school principal

07 Listen to the conversation and choose the man's intent.

① To get a date

② To see if his phone is working properly

③ To learn about a movie

④ To get his car fixed

⑤ To find out what the best movie theater is

08 Listen to the conversation and choose the woman's intent.

① To buy an apartment

② To get a job as an apartment manager

③ To rent an apartment for her pet

④ To rent a one-bedroom apartment

⑤ To rent a two-bedroom apartment

09 Listen to the conversation and choose the woman's intent.

① To recommend a good law school

② To get herself out of jail

③ To bribe a judge

④ To recommend a good lawyer

⑤ To become a gangster

10 Listen to the talk and choose the speaker's purpose.

① To provide suggestions for living successfully away from one's parents

② To encourage parents to send their children to college

③ To convince teenagers to move out immediately

④ To describe what teenagers enjoy about living on their own

⑤ To warn teenagers about how tough it can be living on their own

❗ 유형 알고 가기

'관계 및 상황 파악하기' 유형은 두 사람의 대화 속에서 두 사람의 관계, 대화하고 있는 장소 등의 두 사람을 둘러싸고 있는 전체적인 상황을 파악하는 것으로, 이 문제 유형으로 자주 등장하는 질문은 다음과 같다.

+ 대화를 듣고, 두 사람의 관계를 가장 잘 나타낸 것을 고르시오.
+ 다음을 듣고, 말하는 사람의 직업을 고르시오.
+ 대화를 듣고, 대화가 일어나고 있는 장소를 고르시오.

유형 해결 하기

1) 두 사람의 첫 대화에서 상황을 파악할 수 있으므로 처음 두 문장을 주의 깊게 들어야 한다.
2) 그 뒤에 나오는 몇 개의 키워드를 통해 쉽게 답을 찾을 수 있다.
3) 어느 한 화자가 What are you doing?과 같이 상황에 대한 질문을 했을 때 그에 대한 답변을 주의 깊게 듣는다.

❗ 기출문제 맛보기

1 대화를 듣고, 두 사람의 관계를 고르시오. (07 명덕외고)

① therapist – patient
② editor – columnist
③ manager – secretary
④ critic – novelist
⑤ photographer – reporter

스크립트

M It's due tomorrow. I know you had your heart broken recently. But you can't be late for this. We'll go to press in two days.

W I know. Actually, I was about to go to your office. I've just finished.

M Okay. (pause) Well, good job! Congratulations. This shows me you're ready. From now on, feel free to write about anything.

W Anything?

M Wherever the wind blows you.

W Even politics?

M No, the wind's not going to blow you there.

W What about religion, poverty, or economics?

M The wind's not going to blow you there either.

W What can I write about then?

M Whatever you want. Shoes, plastic surgery, clothes, or anything else would be okay.

해석

남 마감이 내일까지입니다. 최근에 상심에 빠지셨던 것을 압니다. 하지만 이건 늦어져서는 안 됩니다. 이틀 후에 인쇄에 들어갑니다.

여 압니다. 사실은 곧 당신 사무실로 갈 생각이었어요. 방금 끝냈습니다.

남 좋아요. 음, 잘하셨어요! 축하합니다. 이건 당신이 준비됐다는 걸 보여주네요. 지금부터, 아무것이나 쓰셔도 됩니다.

여 아무것이나요?

남 내키는 대로 하세요.

여 정치적인 것도요?

남 아뇨, 그런 쪽은 안 됩니다.

여 종교나 빈곤이나 경제는 어때요?

남 그것도 마찬가지로 안 됩니다.

여 그럼 뭘 쓸 수 있습니까?

남 당신이 원하는 무엇이든지요. 신발, 성형, 옷 또는 아무거나 괜찮아요.

2　대화를 듣고, 대화가 일어난 장소를 고르시오. (06 대일외고)

① 교무실
② 문구점
③ 도서관
④ 컴퓨터실
⑤ 강의실

스크립트

M　Hi, Sue. What are you doing here?

W　Oh, hi, Tom. I'm buying school supplies. I need some binders.

M　I need some paper. Do you know where the paper is?

W　I think it's down this aisle on the top shelf and to the right of the computer disks.

M　Oh, yes, I see it.

W　Do you happen to know where I can find the binders?

M　Yeah, they're on the middle shelf next to the paper clips.

W　Great. I need some clips, too.

M　It looks like you're going to be busy.

W　Indeed, I am. As you know, final exams are drawing near, and I have a lot of things to prepare in advance.

해석

남　안녕, 수. 여기서 뭐하니?

여　오, 안녕, 톰. 학교 준비물 사고 있어. 끈이 좀 필요해.

남　난 종이가 좀 필요해. 종이 어디에 있는지 아니?

여　이 통로 아래에 선반 꼭대기하고 컴퓨터 디스크 오른쪽에 있는 것 같아.

남　아, 알겠다.

여　끈은 어디서 찾을 수 있는지도 알아?

남　어, 종이클립 옆에 선반 중간에 있어.

여　훌륭하다. 클립도 몇 개 필요한데.

남　바빠질 것 같아 보이네.

여　정말 그래. 너도 알다시피 기말고사가 다가오고 있고 미리 준비해야 될 것이 많아.

TRACK 03

01 다음을 듣고, 화자의 직업을 고르시오.

① army general
② scientist
③ businessman
④ newspaper reporter
⑤ politician

02 다음을 듣고, 화자와 화자가 이야기하는 대상 사이의 관계를 고르시오.

① owner – horse
② veterinarian – young boy
③ owner – dog
④ doctor – patient
⑤ zookeeper – panda bear

03 대화를 듣고, 두 사람의 관계를 고르시오.

① police officer – witness
② police officer – thief
③ thief – police officer
④ witness – neighbor
⑤ witness – thief

04 대화를 듣고, 대화가 일어나는 장소를 고르시오.

① 커피숍
② 남자 부모님의 집
③ 가구점
④ 여자의 아들의 집
⑤ 주차장

05 다음을 듣고, 화자가 누구에게 이야기하고 있는지 고르시오.

① A student
② A doctor
③ Her son
④ A patient
⑤ A friend

Note

06 Which best shows the relationship between the speakers?

① operator – manager
② caller – operator
③ caller – store clerk
④ caller – aviator
⑤ customer – manager

07 Where is this conversation taking place?

① at a hotel
② at an office
③ at an airport
④ at a bus station
⑤ on the phone

08 Which is the most likely occupation of the speaker?

① teacher
② school principal
③ politician
④ student
⑤ salesman

09 Listen to the conversation and choose the most likely occupation of the man.

① waiter
② cook
③ farmer
④ truck driver
⑤ mailman

10 Which best shows the relationship between the speakers?

① hotel manager – customer
② maid – client
③ king – astronaut
④ architect – construction boss
⑤ astronaut – accountant

Note

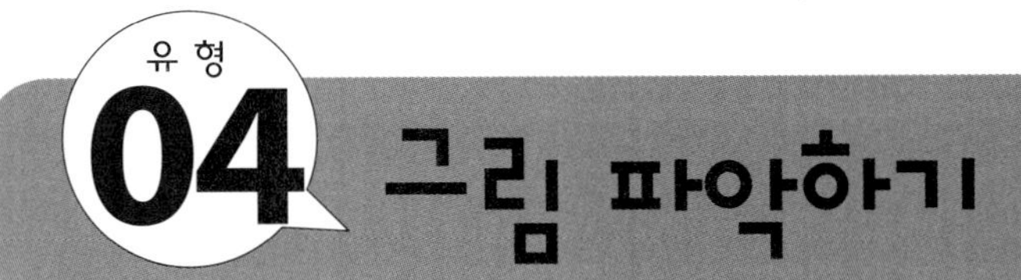

! 유형 알고 가기

'그림 파악하기' 유형은 대화나 담화를 듣고 문제에서 요구하는 그림을 고르는 유형으로, 주어진 그림은 들려 주는 내용과 관련이 깊으므로 지문을 듣기 전에 그림을 보고서 어떤 내용이 나올지 먼저 예상하는 것이 좋다. 이 문제 유형으로 자주 등장하는 질문은 다음과 같다.

+ 다음을 듣고, 남자가 찾고 있는 여자를 그림에서 고르시오.
+ 다음을 듣고, 병원의 위치를 고르시오.
+ 다음 그림의 상황에 가장 적절한 대화를 고르시오.
+ 다음을 듣고, 언급되지 않은 동작을 고르시오.

> **유형 해결 하기**
>
> 1) 대화나 담화를 듣기 전에, 그림을 보며 어떤 내용이 나올지 예측해 본다.
> 2) 위치를 찾는 문제는 대화나 담화를 들으면서 그림에 정답인지 아닌지 직접 표시하면서 듣는 것이 좋다.
> 3) 신체, 동작, 길 찾기, 물건 찾기에 관한 어휘를 많이 알아두는 것이 좋다.

! 기출문제 맛보기

1 **Listen to the following conversation and choose the man whom the woman is looking for.** (06 고양외고)

스크립트

M It is so refresning here.

W Yes, it really is. Thank you for asking me out here. By the way, where's your uncle?

M Let's see. Oh! There he is. He's fishing over there.

W There are three people fishing on the lake. Is he wearing glasses?

M He sometimes does, but not now.

W Oh, I see. Is your uncle wearing a straw hat?

M He is wearing a hat, but it doesn't look like a straw hat.

W I think I've found him. He is sitting in the middle.

M You're right. Let's go and say hello.

해석

남 여기 참 상쾌하구나.

여 그래, 맞아. 밖으로 가자고 해줘서 고마워. 근데 너네 삼촌은 어디 계셔?

남 어디 보자. 저기 있네. 저기서 낚시하고 있어.

여 호수에서 낚시하는 사람이 세 명이야. 안경을 쓰셨니?

남 가끔 쓰지만 지금은 아냐.

여 알았어. 삼촌이 밀짚 모자를 쓰고 계시니?

남 모자를 쓰고 있지만 밀짚 모자 같지는 않아.

여 그분을 찾은 거 같아. 중간에 앉아 계시구나.

남 맞아. 가서 인사하자.

해설 ▶ **정답 ④** 인물을 고르는 문제의 경우 대화를 듣기 전에 그림에 나온 인물들의 특징을 먼저 체크해야 한다. 예를 들어, 위 그림에서는 안경과 모자의 착용 유무를 확인할 수 있다. 그리고 대화나 담화를 들으면서 예측했던 내용을 확인해간다. 안경을 지금은 착용하고 있지 않으며, 모자는 쓰고 있지만 밀짚 모자는 아니라고 했기 때문에 여자가 찾고 있는 남자를 쉽게 고를 수 있다.

2 다음을 듣고, 설명하는 응급조치법을 묘사한 것으로 가장 알맞은 것을 고르시오. (07 한영외고)

① 

② 

③ 

④ 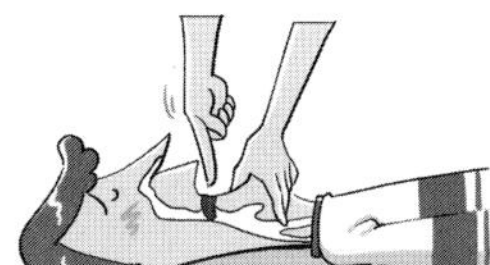

⑤ 

스크립트

W You can save the life of a chocking victim by performing the Heimlich maneuver. If a person suddenly cannot breathe, cough, or speak, the person's airway is probably blocked by something that needs to be removed. To perform the Heimlich maneuver, stand behind the victim and make a fist with one hand. Then reach your arms around the victim from behind. Place your fist against the victim's belly just above the bellybutton. Next, cover your fist with the other hand and press into the victim's belly with a quick, inward thrust. If the object that was in the victim's throat does not come flying out of his or her mouth, perform another thrust.

해석

여 당신은 하인리히법을 시행함으로써 질식한 환자의 목숨을 구할 수 있다. 만약 어떤 사람이 갑자기 숨을 못 쉬고 기침이나 말을 할 수 없다면 아마 그 사람의 기도가 제거되어야 하는 뭔가로 막혀있을 것이다. 하인리히법을 시행하기 위해서는, 환자의 뒤에 서서 한 손으로 주먹을 쥔다. 그런 다음 뒤에서 환자를 팔로 껴안는다. 주먹을 환자의 배꼽 바로 위의 배에 댄다. 그런 다음 다른 한 손으로 주먹을 감싸고서 빠르게 환자의 배 안쪽으로 누른다. 만약 물체가 환자의 목구멍에서 입 밖으로 튀어나오지 않는다면, 다시 한 번 눌러라.

해설 ▶ 정답 ③ 동작에 대한 문제는 세세한 표현까지 구분할 수 있어야 하므로 어렵게 느껴질 수 있다. 하지만 이 문제 역시 그림을 먼저 빠르게 파악하고서 각 동작의 특징을 생각해 놓으면, 대화나 담화 속에 나오는 한두 가지 키워드만 가지고도 답을 찾을 수 있다. stand behind the victim, reach your arms around the victim from behind와 같은 구문으로 ③번이 답임을 알 수 있다.

Note

01

대화를 듣고, 화자들이 이야기하고 있는 그림을 고르시오.

①  ②  ③ 

④  ⑤ 

02

네 개의 대화를 듣고, 대화에서 언급되지 <u>않은</u> 상황의 그림을 고르시오.

①  ② 

③  ④ 

⑤

03

이것은 화자의 방의 현재 모습입니다. 이야기를 듣고, 물건의 위치가 바뀌지 <u>않은</u> 것을 고르시오.

① The computer
② The fan
③ The lamp
④ The clock
⑤ The bookshelves

04

네 개의 바다 생물에 관한 설명을 듣고, 언급되지 <u>않은</u> 바다 생물을 고르시오.

①

②
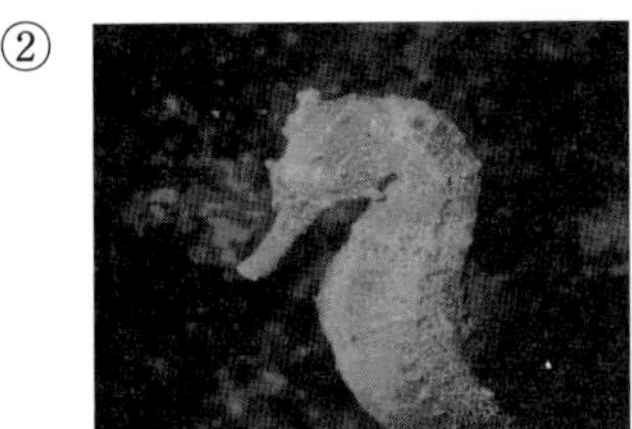
③

④
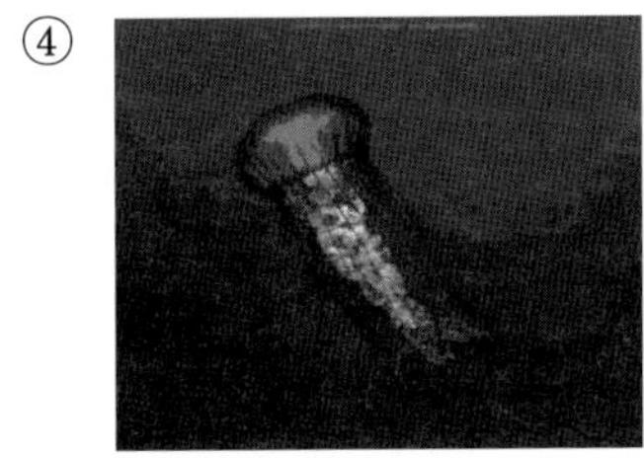
⑤

05

네 개의 얼굴 표정에 대한 설명을 듣고, 언급되지 <u>않은</u> 표정을 고르시오.

①

②

③

④

⑤

06 대화를 듣고, 여자가 찾고 있는 남자를 그림에서 고르시오.

① ② ③ ④ ⑤

07 네 개의 국기에 대한 설명을 듣고, 언급되지 않은 국기를 고르시오.

① ② ③

④ ⑤

08 다섯 개의 짧은 대화를 듣고, 그림의 상황에 가장 잘 어울리는 것을 고르시오.

① a ② b ③ c ④ d ⑤ e

09 대화를 듣고, 여자가 구입하지 <u>않은</u> 물건을 고르시오.

① 　② 　③ 

④ 　⑤ 

10 다섯 개의 짧은 대화를 듣고, 그림의 상황에 가장 잘 어울리는 것을 고르시오.

① a　② b　③ c　④ d　⑤ e

유형 05 그래프 파악하기

! 유형 알고 가기

'그래프 파악하기' 유형은 문제와 함께 도표나 그래프가 제시되는 유형으로, 주로 들려주는 내용 중 도표나 그래프와 일치하지 않는 것을 고르는 문제가 출제된다. 문제를 풀 때 들려주는 내용과 도표나 그래프의 내용을 비교하면서 일치하지 않는 것을 빠르게 고르는 것이 중요하다. 이 문제 유형으로 자주 등장하는 질문은 다음과 같다.

+ 다음을 듣고, 이야기가 묘사하는 그래프를 고르시오.
+ 다음 표와 들려주는 내용이 일치하지 않는 것을 고르시오.
+ 다음을 듣고, 표의 빈 곳에 들어갈 내용이 알맞게 짝지어진 것을 고르시오.

> **유형 해결 하기**
>
> 1) 대화나 담화를 듣기 전에 도표나 그래프의 항목을 먼저 확인한다.
> 2) 도표나 그래프에서 가장 많은 부분을 차지하는 것 또는 가장 적은 부분을 차지하는 것처럼 특징적인 것을 확인한다.
> 3) 대화나 담화를 들으면서 도표나 그래프와 비교하고 확인한다.

! 기출문제 맛보기

1 Which best shows the change in the suicide rate in the 15-to-24-year-old group? (07 이화외고)

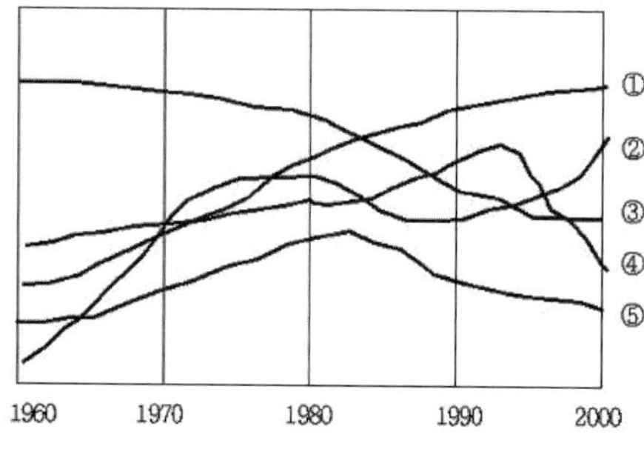

스크립트

W Suicide rates among Americans have steadily declined since the early 1990s, researchers reported in a finding. That contradicts popular conceptions that rates were rising, but the study doesn't suggest a clear reason as to what might be causing the decline. For forty years, adolescent suicide rates were rising. Then, the rates began to decline in the early 1990s. But many people weren't aware of this. They kept saying suicides were increasing when it was no longer true. In the latest suicide statistics gathered by the National Center for Health Statistics, the adolescent and young adult age group aged 15 to 24 years showed a continuously increasing trend in rates until 1994, at which point rates began declining steadily to levels not seen since the early 1970s. The reason for this was not immediately clear. One large factor that could be influencing suicide rates is the economy, because the overall U.S. economy thrived during the 1990s, together with lower unemployment rates.

해석

여 미국인들의 자살률은 1990년대 초반 이후로 점차 감소해 왔다고 연구가들이 보고했다. 그것은 자살률이 오르고 있다는 일반적인 통념과는 대치되는 것이다. 하지만 그 연구는 무엇이 감소를 유도하는지 명확한 이유를 제시하지 못하고 있다. 40년 동안 청소년 자살률이 증가했다. 그리고 1990년대 초반에 감소하기 시작했다. 하지만 많은 사람들은 이 사실을 알지 못했다. 그들은 사실이 아님에도 계속해서 자살이 늘어나고 있다고 말한다. 국립건강통계센터에 의한 가장 최근의 자살 통계에 따르면, 15~24세 그룹의 자살률은 1994년까지 꾸준히 증가치를 보였다. 그 이후 1970년 초반 이후 유래가 없을 정도로까지 자살률이 감소했다. 이에 대한 이유는 바로 드러나지 않았다. 자살률에 영향을 미칠 수 있는 하나의 큰 요인은 경제이다. 왜냐면 낮은 실업률과 더불어 1990년대 미국 경제가 호황이었기 때문이다.

2 Choose what (a), (b), and (c) mean. (06 대일외고)

< Different Means of Communication in Seoul in 2004 >

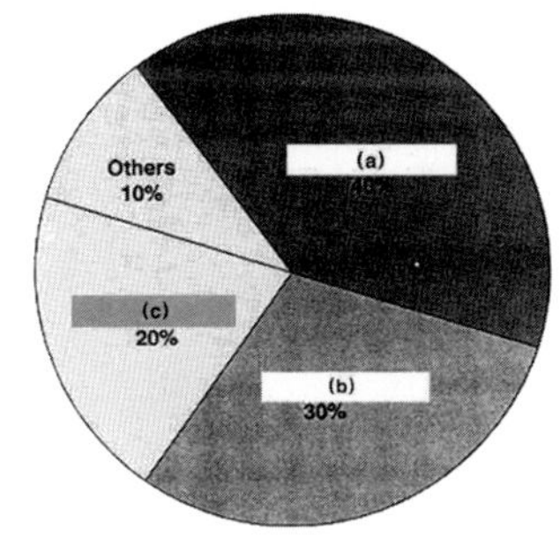

	(a)	(b)	(c)
①	e-mail	cellular phone	home phone
②	e-mail	home phone	cellular phone
③	cellular phone	e-mail	home phone
④	cellular phone	home phone	e-mail
⑤	home phone	cellular phone	e-mail

스크립트

M The different means of communication in Seoul have really changed over the past few decades. There was a time when people relied heavily on the regular post. Nowadays, many people use e-mail to keep in touch with friends, family, and business associates. In 2004, e-mail took up the largest portion of the means of communication next to the cellular phone. In fact, the most common mode of communication was the cellular phone. Almost everyone has a cell phone today. Home phones were a smaller percentage than e-mail, which means a drastic decrease in the number of people using them. The last 10% represented miscellaneous means of communication.

해석

남 서울에서의 의사소통 수단은 지난 수십 년간 변화했다. 사람들이 일반 우편에 크게 의존하던 시대가 있었다. 요즘 많은 사람들이 친구, 가족, 사업상 지인과 연락을 주고받을 때 이메일을 사용한다. 2004년에 이메일은 휴대폰에 이어 가장 많이 사용된 의사소통 수단이었다. 사실 가장 흔한 의사 소통 수단은 휴대폰이었다. 현재 거의 모든 이들이 휴대폰을 가지고 있다. 집전화는 이메일보다 적은 비율을 차지하는데, 이것은 집전화를 이용하는 사람들의 수가 크게 감소한 것을 의미한다. 마지막 10%는 다른 여러 의사소통 수단을 나타낸다.

01 다음을 듣고, 이야기가 묘사하는 차트를 고르시오.

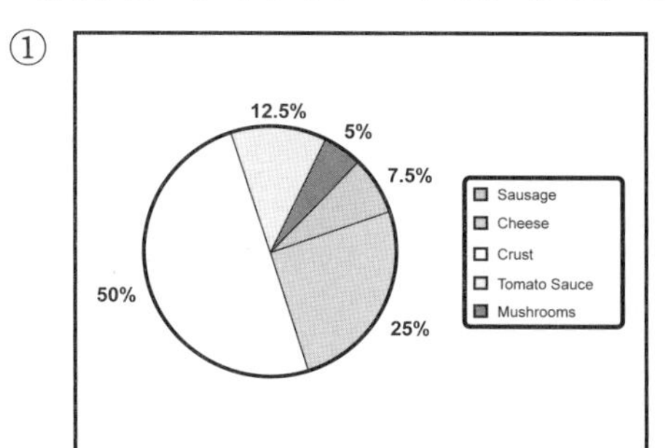

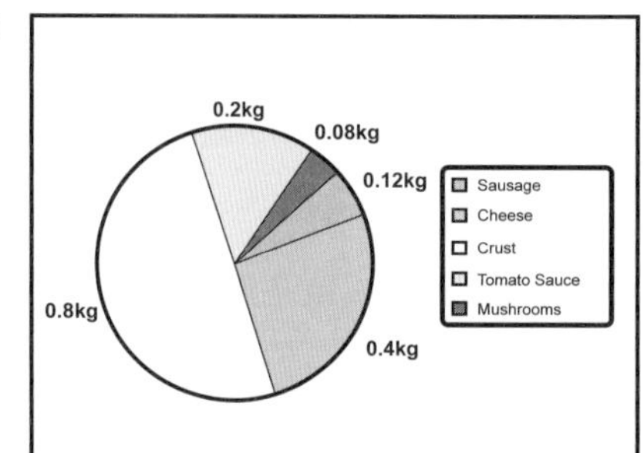

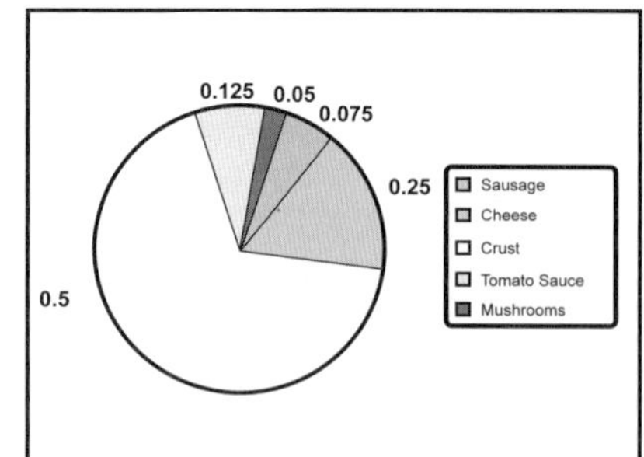

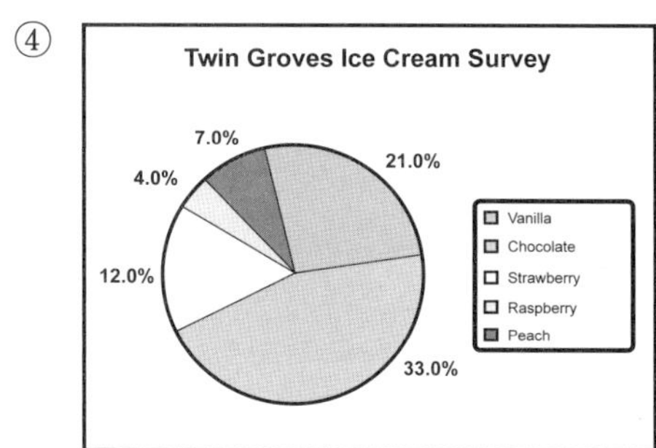

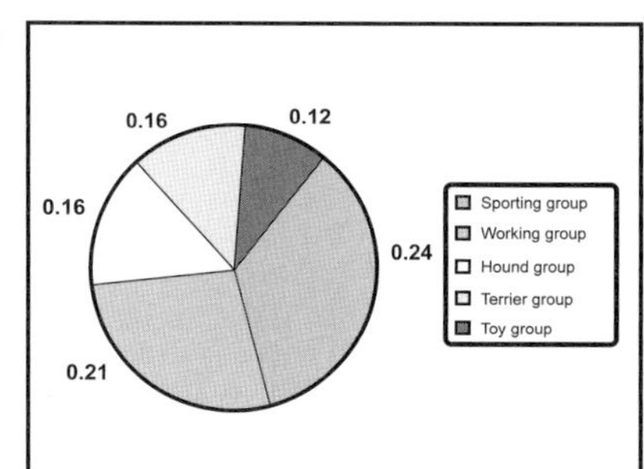

02 대화를 듣고, 다음 그래프에 대해 수치가 <u>잘못</u> 언급된 것을 고르시오.

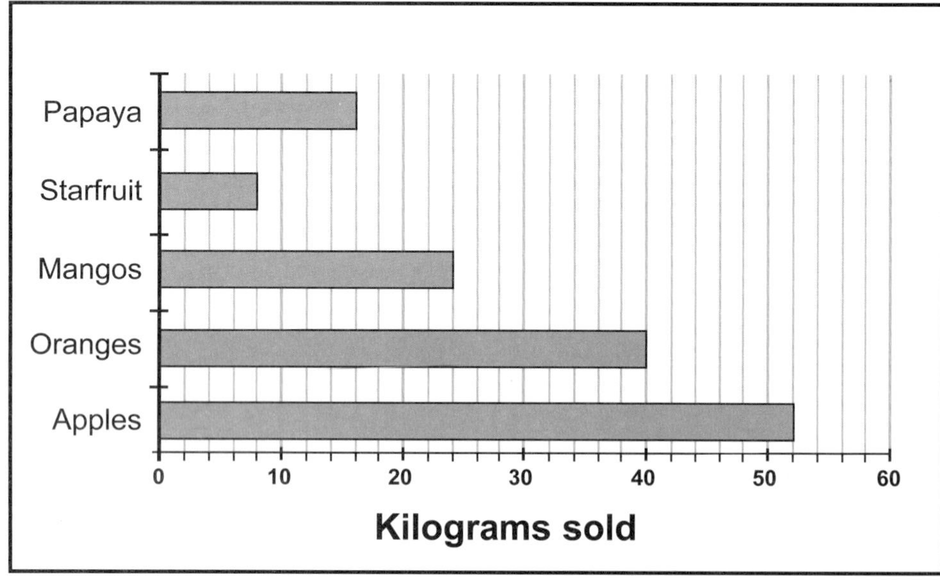

① The number of apples sold

② The number of oranges sold

③ The number of mangos sold

④ The number of starfruit sold

⑤ The number of tropical fruits sold

03

다음을 듣고, 그래프의 결론을 가장 잘 나타내는 진술을 고르시오.

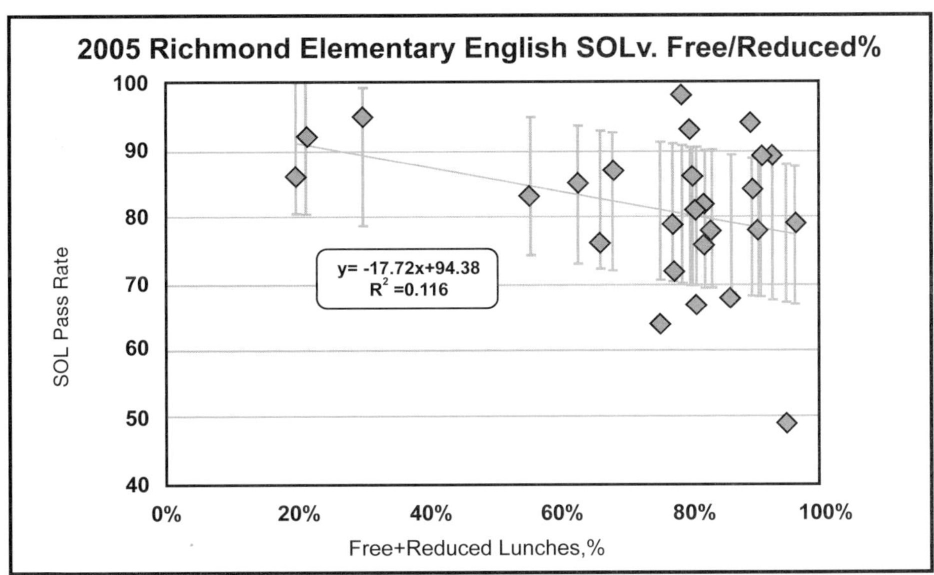

① Students with higher test scores probably ate a good breakfast before their tests.

② There is no relationship between free/reduced lunches and test scores.

③ Students with higher test scores have better study habits.

④ Students who are hungry do poorer on tests.

⑤ Lower-income students do poorer on tests.

04

다음을 듣고, 이야기가 묘사하는 차트를 고르시오.

①
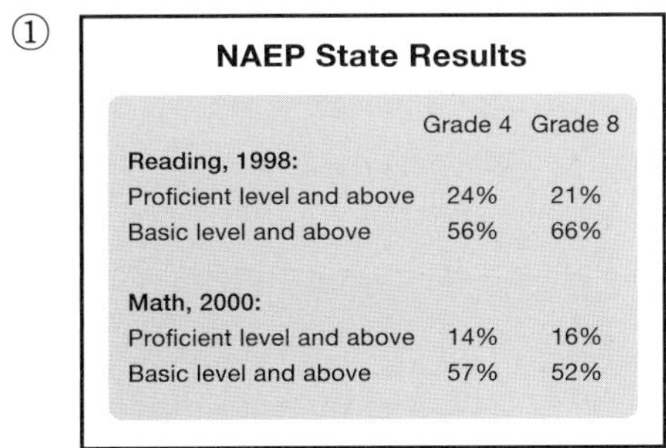

NAEP State Results	Grade 4	Grade 8
Reading, 1998:		
Proficient level and above	24%	21%
Basic level and above	56%	66%
Math, 2000:		
Proficient level and above	14%	16%
Basic level and above	57%	52%

②
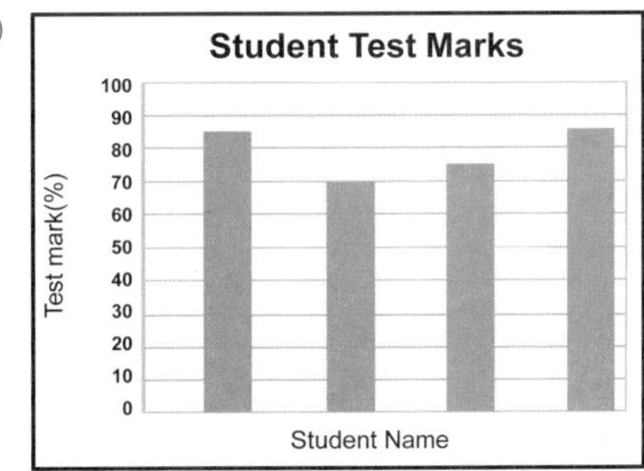

③
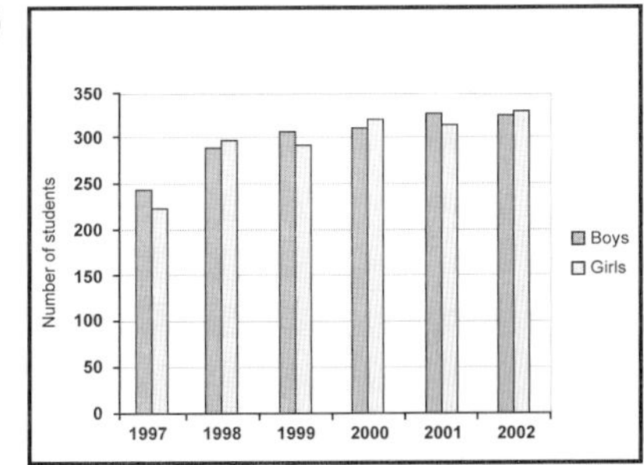

④
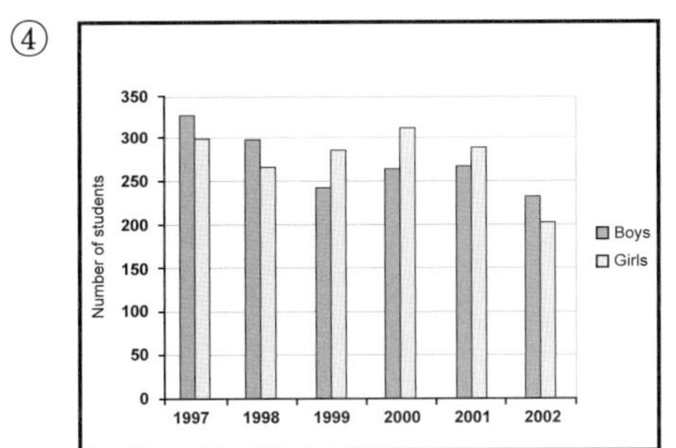

⑤
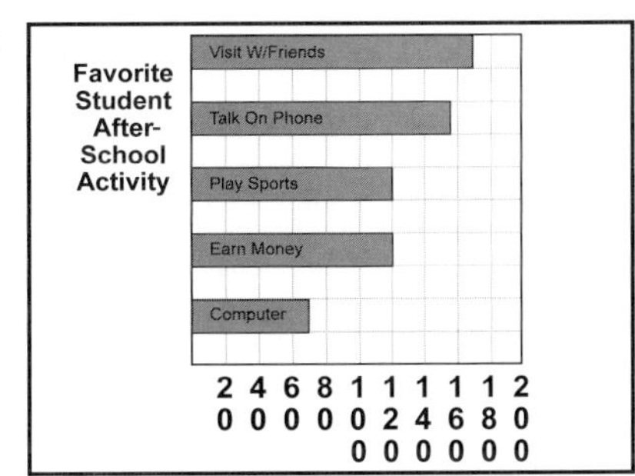

05 대화를 듣고, 그래프의 내용과 일치하는 것을 고르시오.

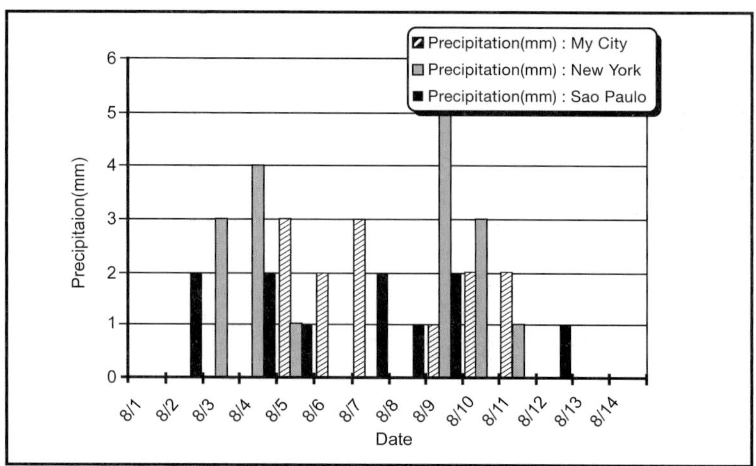

① In Sao Paulo on August 2, it rained harder than in New York.

② In my city, it rained 4 millimeters on August 13.

③ There were more days of rain in my city than in Sao Paulo.

④ It rained less in August in Sao Paulo than in my city.

⑤ It rained consistently more in New York in August than in my city.

06 Listen to the conversation and look at the chart. Then determine the best title for the graph.

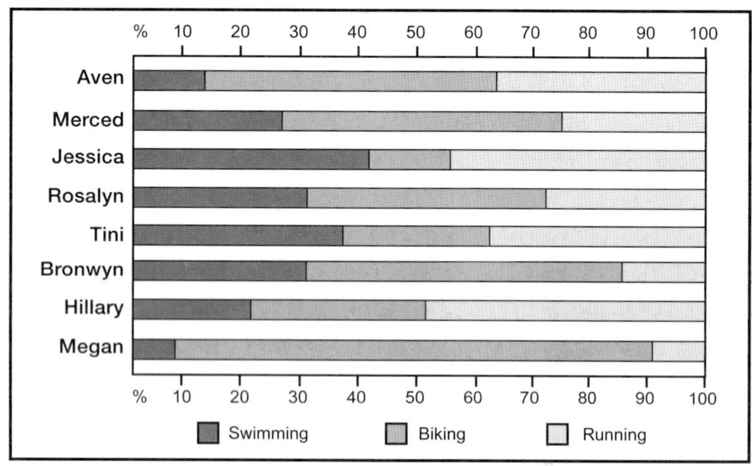

① Percentage of Training Time Spent by Athletes on Each Event of the Triathlon

② Number of Athletes That Focus on Swimming More Than Biking or Running

③ Amount of Improvement Shown by Students in Each Event of the Triathlon

④ Average Workout Times Each Athlete Spent in Each of the Three Events of the Triathlon

⑤ Graph of Which Event in the Triathlon Each Student Likes the Most

07 Listen to the following and choose the chart that the passage describes.

① 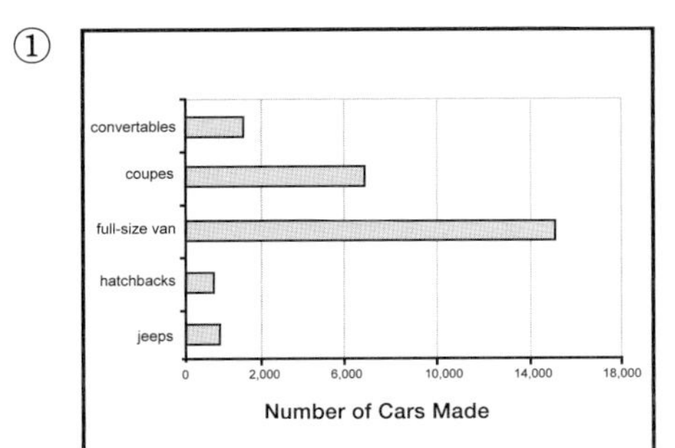

② 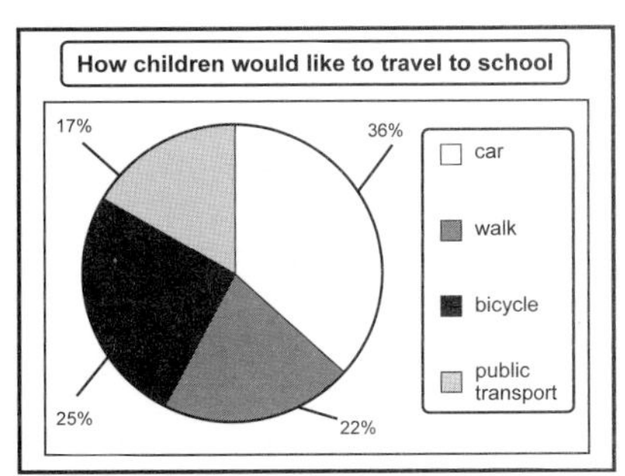

③ 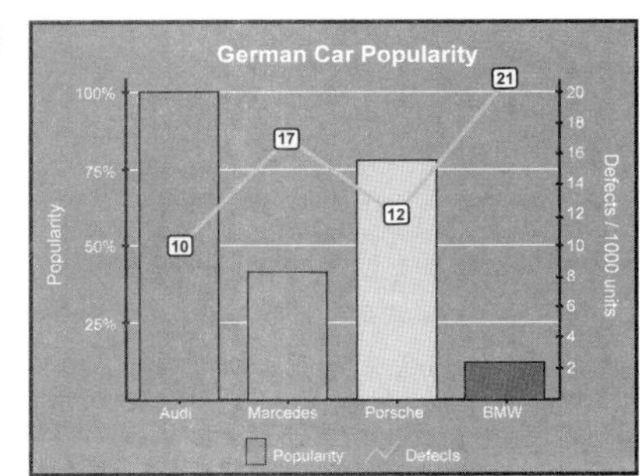

④ 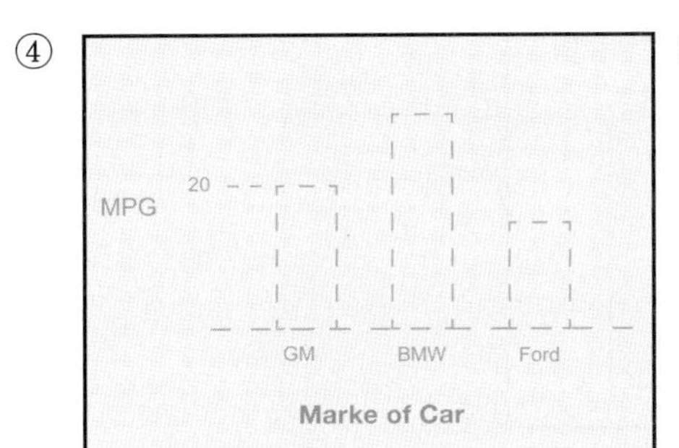

⑤ 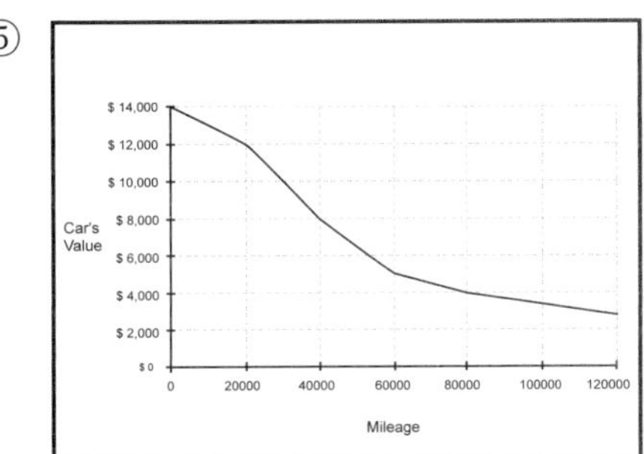

08 Listen to the following and choose the chart that the passage describes.

① 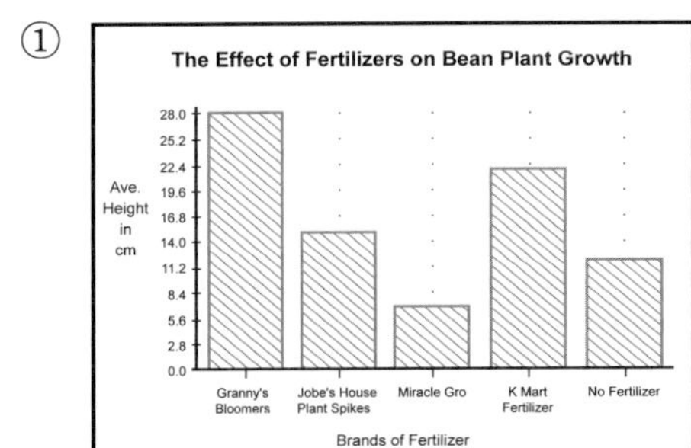

② 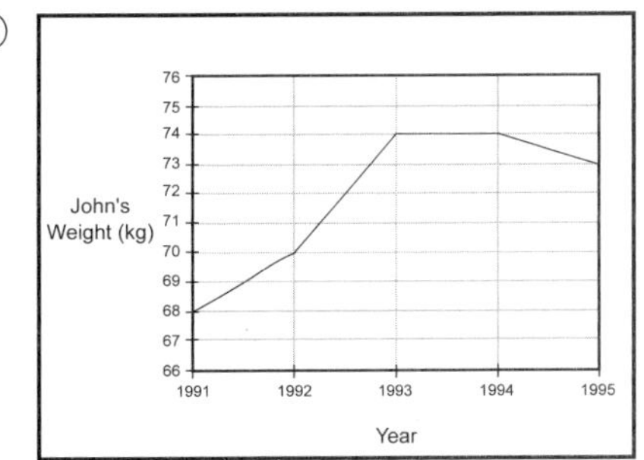

③ 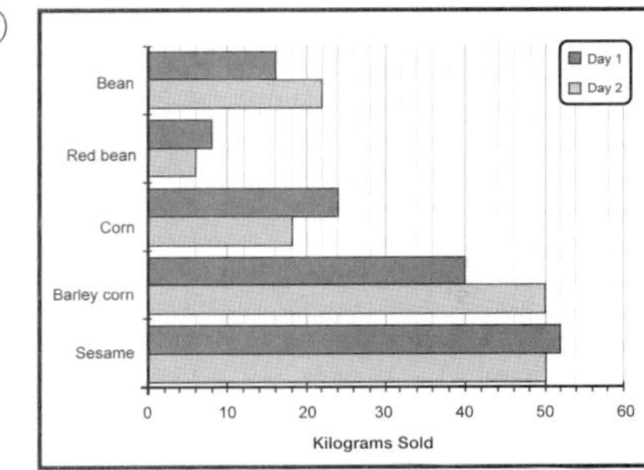

④ 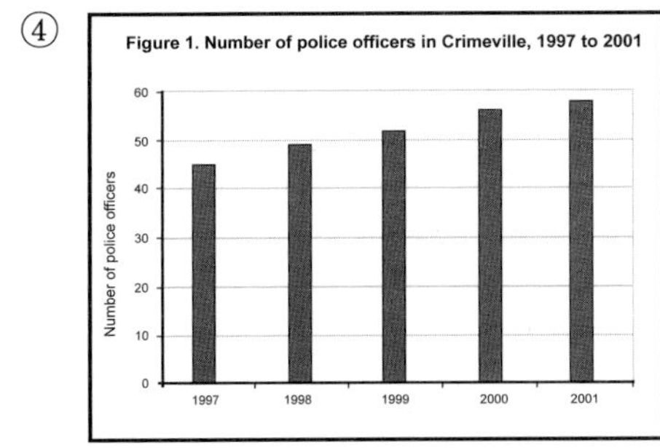

⑤ 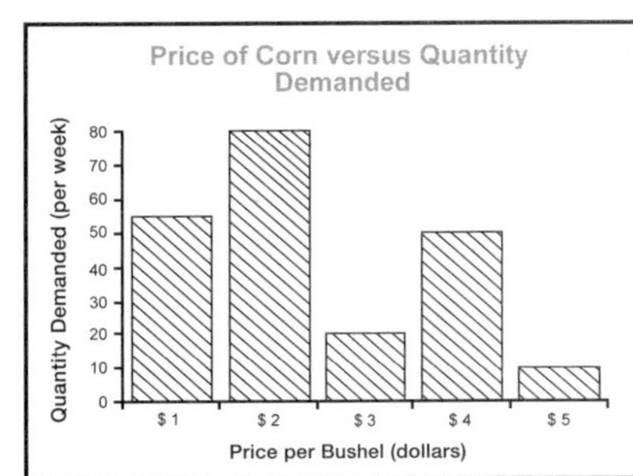

09 Listen to the following and choose the chart that the passage describes.

① 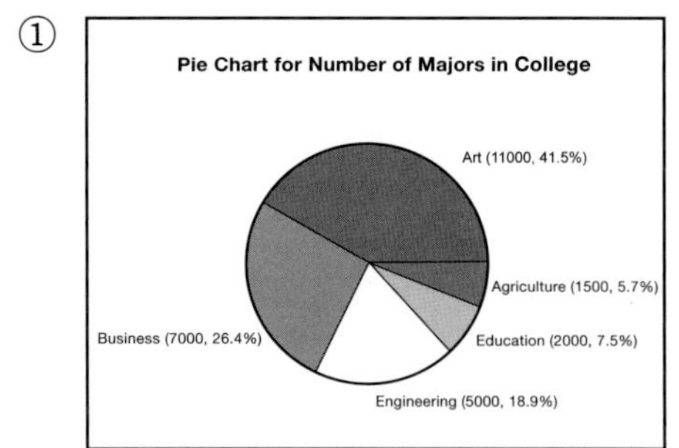

② 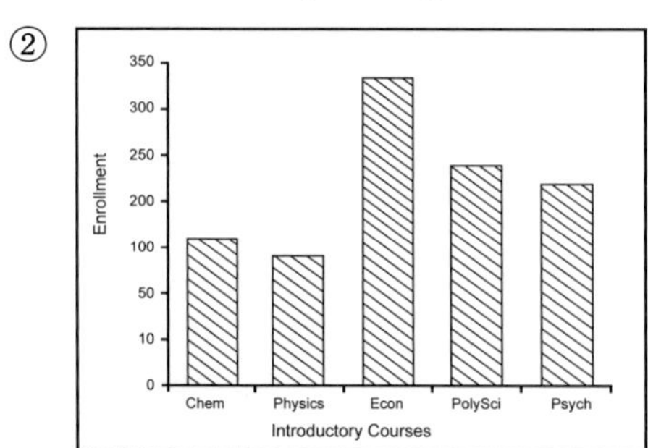

③ 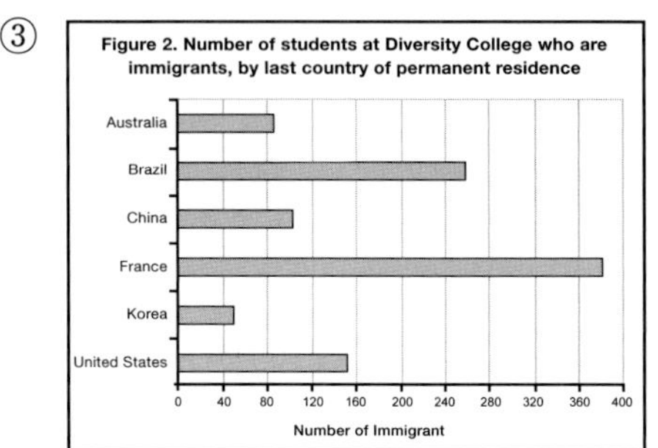

④

TABLE 1 Yearly Expenses of a College Undergraduate

Item	Amount
Tuition fees	$5,000
Room and board	9,000
Books and lab	2,000
Clothes/ cleaning	1,000
Transportation	2,000
Insurance and miscellanceous	1,000

⑤

10 Listen to the following and choose the chart that the passage describes.

① 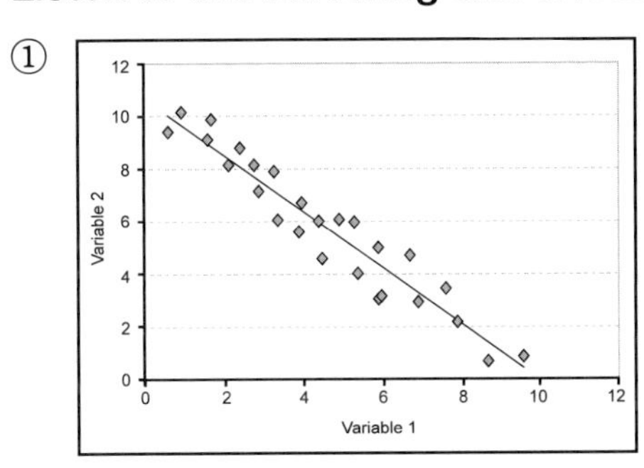

② 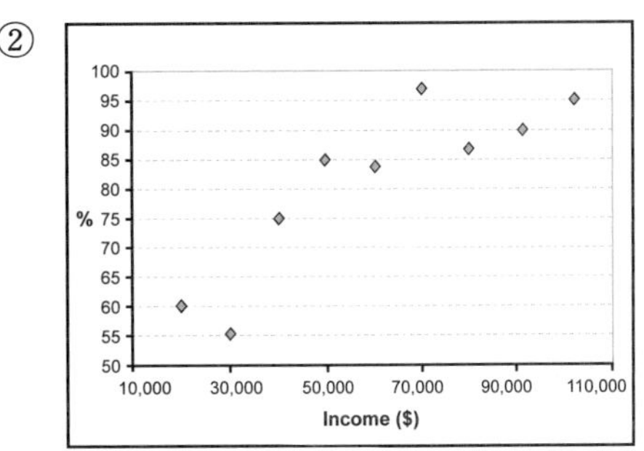

③ 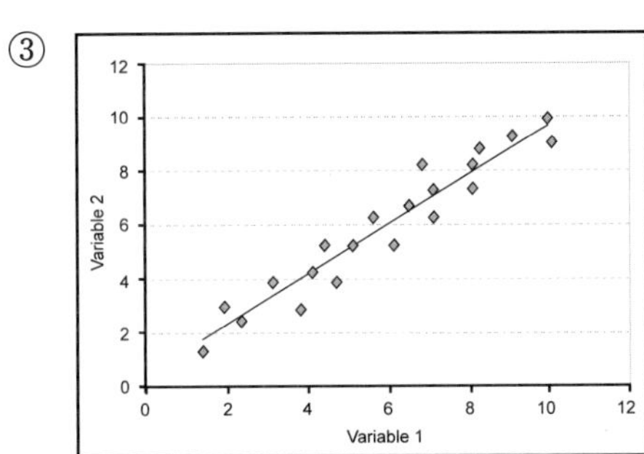

④ 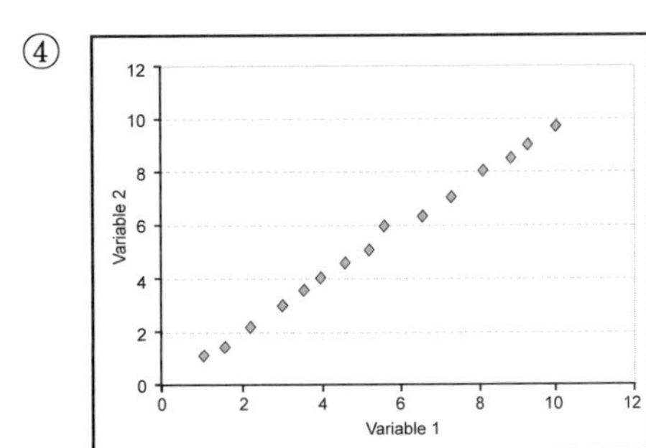

⑤ 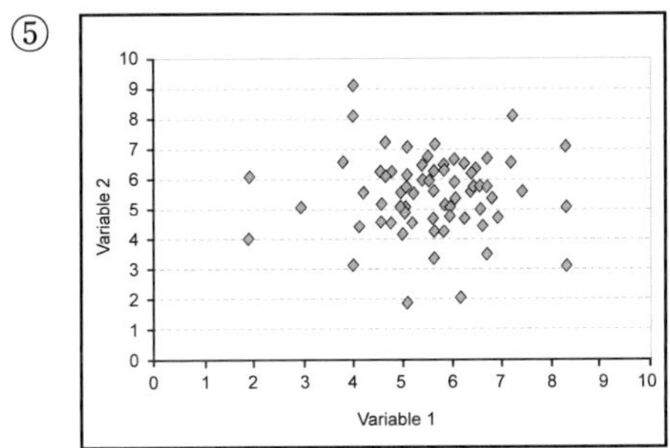

 06 수치 파악하기

❗ 유형 알고 가기

'수치 파악하기' 유형은 답을 숫자로 나타내야 하는 유형이다. 주로 돈이나 날짜, 시간, 개수, 계산 문제들이 출제된다. 이 문제 유형으로 자주 등장하는 질문은 다음과 같다.

+ 다음을 듣고, 남자가 귀국하는 날짜를 고르시오.
+ 대화를 듣고, 남자가 도착하는 날짜와 시간과 고르시오.
+ 대화를 듣고, 식당에 예약한 시간과 인원을 고르시오.
+ 다음을 듣고, 여자가 지불해야 할 비용을 고르시오.

> **유형 해결 하기**
>
> 1) 직접적으로 제시되는 숫자가 정답이 되는 경우는 드물기 때문에 각 숫자들 사이의 내용을 잘 파악해야 한다.
> 2) 숫자가 나오면 적어 두는 것이 좋다.
> 3) 답을 찾는 데 필요한 숫자와 필요하지 않은 숫자를 가려내야 한다.

❗ 기출문제 맛보기

1 Listen to the following conversation and choose when the man will arrive at the station and how far it is from his home. (06 고양외고)

① about 3:15 p.m. – 4 miles
② about 3:15 p.m. – 5 miles
③ about 3:45 p.m. – 4 miles
④ about 3:45 p.m. – 5 miles
⑤ about 4:30 p.m. – 7 miles

스크립트

(Telephone rings)

W Hello. This is the Green Taxi Service.

M I need a taxi to the train station, please.

W What time do you need a taxi, sir?

M My train leaves at 4:30 this afternoon, but I'd like to arrive at the station no later than 4:00. How long is the ride from here?

W From here? Where do you live?

M Oh, I'm sorry. I live at 447 Mile End Street.

W Let me see. 447 Mile End. Well, the station is 5 miles away from there. So, let's see, I'd say that it would take about 30 minutes. We will pick you up at 3:15. Is that okay with you?

M Yes, that'll be fine. The driver will help me with my bags, won't he?

W Yes, the driver is a young man. He'll help you.

해석

(전화가 울린다)

여 안녕하세요, 그린택시 서비스입니다.

남 기차역까지 가는 택시가 필요합니다.

여 언제 택시가 필요하시죠?

남 제가 탄 기차가 오늘 오후 4시 30분에 떠납니다. 하지만 기차역에 4시 이전에 도착하고 싶어요. 여기서 얼마나 걸리죠?

여 여기서요? 어디에 사시죠?

남 죄송해요. 저는 마일 엔드 스트리트 447번지에 삽니다.

여 잠시만요. 마일 엔드 447번지요. 역이 거기에서 5마일 떨어져 있네요. 어디 보자, 약 30분 걸릴 겁니다. 3시 15분에 모시러 갈 겁니다. 괜찮으신가요?

남 네, 괜찮아요. 운전사가 짐을 나르는 걸 도와줄 거죠?

여 네, 운전사는 젊은 사람입니다. 그가 도와줄 겁니다.

2 Choose today's date and the test date. (07 이화외고)

오늘 날짜	시험 날짜
① 12일	13일
② 13일	19일
③ 23일	30일
④ 13일	20일
⑤ 29일	30일

스크립트

M Are you ready for the exam tomorrow?

W Tomorrow? I thought the exam was next week.

M No, it's tomorrow. The teacher said today that the exam was on Wednesday, and that's tomorrow.

W Yes, but when she said Wednesday, I thought she meant next Wednesday, not tomorrow. Are you sure it's tomorrow?

M Absolutely. The syllabus even lists the dates of the exam, and the syllabus lists an exam on the 13th. That's tomorrow on Wednesday.

W Oh, my goodness. I haven't begun preparing for it yet.

M Then you'd better get started as soon as you can.

W I'll go and get started studying now and keep on studying as late as I can.

M I hope you'll be able to cover all the material.

해석

남 내일 시험 준비 됐어?

여 내일? 난 시험이 다음 주인줄 알았는데.

남 아냐, 내일이야. 선생님이 오늘 시험이 수요일에 있을 거라고 하셨고, 그게 내일이야.

여 그래, 하지만 선생님이 수요일이라고 말했을 때, 난 다음 주 수요일이라고 생각했어. 내일이 아니라. 내일인 거 확실해?

남 확실해. 수업 계획표에 심지어 시험 날짜까지 나와 있어. 표에 보면 시험이 13일이야. 수요일인 내일이지.

여 이런. 아직 준비를 시작도 안 했는데.

남 최대한 빨리 시작하는 게 좋겠다.

여 가서 지금 시작해서 할 수 있는 한 늦게까지 공부를 해야겠어.

남 다 끝낼 수 있기를 바래.

해설 ▶ 정답 ① 시험 날짜가 13일이고, 시험은 내일 보게 되므로 오늘은 12일이다.

TRACK 06

Note

01

대화를 듣고, 여자가 지출한 금액이 얼마인지 고르시오.

① $90
② $85
③ $80
④ $75
⑤ $70

02

다음을 듣고, 빵을 굽는 데 필요한 밀가루의 양과 오븐의 온도를 고르시오.

① 1 ½ cups, 250 degrees
② 1 cup, 315 degrees
③ 6 spoonfuls, 450 degrees
④ 1 ½ cups, 350 degrees
⑤ 3 spoonfuls, 320 degrees

03

대화를 듣고, 스케줄이 <u>잘못된</u> 것을 고르시오.

① Breakfast: 8:00
② Market: 8:45
③ Lunch: 12:00
④ Museum: 3:00
⑤ Dinner: 5:00

04

다음을 듣고, 화자의 말과 일치하는 것을 고르시오.

① The average lifespan in 1850 was 60 years.
② The average lifespan today is 78 years.
③ Every 20 years, the world's population doubles.
④ There is a 35% annual increase in the world's population.
⑤ Germany will have 20 million more people by 2015.

05

대화를 듣고, 여자의 정확한 전화번호와 주소를 고르시오.

① 340-7070; 1945 Maple St. #102
② 344-7217; 9025 Maple St. #201
③ 304-1710; 945 Maple St. #21
④ 330-7217; 9025 Maple St. #101
⑤ 340-7270; 1945 Maple St. #201

06 How much money does the speaker have left?

① $5

② $15

③ $20

④ $35

⑤ $45

07 What time is it when the conversation takes place?

① 5:00

② 5:25

③ 5:30

④ 5:40

⑤ 5:45

08 Which of the following is correct?

① Sunday's high temperature: 73

② Monday's high temperature: 71

③ Tuesday's low temperature: 68

④ Wednesday's high temperature: 55

⑤ Wednesday's low temperature: 63

09 Choose the correct date and time of the party.

① 13th, 6:00

② 13th, 7:00

③ 14th, 6:00

④ 14th, 7:00

⑤ 15th, 6:00

10 Choose the correct apartment size and how much the woman will pay.

① 110 m², $700

② 110 m², $350

③ 95 m², $550

④ 70 m², $500

⑤ 70 m², $250

07 세부사항 이해하기

！ 유형 알고 가기

'세부 사항 이해하기' 유형은 들려주는 내용의 참 · 거짓 가려내기, 언급되지 않은 것 찾기 등, 그야말로 들려진 내용 전체를 잘 이해해야 풀 수 있는 문제이다. 다양한 질문이 나올 수 있고 실제 시험에서 차지하는 비중도 큰 유형이라 어렵게 느껴질 수 있지만, 대화 및 담화를 주의 깊게 듣고 내용 파악만 올바르게 할 수 있었다면 답을 쉽게 찾을 수 있는 유형이기도 하다. 이 문제 유형으로 자주 등장하는 질문은 다음과 같다.

+ 대화를 듣고 대화에서 언급된 여자에 대한 설명으로 일치하지 않는 것을 고르시오.
+ 다음을 듣고 글의 내용과 일치하지 않는 것을 고르시오.
+ 대화를 듣고, 여자가 할 일로 가장 알맞은 것을 고르시오.
+ 다음을 듣고, 화자가 언급하지 않은 것을 고르시오.
+ 다음 일기예보를 듣고, 내일의 날씨를 고르시오.

> **유형 해결 하기**
>
> 1) 선택지가 한글이 아니라 영문일 경우, 미리 해석해 두는 것이 좋다.
> 2) 선택지는 대화나 담화에서 들려주는 내용 순서와 일치하는 경우가 많으므로 들으면서 체크한다.
> 3) 미리 선택지를 읽고 대화나 담화의 내용을 예상해 보는 것이 좋다.

！ 기출문제 맛보기

1 **Choose two benefits of the exhibition shuttle bus system.** (07 이화외고)

① 요금이 공짜다. 　② 시내에 나갈 때 이용할 수 있다. 　③ 몇 개의 노선이 있다.

④ 오래 기다리지 않아도 된다. 　⑤ 전시회 시작 시간에 맞춰서 운행한다.

스크립트

M Can you tell me about the exhibition shuttle bus system? This is such a huge area, and there are a great many interesting places I want to visit.

W Yes, it's almost impossible to see them all without the shuttle bus.

M First of all, where does it go?

W The shuttle bus system goes all over the venues. But if you want to travel outside the exhibition, you'll need to take the city bus system.

M And how much does it cost?

W It's free. Can you believe it? So you don't have to pay a cent to get all around the exhibition ground.

M That's really great. And how do I catch the shuttle bus?

W Just look for one of the green shuttle bus signs, and go stand next to it. You can see green shuttle bus signs all over the exhibition. A shuttle bus will come along approximately every five minutes, so you shouldn't have to wait long.

M That all sounds good. Thanks for your help.

W No problem.

해석

남 전시회 셔틀 버스 시스템에 대해 말해 줄 수 있어? 지역이 넓고 방문하고 싶은 흥미로운 장소가 많아.

여 그래, 셔틀 버스 없이 그 모든 걸 보기는 불가능해.

남 우선, 셔틀 버스가 어디로 가지?

여 전부 다 가. 하지만 전시회 밖으로 가고 싶으면, 시 버스를 타야 해.

남 그리고 요금은 얼마야?

여 공짜야. 믿겨지니? 전시회를 다니는 데 한푼도 쓸 필요가 없어.

남 정말 좋구나. 셔틀 버스를 어떻게 타지?

여 녹색 셔틀 버스 표지를 찾아서 그 옆에 서 있어. 녹색 표지판을 전시회 곳곳에서 볼 수 있을 거야. 셔틀 버스가 거의 5분마다 오니까 너무 오래 기다리지 않아도 돼.

남 좋은 거 같다. 도와줘서 고마워.

여 별것 아니야.

2 **Which is not mentioned as what you should prepare before traveling?** (06 대일외고)

① 텐트
② 침낭
③ 구급약
④ 나침반
⑤ 따뜻한 옷

스크립트

W Hey, Tom, will you go to Lake Benjamin with me and my family next week?

M That sounds great. Do I need to bring anything?

W Well, the first thing is a sleeping bag.

M Do you mean this is a camping trip?

W You're right, so a detailed map and a compass will be a good idea.

M What about a tent? I don't have one.

W Don't worry. You can share our tent.

M What else do I need?

W You might need an extra set of warm clothes just in case it rains or suddenly turns cold.

M Good thinking.

해석

여 안녕, 톰. 다음 주에 나랑 우리 가족과 함께 벤자민 호수에 갈래?

남 좋을 것 같아. 내가 뭐 가져갈 거 있어?

여 우선 침낭이 필요해.

남 캠핑 여행이니?

여 맞아. 그래서 자세한 지도와 나침반이 필요할 거야.

남 텐트는? 난 없는데.

여 걱정 마. 우리 거 같이 쓰면 돼.

남 그 밖에 뭘 준비해야 해?

여 비가 오거나 날이 갑자기 추워질 때를 대비해서 따뜻한 여분의 옷이 필요할 거야.

남 좋은 생각이다.

01

대화를 듣고, 여자에 대해 올바른 것을 고르시오.

① She majored in English.
② She lived in a large city.
③ She hated living in Africa.
④ She taught children.
⑤ She is from Kenya.

02

다음을 듣고, 과도한 스트레스의 징후로서 언급되지 않은 것을 고르시오.

① Overeating
② Trouble sleeping
③ Depression
④ Drinking too much
⑤ Stomachaches

03

다음을 듣고, 이야기에서 언급되지 않은 것을 고르시오.

① Our faces are given shape by our skulls.
② The backbone protects the spinal cord.
③ The upper leg bone is the largest in the body.
④ Hand bones allow us to hold things.
⑤ The ribs protect vital organs.

04

대화를 듣고, 여자의 문제가 무엇인지 고르시오.

① Her daughter cries too much.
② The neighbors watch TV late at night.
③ She does not like children very much.
④ She is lonely without her neighbors.
⑤ Her neighbors' daughter is loud.

05

대화를 듣고, 대화에서 언급되지 않은 것을 고르시오.

① Chimpanzees can use tools.
② Cats can sense their owners coming home.
③ Elephants mourn their dead.
④ Dogs feel sadness.
⑤ Birds can use tools.

Note

06 What is the man's problem?

① His cell phone does not work properly.

② He borrowed his friend's cell phone and broke it.

③ He needs a new charger for his cell phone.

④ He bought the wrong model cell phone by mistake.

⑤ His cell phone is difficult to use.

07 Which of the following is NOT explained by the speaker?

① Where the "love vein" is

② Why the ring is worn on the left hand

③ Why the bride carries flowers

④ What the knots in the ribbons mean

⑤ Why the bride wears orange blossoms

08 According to the conversation, which of the following do both speakers like?

① Going scuba diving

② Sightseeing

③ Trying new foods

④ Shopping

⑤ Reading books

09 According to the conversation, which of the following is true of the woman's family?

① Her parents are both teachers.

② The children frequently speak on the phone.

③ Courtney is the woman's younger sister.

④ All four children meet for dinner once a month.

⑤ She often used to fight with her brother.

10 Which of the following is true according to the speaker?

① He could not find his skis.

② They walked to his friend's apartment.

③ His friend lost her wallet.

④ He overslept.

⑤ They took the wrong bus.

08 분위기 및 감정 파악하기

❗ 유형 알고 가기

'분위기 및 감정 파악하기' 유형은 대화나 담화를 듣고, 어떤 문제에 대한 말하는 사람의 의견이나 감정, 또는 전반적인 분위기 등을 묻는 유형이다. 의견이나 분위기 및 감정이 처음부터 끝까지 일관될 수도 있지만 달라지는 경우도 있기 때문에 내용을 끝까지 잘 들어야 한다. 이 문제 유형으로 자주 등장하는 질문은 다음과 같다.

+ 다음을 듣고, 남자가 느끼고 있는 감정을 가장 잘 나타낸 것을 고르시오.
+ 다음을 듣고, 여자의 마지막 말에 남자가 느꼈을 감정을 가장 잘 나타낸 것을 고르시오.
+ 다음을 듣고, 남자의 감정 변화를 가장 잘 나타낸 것을 고르시오.
+ 다음을 듣고, 사형에 대한 남자의 의견을 가장 잘 나타낸 것을 고르시오.

> **유형 해결 하기**
>
> 1) 전반적인 상황을 파악하고 어떤 어휘를 사용하고 있는지에 주목한다.
> 2) 부분적인 내용보다는 끝까지 듣고 객관적인 시각으로 전체적인 느낌을 판단해야 한다.
> 3) 감정의 변화를 묻는 유형의 경우, 초반부의 흐름이 중반부 이후에 어떻게 변화하는지를 살펴야 한다.

❗ 기출문제 맛보기

1 **Who is negative about beauty contests?** (06 대일외고)

① (A)
② (B)
③ (A), (B)
④ (A), (C)
⑤ (A), (B), (C)

스크립트

(A) **M** Women in beauty contests are treated like samples in a meat market. Their appearance is the only thing that matters. If they conform properly to the artificial standards imposed on them, they get rewarded.

(B) **W** It seems to me that if some people want to participate freely in these cultural events, they should be allowed to do so. And if others do not want to be involved, they have the right to avoid them. But why do some people think they have the right to forbid others from enjoying themselves?

(C) **M** For the chance to wear a crown and have the title "Miss" for a year, contestants will go great lengths to meet the impossible standards of beauty imposed on them. They will actually starve themselves to fit those standards.

해석

(A) 남 미인대회에 나오는 여성들은 정육점에 진열되는 고기처럼 취급됩니다. 중요한 것은 외모밖에 없습니다. 그들이 자신들에게 적용되는 인위적인 기준에 순순히 따르면 상을 받게 되죠.

(B) 여 어떤 사람이 이 문화적 행사에 자유롭게 참가하고 싶어한다면 그럴 수 있어야 한다고 생각합니다. 참가하고 싶지 않은 사람은 참가하지 않을 권리가 있습니다. 그런데 왜 일부 사람들은 자신들에게 다른 사람들이 대회를 즐기는 것을 금지할 권리가 있다고 생각하는 걸까요?

(C) 남 왕관을 쓰고 일년 동안 '미스'라는 칭호를 달 수 있는 기회를 갖기 위해 참가자들은 자신들에게 적용되는 불가능한 미의 기준을 충족시키려고 애씁니다. 그 기준에 맞추기 위해 실제로 굶기도 합니다.

해설 ▶ **정답 ④** (A)는 첫 문장에서 미인대회에 참석한 여자들이 고기 시장에 있는 샘플들처럼 취급된다고 하면서 반대의 입장을 보이고 있다. (B)는 미인대회를 문화적인 행사로 보고, 참석하고 싶은 사람들은 자유롭게 참석할 수 있어야 한다고 주장하고 있으므로 찬성한다고 볼 수 있다. (C)는 미의 기준이 불가능한 것이라면서 비판적인 입장을 보이고 있다.

2 **What best shows the change in the man's feeling?** (07 명지외고)

① annoyed → apologetic

② shocked → relieved

③ confused → relaxed

④ ashamed → embarrassed

⑤ indifferent → startled

스크립트

W Are you all right?

M Yes, I'm okay, but what about my car?

W There doesn't seem to be too much damage.

M Let me see... Look at that. This is a brand-new car. You shouldn't have been going so fast.

W Well, it wasn't my fault.

M It wasn't your fault? What do you mean that it wasn't your fault? I had the right of way.

W As a matter of fact, you didn't. You shouldn't have come out like that.

M Why not? There's no sign.

W Then what's that?

M Oh, it's a stop sign. I must have missed it.

W Well, you should have been more careful. You could have gotten us all killed.

M Yes, you're right. I'm sorry. What else can I say?

W Just thank goodness nobody's hurt. Here come the police officers. You'd better explain it to them.

해석

여 괜찮으세요?

남 네, 괜찮아요. 근데 제 차는 어떻게 됐죠?

여 크게 망가진 것 같지는 않아요.

남 어디 봅시다… 저걸 보세요. 이건 새 차라고요. 그렇게 빨리 달리지 말았어야 했어요.

여 제 잘못이 아니었어요.

남 당신 잘못이 아니었다고요? 그게 무슨 뜻이죠? 건너가도 되는 상황이었어요.

여 사실은 그렇지 않아요. 그렇게 나오시지 말았어야죠.

남 왜 안돼죠? 표지판도 없는데.

여 그럼 저건 뭐죠?

남 이런, 정지 표시네요. 제가 못 봤네요.

여 더 조심하셨어야죠. 우리 모두 다 죽을 수도 있었어요.

남 네, 당신 말이 맞아요. 죄송해요. 할 말이 없군요.

여 아무도 안 다친 걸 고맙게 생각하세요. 경찰이 오네요. 경찰한테 설명하세요.

해설 ▶ **정답 ①** 처음에는 여자에게 화를 냈지만 자신의 잘못임을 깨닫고 사과하고 있다.

01

다음을 듣고, 화자의 요지가 반영되도록 빈칸에 알맞은 것을 고르시오.

> Professors in the second category ________________________________ .

① are more concerned with doing research than with teaching
② are usually older than professors in the first group
③ are usually less experienced teachers
④ usually have smaller classes
⑤ are usually less popular with students

02

다음을 듣고, 화자의 감정을 가장 잘 나타내는 것을 고르시오.

① outrage
② joy
③ apathy
④ excitement
⑤ despair

03

대화를 듣고, 쇼핑에 대해 부정적인 사람은 누구인지 고르시오.

① Mike
② Julie
③ Mike and Julie
④ Mike and Meg
⑤ Meg and Julie

04

대화를 듣고, 스미스 박사의 감정을 가장 잘 나타내는 것을 고르시오.

① anger   ② sorrow
③ passion   ④ disinterest
⑤ concern

05

다음을 듣고, 화자의 감정을 가장 잘 나타내는 것을 고르시오.

① disbelief
② nervousness
③ sadness
④ nostalgia
⑤ fatigue

Note

06 Which best reflects the speaker's feeling?

① anticipation

② hope

③ respect

④ nostalgia

⑤ loneliness

07 Listen to the following conversation and choose what the man is probably feeling.

① outrage

② mild anger

③ relief

④ joy

⑤ indifference

07 How does the woman feel?

① hungry

② unhealthy

③ exhausted

④ nauseous

⑤ excited

09 Which of the following best shows the change in the man's feeling?

① courteous → outraged

② shocked → relieved

③ confused → relaxed

④ ashamed → embarrassed

⑤ indifferent → startled

10 Which of the following best shows the change in the man's feeling?

① relaxed → relieved

② annoyed → embarrassed

③ frightened → indifferent

④ startled → relieved

⑤ delighted → disappointed

 유형 09 문장 완성하기

! 유형 알고 가기

'문장 완성하기' 유형은 대화를 다 들은 후 마지막에 남자나 여자가 할 말을 고르는 유형이다. 이 유형은 말하기 능력을 간접적으로 평가하기 위한 문제이다. 이 문제 유형으로 자주 등장하는 질문은 다음과 같다.

+ 대화를 듣고, 여자의 마지막 말에 대한 남자의 응답으로 적절한 것을 고르시오.
+ 대화를 듣고, 남자의 마지막 말에 대한 여자의 응답으로 적절한 것을 고르시오.

유형 해결 하기

1) 마지막에 대답하는 사람이 남자인지 여자인지 확인을 해야 그 사람의 입장에서 들을 수 있다.
2) 마지막에 이어질 대답이므로, 마지막 문장을 주의 깊게 들어야 한다.
3) 가능한 답이 2개 정도 있을 수 있는데, 좀 더 어울릴 만한 답을 골라야 한다.

! 기출문제 맛보기

1 What the man will say? (07 이화외고)

> M: All right. _______________________________________

① I'll be more careful when filling my tray next time.
② I haven't eaten properly for the last couple of days.
③ I'll buy you a good cup of coffee if you drink it all.
④ I also want to be a rock star to perform for world peace.
⑤ I'll find out who is responsible for the dying people in Africa.

스크립트

W Please, have some more.

M Oh no. If I take one more bite, I'll get bloated.

W Come on. Stop and think of the millions of children who are starving in Africa right at this moment. You shouldn't waste food.

M There you go again. They don't have enough to eat and live on one meal a day. Blah blah blah....

W I'm serious. Around thirty million Africans are facing famine this year. In Ethiopia alone, at least six million people are starving, and millions more face the threat of no food. And many big pop stars are launching Live Aid to raise millions of dollars for Ethiopia from rock concerts.

M All right. ____.

해석

여 좀 더 드세요.

남 아니에요. 한입 더 먹었다간 속이 더부룩할 것 같아요.

여 제발요. 지금 이 순간에도 아프리카에서 굶어 죽고 있는 수백만 명의 아이들을 한번 생각해보세요. 음식을 버리면 안 돼요.

남 또 그러시는군요. 그들은 먹을 게 충분하지 않아서 하루에 한끼밖에 안 먹는다. 어쩌고 저쩌고.

여 전 심각해요. 약 3천만 명의 아프리카인들이 올해 기근에 직면해 있어요. 에티오피아에서만 적어도 6백만 명의 사람들이 굶어 죽고 있고 수백만 명 이상의 사람들에게 먹을 게 없는 위협에 직면해 있어요. 그래서 많은 유명 대중가수들이 록콘서트로 에티오피아를 위한 수백만 달러의 기금을 마련할 수 있도록 라이브 에이드 공연을 시작하고 있어요.

남 좋아요. ____

해설 ▶ **정답 ①** 남자가 마지막에 할 말로 적절한 것을 고르는 문제이다. 여자는 남자가 음식을 남긴 것에 대해 아프리카의 기근에 대해 얘기하면서 음식을 남기지 말라고 했으므로, 다음부터는 음식을 남기지 않을 만큼만 담겠다는 내용이 와야 한다.

2   What is the best response to the woman? (07 명덕외고)

> M: ____

① Let's hurry up and finish it.
② Okay. Where is the center located?
③ Thanks for reading my essay.
④ I'm sorry, but I can't rewrite it right now.
⑤ Actually, I don't know what the problem is.

스크립트

W Hey, Kevin, come in. How can I help you?

M I just got the draft of my essay back from my teacher, and she basically said I need to rewrite the entire thing.

W That's pretty stressful, huh? What did she say the problem was?

M Almost everything! She said I didn't use enough sources to support my claims, my thesis statement was confusing, and my writing had significant grammatical errors in it. I don't know how I'm going to get it fixed. Would you help me?

W Well, if you want, I could help you on the weekend, but I think the writing center is a better option because you need to fix this problem quickly.

M What can I get from the writing center then?

W Umm, they can show you the places where you need more evidence, and, uh, help you figure out where to get it. The center's tutors can help you with grammatical points, too. They're really professional.

M ____

해석

여 안녕, 케빈, 어서 들어와. 무엇을 도와줄까?

남 방금 선생님한테 에세이 쓴 것을 돌려받았는데 전체를 다시 써야 한대.

여 스트레스 받겠다. 문제가 뭐라고 하시니?

남 거의 다 문제래! 선생님께서 그러시는데 내 주장을 뒷받침할 만한 충분한 자료를 사용하지 않았고 글의 주제도 명확하지 않은데다가 심각한 문법적 오류까지 있대. 어떻게 고쳐야 할지 모르겠다. 좀 도와줄래?

여 원한다면 주말에 도와줄 수 있어. 그렇지만 내 생각엔 작문센터에 가보는 게 좋을 것 같은데. 왜냐하면 문제를 빨리 고쳐야 하니까.

남 작문센터에서 얻을 수 있는 게 뭐지?

여 음, 주장을 뒷받침할 만한 증거가 어느 부분에 필요한지 알려 줄 수도 있고 음, 증거를 어디서 얻는지도 알려 줄 수 있어. 또 센터의 선생님들이 문법적인 부분도 도와줄 수 있고. 그들은 정말 전문적이야.

남 ____

해설 ▶ **정답 ②** 남자가 자신의 작문에 여러 가지 문제가 있다고 하자 여자는 작문센터에 가 보라고 충고해 준다. 따라서 이어질 대답에는 작문센터에 관한 내용이 나온다.

Note

01 대화를 듣고, 남자의 마지막 말에 대한 여자의 응답으로 알맞은 것을 고르시오.

① Be careful that you don't get sick yourself.
② Yes, I can give you the name of a good doctor if you want.
③ I really enjoyed the book *Anne of Green Gables.*
④ No, so long as you do it before Monday.
⑤ Well, I hope your friend is okay.

02 다음을 듣고, 화자의 마지막 말에 이어질 내용으로 가장 알맞은 것을 고르시오.

① cars have replaced cattle and horses in the American West
② they are still a means of transportation in other countries
③ they are strong, reliable, and good-tempered animals
④ because they are extremely versatile
⑤ and they will continue to be for years to come

03 다음을 듣고, 화자의 마지막 말에 이어질 내용으로 가장 알맞은 것을 고르시오.

① had very few boyfriends
② enjoyed school
③ always had more weekend plans than me
④ usually had more homework than me
⑤ was always more organized than me

04 대화를 듣고, 여자의 마지막 말에 대한 남자의 응답으로 알맞은 것을 고르시오.

① Can I have some more carrots, Grandma?
② I'd love to see that. Can you show me?
③ Bring out the dessert. I'm still hungry.
④ Do you ever pick the blossoms, Grandma?
⑤ Apple trees are nice, but I prefer rose bushes.

05 대화를 듣고, 남자가 마지막 말에 덧붙일 내용으로 알맞은 것을 고르시오.

① You should never have volunteered for this job.
② Just let him enjoy his trip.
③ I hope it will turn out well for him.
④ Oh well, I never liked Jack anyway.
⑤ Let's just keep this a secret between us.

06 Which best completes the speaker's last words?

① can cause you to look foolish at dances

② frequently causes stress in people's lives

③ is not important for true happiness

④ is a good reason to work hard in school and get a good job in the future

⑤ is seldom very important to the people around you

07 Which best completes the speaker's last words?

① life is like that

② the grass is always greener on the other side

③ it's like water off a duck's back

④ a stitch in time saves nine

⑤ every cloud has its lining

08 Choose what the man will probably say next.

① Yes, the tire was poorly made.

② I can't believe my good luck.

③ Yes, because I have a strong personality.

④ Yes, that poor couple was very kind.

⑤ Of course I will continue to drive.

09 Choose what the travel agent will probably say next.

① Just ask the pilot to fly the plane faster.

② It doesn't matter if your boss fires you.

③ When you return, your car will still be there.

④ It's only two days, after all.

⑤ Your job is more important than a vacation.

10 What will the woman probably say next?

① Could you hurry up and finish your work?

② I guess your hard work paid off.

③ Do you want a cup of coffee?

④ What a stroke of luck.

⑤ No more hard times for me.

유형 알고 가기

'유추하기' 유형은 대화나 담화를 듣고, 그 내용을 바탕으로 유추해서 질문에 답하는 유형이다. 들려주는 내용에 답의 근거가 되는 힌트가 나와 있으므로, 내용만 잘 듣고 이해하면 어려움 없이 풀 수 있을 것이다. 이 문제 유형으로 자주 등장하는 질문은 다음과 같다.

+ 다음을 듣고, 여자의 마지막 말이 암시하는 것을 고르시오.
+ 대화를 듣고, 여자가 선호하는 직업을 고르시오.
+ 대화를 듣고, 남자가 좋아할 것 같은 사람을 고르시오.

> 유형 해결 하기
>
> 1) 먼저 질문의 주어가 남자인지 여자인지를 확인하고, 남자면 남자 입장에서, 여자면 여자 입장에서 듣는다.
> 2) 질문에서 요구하는 것을 잘 듣고, 그 부분에 대한 내용이 언급되면 귀를 기울여 듣는다.
> 3) 들은 내용을 바탕으로 가장 적절한 대답을 선택한다.

기출문제 맛보기

1 What type of person does the man probably like? (07 명덕외고)

① People call me a party girl. Almost every night, I go and hang out with my friends.

② I talk on the phone with my friends for hours and hours. I can't imagine living without them.

③ People say that I am a bookworm, but I'm actually an outgoing person and love to joke around.

④ Italians are said to be unbelievably talkative people. You can imagine how noisy they are. I'm just the opposite.

⑤ I love to go to Acapulco every winter because I can make friends from all around the world there and hang out with them.

스크립트

W I like people that are sociable and willing to talk. Usually they have a good sense of humor. I love having lively, witty conversations with my friends. I easily get bored when I'm with people who are quiet or shy.

M I feel much more comfortable when I'm with people who are quiet. I think people that are sociable and witty are often arrogant. I prefer to have friends who stand back and notice what's going on around them.

W It's cool to be a bit arrogant, and I want to hang out with friends that are cool. I just enjoy getting together with cheerful friends.

M Maybe we aren't so different. When you get fed up with just having fun, you'll probably start looking for a lot of serious friends and a very kind husband. Deep down, you probably want the same things as me.

해석

여 난 사교적이고 말하기를 좋아하는 사람이 좋아. 그런 사람들은 보통 유머 감각도 훌륭해. 난 친구들과 명랑하고 위트가 넘치는 대화를 하는 걸 좋아해. 말이 없거나 수줍음이 많은 사람들과 같이 있으면 쉽게 지루해져.

남 나는 조용한 사람과 있을 때 훨씬 더 편안함을 느껴. 사교적이고 위트가 있는 사람들은 보통 거만하다고 생각해. 한발 물러서서 상황이 어떻게 돌아가는지를 아는 사람이 친구로 더 좋아.

여 약간은 거만한 게 더 좋아. 그런 멋진 친구들과 어울리고 싶어. 나는 활기찬 친구들과 같이 있는 걸 즐기는 것뿐이야.

남 어쩌면 너와 나는 크게 다르지 않을지도 몰라. 재미있게 그냥 노는 것에 싫증이 나면 아마도 너는 많은 진지한 친구들과 아주 친절한 남편을 찾기 시작할 거야. 마음 깊숙한 곳에서는 너도 나와 똑같은 것을 원하고 있을지도 모르지.

해설 ▶ 정답 ③ 남자는 조용한 사람들과 있을 때 더 편안함을 느낀다고 했으므로, ③번의 책벌레 같은 사람을 좋아할 것이다.

2 Listen to the following conversation, and choose what they are going to do right after the conversation. (06 고양외고)

① water the trees
② trim their hair
③ cut the grass
④ play volleyball
⑤ go to the beach

<u>스크립트</u>

W Hi, Jake. Are you going down to the beach today to play volleyball?

M I'd love to, but I promised my parents I would do some work in our garden today.

W If I helped you, would you be able to go? You're our best player.

M Sure. If we work together, we could be done in about two hours.

W Great! We'll be just in time for the game. What should I do first?

M Take this trimmer, and trim the border around this walkway. Be careful because that tool has a very sharp edge.

W What are you going to do?

M I'll trim around the fence at the boundary of our house. We'll get through this in no time.

W In that case, let's get started.

<u>해석</u>

여 안녕, 제이크. 오늘 배구하러 해변에 갈 거니?

남 그러고 싶지만, 오늘 정원일을 하겠다고 부모님과 약속했어.

여 내가 도와주면 갈 수 있을까? 네가 제일 잘하는 선수잖니.

남 물론이지. 우리가 같이 일하면 2시간 안에 끝낼 수 있을 거야.

여 좋아! 경기 시간에 가까스로 가겠네. 먼저 무엇을 해야 하니?

남 이 가위를 들고 보도 주변의 테두리를 깎아. 그 기구는 끝이 매우 날카로우니 조심해.

여 넌 뭘 할 거니?

남 우리 집 경계선에 있는 울타리 주변을 깎으려고. 금방 끝낼 거야.

여 그럼, 시작하자.

해설 ▶ **정답 ③** 여자는 trim the border 하기로 했고, 남자는 trim around the fence 하기로 했으므로, 둘은 대화가 끝난 후 잔디를 깎을 것이다.

⊙ TRACK 10

01 대화를 듣고, 대화 내용으로 유추할 수 있는 사실을 고르시오.
① Both speakers are Canadian.
② Only the man is Canadian.
③ Only the woman is Canadian.
④ The speakers are in Canada.
⑤ The speakers are planning to visit Canada.

02 다음을 듣고, 화자가 동의할 것으로 추측할 수 있는 진술을 고르시오.
① Gambling addiction does not exist.
② People should have the freedom to gamble.
③ Gambling is more fun than most other pastimes.
④ Poor people should not gamble.
⑤ Gambling should be made illegal.

03 대화를 듣고, 두 사람이 무엇을 하려고 하는지 고르시오.
① Visit the man's mother
② Invite the man's mother over for dinner
③ Go shopping with their children
④ Call an elderly friend
⑤ Ask the man's mother to babysit

04 다음을 듣고, 크리스가 하는 운동이 무엇인지 고르시오.
① Soccer
② Bowling
③ Golf
④ Tennis
⑤ Basketball

05 다음을 듣고, 쉐리와 로라에 대해 유추할 수 있는 사실을 고르시오.
① They like their teacher.
② They often get into trouble.
③ They are twin sisters.
④ They are good friends.
⑤ They do not like each other.

Note

06 Which of the following is most likely true?

① The man is at an expensive restaurant.

② The man's food does not taste good.

③ The man is angry at the woman.

④ The man is on a diet.

⑤ The man is in a hurry.

07 What does the man imply at the end of the conversation?

① He is very good at teamwork.

② He is not good at concentrating.

③ He has no interest in editing books.

④ He wants the woman to help him get a job.

⑤ He never reads books.

08 Approximately how old is Joy?

① She is in her 20's.

② She is in her 30's.

③ She is in her 40's.

④ She is in her 50's.

⑤ She is in her 60's.

09 At the end of the conversation, the man implies that Professor Dundy's classes...

① are more interesting than his other classes

② are disliked by most students

③ are very popular among students

④ have not taught him very much

⑤ have improved his study habits

10 What does the woman imply at the end of the conversation?

① A parent cannot choose a child's job.

② The girl's family has a good reason to be angry.

③ Modeling is a more difficult job than people think.

④ Parents should give their children career advice.

⑤ The girl might regret her decision later.

유형 11 질문 유추하기

❗ 유형 알고 가기

'질문 유추하기' 유형은 담화를 듣고, 그 담화가 어떤 질문에 답하고 있는지를 파악하는 유형이다. 지문 내용을 잘 듣고 전체 지문의 요지가 무엇인지를 파악하여 그 요지가 어떤 질문에 대한 답인지를 알아내야 한다. 이 문제 유형으로 자주 등장하는 질문은 다음과 같다.

+ 다음을 듣고, 이 지문이 어떤 질문에 답하고 있는지를 고르시오.
+ 다음을 듣고, 다음의 어떤 질문에 화자가 답하고 있는지 고르시오.
+ 다음을 듣고, 화자가 대답하고 있는 질문은 무엇인지 고르시오.

> **유형 해결 하기**
>
> 1) 지문을 잘 듣고 요지를 파악하는 데 주력한다.
> 2) 선택지와 지문의 요지를 비교하여 어떤 선택지의 질문이 가장 어울리는지 찾는다.
> 3) 단순히 듣고 정리하는 것뿐만 아니라, 어떤 질문에 답하고 있는지를 사고하는 능력이 중요하다.

❗ 기출문제 맛보기

1 **What kind of message would Tom send to Harry on the message board?** (07 명덕외고)

① Why didn't you join the club for members over level 20?
② Tell me about the secret club, please. How do I join?
③ How can I get online and play "The Magic Sword"?
④ It's getting late. I'm fed up with the game.
⑤ I think I might finally make level 10 today.

스크립트

M Tom sat down at his computer. There was still time to get online and play his favorite game, "The Magic Sword." He hoped he would finally get his character to level 20. He fired up his game and the messenger program and looked for his friend Harry. Tom met Harry in the game when Tom's character was just level 10. Harry had a powerful character with great armor and weapons. Tom and Harry often played and chatted together. When Tom asked Harry how he'd gotten such great stuff, Harry said he was part of a special club for members who were level 20 and above. Harry promised that once Tom got to level 20, he could get it on the secret, too. Finally, today, Tom made level 20.

해석

남 톰은 컴퓨터 앞에 앉았다. 인터넷에 접속해서 제일 좋아하는 게임 '마법의 칼'을 할 시간은 아직 있었다. 드디어 캐릭터를 레벨 20으로 만들 수 있기를 바랬다. 그는 게임과 메신저 프로그램을 띄운 후 친구 해리를 찾았다. 톰은 톰의 캐릭터가 레벨 10이었을 때 게임 속에서 해리를 만났다. 해리는 훌륭한 갑옷과 무기를 갖고 있는 강력한 캐릭터를 갖고 있었다. 톰과 해리는 종종 같이 게임도 하고 채팅도 했다. 톰이 해리에게 어떻게 그렇게 좋은 것들을 갖게 되었는지 물었을 때 해리는 레벨이 20 이상인 회원들만 있는 특별 클럽의 회원이라고 말했다. 해리는 일단 톰의 레벨이 20이 되면 비밀로 가입할 수 있다고 약속했다. 그리고 마침내 오늘 톰은 레벨 20을 만들었다.

해설 ▶ **정답 ②** 톰의 관심은 해리처럼 클럽활동을 통해 레벨 상승을 하고자 하는 것이다. 그러므로 해리에게 물어볼 질문은 클럽 가입 방법일 것이다. 그러므로 정답은 ②이다.

2 **Which is the best question for the talk?**

① What are team-building events?

② How do managers react to unhappy employees?

③ What are your coworkers like?

④ What do you like the least about your job?

⑤ What was the single-most difficult event so far at the company?

W I have been working at the same company for the past two years. I enjoy the job, but I could do without the social events. Many of us jokingly refer to them as "mandatory fun." They usually take place on a Friday afternoon, and the employees take turns bringing in homemade treats and sharing them with the rest of the staff. Although our managers refer to these get-togethers as "team building events," I have often been ridiculed for bringing in store-bought cakes or asking to skip the events. I just don't feel like part of the team, and that makes me want to skip these office parties even more.

해석

여 저는 지난 2년 동안 같은 회사에서 일을 해왔습니다. 저는 일은 좋아하는데 사교행사는 하지 않고 지냈으면 합니다. 많은 사람들이 농담으로 그것을 '의무적인 놀이'라고 부릅니다. 그 행사들은 보통 금요일 오후에 열리는데 직원들이 번갈아가며 집에서 만든 음식을 가져와서 나머지 직원과 같이 먹습니다. 직장 상사들은 이런 모임을 '단합대회'라고 부르지만 저는 종종 가게에서 산 케이크를 가져오거나 행사에 빠지겠다고 해서 조롱을 당합니다. 전 단지 팀에서 소속감을 느끼지 못하고 있고, 그래서 더욱 더 이러한 회사 파티에서 빠지고 싶습니다.

해설 ▶ **정답 ④** 화자는 직장 안에서 자기가 싫어하는 일이 무엇인지, 그리고 그 이유에 대해서 말하고 있다.

01 다음을 듣고, 이것이 어떤 질문에 대한 답인지 고르시오.

① Where were the first regular television broadcasts?
② Why is television such a popular medium?
③ How does television work?
④ How did television develop?
⑤ What was the first television company?

02 다음을 듣고, 이것이 어떤 질문에 대한 답인지 고르시오.

① How large is the refuge?
② What animals live in the refuge?
③ What are the attractions of the refuge?
④ What is the history of the refuge?
⑤ Why was the refuge established?

03 다음을 듣고, 화자가 어떤 질문에 답하고 있는지 고르시오.

① Why is it important to see a dentist regularly?
② Why do you dislike going to the dentist?
③ What are the most common dental problems?
④ What was your worst experience at the dental clinic?
⑤ Why did you stop having dental work done?

04 다음을 듣고, 화자가 어떤 질문에 답하고 있는지 고르시오.

① How did prehistoric people write numbers?
② What is the history of written numbers?
③ Why do people need numbers?
④ Why is our number system called "Arabic"?
⑤ Why are Arabic numbers used throughout the world?

05 다음을 듣고, 화자가 어떤 질문에 답하고 있는지 고르시오.

① What were you most afraid of as a child?
② What was your most embarrassing experience?
③ Who was your least favorite teacher?
④ What was the strangest dream you have ever had?
⑤ What is your favorite childhood memory?

Note

06 Which of the following questions is the speaker trying to answer?

① What would you do if you won the lottery?

② Where would you go if you could travel anywhere?

③ What is your most important goal for the future?

④ What do you like to do in your free time?

⑤ What gift would you like to give to a loved one?

07 Which of the following questions is the speaker trying to answer?

① How did males and females evolve differently?

② What are the major psychological differences between the sexes?

③ Why has human life expectancy increased?

④ Why do men engage in risky behavior?

⑤ Why do women live longer than men?

08 Which of the following questions is the speaker trying to answer?

① How do doctors know when a patient needs surgery?

② When is reconstructive surgery necessary?

③ What are the risks involved in plastic surgery?

④ What are the major types of surgery?

⑤ How do surgeons replace parts of the body?

09 Which of the following questions is the speaker trying to answer?

① How has Shakespeare influenced other writers?

② Why is Shakespeare considered the greatest playwright of all time?

③ How are Shakespeare's plays unique?

④ Why do people find Shakespeare difficult to read?

⑤ In which countries is Shakespeare most popular?

10 Which of the following questions is the speaker trying to answer?

① What are the dangers of cold weather?

② What causes frostbite?

③ What should you do if you have frostbite?

④ How do you know if you have frostbite?

⑤ How common is frostbite?

 유형 12 모두 듣기

❗ 유형 알고 가기

'모두 듣기' 유형은 질문과 선택지 모두를 읽지 않고 듣고 푸는 문제이다. 주제 혹은 제목 찾기, 틀린 문장 고르기, 요약하기 등 다양한 유형이 출제되고 있다. 담화나 대화가 들려진 후에 질문이 나오므로 내용을 잘 기억하는 것이 중요하다. 또한, 어떤 내용을 물어볼지 알 수 없으므로 최대한 많은 내용을 기억해야 한다. 이 문제 유형으로 자주 등장하는 질문은 다음과 같다.

+ 다음을 듣고, 영어로 읽어 주는 질문에 대한 적절한 답을 고르시오.
+ 다음은 듣고 푸는 문제입니다. 질문에 대한 답을 고르시오.
+ 다음을 듣고, 영어로 된 질문에 대한 적절한 답을 고르시오.

> **유형 해결 하기**
>
> 1) 최대한 핵심적인 내용들을 기억한다.
> 2) 숫자나 이름 등을 물어보는 세부 사항은 잘 물어보지 않으므로 큰 흐름을 잘 기억한다.
> 3) 선택지까지 들려지므로 최대한 집중해서 듣도록 한다.

❗ 기출문제 맛보기

1 대화를 듣고, 영어로 읽어 주는 질문에 대한 적절한 답을 고르시오. (07 대원외고)

　① 　② 　③ 　④ 　⑤

스크립트

M　Jane, have you finished your assignment?

W　Not yet. How about you?

M　I always put things off to the last minute.

W　You mean that you've already got it done?

M　Got it done? No way! I am still thinking about what I am going to do for the assignment.

W　Come on. Next Monday is the due day, and today is Friday.

M　I'll probably decide tomorrow what I am going to write about. I hate to make excuses. But this research project is just impossible.

W　I don't think so. If you can find the topic you are interested in and collect the proper data, any research project can seem easy.

Question: What can be said about the man?

① He has already finished his assignment.

② He always waits too long before starting his work.

③ He is going to help his friend with her homework.

④ He is always prudent and prompt.

⑤ He is a selfish person.

해석

남　제인, 숙제 다 끝냈니?

여　아직 못 끝냈어. 너는?

남　난 항상 마지막 순간까지 일을 미루잖아.

여　다 끝냈다는 뜻이니?

남　다 끝냈냐고? 절대 아니지! 숙제를 어떻게 할지 아직도 생각 중이야.

여　다음주 월요일까지 내야 하는데 오늘이 벌써 금요일이야.

남　무엇을 쓸지 내일 결정할 거야. 변명하긴 싫어. 하지만 이번 숙제는 정말 말도 안돼.

여　난 그렇게 생각지 않아. 네가 흥미로운 주제를 찾아서 제대로 된 자료를 수집하면 어떤 연구 프로젝트도 쉬워 보일 거야.

질문: 남자에 대해 말할 수 있는 것은?

① 이미 숙제를 끝냈다.

② 일을 시작하기 전에 항상 너무 오래 기다린다.

③ 친구가 숙제하는 걸 도울 것이다.

④ 항상 신중하고 신속하다.

⑤ 이기적인 사람이다.

해설 ▶ **정답 ②** 남자는 자신이 항상 무언가를 뒤로 미룬다고 말하고 있다. 그러므로 정답은 ②가 된다.

2 대화를 듣고, 영어로 읽어 주는 질문에 대한 적절한 답을 고르시오. (07 대원외고)

① ② ③ ④ ⑤

스크립트

W How are you going to spend your winter vacation?

M I haven't thought about it. How about you?

W Well, I am going to Canada or Florida this time.

M Well, I don't enjoy cold weather at all.

W I do. You know, there are many great winter sports in Canada. Say, aren't you a skier? Didn't you win first prize in a downhill skiing contest last year?

M No, I am a swimmer.

W I am sorry. I don't know how I got mixed up.

M That's all right. Anyway, I can hardly wait for summer. Canada is too cold for me in winter.

Question: What can be implied from their dialogue?

① The man prefers Florida to Canada in winter.

② The woman has persuaded him to go to Canada.

③ The man will go to Canada during his winter break.

④ The woman is confident that she is a good skier.

⑤ The man and the woman will go skiing together.

해석

여 겨울방학 어떻게 보낼 거니?

남 아직 생각 안 해 봤는데. 너는 어때?

여 이번엔 캐나다나 플로리다에 갈려고.

남 난 추운 날씨는 정말 싫어.

여 난 추운 날씨가 좋아. 너도 알다시피 캐나다에는 재미있는 겨울 스포츠가 많아. 그런데 너 스키 타지 않니? 작년에 스키활강대회에서 1등하지 않았어?

남 아니, 난 수영선수야.

여 미안해. 어떻게 헷갈리게 됐는지 모르겠다.

남 괜찮아. 아무튼 난 여름이 빨리 왔으면 좋겠어. 캐나다의 겨울은 나한텐 너무 추워.

질문: 대화에서 유추할 수 있는 것은?

① 남자는 겨울에 캐나다보다 플로리다를 더 좋아한다.

② 여자는 남자를 캐나다로 가도록 설득했다.

③ 남자는 겨울방학 동안에 캐나다로 갈 것이다.

④ 여성은 자신이 스키를 잘 탄다고 자신한다.

⑤ 두 사람은 같이 스키 타러 갈 것이다.

해설 ▶ 정답 ① 남자는 추운 날씨가 싫다고 말하고 있으므로 겨울에는 날씨가 따뜻한 플로리다를 선호할 것이다.

⊙ TRACK 12

〔01-10〕 대화를 듣고, 영어로 읽어 주는 질문에 대한 적절한 답을 고르시오.

Note

01　① ② ③ ④ ⑤

02　① ② ③ ④ ⑤

03　① ② ③ ④ ⑤

04　① ② ③ ④ ⑤

05　① ② ③ ④ ⑤

06 ① ② ③ ④ ⑤

07 ① ② ③ ④ ⑤

08 ① ② ③ ④ ⑤

09 ① ② ③ ④ ⑤

10 ① ② ③ ④ ⑤

유형 알고 가기

'독해형 듣기' 유형은 독해 지문을 읽은 후 그와 연관된 대화나 질문을 듣고 문제에 답하는 유형이다. 독해 지문과 대화 내용이 서로 연관되어 있으므로 내용 이해뿐만 아니라 서로 연관시켜 사고하는 능력이 중요하다. 또한 주어진 독해 지문을 제한된 시간 안에 읽고 이해해야 하므로 빠른 독해 능력이 필요하다. 이 문제 유형으로 자주 등장하는 질문은 다음과 같다.

+ 주어진 시간 내에 아래의 글을 읽고, 대화를 들은 후 주어진 질문에 답하시오.
+ 다음은 읽고 듣고 푸는 문제입니다. 잘 듣고 답하시오.
+ 다음은 읽기와 듣기가 결합된 문제입니다. 먼저 지문을 읽고 들려지는 내용을 잘 듣고 답하시오.

> **유형 해결 하기**
>
> 1) 독해 지문을 읽을 때는 세부 사항보다는 글 전체의 큰 맥락을 이해하고자 노력한다.
> 2) 대화 내용을 들을 때는 두 사람의 의견이나 견해를 집중해서 듣는 것이 중요하다. 주로 두 사람 중의 한 사람의 말할 내용을 유추하는 문제가 가장 빈번하게 출제된다.
> 3) 독해 지문을 읽으면서 어떤 대화 내용이 나올지 먼저 유추하는 것도 문제 해결에 큰 도움이 된다.

예상문제 맛보기

01 주어진 시간 내에 아래의 글을 읽고, 대화를 들은 후 주어진 질문에 답하시오. 〔1분〕

"Less is more," the saying goes. It applies to public speaking as well as fashion or architecture. The Gettysburg Address, widely considered one of the greatest speeches of all time, lasted about two minutes. The famous orator Edward Everett gave a two-hour speech at the same gathering—one that no one remembers today. You express your ideas more forcefully when they are not diluted by unnecessary words. Here is one of Winston Churchill's better-known speeches in its entirety: "Never, never, never, never, never give in—except to dictates of honor and common sense." It took under 30 seconds to deliver, but Churchill could not have made his point better if he'd talked for an hour.

Q ___________________________________

M ___________________________________

① You're right to keep it short.
② Don't use a lot of big words.
③ I would recommend a different topic.
④ Don't practice too much, or you won't sound natural.
⑤ Make sure you remember the time limit.

지문 해석

'말은 적게 할수록 가치 있다.' 라는 속담이 있다. 패션계나 건축 분야뿐만 아니라 대중연설을 할 때에도 적용되는 말이다. 역대 최고의 연설 중 하나로 여겨지는 게티스버그 연설은 2분짜리였다. 유명한 연설가인 에드워드 에버렛은 같은 자리에서 두 시간에 걸친 연설을 했지만 오늘날 아무도 기억하지 못한다. 불필요한 말로 희석되지 않을 때 생각을 더 명료하게 표현할 수 있다. 여기 윈스턴 처칠의 유명한 연설 전문이 하나 있다. "명예와 양심을 따르는 것 외에는 그 어떤 것에도 결단코, 결단코 굴복하지 마십시오" 이것은 말하는 데 30초도 걸리지 않았지만 처칠이 한 시간을 얘기했다 하더라도 이보다 더 요점을 더 잘 전달할 수는 없었을 것이다.

스크립트

M Are you nervous about your speech?

W I'm terrified. It's in front of the whole school. I've never spoken in front of such a big audience before.

M You'll do great. But if you're really worried, I'd be happy to help. Do you already know what you want to say?

W Yes, I wrote it last night. I'm going to talk about my parents and how they've always helped and encouraged me. I have an awful lot to say on the subject, but I think I've boiled it down to the essence.

M Do you mind if I read it?

W Go ahead. I've got it right here. I'm allowed to talk for a maximum of three minutes, but the whole thing is only half a page. What do you think?

M _______________________________________

Q *What is the man's best response to the woman's last words?*

해석

남 연설할 생각을 하니 긴장돼?

여 무서워. 전교생 앞에서잖니. 전에 이렇게 많은 청중들 앞에서 연설해 본 적 없거든.

남 잘할 거야. 정말 걱정이 되면 내가 기꺼이 도와줄게. 할말은 다 알고 있지?

여 응, 어젯밤에 썼어. 부모님에 대해서, 부모님이 어떻게 항상 도움을 주셨고 날 격려해 주셨는지에 대해 말할 거야. 그 주제에 대해 정말 할말이 많지만 핵심만 말하려고 해.

남 읽어봐도 되니?

여 읽어봐. 여기 있어. 최대 3분까지 얘기할 수 있는데 모두 반 페이지밖에 안 돼. 어떻게 생각하니?

남 _______________________________________

Q *여자의 마지막 말에 대한 남자의 가장 적절한 응답은?*

해설 ▶ **정답 ①** 지문에서는 장황하게 길게 늘어 놓은 말보다 간결하게 의미를 전달하는 것이 더 강력한 메시지를 전달한다고 얘기하고 있다. 대화에서 여자의 연설문에 대해 남자는 '짧게 하는 것이 더 나을 것'이라는 조언을 할 것으로 여겨진다.

---

02 주어진 시간 내에 아래의 글을 읽고, 대화를 들은 후 주어진 질문에 답하시오. 〔1분〕

Until the Human Genome Project, it was thought that humans had at least 100,000 genes. The real number, closer to 35,000, came as something of a disappointment. How is it possible that the most intelligent species on Earth has about as many genes as grass? Worse, one of the most primitive of complex animals, the lungfish, has forty times as much DNA as we do. As it turns out, it's not the sheer quantity of genes that matters; it's the information they carry and the way they work in combination. Single genes are responsible for certain well-known diseases, such as hemophilia and Parkinson's disease, but nearly all normal human traits are produced by the complex interaction of multiple genes.

Q _______________________________________

M _______________________________________

① That was a very exciting discovery.

② Many plants are more complex than humans.

③ That's right, and it explains a lot about our species.

④ In reality, the number is much lower.

⑤ Don't place too much importance on that fact.

지문 해석

인간 게놈 프로젝트가 시행되기까지 사람들은 인간이 적어도 십만 개의 유전자를 가지고 있을 것이라고 생각했다. 그러나 3만오천 개 가까이 되는 실제 숫자는 다소 실망스런 수치였다. 지구상에서 가장 똑똑하다는 인간이 풀 정도의 유전자를 갖고 있다는 것이 어떻게 가능할까? 더 심한 것은 복잡한 동물들 중 가장 하등한 폐어도 인간보다 40배 많은 유전자를 가지고 있다는 것이다. 그렇지만 밝혀진 바에 따르면 중요한 것은 유전자의 개수가 아니다. 유전자가 지니고 있는 정보와 유전자의 조합이 중요한 것이다. 혈우병과 파킨슨병 같은 잘 알려진 질병도 단 하나의 유전자 때문이다. 그렇지만 인간의 거의 모든 특징들은 여러 유전자의 복잡한 조합에 의해 만들어진다.

<table>
<tr><td>

스크립트

W Professor, can I ask your opinion on something?

M Sure, go ahead.

W Which do you think has more influence on a person—heredity or environment?

M I don't think there's really an answer to that question. They work together. Genes and environment interact in so many ways that it's hard to separate them.

W Can you give an example?

M Well, height is a clear example. How tall you are depends partly on how tall your parents are, but it also depends on nutrition and health early in life.

W Overall, though, don't you think that our environment plays a bigger role than genes in making us what we are? Genes can't do much because we don't even have that many. I mean, I heard that some plants have a lot more than we do.

M ______________________

Q *What is the man's best response to the woman's last words?*

</td><td>

해석

여 교수님, 고견을 들려주시겠습니까?

남 물론이죠, 말씀해 보세요.

여 어느 것이 인간에게 더 큰 영향을 미치나요 – 유전입니까, 환경입니까?

남 그 질문에는 답이 없습니다. 둘 다 영향을 미치죠. 유전자와 환경은 여러 가지 면에서 상호작용을 하기 때문에 그 둘을 떼어놓고 생각하기 힘듭니다.

여 예를 들어 주시겠습니까?

남 키가 좋은 예입니다. 자신의 키는 부분적으로 부모님의 키가 얼마나 크냐에 달려 있습니다. 그렇지만 또한 어렸을 때의 영양섭취와 건강에 달려 있기도 하죠.

여 하지만 대체로 현재의 우리를 만드는 데는 유전자보다는 환경이 더 큰 역할을 한다고 생각지 않으십니까? 유전자는 우리가 많이 갖고 있지도 않기 때문에 많은 영향을 미칠 수가 없죠. 제 말은, 어떤 식물은 인간보다 훨씬 더 많은 유전자를 갖고 있다고 들었습니다.

남 ______________________

Q *여자의 마지막 말에 대한 남자의 가장 적절한 응답은?*

</td></tr>
</table>

해설 ▶ **정답 ⑤** 지문에서는 인간 유전자가 특정 식물이나 동물에 비해 수는 적지만 상호작용을 통해 더 복잡한 매커니즘을 지닌다고 얘기한다. 대화에서 학생은, 인간 유전자는 식물들보다도 수가 적기 때문에 환경에 비해 유전자가 인간에게 적은 영향을 끼친다고 생각하고 있다. 그에 대한 교수의 답은 "유전자 수가 적다는 것은 별 의미가 없는 것이다"일 것이다.

◉ TRACK 13

〔01~10〕주어진 시간 내에 아래의 글을 읽고, 대화를 들은 후 주어진 질문에 답하시오. 〔1분〕

01

Although many people think that common colds are caused by cold weather, there is no evidence for that idea. It's true that cold infections increase significantly during the winter, but this seems to be due to the fact that most of us spend more time indoors in close proximity to other people. Unlike the flu, colds are caused by so many different viruses that developing immunity or a vaccine against them is virtually impossible, and there are no effective drugs to fight them. Fortunately, colds are fairly easy to prevent. The surest ways are to wash your hands frequently, to avoid close contact with sick people, and to keep your hands away from your face.

Q ______________________________

W From now on, ______________________________.

① remember to wash your hands frequently
② you should try using a different soap
③ be careful when you're around sick people
④ I hope you feel better soon
⑤ you should get a vaccination every year

02

The world polar bear population currently stands at about 25,000. Environmental activists are trying to have the polar bear declared an endangered species so that it would become illegal to hunt them. It may seem obvious that the killing of these fascinating animals ought to be stopped, but there are some reasonable arguments in favor of the practice. For one thing, the species isn't really threatened. Tight regulations mean that hunters bring in only about 150 animals per year. Furthermore, the isolated communities of Inuit, the Native Americans who inhabit the Canadian Arctic, oppose a hunting ban. Besides wishing to preserve their own ancient hunting traditions, they enjoy being able charge $30,000 for each bear taken by visiting hunters in a region with limited economic opportunities.

Q ______________________________

M ______________________________

① You're right. There's no excuse for it.
② Maybe, but polar bears are endangered.
③ Actually, it used to be illegal.
④ I think the Inuit would disagree.
⑤ Okay, let's go to Canada in June.

03

Do you spend more time socializing in cyberspace than in real life? According to one estimate, the owners of Cyworld are now making 200 million won every day. Close to 90% of Koreans in their teens and twenties are registered members of Cyworld, and they spend countless hours improving their homepages and online personas, counting visitors, and measuring their self-worth in gifts. Recently, a reporter wrote that she quit the site after becoming jealous of friends with more elaborate homepages and greater popularity. Her decision was a wise one. Young people face so many important challenges—achieving in academics and the job market, not to mention maintaining a healthy social life in the "real" world—that every minute they spend in Cyworld is a minute wasted.

Q _______________________________________

W _______________________________________

① I hope I can meet Christine someday.

② I think there are better ways to spend your money.

③ Stop worrying so much about how popular you are.

④ It looks like a great way to express yourself.

⑤ It's more important to spend time with real people.

04

Astronomers forced science textbooks to be rewritten when they decided in 2006 that Pluto is not really a planet after all. Formerly considered the ninth planet in the solar system, it is now designated a dwarf planet, one of forty-four such objects found in the solar system so far. To be a true planet, a body that orbits the sun must be large enough to "dominate its neighborhood." That is, it must far exceed all surrounding objects in size and thus be large enough to clear away asteroids and other debris in its orbit. Pluto fails this test. It is only twice as big as its moon, Charon, and it moves within a ring of icy debris called the Kuiper Belt.

Q _______________________________________

W Right. _________________________________

① Pluto's orbit is not clear of debris.

② A true planet has to orbit the sun.

③ Pluto is bigger than everything near it.

④ Dwarf planets have smaller orbits.

⑤ Pluto is not big enough to have a moon.

05

Teenagers almost inevitably clash with their parents. Some parents respond by trying to strengthen their control over their children by imposing strict rules and punishments for breaking them. But parents should remind themselves that "teenage rebellion" serves a purpose. Young people have to break away from parental authority, at least to some degree, in order to become mature adults. Teenagers are in the process of learning to think for themselves and make their own decisions. This leads to greater self-confidence. They are also forming important relationships with friends outside the family, a necessary step toward psychological independence. As long as rebellion is not taken to extremes, it usually produces a stronger, healthier person.

Q ____

W I know. _______________________________________

① From now on, he has to be home by 11:00.

② Maybe we should give him more freedom.

③ He's under a lot of stress.

④ That shows that he's growing up.

⑤ I'm really worried about him.

06

Driving while drunk is stupid, dangerous, and wrong. However, are police roadblocks that randomly test drivers a good way to deal with this problem? Many countries have had such testing for quite a while yet have not seen a significant reduction in drunk driving. Some countries have achieved a reduction, but they have also conducted anti-drunk driving education and ad campaigns, which might deserve the real credit. In addition, the police have limited time, manpower, and resources. They should devote them to pursuing criminals rather than harassing a lot of innocent drivers. Finally, different people absorb alcohol at different rates, resulting in unfair readings. The same amount of alcohol might make one person drunk while another remains capable of driving safely.

Q ____

W ____

① There's not much evidence that it works.

② There aren't enough roadblocks to be effective.

③ Most accidents aren't caused by drinking.

④ Drunk driving is a serious crime.

⑤ We need more education about the problem.

07

Millions of people use Internet dating services to find friendship or love. Interestingly, a group of researchers found that users of dating sites in the United States are wealthier, taller, and better-looking than the average person. At least, their ads say they are. Over four percent of users stated their annual income as $200,000 or more, a level achieved by less than one percent of all Internet users. Large majorities of both males and females claimed to be taller than the national average. In looks, 70% of women and 67% of men described themselves as "above-average." Apparently, many online daters are deceitful, conceited, or unaware of what the word "average" means.

Q ____

M ____

① He could be using a false name.

② Then he's different from most online daters.

③ Be careful. Online dating can be dangerous.

④ Maybe you'll have better luck next time.

⑤ That's typical for an online dater.

08

Particularly in Asia, consumers appreciate the wide variety of pirated movies and TV shows available from street vendors for $5 or less. Most consider this type of intellectual property piracy to be a victimless crime. Why should they care if the giant media companies' profits go down? One reason they should care is that the profits will likely end up in undesirable hands. Links between counterfeit goods and the mafias of various countries are well established. INTERPOL believes that sales of counterfeit DVDs and other pirated goods are becoming an important source of funding for Al-Qaeda and other violent groups as well. Perhaps if more shoppers were aware of these facts, they would think twice before picking up those cheap DVDs.

Q ____

M ____

① Pirated movies are a lot cheaper.

② The quality of pirated movies is terrible.

③ You can be arrested for buying them.

④ We can save some money that way.

⑤ Our money won't go to criminals.

09

Raymond Chandler helped turn crime writing into a true art form. The hero and narrator of his novels, Philip Marlowe, is beloved by millions of readers as a tough, hard-drinking private eye who is irresistible to women and quick with a wisecrack. As he goes about his investigations, Marlowe guides the reader through the criminal world and the wealthy social circles of 1930s Los Angeles, and he finds that the two groups often overlap. Unlike the usual tough guy, he loves chess and classical music and sometimes shows his sentimental side. He will take only those cases that he finds ethically acceptable, and he resorts to violence only in self-defense.

Q ____

M Yes. __________________________________

① He's one of the greatest mystery writers ever.
② Even though he's a criminal, he's likeable.
③ He's a fairly typical action hero.
④ He's my favorite fictional detective.
⑤ But I think Raymond Chandler is better.

10

With more and more foreigners living and working in Korea every year, the nation should become more hospitable toward non-Koreans. Recently, the United Nations expressed concern about the emphasis that Koreans place on ethnic homogeneity and the associated discrimination against foreigners. It denounced the widespread use of terms such as "pure-blood" and "mixed-blood," which imply racial superiority and are used to denigrate children of interracial marriages. The U.N. report also pointed out that the Korean government is taking steps in the right direction. For example, there is a new national action plan for improving treatment of foreigners, especially migrant workers, who face the worst abuse, and an education plan for children from multicultural families. This is a good start, but Korea still has work to do if it is to become a truly tolerant nation.

Q ____

M ____

① Yes, the discrimination is terrible.
② I think that attitude is wrong and harmful.
③ It's been hard for me to find work.
④ That's true, but it's getting better.
⑤ No, the government has solved that problem.

유형 14 장문 듣기

❗ 유형 알고 가기

'장문 듣기' 유형은 긴 대화나 담화를 듣고, 두 개 이상의 문제를 해결하는 유형으로, 그 중 한 문제는 주제나 요지에 대한 질문이 자주 나오고, 다른 문제는 세부 사항 등을 묻는 것이 일반적이다. 한 지문에 대해 두 개 이상의 문제를 해결해야 하므로 지문 내용을 두 번 들려주기도 하지만 한 번만 들려주는 경우도 있다. 그러므로 최대한 집중해서 내용을 듣고 기억해야 한다. 이 문제 유형으로 자주 등장하는 질문은 다음과 같다.

+ 다음 내용을 듣고, 아래의 두 질문에 답하시오.
+ 다음은 들려지는 내용을 듣고, 두 개의 질문에 답하는 문제입니다.

> **유형 해결 하기**
>
> 1) 전반적인 상황을 파악하고 중요 포인트를 기억하는 데 주력해야 한다.
> 2) 너무 부분적인 내용보다는 끝까지 듣고 객관적인 시각으로 전체적인 내용을 파악하도록 한다.
> 3) 숫자나 지나치게 세부적인 내용을 질문할 경우는 지문 내용을 한 번 더 들려주는 경우가 많으므로 숫자에 너무 신경을 많이 뺏기지 말아야 한다.

❗ 예상문제 맛보기

01 다음은 들려지는 내용을 듣고, 두 개의 질문에 답하는 문제입니다.

1. Why is the woman advised to see a doctor?

① She needs a doctor to write a prescription.
② There is a danger her burn will become infected.
③ She has injured her leg and is in a lot of pain.
④ Her daughter might become seriously infected.
⑤ She burned herself while cleaning the house.

2. What should the woman NOT do according to the man's advice?

① Avoid doing housework.
② Cover the wound with clean gauze.
③ Go to the doctor as soon as possible.
④ Put the cream on every three hours.
⑤ Always keep the wound clean.

스크립트

M How can I help you?

W I burned my hand while cooking dinner last night. It really hurts. Do you have any cream for it?

M That looks really bad. You should have seen a doctor immediately.

W I was too busy, and I had to finish making dinner for my family.

M I'll give you this cream, which you should put on your hand every three hours. Don't cover the wound. But keep it clean at all times. You should avoid doing any housework such as cleaning the kitchen for a couple of days. But I recommend that you see a doctor as soon as possible, even later today. If you don't, there is a possibility that the wound will become infected. Someone once brought his daughter in after she had burned her leg. Her father didn't take her to the doctor but instead waited a week while her leg became more painful. Eventually, she had to be treated in a hospital.

W Thank you for your advice. Maybe I will try to go to the doctor tomorrow morning.

M I hope you have a chance.

W Where should I pay for the cream?

M Please pay at the front of the store.

해석

남 무엇을 도와드릴까요?

여 어젯밤에 저녁을 차리다가 손을 데었어요. 정말 아파요. 바르는 약이 있나요?

남 상태가 안 좋아 보이네요. 곧바로 병원에 가셨어야죠.

여 너무 바빴어요. 그리고 가족을 위해 저녁도 마저 차려야 했고요.

남 이 약을 드릴게요. 세 시간마다 손에 바르세요. 상처를 무언가로 덮지 마세요. 하지만 항상 깨끗하게 유지하시고요. 며칠 동안 부엌 청소 같은 집안일은 피하셔야 합니다. 가능한 한 빨리, 오늘 늦게라도 병원에 가는 걸 권합니다. 병원에 안 가시면 상처 부위가 감염될 가능성이 있습니다. 한번은 어떤 사람이 다리를 덴 딸아이를 데려온 적이 있는데요. 아버지가 의사한테 데려가지 않고 대신에 일주일을 기다렸다가 다리 통증이 더욱 심해졌어요. 결국 큰 병원에서 치료를 받아야 했습니다.

여 도움 말씀 고마워요. 내일 아침에 병원에 가볼게요.

남 꼭 가시길 바랍니다.

여 어디서 계산하죠?

남 가게 앞쪽에서 계산하세요.

해설 ▶ 1-1. **정답 ②** 남자는 크림을 추천해 주면서 상처가 감염될 위험이 있으니 당일 늦게라도 의사를 찾아갈 것을 권하고 있다.

 1-2. **정답 ②** 남자는 Don't cover the wound.라는 말로 상처를 덮지 말고 청결하게만 유지하라고 했다.

---

02 다음은 들려지는 내용을 듣고, 두 개의 질문에 답하는 문제입니다.

1. Why was the woman NOT going to have a party?

① Last year's was not fun.

② She will be away on vacation.

③ She does not like to dance.

④ She is saving for a vacation.

⑤ The food will be too expensive.

2. Why did the woman decide to have a party again?

① 휴가가 취소되어서

② 남자가 파티 비용을 지불해서

③ 친구들이 원해서

④ 비용 절감 방법을 찾아냈기 때문에

⑤ 음식 솜씨를 자랑하기 위해서

스크립트

M Are you having a birthday party this year?

W No, I've decided not to have one this year.

M That's too bad. Usually you have the most awesome birthday parties. Last year, your party was great. We had so much fun. Do you remember that everyone danced for hours?

W Yes, I remember. I have many photos of the party. But I'm trying to save my money to go away on a vacation. A party is so expensive.

M Yes, I know what you mean. Hey, I have an idea.

W Is this another one of your crazy ideas?

M Yes, it is. I think we should get the whole gang together and have a party anyway. But we'll get some people to bring food and others to bring some sodas. That way, you won't spend any money.

W It sounds like a great idea. You can have the party at my house. I'll set up the music and the lights.

M It's a deal. I'll call everyone tonight and let them know what the plan is.

W Wait a minute. My birthday is not until next month.

M But we have to start planning. And this way we'll all have something to look forward to.

W It sound's like I'll have a fantastic birthday this year, and I'll still be able to go on that vacation.

해석

남 올해 생일파티를 할 거니?

여 아니, 올해는 안 하기로 결정했어.

남 안됐다. 보통은 정말 멋진 생일파티를 열잖아. 작년에도 너의 파티는 굉장했어. 정말 재미있었지. 다들 몇 시간 동안이나 춤췄던 거 기억해?

여 그래, 기억 나. 사진도 많이 있어. 근데 휴가 가려고 돈을 모으고 있는 중이야. 파티는 돈이 너무 많이 들어.

남 그래, 무슨 말인지 알아. 이봐, 좋은 생각이 있어.

여 또 무슨 엉뚱한 생각을 하는 거니?

남 어쨌든 사람들을 다 불러모아서 파티를 여는 거야. 근데 어떤 사람들은 음식을 가져오게 하고, 또 다른 사람들은 음료수를 갖고 오게 하고. 그런 식으로 하면 넌 돈이 하나도 들지 않아.

여 좋은 생각 같다. 파티는 우리 집에서 하고. 내가 음악과 조명을 담당할게.

남 그러자. 오늘밤 모두에게 전화해서 우리 계획을 알릴게.

여 잠깐만. 내 생일은 다음 달이야.

남 그렇지만 계획을 세우기 시작해야지. 그래야 다들 고대하는 뭔가가 생기는 거잖아.

여 올해는 환상적인 생일을 보낼 것 같구나. 휴가도 갈 수 있고 말이야.

해설 ▶ 2-1. **정답 ④** 여자는 파티에 많은 비용이 들어가서 걱정하고 있다. 휴가를 위해 돈을 저축하려고 파티를 열지 않을 예정이었다.

2-2. **정답 ④** 파티 참가자들이 음식을 각자 준비해 오면 큰 돈이 들지 않을 것이라고 남자가 이야기하고 있다. 결국 돈을 들이지 않고 파티를 열 수 있게 되자 여자는 파티를 다시 열기로 결정한다.

01 다음을 듣고, 이어지는 두 개의 질문에 답하시오.

1. What is the main idea of the monologue?

① Psychologists use photos and boxes to study babies' behavior.

② Babies have ideas about beauty that are similar to adults'.

③ Babies stare longer at something when they understand it.

④ Psychologists know very little about how babies think before they can speak.

⑤ Psychologists can use babies' behavior to infer things about their minds.

2. Which of the following is true according to the monologue?

① Babies are somewhat aware of gravity.

② Babies stare longer at unattractive faces.

③ Babies' ways of thinking change when they learn to speak.

④ Babies stare longer at things that are moving.

⑤ Babies have no awareness of beauty.

02 대화를 듣고, 이어지는 두 개의 질문에 답하시오.

1. What is the topic of the conversation?

① How to buy a good used car

② How to find a good mechanic

③ How to decide what kind of car suits you

④ How to decide what you should pay for a car

⑤ How to evaluate a car's condition

2. What piece of advice does the woman give first?

① Have the car checked by a mechanic.

② Ask for a lower interest rate.

③ Try a different company.

④ Check the reputation of the company.

⑤ Take the car for a drive.

03 다음을 듣고, 이어지는 두 개의 질문에 답하시오.

1. What is the topic of the talk?

① Discoveries made through satellite photography
② Privacy problems caused by satellite photography
③ Recent improvements in satellite photography
④ The possible benefits of satellite photography
⑤ How governments use satellite photography

2. Which of the following is true according to the speaker?

① Services like Google Earth are not very popular now.
② Satellite photos can help prevent environmental damage.
③ There are not enough restrictions on satellite photography.
④ Journalists dislike using satellite photographs.
⑤ The main use of satellite photography will be for entertainment.

04 대화를 듣고, 이어지는 두 개의 질문에 답하시오.

1. What is the topic of the conversation?

① The number of people with disabilities
② The poor condition of public buildings
③ How the woman broke her leg
④ Public facilities for the disabled
⑤ Discrimination against the disabled

2. Where does the conversation probably take place?

① In a restaurant
② At the movies
③ On the subway
④ On a plane
⑤ At a bank

05 대화를 듣고, 이어지는 두 개의 질문에 답하시오.

1. What is the topic of the conversation?

① Reasons for learning to scuba dive

② The man's scuba diving experience

③ The history of scuba diving

④ Scuba diving safety

⑤ How scuba equipment works

2. Which of the following can be inferred from the conversation?

① The man wants to become a scuba instructor.

② The woman does not want the man to go scuba diving.

③ The woman has never tried scuba diving.

④ The man is nervous about his test.

⑤ The woman is afraid of the water.

06 Listen to the talk, and answer the following two questions.

1. What is the topic of the talk?

① 중세 시대의 패션

② 샤넬의 성공 이유

③ 미에 대한 관점의 변화

④ 부와 패션의 관계

⑤ 패션 브랜드의 성공 조건

2. Which of the following statements is true according to the talk?

① Beauty standards have changed since the 1860s.

② Suntanned skin is healthier than pale skin.

③ Victorian society valued appearance more than other times.

④ Coco Channel was beneficial to the development of image.

⑤ The Industrial Revolution made women thin by forcing them to work hard.

07 Listen to the conversation, and answer the following two questions.

1. What is the topic of the conversation?

① 취미 생활
② 갖고 싶은 물건들
③ 용돈과 심부름
④ 용돈을 인상하는 방법
⑤ 주말에 할 것들

2. When does the girl go for pizza?

① after washing the dishes
② when she gets her pocket money for the week
③ after she walks the dog
④ on the weekends when her chores are done
⑤ after eating candy and reading a comic book

08 Listen to the talk, and answer the following two questions.

1. What is the topic of the talk?

① 카이탁 공항의 문제점들
② 첵랍콕 공항의 문제점들
③ 홍콩 최초의 국제공항
④ 홍콩의 새로운 관문 첵랍콕 공항
⑤ 홍콩의 면적 변화

2. What amazing fact about the Hong Kong Airport is the writer's main point?

① Journeys take 23 minutes.
② The airport is built on two islands that were joined together.
③ Tung Chung is a historic old town.
④ Hong Kong now has an airport.
⑤ Hong Kong has become an important business center.

09 Listen to the talk, and answer the following two questions.

1. How did the woman cross the border from China to Vietnam?

① She had to take a taxi.

② The passport control official drove her.

③ She walked across the bridge.

④ She did not cross the border.

⑤ The police took her across.

2. Which best shows the change in the speaker's emotion?

① happy → sad

② glad → unhappy

③ nervous → relieved

④ embarrassed → scared

⑤ surprised → angry

10 Listen to the conversation, and answer the following two questions.

1. Why is the man calling?

① He is a client of Jack Collins.

② He has an interview with Jack at 1:00.

③ He needs to cancel an appointment.

④ He needs to check about the files.

⑤ He has an urgent message for Jack.

2. Which is NOT mentioned in the conversation?

① The man's name

② The name of the man's company

③ The name of the person the man wants to talk to

④ The man's telephone number

⑤ The man's purpose for calling

실전모의고사

실전모의고사 01

- No.01~No.10 : ⊙ TRACK 15
- No.11~No.20 : ⊙ TRACK 16
- No.21~No.30 : ⊙ TRACK 17
- No.31~No.40 : ⊙ TRACK 18

실전모의고사 **01**

01 대화를 듣고, 대화의 상황에 알맞은 그림을 고르시오.

02 대화를 듣고, 두 사람의 관계로 알맞은 것을 고르시오.

① security guard – traveler
② pilot – traveler
③ airline agent – customs officer
④ customs officer – traveler
⑤ son – customs officer

03 다음을 듣고, 화자가 가장 듣기 싫어할 말을 고르시오.

① Baseball players are lazy and arrogant.
② Baseball is a boring sport.
③ Are you kidding? Baseball players are athletes!
④ Don't give those guys a room. They're baseball players!
⑤ Baseball is not as exciting as soccer.

04 대화를 듣고, 내용과 일치하지 <u>않는</u> 것을 고르시오.

① 남자는 마음이 약하고 여자는 그렇지 않다.
② 여자는 스캇의 행동이 마음에 들지 않는다.
③ 스캇에 대한 남자의 행동이 여자를 화나게 했다.
④ 남자는 스캇 때문에 마음이 편하지 않다.
⑤ 스캇은 컴퓨터 게임을 좋아한다.

05 다음을 듣고, This가 가리키는 것을 고르시오.

① 온실 가스　　② 홍수　　③ 지구 온난화
④ 빙산　　⑤ 화석 연료

06 대화를 듣고, 여자의 마지막 말에 이어지는 남자의 응답으로 가장 알맞은 것을 고르시오.

M: _______________________________

① What time does his plane land?
② What does your client look like?
③ What airline is he flying on?
④ When does your meeting begin?
⑤ What is the name of your client?

07 대화를 듣고, 교수가 하지 <u>않은</u> 일을 고르시오.

① 수업 안내서를 나누어 준다.
② 수업에 대한 간략한 소개를 한다.
③ 토지 개혁 예측에 대한 질문에 응답한다.
④ 안내서를 받지 못한 사람에게 안내서를 줄 것을 누군가에게 부탁한다.
⑤ 야외 수업에 대한 변경사항을 설명한다.

08 다음을 듣고, 이야기를 요약하는 다음 문장에 가장 알맞은 것을 고르시오.

> Campers must always be sure to __________ __________.

① bring the proper equipment
② avoid contact with animals
③ cook their own food
④ follow certain guidelines
⑤ start campfires properly

09 다음을 듣고, 이것이 어떤 질문에 대한 대답인지 고르시오.

① Are some monster waves now able to reach 200 meters?
② What was the reason for most of shipwrecks in the Bermuda Triangle?
③ Do monster waves really exist?
④ Are monster waves dangerous?
⑤ What is the most disastrous phenomenon of nature?

10 다음을 듣고, 내용과 일치하지 <u>않는</u> 것을 고르시오.

	Driving Areas	Color
①	Britain	
②	New Zealand	
③	Hong Kong	
④	Mainland China	
⑤	Thailand	

Left-Hand-Side Driving Countries:
Right-Hand-Side Driving Countries:

11 대화를 듣고, 남자의 마지막 말에 대한 여자의 응답으로 가장 알맞은 것을 고르시오.

> W: __________

① Let's speak softer.
② I always get thirsty when I talk this much.
③ I'm not really sure who you are.
④ May I introduce you?
⑤ I've heard so much about you.

12 다음을 듣고, 화자의 요지가 가장 잘 나타난 문장을 고르시오.

① There are many ways to keep in touch with friends.
② People hardly ever write letters to their friends.
③ It is important to try to keep in touch with friends.
④ E-mail has made keeping in touch with people very easy.
⑤ Many people prefer to speak on the telephone.

13 대화를 듣고, 여자가 사과하는 이유를 고르시오.

① She does not have a reservation.
② She is starving.
③ Her umbrella is making a mess in the restaurant.
④ Her table is not ready yet.
⑤ The man is taking her jacket.

14 다음을 듣고, 이 스포츠에 대해 사실이 <u>아닌</u> 것을 고르시오.

① It is most often played in rural environments.
② Players must pass obstacles as quickly as they can.
③ The sport is somewhat dangerous to its players.
④ It was invented by the French.
⑤ The sport's leaders encourage people to play safely.

15 대화를 듣고, 고객이 대여한 차와 지불 금액이 알맞게 연결된 것을 고르시오.

	대여차량	금액
①	Hyundai Sorrento	150 dollars
②	Hyundai Sorrento	195 dollars
③	Honda Accord	150 dollars
④	Honda Accord	195 dollars
⑤	Honda Accord	500 dollars

16 대화를 듣고, 제임스 박사에 대해 올바른 것을 고르시오.

① 그는 여자의 고용인 중 한 명이다.
② 그는 논의된 회사의 회계 관리를 책임지고 있다.
③ 그는 아시아 금융 위기가 다시 올 가능성은 전혀 없다고 생각한다.
④ 그는 내일 아시아 금융 위기가 올 거라고 생각한다.
⑤ 그는 회사 금융 관리에 대해 여성에게 조언하고 있다.

17 다음을 듣고, 이야기의 전개 방식을 고르시오.

① comparison　② contrast　③ analogy
④ example　⑤ analysis

18 대화를 듣고, 돈을 받을 사람, 계좌번호, 받을 금액이 알맞게 연결된 것을 고르시오.

	Recipient	Account Number	Amount of Money
①	Tio Mcappper	0170303	5,000,000 won
②	Tio Mcappper	01550	5,861 dollars
③	Scott Gardiner	0170303	5,000,000 won
④	Scott Gardiner	0170303	5,861 dollars
⑤	Scott Gardiner	01550	5,000,000 won

19 다음을 듣고, 마지막에 이어질 말로 알맞은 것을 고르시오.

> One unanswered question is ________________

① Can warfare exist without new advances in technology?
② What is the most powerful wartime technology?
③ Has technology been a part of warfare since the earliest times?
④ Can technology save lives even during times of war?
⑤ Does technology save lives or cause more death and destruction?

20 다음을 듣고, 화자의 요점을 가장 잘 나타낸 것을 고르시오.

① 투자자들은 주식 구입 전에 주식 중개인과 상담해야 한다.
② 단기 거래자들은 구매하는 주식에 대해 주의를 기울여야 한다.
③ 모든 종류의 단기 투자에 연관되는 걸 피해야 한다.
④ 장기 투자가 단기 투자보다 안전하다.
⑤ 단기 투자로 수익을 내는 것은 거의 불가능하다.

21 대화를 듣고, 남자가 마지막 말을 한 이유를 고르시오.

① 집을 사는 데 너무 많은 시간이 걸릴 것이기 때문에
② 일년 동안 형과 함께 살며 돈을 모아야 하기 때문에
③ 여자가 집을 너무 쉽게 구했기 때문에
④ 그는 복권에 당첨된 적이 없기 때문에
⑤ 여자가 좋은 집에 살기 때문에

22

대화를 듣고, 여자가 해야 하는 동작이 <u>아닌</u> 것을 고르시오.

① 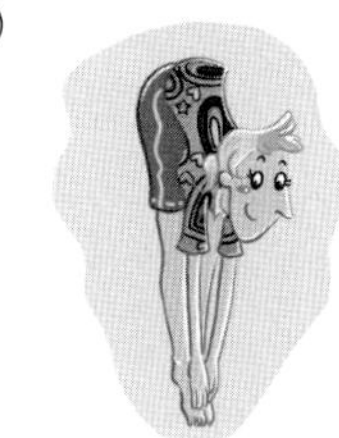   ② 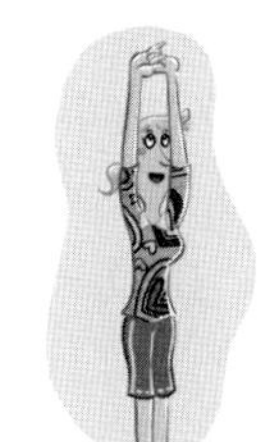

③ 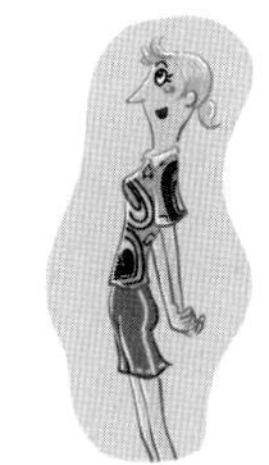   ④ 

⑤ 

23

다음을 듣고, 물품과 행사 내용이 <u>잘못</u> 연결된 것을 고르시오.

① Italian pasta – If you buy two bags of spaghetti, you'll get another one for free.
② Imported chocolates – You'll get a 50% discount.
③ Apples – They sell for $2 a kilogram.
④ Bananas – They cost 50 cents per kilogram.
⑤ Soft drinks – They cost 50 cents apiece.

24

대화를 듣고, 여자의 설명에 따라 취해야 할 행동이 바르게 나열된 것을 고르시오.

> ⓐ Take a left at the traffic light.
> ⓑ Drive for about three or four minutes.
> ⓒ Go right at the stop sign.
> ⓓ Go straight for three blocks.
> ⓔ Go straight for one block.

① ⓑ – ⓐ – ⓓ – ⓒ – ⓔ
② ⓓ – ⓐ – ⓔ – ⓒ – ⓑ
③ ⓓ – ⓒ – ⓔ – ⓐ – ⓑ
④ ⓔ – ⓒ – ⓑ – ⓐ – ⓓ
⑤ ⓔ – ⓐ – ⓑ – ⓒ – ⓓ

25

대화를 듣고, 화자들이 무엇에 대해 이야기하고 있는지 고르시오.

① What the man had for lunch
② The woman's current occupation
③ The reason why the man declined the woman's offer
④ The demerits of the man's current job
⑤ What the speakers will do after the conversation

26

다음을 듣고, 표의 내용과 일치하는 것을 고르시오.

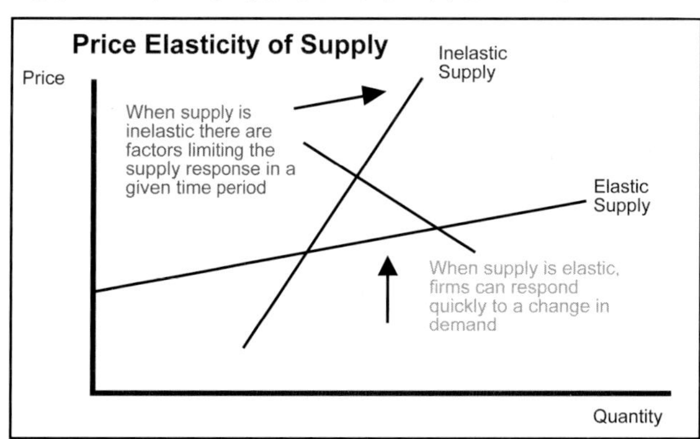

① 제조업자들이 청바지를 더 생산할 수 없으면, 공급 곡선은 탄력적이 될 것이다.
② 공급이 비탄력적이면, 가격 증가는 제조업자들이 더 많은 청바지를 생산한다는 걸 의미한다.
③ 비탄력적 공급은 가격 상승 시 생산자들이 더 많은 청바지를 생산할 수 있음으로써 야기된다.
④ 비탄력적인 공급 곡선은 탄력적 공급 곡선보다 기울기가 크다.
⑤ 물품의 가격은 그 물품의 공급이 탄력적인지 아닌지를 결정한다.

27 대화를 듣고, 대화 도중 거울의 가격 변화를 알맞게 나타낸 것을 고르시오.

① $99 – $60 – $75 – $70
② $99 – $75 – $60 – $70
③ $99 – $75 – $70
④ $99 – $70 – $60
⑤ $99 – $75 – $65 – $75

28 대화를 듣고, 월트 디즈니에 대해서 <u>잘못</u> 표기된 것을 고르시오.

① 1901 – Was born
② 1928 – Made screen debut
③ In the late 1920s – Introduced technicolor to animation
④ 1932 – Won an Oscar
⑤ 1955 – Opened Disneyland Park

29 대화를 듣고, 여자가 학교에서 할 특별활동을 모두 고르시오.

ⓐ become a member of the math club
ⓑ join the basketball team
ⓒ sign up for the school band
ⓓ write for the school newspaper
ⓔ learn to play the piano

① ⓐ, ⓓ
② ⓐ, ⓑ, ⓓ
③ ⓑ, ⓒ
④ ⓑ, ⓒ, ⓓ
⑤ ⓒ, ⓓ, ⓔ

30 대화를 듣고, 남자의 마지막 말을 완성하는 가장 알맞은 것을 고르시오.

M: The only solution is ______________________________________.

① asking people to sell their cars
② getting people to walk everywhere even if they are late
③ asking people not to work in the city
④ asking people to run to where they need to be
⑤ encouraging people to use public transportation

〔31-34〕 31번부터 34번까지는 문제와 보기를 모두 듣고 푸는 문제입니다. 대화나 이야기를 듣고, 영어로 들려주는 질문에 대한 알맞은 답을 고르시오.

31 ① ② ③ ④ ⑤

32 ① ② ③ ④ ⑤

33 ① ② ③ ④ ⑤

34 ① ② ③ ④ ⑤

35 다음을 듣고, 이어지는 영어 질문에 알맞은 답을 고르시오.

① 5　② 6　③ 7　④ 8　⑤ 9

주어진 시간 동안 아래 지문을 주의 깊게 읽고, 대화를 들은 후 질문에 답하시오. 〔1분〕

> Many parents in Korea these days are opting to send their children to boarding schools abroad instead of enrolling them in domestic private or public schools. They believe their children will receive a better education and will have more opportunities available to them in the long run if they attend schools in countries other than Korea. However, parents fail to weigh the costs of sending their children away from them, which means that the families will have limited contact with their children. Children that are sent abroad have no family role models to look to for support and guidance. Rather, they are surrounded by peers and emotionally uninvolved instructors or staff members at the boarding school. I think parents need to reevaluate what is really important in their children's lives.

Q: _______________________________

① American schools are too expensive.
② Korean schools are getting better these days.
③ Our son would love to go to America.
④ Who will take care of him in America?
⑤ We should find a friend to go with him.

〔37-38〕 대화를 듣고, 이어지는 두 개의 질문에 답하시오.

37 **Which of the following is NOT true about the conversation?**

① The man is taking his family on a trip.
② One of the man's children gets seasick.
③ The woman has had a difficult week at work.
④ The man's family will leave on Saturday.
⑤ The woman did not take the harbor cruise.

38 **Why has it been a long time since the man has traveled with his family?**

① He has not been able to afford it.
② His job has kept him too busy.
③ The weather has not been good.
④ The traffic is too bad to drive in.
⑤ The man's child has been sick lately.

〔39-40〕 대화를 듣고, 이어지는 두 개의 질문에 답하시오.

39 **Where is this conversation taking place?**

① 병원 응급실
② 병원 진료실
③ 의대 강의실
④ 병원 수술실
⑤ 병원 원장실

40 **Which is NOT true about Dr. Smith?**

① 남자는 수련의 기간 중 오진이 딱 한 번 있었다.
② 남자는 3년간의 수련의 기간을 거쳤다.
③ 남자는 일과 여가 생활을 병행하기 힘들다고 믿는다.
④ 남자의 전공 분야는 외상이다.
⑤ 남자는 너무 스트레스를 받아 이전 병원을 그만두었다.

LISTEN to the MAX │ 외고영어듣기대비

실전모의고사

실전모의고사 02

- **No.01~No.10 :** TRACK 19
- **No.11~No.20 :** TRACK 20
- **No.21~No.30 :** TRACK 21
- **No.31~No.40 :** TRACK 22

실전모의고사 02

TRACK 19~22

01 대화를 듣고, 여자의 아침 식사를 가장 잘 나타낸 그림을 고르시오.

①  ② 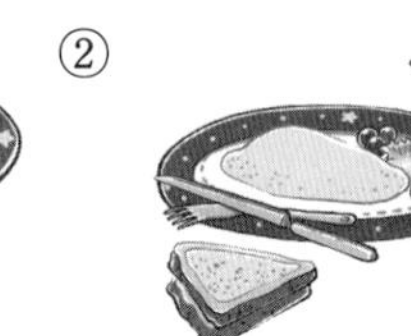

③   ④ 

⑤ 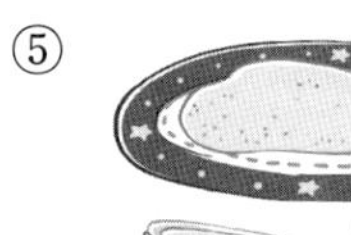

02 다음을 듣고, 이 이야기의 제목으로 가장 알맞은 것을 고르시오.

① Wind Power as a Renewable Energy Source
② Investing in Developing Sources of Renewable Energy
③ Why Wind Power Is a Reliable Source of Electricity
④ Where Wind Power Comes From
⑤ Why Oil Prices Began Rising

03 대화를 듣고, 여자의 요지를 가장 잘 나타낸 문장을 고르시오.

① Her sister was tough on her, and now she is the same.
② Her sister was a tyrant while she was growing up.
③ Her sister was very tough, but she learned some useful skills growing up.
④ She is a very good sales representative.
⑤ She was punished often while growing up.

04 대화를 듣고, 내용과 일치하지 <u>않는</u> 것을 고르시오.

① 남자는 첫 출근을 했다.
② 여자도 오늘 지각을 했다.
③ 남자는 자동차 때문에 지각을 했다.
④ 회사는 지각에 매우 엄격하다.
⑤ 지각하는 사람들이 드문 것은 아니다.

05 대화를 듣고, 남자의 마지막 말에 이어질 내용으로 가장 알맞은 것을 고르시오.

> M: I've been meaning to ask you. ____________

① Will you come on vacation with us?
② Did you get a haircut?
③ Is that a new suit you're wearing?
④ Will you do the presentation for me?
⑤ Don't you think the boss is crazy?

06 대화를 듣고, 남자가 지배인에게 말하려고 했던 것이 무엇인지 고르시오.

① 여자가 케이크 두 조각을 원한다는 것
② 초콜릿 케이크가 인기 상품이라는 것
③ 가게에 남은 케이크가 없다는 것
④ 커피가 너무 진하다는 것
⑤ 여자가 커피 리필을 원한다는 것

07 대화를 듣고, 여자의 마지막 말 중 "I get the point."가 내포하고 있는 의미를 가장 잘 나타낸 것을 고르시오.

① 그녀는 남자가 앙코르와트에 관해 더 말해줘야 한다고 생각한다.
② 그녀는 남자가 즐거운 휴가를 보냈다고 생각한다.
③ 그녀는 남자가 그녀의 실수에 대해 그만 말하기를 원한다.
④ 그녀는 앙코르와트가 캄보디아에 있다는 걸 마침내 깨달았다.
⑤ 그녀는 앙코르와트가 베트남에 있지 않다는 걸 마침내 깨달았다.

08 대화를 듣고, 화자들이 어떤 사진에 대해 이야기하고 있는지 고르시오.

①  ② 

③  ④ 

⑤ 

09 다음을 듣고, 화자의 심경 변화를 가장 잘 나타낸 것을 고르시오.

① melancholic → content → happy
② pessimistic → optimistic → satisfied
③ sad → happy → worried
④ happy → bored → depressed
⑤ pleased → unhappy → disappointed

10 대화를 듣고, 대화가 이루어지는 장소를 고르시오.

① At the man's home
② At a holiday resort
③ At a real estate agency
④ At a restaurant
⑤ At a bank

11 다음을 듣고, 데이비드 카퍼필드에 대한 내용으로 **잘못된** 것을 고르시오.

① 12살에 마술을 시작했다.
② 자유의 여신상을 생방송 중에 사라지게 했다.
③ 환상과 이야기 전개의 조합으로 잘 알려져 있다.
④ 미국 마술 협회에 가입한 최연소 회원이 되었다.
⑤ 실제 중국의 만리장성을 관통하여 걸었다.

12 대화를 듣고, 남자가 티켓 값으로 얼마를 낼지 고르시오.

① $8
② $10
③ $16
④ $18
⑤ $20

13 다음을 듣고, 이야기를 요약하는 다음 문장을 완성하기 위해 들어갈 알맞은 말을 고르시오.

> Modern-day libraries have learned to _________
> _________________________________ .

① spend more money on buying books
② make changes in their services
③ purchase fewer books for patrons
④ teach people how to use computers
⑤ work with colleges on history projects

14 대화를 듣고, 남자에 관한 내용으로 **잘못된** 것을 고르시오.

① 남자는 프로젝트가 끝나면 팀장이 될 것이다.
② 남자는 감기에 걸렸다.
③ 남자는 자신의 일을 너무 진지하게 받아들인다.
④ 남자는 업무가 굉장히 많다.
⑤ 남자는 열심히 일해야 한다고 생각한다.

15 다음을 듣고, 화자의 의견과 일치하는 진술을 고르시오.

① Mark: Schools ought to get rid of all of their vending machines.
② Scott: School cafeterias need to start charging lower prices.
③ Neil: School cafeterias should hire people who can cook tastier food.
④ Lucy: School cafeterias need to improve the selection of their meals.
⑤ Stephanie: There should be only vegetarian meals offered in school cafeterias.

16 대화를 듣고, 여자가 처한 상황에 어울리는 속담을 고르시오.

① A rolling stone gathers no moss.
② Old habits die hard.
③ New brooms sweep clean.
④ Don't count your chickens before they are hatched.
⑤ A stitch in time saves nine.

17 대화를 듣고, 남자와 여자가 만나기로 한 곳을 지도에서 고르시오.

18 대화를 듣고, 화자들이 여행에 가져갈 물건들을 모두 고르시오.

ⓐ visa
ⓑ camera
ⓒ suntan lotion
ⓓ passport
ⓔ T-shirts
ⓕ shorts
ⓖ bathing suit
ⓗ cash
ⓘ traveler's checks

① ⓑ, ⓓ, ⓔ, ⓕ, ⓘ
② ⓐ, ⓑ, ⓒ, ⓓ, ⓔ
③ ⓐ, ⓒ, ⓓ, ⓔ, ⓕ
④ ⓑ, ⓒ, ⓓ, ⓔ, ⓕ
⑤ ⓑ, ⓓ, ⓕ, ⓖ, ⓘ

19 대화를 듣고, 여자의 이동 순서를 가장 잘 나타낸 것을 고르시오.

① Canada – Australia – Korea – Japan
② Australia – Canada – Japan – Korea
③ Korea – Japan – Australia – Canada
④ Canada – Australia – Japan – Korea
⑤ Japan – Korea – Canada – Australia

20 대화를 듣고, 여자의 마지막 질문에 대한 남자의 응답으로 알맞은 것을 고르시오.

M: ___________________________

① I should be able to get it done in that case.
② I'm still working on Mr. Jenkins's project.
③ I'm not going to be here tomorrow.
④ Have those employees report to my office.
⑤ The report still needs a lot of work.

21 대화를 듣고, 표에서 잘못 표시된 것을 고르시오.

출발 시간	도착 시간	등급	지불 수단	비용
① 16:45	② the next day 10:25	③ Business Class	④ Cash	⑤ $400

22 대화를 듣고, 여자가 당황한 이유를 고르시오.

① She thinks the jeans will be too expensive.
② She has asked for the wrong color jeans.
③ She thinks the man is getting impatient.
④ She is concerned about her weight.
⑤ She does not know her size.

23 대화를 듣고, 남자가 설명하는 과정의 순서가 알맞게 나열된 것을 고르시오.

ⓐ Get one's picture taken
ⓑ Take the written test
ⓒ Fill out some papers
ⓓ Take the driving test

① ⓐ − ⓒ − ⓑ − ⓓ
② ⓒ − ⓐ − ⓑ − ⓓ
③ ⓒ − ⓑ − ⓐ − ⓓ
④ ⓒ − ⓑ − ⓓ − ⓐ
⑤ ⓓ − ⓑ − ⓒ − ⓐ

24 다음을 듣고, 화자가 말하고자 하는 요지를 가장 잘 나타낸 것을 고르시오.

① At least one parent should stay home with the children.
② It is bad for children to be coming home to an empty house.
③ Children should not be able to use computers unsupervised.
④ Fast-food diets are not meals that children should be eating.
⑤ It is unfortunate that both parents need to work at the same time.

25 대화를 듣고, 남자의 현재 상태를 가장 잘 나타낸 것을 고르시오.

① Very happy because he was a hard worker
② Very relaxed because he does not want the job
③ Nervous because he did not get along with his boss
④ Happy because he has a new job
⑤ Excited because he has a new job

26 다음을 듣고, 한국과 서양의 전통 상차림의 차이를 가장 잘 나타낸 것을 고르시오.

① 한국 상차림은 매우 세심하게 차려진다.
② 서양 식사는 세 가지 코스로 서비스되는 반면 한국 요리는 보통 동시에 서비스된다.
③ 서양 상차림의 기본 반찬은 세 가지이다.
④ 한국 상차림은 요리에 따라 달라진다.
⑤ 이전의 한국 상차림은 왕족을 고려해야 했다.

27 대화를 듣고, 다니엘에 대해 사실이 아닌 것을 고르시오.

① He works for the same company as the speakers.
② He words as a part-timer in the company.
③ One of his children is sick.
④ He's burning the candle at both ends.
⑤ He doesn't have enough time to rest.

28 대화를 듣고, 마지막에 여자가 남자에게 할 말로 알맞은 것을 고르시오.

① It's probably going to rain on Saturday.

② It's better than sitting at home on Saturday.

③ Maybe we can go on Sunday?

④ I'll go with you next time.

⑤ You could sell me your ticket.

29 다음을 듣고 이어지는 영어 질문에 대한 알맞은 답을 고르시오.

① 1   ② 7   ③ 11   ④ 15   ⑤ 16

30 대화를 듣고, 여자가 운동을 하려는 이유를 고르시오.

① To lose weight

② To be healthy

③ To be skinny

④ To get into shape

⑤ To get married

31 대화를 듣고, 여자가 원하는 신용카드를 고르시오.

① a high credit limit and high interest

② a no credit limit and low interest

③ a small credit limit and low interest

④ a no credit limit and no interest

⑤ a small credit limit and no interest

[32-35] 32번부터 35번까지는 문제와 보기를 모두 듣고 푸는 문제입니다. 대화나 이야기를 듣고, 영어로 들려주는 질문에 대한 알맞은 답을 고르시오.

32 ①   ②   ③   ④   ⑤

33 ①   ②   ③   ④   ⑤

34 ①   ②   ③   ④   ⑤

35 ①   ②   ③   ④   ⑤

36 주어진 시간 동안 아래 지문을 주의 깊게 읽고, 대화를 들은 후 질문에 답하시오. [1분]

The decision to climb Mount Everest is not one that should be taken lightly by anyone, no matter how good a climber that person is. Perhaps the first consideration is your health; you must be in excellent cardiovascular condition and free of high blood pressure even to consider climbing the mountain. Moreover, it is essential to train by taking mountaineering courses in which you learn about equipment, proper techniques, and safety measures. No less important is your financial capability. Even the most frugal trip to the peak will cost an individual at least $25,000, and guided package trips typically cost more than twice that amount. Finally, consider the timing of your trip and the red tape that is involved. Climbers who wish to take advantage of the relatively mild spring weather on the mountain must apply for their permits no later than the previous autumn.

Q: _______________________________________

① it's not as difficult as people think

② I don't think it's worth all that trouble

③ you have no mountain climbing experience

④ I'm not sure I can afford it

⑤ I'm concerned about your health

〔37-38〕 대화를 듣고, 이어지는 두 개의 질문에 답하시오.

37 다음 중 미국 미스터 도넛에 비해 일본 미스터 도넛이 나은 점이 <u>아닌</u> 것은?

① 매장이 깨끗하다.
② 매장이 밝은 분위기이다.
③ 종업원들이 화려하다.
④ 커피값이 싸다.
⑤ 종업원들이 깔끔하다.

38 일본 미스터 도넛의 문제점은 무엇인가?

① 도넛 가격이 너무 비싸다.
② 도넛 종류가 다양하지 않다.
③ 특정 도넛을 만들지 못하고 있다.
④ 도넛 맛이 뛰어나지 않다.
⑤ 도넛이 신선하지 않다.

〔39-40〕 대화를 듣고, 이어지는 두 개의 질문에 답하시오.

39 Which of the following is true about the conversation?

① The man is going to attend graduate school.
② The woman found a job doing economics.
③ The woman got hired for her job last semester.
④ The man has not started applying for jobs yet.
⑤ The man is going to move to another city soon.

40 According to the woman, what is she going to do right after she graduates?

① She will move to another city.
② She will relax for a while.
③ She will start her new job.
④ She will apply for some jobs.
⑤ She will take a trip abroad.

실전모의고사

실전모의고사 03

- No.01~No.10 : TRACK 23
- No.11~No.20 : TRACK 24
- No.21~No.30 : TRACK 25
- No.31~No.40 : TRACK 26

실전모의고사 **03**

TRACK 23~26

01
대화를 듣고, 소년이 크리스마스에 받게 될 선물을 고르시오.

① 
② 
③ 
④ 
⑤ 

02
대화를 듣고, 내용이 일치하지 <u>않는</u> 것을 고르시오.

1. From: ⓐ Michael Hong
   (White's Project Managers)
2. To: ⓑ Steve Owens
3. Message:
   1) ⓒ Call back when he has a minute.
   2) ⓓ Mr. Hong wonders if the project outline and budget are finished.
   3) ⓔ It's not urgent.

① ⓐ   ② ⓑ   ③ ⓒ   ④ ⓓ   ⑤ ⓔ

03
대화를 듣고, 남자가 소포를 보내기 위해 얼마가 필요한지 고르시오.

① $3
② $5
③ $15
④ $25
⑤ $40

04
대화를 듣고, 남자가 찾아가는 곳을 고르시오.

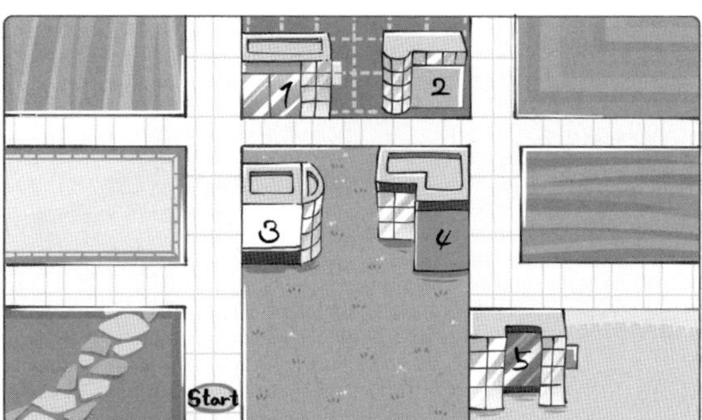

05
다음을 듣고, 관광객들이 크라비의 남쪽 섬을 방문하는 이유로 알맞은 것을 고르시오.

① To enjoy fishing
② To enjoy swimming
③ To enjoy diving there
④ To see the tsunamis
⑤ To see the damage caused by the tsunamis

06

대화를 듣고, 남자의 마지막 말에 대한 여자의 응답으로 알맞은 것을 고르시오.

W: ________________________________

① Here's the shop list.
② That should take you a couple of hours.
③ Don't forget to pick up the medicine.
④ I'll see you as soon as you get back.
⑤ Those are the only things that I need.

07

다음을 듣고, 태국에 대한 그래프 중 잘못된 부분을 고르시오.

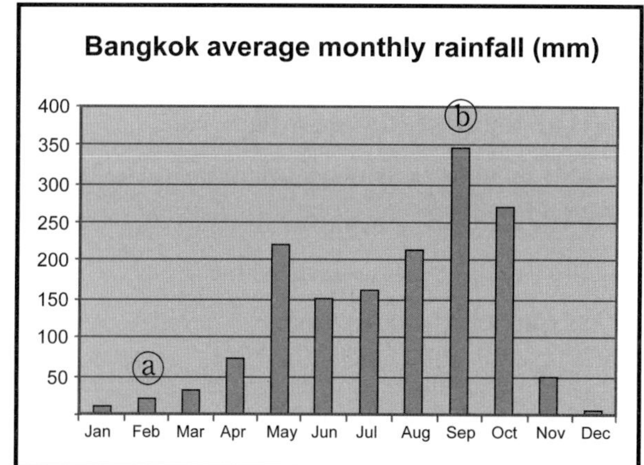

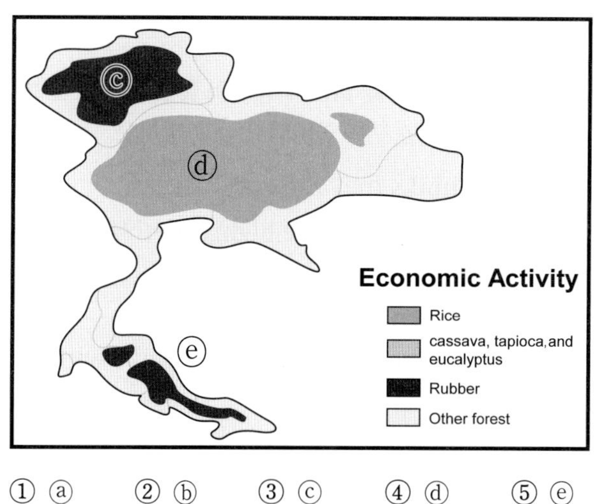

① ⓐ   ② ⓑ   ③ ⓒ   ④ ⓓ   ⑤ ⓔ

08

대화를 듣고, 이 레스토랑에 관한 내용 중 일치하지 <u>않는</u> 것을 고르시오.

① The restaurant serves a variety of food.
② People wearing jeans are not allowed in.
③ It is a good place for a small party.
④ The prices for main courses range from $13 to $69.
⑤ It is located opposite the new Living in Style Shopping Mall.

09

대화를 듣고, 두 사람의 관계로 가장 적절한 것을 고르시오.

① pharmacist – customer
② strangers
③ neighbors
④ co-workers
⑤ husband – wife

10

대화를 듣고, 두 사람이 공통적으로 가지고 있는 문제점을 고르시오.

① 그들은 우산을 자주 잃어버린다.
② 그들은 뭔가를 기억하는 데 문제가 있다.
③ 친구가 그들에게 물건을 빌리고 돌려주지 않는다.
④ 다른 사람들의 이름을 기억하지 못한다.
⑤ 그들은 우산 사는 것을 좋아한다.

11

대화를 듣고, 여자의 마지막 말에 대한 남자의 응답으로 알맞은 것을 고르시오.

M: ________________________________

① I don't feel like arguing with you.
② I don't want any trouble.
③ I'm sorry, but he must be mistaken.
④ Stop shouting at me.
⑤ You're embarrassing yourself.

12 대화를 듣고, 소녀가 오늘 한 일이 <u>아닌</u> 것을 고르시오.

① She drew pictures of her families in class.
② She played computer games at home.
③ She rode a bike down the street.
④ She read a couple of books.
⑤ She learned something new in science class.

13 다음을 듣고, 이야기의 제목으로 알맞은 것을 고르시오.

① How Often the Olympics Are Held
② Similarities Between the Summer and Winter Olympics
③ The History of the Olympics
④ Women's Participation in the Olympics
⑤ When the Olympics Were First Held

14 대화를 듣고, 여자가 남자에게 사과한 이유를 고르시오.

① She insulted him.
② She told him he was fat.
③ She gave him the wrong shirt.
④ He misunderstood what she said.
⑤ They did not have the shirt in his size.

15 다음을 듣고, 이야기를 요약하는 다음 문장의 빈칸에 들어갈 알맞은 것을 고르시오.

People should always be sure to ___________ ___________________________.

① see a dentist twice a year
② avoid eating junk food
③ brush their teeth twice a day
④ take good care of their teeth
⑤ floss after every meal they eat

16 대화를 듣고, 남자가 여자에게 애완견을 맡기면서 알려 준 사항과 <u>다른</u> 것을 고르시오.

① He sometimes barks, but he is quiet at night.
② Feed him a half a can of dog food in the morning.
③ Take him for a walk for around ten minutes.
④ Make sure he has plenty of water.
⑤ Feed him twice a day.

17 대화를 듣고, 여자의 마지막 말에 이어질 알맞은 속담을 고르시오.

W: You know what they say ________________ ________________________

① If the shoe fits, wear it.
② The grass is always greener on the other side.
③ A watched pot never boils.
④ A rolling stone gathers no moss.
⑤ Once bitten, twice shy.

18 다음을 듣고, 일을 하는 학생들이 좋은 점수를 얻는 것에 대한 화자의 의견으로 알맞은 것을 고르시오.

① He thinks they are very clever.
② He thinks they are highly motivated.
③ He thinks they study harder than students without jobs.
④ He thinks that there is a mistake with the research done.
⑤ He thinks that teenagers are not capable of doing two things at once.

19 대화를 듣고, 남자가 여행을 위해 가져가는 것이 <u>아닌</u> 것을 고르시오.

① a good pair of shoes
② a nice suit
③ a few casual shirts
④ some jeans
⑤ a heavy coat

20 대화를 듣고, 여자가 전화를 건 목적을 고르시오.

① To sell a computer
② To invite him to her party tomorrow
③ To sell books
④ To have dinner together
⑤ To make an appointment

21 대화를 듣고, 내용과 일치하지 <u>않는</u> 것을 고르시오.

① 남자의 여동생은 과학을 잘 한다.
② 남자는 참치 샌드위치를 먹을 것이다.
③ 남자는 과학 숙제를 하기 위해 컴퓨터가 필요하다.
④ 남자는 예상보다 더 빨리 집에 왔다.
⑤ 남자는 부산에서 열리는 과학 박람회에 갈 것이다.

22 다음을 듣고, 멕시코와 그리스의 공통점으로 알맞은 것을 고르시오.

① They are both popular places for New Year's Eve celebrations.
② They both have big fireworks shows every year.
③ They both have many visitors each year.
④ New Year's Eve is always a public holiday there.
⑤ Neither of them celebrates New Year's Eve.

23 대화를 듣고, 대화가 이루어지고 있는 장소를 고르시오.

① 서점　　　② 약국　　　③ 도서관
④ 커피숍　　⑤ 레스토랑

24 대화를 듣고, 여자가 급하게 통화를 원하는 이유를 고르시오.

① 여자는 남자에게 새 휴대폰을 팔고 싶어 한다.
② 베이커 씨는 급하게 새 휴대폰이 필요하다.
③ 여자는 베이커 씨의 휴대폰을 주문하기 전에 더 많은 정보를 원한다.
④ 여자는 베이커 씨를 화나게 만들고 싶지 않다.
⑤ 베이커 씨는 휴대폰을 받지 못하면 화를 낼 것이다.

25 다음을 듣고, 화자의 의견에 동의하는 진술을 고르시오.

① Jessica: I am going to register to vote as soon as I can.
② Angie: I voted last year but will not vote next year.
③ Lisa: I cannot stand listening to our politicians speak.
④ Nancy: I do not really pay attention to politics at all.
⑤ Tina: I have voted in every election except for one.

26 다음을 듣고, 싱가포르가 여행하기 좋은 이유가 <u>아닌</u> 것을 고르시오.

① 쇼핑하기에 좋은 곳이다.
② 많은 문화가 섞여 있다.
③ 영국의 식민지로 세워졌다.
④ 말레이시아와 다리로 연결되어 있다.
⑤ 음식이 맛있다.

27 대화를 듣고, 여자가 공부하려는 것이 무엇인지 고르시오.

① Car engines
② The environment
③ Her own country
④ The history of modern transportation
⑤ Leaders in history

28 대화를 듣고, 아이스크림 만드는 순서가 올바르게 나열된 것을 고르시오.

ⓐ Add some heavy cream.
ⓑ Crush some fruit into juice.
ⓒ Pour the liquid into a plastic container.
ⓓ Mix the juice with the powdered sugar.
ⓔ Stir the mixture until it is done.

① ⓐ – ⓑ – ⓓ – ⓔ – ⓒ
② ⓐ – ⓒ – ⓑ – ⓓ – ⓔ
③ ⓑ – ⓐ – ⓔ – ⓓ – ⓒ
④ ⓑ – ⓓ – ⓐ – ⓔ – ⓒ
⑤ ⓑ – ⓓ – ⓒ – ⓐ – ⓔ

29 다음을 듣고, 화자의 요지를 고르시오.

① Everyone should stop spending so much money on holidays.
② People do not celebrate modern holidays for the right reasons.
③ It is all right for some people to get depressed on major holidays.
④ Many people feel pressure to act properly on various holidays.
⑤ Without holidays, people would not be able to express certain feelings.

30 대화를 듣고, 여자가 수강하려는 과목을 모두 고르시오.

ⓐ history　　　　ⓑ international relations
ⓒ philosophy　　ⓓ math
ⓔ German　　　ⓕ astronomy
ⓖ economics　　ⓗ biology
ⓘ writing

① ⓐ, ⓒ, ⓓ, ⓕ, ⓖ
② ⓑ, ⓒ, ⓔ, ⓗ, ⓘ
③ ⓑ, ⓔ, ⓖ, ⓗ, ⓘ
④ ⓒ, ⓓ, ⓕ, ⓖ, ⓘ
⑤ ⓓ, ⓔ, ⓖ, ⓗ, ⓘ

31 다음을 듣고, 이어지는 영어 질문에 대한 알맞은 답을 고르시오.

① 40 minutes
② 50 minutes
③ 2 hours
④ 2 hours 20 minutes
⑤ 2 hours 40 minutes

〔32-35〕 32번부터 35번까지는 문제와 보기를 모두 듣고 푸는 문제입니다. 대화나 이야기를 듣고, 영어로 들려주는 질문에 대한 알맞은 답을 고르시오.

32　①　　②　　③　　④　　⑤

33　①　　②　　③　　④　　⑤

34　①　　②　　③　　④　　⑤

35　①　　②　　③　　④　　⑤

36

주어진 시간 동안 아래 지문을 주의 깊게 읽고, 대화를 들은 후 이어지는 질문에 답하시오. 〔1분〕

> Many climate experts believe that the average global temperature will increase by roughly 2 degrees Celsius during this century. Such an apparently tiny change can have hugely magnified effects. For example, researchers estimate that the temperature rise could result in 2,000 more deaths from heat per year in the United Kingdom alone. However, the same report predicts that deaths from cold in the U.K., which are much more common at present than heat deaths, might decrease by 20,000. That would be a net of 18,000 lives saved. Studies also suggest that the number of heat deaths will eventually fall due to both the human ability to adapt to warmer temperatures and wider access to air conditioning.

Q: _______________________________

① We should do more to stop climate change.
② I don't think that will happen in the U.K.
③ Less people will die from the cold in the future.
④ The evidence for climate change isn't strong enough.
⑤ Cold is more dangerous than heat.

〔37-38〕 대화를 듣고, 이어지는 두 개의 질문에 답하시오.

37

Which of the following is NOT true about the conversation?

① It has been a long time since the girl went to the museum.
② The Egyptian exhibit will be closing sometime soon.
③ The girl was surprised by the size of the dinosaurs.
④ The girl enjoyed looking at all of the different paintings.
⑤ The girl learned a lot about the local wildlife.

38

According to the girl, what was her favorite exhibit at the museum?

① the local wildlife exhibit
② the Impressionist painting exhibit
③ the dinosaur exhibit
④ the art exhibit
⑤ the ancient Egypt exhibit

〔39-40〕 대화를 듣고, 이어지는 두 개의 질문에 답하시오.

39

Which expression best describes the man's situation?

① He is burning the candle at both ends.
② He has the patience of an ox.
③ He is putting all his eggs in one basket.
④ He is playing the wrong game.
⑤ He is flying high.

40

Which is the woman's complaint about the man?

① 남자가 공부를 너무 열심히 한다.
② 남자가 골프 치는 데 너무 많은 시간을 보낸다.
③ 남자가 집안일을 돕지 않는다.
④ 남자가 식구들과 충분한 시간을 갖지 않는다.
⑤ 남자가 돈을 적게 번다.

실전모의고사
Dictation Test 01~03

- **Dictation Test 01** : ⊙ TRACK 15~18
- **Dictation Test 02** : ⊙ TRACK 19~22
- **Dictation Test 03** : ⊙ TRACK 23~26

01 대화를 듣고, 대화의 상황에 알맞은 그림을 고르시오.

(loud buzzing sound)

M 1 Oh boy, that's the ________________. Anne, Frank, let's take the stairs down and then meet in the lobby.

W You want to walk down twenty floors? My old legs won't last.

M 1 Sorry, Anne, ____________________. We can't take the elevators during a fire drill.

M 2 Dave, isn't there supposed to be a fire deputy? ____________ ____________________ in this department?

M 1 Oh my goodness. I was so busy on that day of the seminar that I forgot to assign one. Frank, can you be the fire deputy? Here are the armband and baton.

M 2 Okay, the stairs are this way, so please follow me. ____________________, and everyone stay to the left.

W I'm not walking down those stairs since I'm an old woman. My legs ____________________ that many flights.

M 2 Anne, you can take the elevator on the way up. On the way down, I'll carry you. ____________________ ____________ right now?

W These blasted fire drills are so ridiculous. Dave, let me stay up here.

M 1 Okay, Anne. Frank, let Anne stay here this time. Don't carry her down on your back.

M 2 All right, all right. But, Anne, ____________________ ____________, you had better be prepared to go down the stairs piggyback style.

02 대화를 듣고, 두 사람의 관계로 알맞은 것을 고르시오.

M ____________________, please?

W Certainly.

M Where are you coming from?

W I'm coming from Canada.

M ____________________?

W I'll be visiting a friend of mine and doing some sightseeing.

M How long are you planning to stay?

W ____________________.

M Where will you be staying?

W I'll be staying at my friend's house for a night or two.

But I'll stay in Plaza Hotel most of the time.

M Is this your first time in Korea?

W Yes, it is.

M ____________________?

W No, only some gifts I bought in Canada.

M All right, you're fine. ____________________.

03 다음을 듣고, 화자가 가장 듣기 싫어할 말을 고르시오.

W I'd really like to know ____________________. To me, it's not nearly as appealing as sports like soccer, basketball, or ice hockey. Generally, the players don't do much of anything in the game until after the seventh inning. Also, even ____________________, it usually doesn't result in an exciting play. The ball just rolls to a fielder, who proceeds to toss the ball to first base, which results in an out. Worst of all, baseball players are ____________________. After all, most of them stand around on the field doing practically nothing. There's even a famous story about some baseball players who demanded some hotel rooms after they were told there were ____________________. They said to the desk clerk, "Give us some rooms. Don't you know who we are? We're the Kansas City Royals!" The clerk said, "Oh, I didn't realize you were ____________________!" To which one player responded, "Athletes? ____________________? We're baseball players!"

04 대화를 듣고, 내용과 일치하지 <u>않는</u> 것을 고르시오.

W Did Scott come over again and ____________________ last night?

M Yeah, lately it seems like he comes over to my place every single day.

W ____________________ for that guy to visit you every day. Why don't you tell him to get lost?

M I should do that, but I guess I've been too ____________.

W But aren't you busy since you're writing a book now? Just tell him that you don't have time ____________________ ____________________.

M I do that if he stays for too long. But usually, if I ignore him, he'll just go home after a while.

W If I were you, I'd tell him to go right away. I wouldn't let people just come over and visit me all the time. What does he do when he's at your place?

M He usually just plays with his Sony PSP since he loves playing video games so much.

W _______________________! Doesn't he try to talk to you?

M Sometimes, but he usually just talks about science and computer things, which are topics that make me feel a little uncomfortable.

W That would _______________. That Scott's _________ _______________.

05 다음을 듣고, This가 가리키는 것을 고르시오.

M This is a _______________ featured on the news these days. But is it really a threat that needs to be taken seriously? Most climatologists believe that the earth has warmed by 0.6 degrees Celsius _______________. They also believe that most warming over the last 50 years is attributable to human activity. In addition, most believe that _______________on human society. However, a small number of scientists disagree with the others' opinions. Some people say that the Earth is not _______________ while others say that the cause of this is unknown. Still others assert that the cause of this is due to _______________ _______________. Finally, some skeptics say that this may actually be good for human society. We'll know if they are right in about one hundred years, when the effects of this may flood many coastal villages around the world.

06 대화를 듣고, 여자의 마지막 말에 이어지는 남자의 응답으로 가장 알맞은 것을 고르시오.

W Tom, I've got a problem, and _______________ if you could give me some assistance.

M What's going on?

W I've got a client _______________ in a couple of hours. He's from China, and he's never been to the country before, so someone needs to _________ _______________.

M Then shouldn't you be heading to the airport to pick him up soon?

W Well, that's the problem. The boss just called a meeting of all department heads. It's going to start in an hour, and I absolutely have to attend since _______________ _______________.

M Oh, I get it. Would you like for me to pick up your client at the airport for you?

W Do you think that you can meet Mr. Chin for me? I'd really appreciate it. He's the head of a large company, and, if I can land a contract with his company, it would really help increase our sales.

M Yeah, I guess I could do that for you. I have some work to do, but _______________.

W Great. I knew I could count on you. Here is all of his _______________. Is there anything else you need to know?

07 대화를 듣고, 교수가 하지 않은 일을 고르시오.

W (To class) Attention, everybody. Please _______________ _______________. Everybody, hello, and will you please be quiet. My name is Dr. Healey, and this is Geomorphology 101. (To student) Please take these and pass them to your neighbor. (To class) This is the _______________. We'll just pass these out before I give an introduction to the course. (a few seconds pause). Okay, does everybody have one? Good! As I said, this is Geomorphology 101, and I am Dr. James Healey. This course is a prerequisite to _______________. _______________ _______________ is to investigate the origin and evolution of landforms. In this class, we will first talk about landform history and dynamics, and then we will go on to study the _______________ through numerical modeling. Any questions?

M Do you have any more outlines? I didn't get one.

W Someone pass an outline to that gentleman in the back. Does anyone have a question about the course?

M Will we be doing _______________?

W Unfortunately, the field research component of this class has been shelved by the department due to funding cutbacks. We have decided to cover numerical modeling instead.

08 다음을 듣고, 이야기를 요약하는 다음 문장에 가장 알맞은 것을 고르시오.

W Nowadays, more and more people are starting to go camping in the country's ________________ ________. They typically do this in the summer although some may go camping in spring or fall as well. However, it is important to remember ________________ ________________ when camping. The first and most important one is to leave everything exactly the way it was when you got there. In other words, you should not ________________ ________________ wherever you decide to camp. Don't leave food scraps either because those can attract animals. Also, campers need to be extremely ________________. They should be sure to extinguish them completely. After all, numerous forest fires have begun because careless campers forgot to put out their fires. Finally, campers need to remember that ________________ ________________. They aren't tame like cats and dogs are. Some, like snakes and bears, can be dangerous or even deadly. If people remember these guidelines, their camping experience will be ________________.

09 다음을 듣고, 이것이 어떤 질문에 대한 대답인지 고르시오.

M Until recently, most scientists had thought that ________ ________________ were a myth and never really existed. No one believed that an ocean wave could even reach over fifty meters. That belief was ________________. Researchers have used satellite imaging and have also used strategically placed buoys to identify waves that are up to 200 meters in length from trough to valley. The waters near Madagascar, Indonesia, and the Bermuda Triangle are particularly susceptible to these monsters. This could help to explain the ________________ in these waters. Now scientists are working on technology that will be able to predict these waves to avoid occurrences such as the *Norwegian Dawn* incident, where a cruise ship was struck by ________________. There were no injuries from that wave, but it demonstrated ________________.

10 다음을 듣고, 내용과 일치하지 <u>않는</u> 것을 고르시오.

W Most countries require their motorists to drive ________ ________________ of the road. However, there are some countries ________________. Brits, New Zealanders, Australians, and Thais are left-hand-side drivers. Of course, drivers must be consistent in the side of the road on which they drive in order to ________________. But why do some countries choose to have their motorists drive on the left-hand side instead of on the right? Historians are not sure of the roots of this practice. Some believe that it may have its roots in medieval Britain, when horse riders needed to keep their sword arm, which was their right arm, ________________. Whatever the reason, it's a nuisance to drivers in Hong Kong, who usually drive on the left but must ________________ ________________ when they cross the border to travel in mainland China.

11 대화를 듣고, 남자의 마지막 말에 대한 여자의 응답으로 가장 알맞은 것을 고르시오.

W I can't believe we're stuck at another work-related party this week. They're so boring.
M I know. I tried to get my girlfriend to come with me, but she laughed at me and said there was no way she was going to go.
W I ________________ even though he didn't feel like coming.
M Oh, he's here? Where is he?
W He's standing ________________ by the bookstand. He's the tall guy with the dark blue jacket on.
M I'd love to meet him. At least I'll have someone interesting to talk to.
W My husband will have you laughing in no time. He has ________________.
M I guess you two ________________.
W Yeah, I guess that's why we decided to get married.
M What sort of work does he do?
W He works as a business consultant for a British company. That's why he's always flying to London.
M Oh, it looks ________________ right now.

12 다음을 듣고, 화자의 요지가 가장 잘 나타난 문장을 고르시오.

M Friends are an important part of people's lives. We can have friends, and we can have _________________.
Friends are people we have known since we were children or since school or university. Some people have many friends, but most people have just three or four _________________ even if they don't see them or speak to them every day. Acquaintances are people we meet at work or socially. Sometimes we spend time hanging out with them. But people are generally not as close to their acquaintances _________________.
It's important to make time to speak with your friends. _________________ for not making an effort. E-mail has made _________________ with people very easy even though many people still prefer to speak on the telephone. In fact, people hardly ever write letters anymore. Letters take too long to reach their destination, especially if they are being sent to another country.

13 대화를 듣고, 여자가 사과하는 이유를 고르시오.

W Good evening. Do you have a table for two, please?
M _________________ for this evening?
W No, I'm afraid we didn't have time to make one. I hope that won't be too much of a problem.
M Well, you're in luck. We normally don't take people without reservations, but _________________.
W Oh, that's good news for us. We're really starving and absolutely love eating here.
M May I take your jackets for you?
W Sure. _________________ leave my umbrella here as well? I'm really sorry about all that water that's _________________.
M That's quite all right. I'll take it for you. Please take a seat over there while we get your table prepared.
W May we order some drinks while we wait?
M Yes, you may. I'll send someone over _________________.
W How long do we have to wait?
M Your table should be ready in about ten minutes. This

young man will call you when it's ready for you to sit down at.
W Thanks for your trouble.

14 다음을 듣고, 이 스포츠에 대해 사실이 아닌 것을 고르시오.

W The French take credit for the invention of an exotic new sport. Parkour means "_________________" in English. The objective of this new sport is _________________ _________________. It's mostly played in _________________ where many handrails, steps, and low buildings can be found. Some fans of the sport compare it to the movie stunts that Jackie Chan often performs. Others associate Parkour with having freedom _________________.
This sport is not without risk though. One man in Great Britain fell to his death from the roof of a parking lot while he was participating in the sport. It is therefore no wonder that leading figures in the sport regularly promote safety. They often point out that Parkour is about "_________________" and not "_________________." Nevertheless, there are still times when the game's dangerous nature _________________ _________________ and even, occasionally, death.

15 대화를 듣고, 고객이 대여한 차와 지불 금액이 알맞게 연결된 것을 고르시오.

W Is it possible for me to rent a Hyundai Sorrento here?
M I'm very sorry, ma'am, but all of our Sorrentos are rented now. How about renting a Honda Accord instead?
W That would be fine _________________ has a CD player in it.
M I'm certain that the car does since it comes standard in all our vehicles.
W Okay, then how much is it for three days?
M The cost of renting the car _________________.
Do you have a credit card and a _________________?
W Yes, I have them right here.
M Do you have auto insurance that covers liability? If you buy it from us, it only costs _________________.
W I won't need that because my credit card has auto insurance.

M Some cards have a ____________________________
and don't cover collision. Are you sure that yours does?

W Yes, I'm positive about that.

M Very well. Your Honda Accord will be ready for you to drive in about twenty minutes. We'll bring it out front when everything is prepared. And, by the way, please return it _________________________________ when you bring it back.

W Okay, thanks.

16 대화를 듣고, 제임스 박사에 대해 올바른 것을 고르시오.

W Nice to meet you, Dr. James. I have heard you are an _________________expert on the Asian Financial Crisis.

M Nice to meet you, too.

W Doctor, do you believe the Asian Financial Crisis could repeat itself? _____________________________?

M Well, I'd say there's a slim possibility, about 5%, that it could happen in the next five to six years. Still, ________ ___________________________.

W What would you advise we do about this now?

M Well, right now, I'd take a look at your mix of financial assets. How heavily, in rough figures, have you invested in Thailand, Indonesia, and the Philippines?

W We have about _____, _____, and _______, respectively, in our Asian asset portfolio.

M Well, how much of that is stocks, and how much of that is bonds?

W I'd say it's mostly bonds ____________________ ___________________.

M My advice would be to put more of your assets into corporate stocks. They are sheltered from currency crisis. Bonds pay a fixed amount in cash.

W What should we do in the short term? What if there was a crisis tomorrow.

M If there were a currency crisis tomorrow, you'd have about 30 minutes to save your investments, or they would lose about 20~30% of their value. It would all happen very fast. Of course, as I say, there's only a 5% chance of it happening.

W That short! _______________________________. Thank you, Dr. James.

M You're welcome.

17 다음을 듣고, 이야기의 전개 방식을 고르시오.

M There are many strange and amazing plants. There are even some _________________________________. They usually live in poor soil and are _______________ _________________________. One well-known carnivorous plant is the Venus flytrap. Another weird plant is one that rises from the dead. It is called the resurrection fern. ___________________________. When there is a drought, it curls up and looks dead, but, when it rains, ____________________________. Even stranger is a plant that strangles other trees. The strangler tree grows in tropical rainforest. Birds and bats drop the seeds of the plant in their droppings, and the plant begins to grow high up in the branches of a rainforest tree. Its roots snake downward. They wrap _____________________ _______________________, eventually strangling it. Additionally, living stones can be found in South Africa and Namibia. _____________________________ even though they are definitely plants.

18 대화를 듣고, 돈을 받을 사람, 계좌번호, 받을 금액이 알맞게 연결된 것을 고르시오.

M Good afternoon. If you aren't busy right now, then I'd like to_______________________________ to Canada.

W That won't be a problem at all. How much would you like to transfer?

M Oh, I guess 5,000,000 won should be enough for today.

W Before I can transfer your money for you, I'm going to need the swift code for your bank. __________________ ____________________?

M It's T-I-O-M-C-A-P-P-P-E-R.

W And could you please give me the name of the recipient of the transfer?

M It's Scott Gardener. That's S-C-O-T-T. Then G-A-R-D-E-N-E-R.

W And would you please let me know _________________ _______________ to which you'll be sending the money?

M The account number is ______________, and the transit number is ______________. Oh, hold on for a second please. I just want to check on something. Will that _____________________________ Canadian dollars?

W Yes, it will. The rate is 853.

M Is that the rate for Korean won to the dollar?

W That's correct, sir. So, by transferring 5,000,000 won to the bank abroad, the recipient of the funds will receive $5,861 dollars.

19 다음을 듣고, 마지막에 이어질 말로 알맞은 것을 고르시오.

W The marriage of ________________________ has existed for centuries or perhaps even millennia. Since some cavemen invented the first fire-hardened spear, technology has played an integral part in man's conflicts with his fellowman. In fact, the winners in many wars are often determined by which side has the most advanced technology. Nowadays, ________________________ ________________________ plays a very important role in military tactics for most of the world's armies. One example of their importance can be seen in the use of "smart" bombs. Smart bombs use satellite navigation systems to pinpoint their targets ________________________.

In fact, they can accurately hit targets that are just a meter or two long. Electromagnetic bombs, or E-bombs, are ________________________ destroying the electrical functions of an enemy's weapons system. Military robots detect landmines, deactivate unexploded bombs, and scope out hostile buildings. One unanswered question is...

20 다음을 듣고, 화자의 요점을 가장 잘 나타낸 것을 고르시오.

M Now that ________________________ over the Internet has become both simple and cheap, a large number of people have begun ________________________.
In other words, they buy and sell stocks all day long. These day traders aren't interested at all in holding onto stocks for the long term. Instead, they are looking to make profits just ________________________.
While some day traders have made large sums of money in just a short period of time, this isn't ________________________.

In fact, some of them have wound up quickly going bankrupt because the stocks they purchased suddenly lost most of their value. The problem is that these investors ________________________ on the stocks they were buying. Investors, and especially day traders, should never make large purchases of stocks unless they have thoroughly researched the company whose stock they are buying. This will ________________________ making poor investments and ________________________.

21 대화를 듣고, 남자가 마지막 말을 한 이유를 고르시오.

W Are you still living with your brother? How is that situation?
M Yes, I'm still with my brother. It's very uncomfortable really. He __________ and is always ________________ ________________________.
W So when are you going to move out?
M As soon as I can save enough money to ________________ ________________________.
W You don't want to rent? Well, you can get a condo. They're cheap, but you have to pay maintenance fees every month. They can get pretty expensive.
M I know. That's why I want to save for a house. So I guess I'll be staying at my brother's for another year or so.
W Try to save at least 25% of the price of a house. ________ ________________________ for mortgage insurance.
M But it will take me a long time to save that much. In the meantime, I have to stay at my brother's, and the price of housing will probably increase even more.
W Well, nobody said ________________________. Buying a home is a major undertaking for most people.
M How did you manage to buy the place you're living in now? You've got a pretty nice four-bedroom bungalow.
W Oh, ________________________ at the supermarket. It was the luckiest day of my life.
M So you know all about life ________________________.

22 대화를 듣고, 여자가 해야 하는 동작이 아닌 것을 고르시오.

M Now you need to warm up before you do any exercises. So let's go over ________________________ that you can do to get ready.
W All right. Well, I know about ________________________ ________________________. All I have to do is lean over, keep my knees straight, and touch as far down as possible.
M Yes, that's correct. What other stretches do you happen

to know?

W I can also do the splits, but I can't stretch my legs out ___________________________. That kind of hurts sometimes.

M In that case, we'll go slowly with doing the splits. Let me tell you about a couple more warm-up exercises.

W Great. I'm all ears.

M You can stand up and ___________________________ ___________. Be sure to keep your hands straight and stretch as far as you can.

W Oh, I can feel my muscles stretching when I do that.

M Now, ___________________________ and pull downward. Your hands should be below your waist. ___________________________?

W Yes, these are some really good stretches. Thanks for your help. Now that I know these, I should be able to warm up easily in the future.

23 다음을 듣고, 물품과 행사 내용이 잘못 연결된 것을 고르시오.

M Good morning, and welcome all shoppers! Thank you for shopping at the Family Store. As always, we're glad to be of service. Today, we want to make sure that every customer walks away ___________________________ ___________. In our fresh produce department, we're selling fresh apples at only $2 a kilogram. That's right, only ___________________________. Our bananas are soft and ripe, and they're selling for ___________________________. Shoppers, be sure to make your way to our imported foods section. We have a special offer on Italian pasta only for today. If you buy two bags of spaghetti, you'll ___________________________ ___________________________. Yes, you heard me: absolutely free! And if none of this appeals to you, have a look at our sweets department, where we've ___________________________ ___________________________ imported chocolates by 50%. But this offer is only for today. Hurry to those departments now ___________________________!

24 대화를 듣고, 여자의 설명에 따라 취해야 할 행동이 바르게 나열된 것을 고르시오.

M I've got to visit the local library this afternoon to look for some books that I'm doing a report on. I'll be

spending the entire day there.

W Well, ___________________________. It closes at seven on the weekend.

M That's kind of the problem. You see, I'm not exactly sure where the library is located. You don't happen to know where it is, do you?

W I do know exactly how to get to the library from here. Okay, do you have a pen so that you can ___________ ___________________________?

M Yeah, I'm ready. What's the first thing to do?

W You need to ___________________________ for three blocks. When you get to the traffic light, ___________________________.

M All right. That's on Oak Street, right?

W I believe so. Then you want to go straight for just one block. ___________________________, you have to be sure to take a right.

M Hmm, it sounds like we're getting pretty close to the library.

W We are. All you have to do after that is drive on that road for about three or four minutes. You should ___________________________.

25 대화를 듣고, 화자들이 무엇에 대해 이야기하고 있는지 고르 시오.

W Can I interest you in some chocolate cake? Why don't you have a bit?

M No, thanks. I'd really love to, but I couldn't possibly eat ___________________________.

W But you hardly ate a thing.

M I had a really large plate of pasta, and don't forget that I also had a salad to start with.

W And you had a large soda, too. I guess that was a lot of food, but men usually eat a lot more than women do.

M True, but you know that at my job ___________________________ ___________. I hardly ever get a chance to walk around at all when I'm busy, so ___________________________ ___________ what I eat and keep to my diet.

W Well, at my job, ___________________________ ___________. My office is on the third floor, but I'm always running up the stairs to go to my boss's office ___________ ___________________________.

M I think you deserve to have that piece of chocolate cake more than me. ___________________________.

26 다음을 듣고, 표의 내용과 일치하는 것을 고르시오.

M ______________________________ happens when companies produce a lot of goods whenever the price rises by just a small amount. ______________________, the supply of goods is flexible, or elastic. This is characterized by a gently sloping supply line on the price/quantity graph. ______________________ for blue jeans. Also, imagine that the blue jean factories are able to increase their production of blue jeans as much as they like. Logically, all blue jeans manufacturers will respond by flooding clothing stores with jeans ______________________. Now consider the opposite: the inelasticity of supply. In this situation, because of factors that limit production, companies will be unable to increase their production of blue jeans even if there is a large increase in prices. ______________________ is characterized by a steeply sloping supply curve. So we can summarize by stating that companies may have elastic or inelastic supply curves and the slopes of these curves __________ ______________________.

27 대화를 듣고, 대화 도중 거울의 가격 변화를 알맞게 나타낸 것을 고르시오.

M I can see how much you love that mirror. You ought to purchase it since ______________________.

W Yes, it's beautiful. But $99 is a little higher that what I want to pay. ______________________?

M Take a good look at the mirror again, and notice the perfect finish and very high quality wood. I couldn't possibly accept ______________________.

W I agree that it's a great product, but I can't afford $75. ______________________?

M I'd like to sell you the mirror, but I can't change my final price.

W I can't go higher than $60. I didn't come here to do any shopping, so I don't have much cash with me. I'm sure that $70 is too high anyway. I noticed the same mirror in the store down the road, and it was selling for ______ ______________________.

M But the wood they use is very low quality. You should probably pay only $45 if you buy a mirror from them.

W Okay, look, I'll give you $60 for the mirror. What do

you say?

M I'm sorry, ______________________ $70.

28 대화를 듣고, 월트 디즈니에 대해서 잘못 표기된 것을 고르시오.

W Walt Disney, ______________________ ______________________ Mickey Mouse, is one of the twentieth century's legends. Walter Elias Disney was born on December 5, 1901, in Chicago, Illinois. Walt had a very early interest in drawing and art. He wanted to pursue ______________________, which soon lead to his experiments in animation. He began producing short animated films for local businesses. Mickey Mouse made his screen debut in *Steamboat Willie*, the world's first synchronized sound cartoon, __________ __________, ____________. Technicolor was introduced to animation in the late 1920s. Walt Disney held the patent for Technicolor for two years, which allowed him to make the only color cartoons. He went on to ______________________ for his work. Walt Disney also nurtured a dream of opening a clean and organized amusement park. This dream came true when the giant amusement and theme park known as ______________________.

29 대화를 듣고, 여자가 학교에서 할 특별활동을 모두 고르시오.

M Now that school is starting, have you thought about the ______________________ you're going to do?

W Actually, I've given it some thought. First, I think I'm going to join the school band. Some of my friends are playing in it, so I thought it might be fun.

M But you already take piano lessons at home. Don't you think you could do ______________________?

W Well, maybe you're right. I was really only going to sign up since two of my friends are doing it. But I'm definitely trying out for the ______________________.

M Great, teenagers need as much exercise as they can get. ______________________ some group like the math club?

W Are you kidding me? That would be really boring. Instead, I'm considering writing for my school's newspaper. ______________________ __________, so it's not that much work, but it would be a good experience.

M It sounds like you've already thought of everything.

W Well, I know I need to do lots of different activities to help me get accepted to college.

M You're right, which is why I still think you should join the math club.

W Um, maybe ___________________________ next year.

30 대화를 듣고, 남자의 마지막 말을 완성하는 가장 알맞은 것을 고르시오.

W ___________________________ to speak on our program, Mr. Mayor. I think every citizen who is out there listening to this program this morning will be excited to hear your plans for the city.

M ___________________________ like yours, Ms. Smith, in order to inform the citizens about what we are doing. I truly regret that I have been too busy to speak to you until this time.

W That's not a problem. We're just happy that you're with us today. So, why don't you tell us a little bit about ___________________________ this year, Mr. Mayor?

M I see big things happening in our city this year. We are finally getting started on our cleanup program, so we expect there to be ___________________________.
The next step is to cut down on the number of cars being used in the city on a daily basis. You know how much this adds to the city's air pollution. It also _______
___________________________.

W I know what you mean. I get stuck in traffic every morning!

M The only solution is...

[31-34] 31번부터 34번까지는 문제와 지문을 모두 듣고 푸는 문제입니다. 대화나 이야기를 듣고, 영어로 들려주는 질문에 대한 알맞은 답을 고르시오.

31

M How much have you done on that paper for our history class?

W Would you believe that ___________________________ with it yet? And it's due on Thursday, isn't it?

M Yes, it is, and I'm a little worried that I won't finish it on time. I only started working on it last night.

W But you shouldn't have any problem finishing. After all, you've done longer papers before.

M True, but I usually start preparing to write the paper ___________________________. I've been very lazy about it this time.

W Why don't you try to ask the professor if you can hand the paper in some time after the deadline has passed?

M I can't do that. He might think that I'm lazy. I'll ___________________________ if that's what I have to do to in order to finish the paper on time.

W You take these things too seriously. I'm planning to ask him if I can give my paper to him after the weekend so that ___________________________ to work on it. You ought to do the same thing, too.

M Q : *Which of the following is correct according to the conversation?*

W ① The woman started her paper on Thursday.
② The man will ask the professor for help.
③ The man has never written such a long paper before.
④ The woman wants to hand her paper in on Monday.
⑤ The woman has already handed her paper in.

32

W ___________________________, please.

M Would you prefer to have premium or unleaded?

W Unleaded gas, please.

M Right away, ma'am. Do you want for me to ___________________________?

W That would be fine, and I'd also like for you to check the oil.

M Ma'am, the oil is dirty. Do you see the dipstick? ___________________________ you changed the oil?

W I have never done that. I didn't know that you were supposed to change the oil.

M How long have you owned this car?

W I bought this car new about three years ago.

M You should change the oil once a year or about _______
___________________________. We can change your oil for $29.95. It will help to increase the life of your car.

W How long will it take?

M The entire process should take about an hour.

W Well, all right. But I'm going to go home while you're

making the change. Can you call me when it is done?

M No problem. _______________________________________.
Oh! You owe us $45.67 for the gas.

M Q : *Where is this conversation taking place?*

W ① At a garage
② At a car selling agency
③ At a car rental agency
④ At a gas station
⑤ At a car insurance agency

33

M Thanks for meeting me. I need to ask you a few questions _______________________________________.

W That's not a problem at all. I'm just glad that I can help you.

M We're considering whether or not to hire Frank Barker. But the job he's applied for is a very senior position, so we need _______________________________________.

W Frank Barker is an excellent worker. He really makes _______________________________________ he works on.

M That's good to hear. How does he get along with the people in the office? It's very important to us that our employees have _______________________________________.

W Honestly, Frank is a very serious person, and he's also very shy. He doesn't speak to the rest of the office very much, but _______________________________________.

M He's very quiet?

W Well, he's not very outgoing. He's quite confident, and most people respect him though.

M He doesn't sound like the kind of person we have in mind for the job. We might need to ask him _______________________________________.

M Q : *What is the man mainly doing in the conversation?*

W ① Giving the woman a job interview
② Asking the woman about a potential employee
③ Finding out how the woman works with other people
④ Describing a new job opening to the woman
⑤ Helping the woman hire Frank Barker

34

M I have a terrible toothache. I think I need to see the dentist today. _______________________________ I can wait any longer.

W Didn't you have a bad toothache last month as well?

M Yes, I did. My dentist told me I don't take_____________
_______________________________.

W He's probably right about that. You don't seem to worry too much about your teeth until they start hurting. That's probably not the best way to take care of them.

M I know. It's getting really expensive to keep visiting the dentist. I could have bought myself a new suit with all the money I've been spending on _______________________
_______________________.

W I try to tell my kids the same thing, but they love candy and sweet things too much. When they're older, I guess they're going to have _______________________________
_______________________.

M You may be right about that. I remember eating a lot of candy when I was a kid, but I had to stop as I got older. My teeth just couldn't handle it any more.

M Q : *Which is true about the conversation?*

W ① The man enjoys eating candy.
② The woman pays a lot to get her kids' teeth fixed.
③ The man needs to buy a new suit.
④ The man tends to wait too long to see the dentist.
⑤ The woman wants to help the man buy a new suit

35 다음을 듣고, 이어지는 영어 질문에 알맞은 답을 고르시오.

W Every day, Mr. Jenkins has to wash all _______________
_______________________________ on a building. The northern and southern sides of the building have _______________________________. However, the eastern side of the building has six windows while the western side has only three.

M Q : *How many windows are on the northern and southern sides?*

36 주어진 시간 동안 아래 지문을 주의 깊게 읽고, 대화를 들은 후 질문에 답하시오. 〔1분〕

W Honey, I've been thinking lately, and I don't think Minsu is ___________________
at his current school.

M Are you kidding? He's doing great in school. He practically received straight A's on his last report card, so he must be doing a good job at school.

W I know, dear, but just because he gets good grades ___________________ that he's learning.

M So what exactly are you saying to me?

W I'm saying that I think we need to consider sending Minsu to America so that he can attend a school there.

M ___________________. We can't afford that. Besides, what makes you think the education that he gets at an American school ___________________
that he is getting right now?

W Well, for one thing, American schools have smaller class sizes. So that means he'll get ___________________
___________________ from all of his
teachers in his classes.

M I agree that attending an American school may benefit our son, but you need to think about some other things, too. For example,…

M Q : *Which best completes the man's last words?*

〔37-38〕 대화를 듣고, 이어지는 두 개의 질문에 답하시오.

M I am really ___________________ the end of this week.

W Yeah, I couldn't agree with you more. This has been one of the longest weeks of work that I can remember.

M That's true, but I also can't wait for the weekend to come for another reason. I've got a special weekend ___________________.
Thanks to this job, it seems like forever since we've gone somewhere together, but that's going to change this weekend.

W Oh, really? What are you all going to do?

M On Saturday morning, we're ___________________
___________________. If we leave early enough, we can beat traffic, so it should only take us a couple of hours to get there. We're just going to hang out at the beach, do some swimming, and have a picnic.

W That sounds really great. I was just at the beach myself ___________________. You ought to be sure to take the harbor cruise while you're there.

M I'd love to do that, but my youngest child gets seasick, so we'll have to pass on the cruise.

W That's too bad. It was really amazing ___________________
___________________ and enjoy the breeze. You might even get to see some dolphins.

M Yeah, that would be nice. Anyway, we're definitely going to have fun since we're spending the entire weekend there. We'll be coming back late on Sunday night.

W Wow. ___________________.

37 Which of the following is NOT true about the conversation?

38 Why has it been a long time since the man has traveled with his family?

〔39-40〕 대화를 듣고, 이어지는 두 개의 질문에 답하시오.

W Good morning, Dr. Smith. Please, sit down. Now tell me what makes you feel ___________________
___________________?

M Well, apart from specializing in trauma, I have done a three-year residency at Mt. Sinai Hospital.

W Good. And ___________________
___________________ doing the residency?

M It was really like getting thrown into the fire. I was working double shifts, and I really got to understand the outpatient ward.

W What was ___________________
in your residency, and how did you handle the situation?

M At one point, a severe head trauma case arrived at a time when the ward was overcrowded. I had to make a decision to clear the ward of all nonemergency cases.

W Did you find this situation ___________________?
How did you deal with the stress?

M Yes, it was stressful, so I had to learn to cope. I also had to make changes in my personal life and ___________________ w What sort of changes?

m Well, I had to give up hang gliding, and my social life became much less active.

w I understand. Can you tell me about a time when you made a misdiagnosis during triage?

m Yes, once I misdiagnosed a smith fracture as a broken wrist. It's true that I misdiagnosed the fracture, but the patient was all right once the X-rays were developed.

w Were there any other incidents when you made a mistake during your residency?

m No, ________________________. I calculate that during those three years, I handled about 500 emergency cases.

39 Where is this conversation taking place?

40 Which is NOT true about Dr. Smith?

01 대화를 듣고, 여자의 아침 식사를 가장 잘 나타낸 그림을 고르시오.

M Good morning. Did you sleep well last night, ma'am?

W Yes, I slept very well. Thank you for asking.

M Shall I bring you _________________________?

W Yes, please. Can you make it black and very strong?

M Certainly.

W I have _____________________, so I need a lot of energy.

M What about something to eat? Would you like to have the same as yesterday?

W No, I think I'll try something different today. Let me try _____________________. And I'd like some chili sauce, please, but no fried tomato.

M Would you like the chili sauce on the omelet or on the side?

W _____________________.

M The omelet comes with two pieces of toast. Would you like two extra slices?

W Goodness, no. That would be far too much for me to eat!

M Yes, I think so, too. So, you just want the omelet and the toast? And, of course, strong, black coffee.

W Could you bring the coffee _____________________? Thank you.

02 다음을 듣고, 이 이야기의 제목으로 가장 알맞은 것을 고르시오.

W The search for _____________________ such as wind and solar energy is ongoing. This is good because research shows that if countries invest in developing sources of renewable energy now, then _____________________. It will also take some of the strain off the environment. _____________________ _____________________ are beginning to offer hope that wind power will come to be accepted as a reliable and important source of electricity. There have been significant successes in California, in particular, where wind farms now have a capacity of 1,500 megawatts and produce 1.5 percent of the state's electricity. Windmills may cost more to build, but they do not require the purchase of fuel like coal- and gas-fired plants do. The future costs of these fuels outweigh _____________________ since the fuel, wind, is free. Wind power will actually _____________________.

03 대화를 듣고, 여자의 요지를 가장 잘 나타낸 문장을 고르시오.

M I don't know how you can _____________________ _____________________.

W Actually, that's the part I enjoy the most. It reminds me of my childhood.

M How's that?

W Well, I had an older sister, so I quickly learned to stand up for myself and _____________________ she wanted.

M But what does that have to do with being a sales representative?

W Well, in order to get my way, I had to convince her that my way was right. It took a lot of effort, too. Since she was older, she usually thought she knew better.

M I've heard that older brothers and sisters can be _______ _____________. I wouldn't know since I was an only child.

W My sister was _____________________. She never let me get away with anything. She even used to _____________________.

M She sounds like a real tyrant.

W Yes, but it really helped me. I learned the skills I use now _____________________ They almost always have a soft side.

04 대화를 듣고, 내용과 일치하지 않는 것을 고르시오.

M Hi, my name is Peter, and this is my first day here. Do you think that you could show me _____________________ _____________________?

W Sure, I can do that for you. My name's Joan. Welcome to the company.

M Thanks so much. _____________________, but I'm a little lost.

W Don't worry about it. How has your day been so far?

M Not so good, I'm afraid. I was late this morning, so I thought that _____________________.

W Why were you late on your first day of work?
M _______________________, but my car wouldn't start this morning. I wound up having to take the subway here, but I was already late by then.
W You have to be more careful. They're pretty strict around here about that kind of thing.
M I know. My boss wasn't too happy with me, so I'm sure _______________________.
W But everyone here has been late before. Tomorrow, someone else will be late, and they'll forget all about you.
M _______________________ that they've already deducted money from my salary for being late.

05 대화를 듣고, 남자의 마지막 말에 이어질 내용으로 가장 알맞은 것을 고르시오.

M How are you doing today? If you don't mind my saying, you look really great.
W Thank you very much. I'm fine. _______________________?
M I'm always friendly, but today I'm in a really good mood.
W Why? What has happened to you?
M I'm going on vacation for three weeks starting tomorrow. _______________________.
W Are you going out of town for your vacation?
M Yes, my family and I are going to Jeju Island to spend a week there.
W You're so lucky.
M Yeah, but listen to what just happened. The boss asked me to come in for one day next week to give a presentation _______________________.
W Are you saying that he wants you to work during your vacation?
M Yes, that's exactly what he wants me to do. He said that I have to find someone to do my presentation, or _______________________.
W Have you found someone yet?
M Actually, there's something I've been meaning to ask you....

06 대화를 듣고, 남자가 지배인에게 말하려고 했던 것이 무엇인지 고르시오.

W Excuse me, but _______________________, please?
M Certainly. That was black coffee you were drinking, wasn't it?
W Yes, but can I have some fresh milk with it this time? The coffee is very strong.
M Is it too strong for you? If it's a problem, then I can _______________________.
W It's not too strong. No. Don't bother your manager.
M Would you like anything else with that?
W I think I'll have _______________________.
From where I'm sitting, it looks delicious.
M It's the best we have. It's everyone's favorite.
W In that case, I'll also take one slice to go. I'm sure that _______________________.
M No problem. I'll put it in a small box for you.
W Actually, don't worry about getting me a slice of cake for my husband. He doesn't really like sweet things. I'll probably end up eating the cake myself.
M No harm in that. It's delicious.
W Then _______________________.
I'd rather not do that.

07 대화를 듣고, 여자의 마지막 말 중 "I get the point."가 내포하고 있는 의미를 가장 잘 나타낸 것을 고르시오.

W How was the vacation that you just went on?
M My family and I took a trip to Cambodia, and we all had a really great time.
W That actually sounds pretty boring. Are there ________ _______________________? What did you do all the time while you were there?
M I don't think you know anything about Cambodia. It's a _______________________. There are beaches in the south, but that's not the main reason why people go there. _______________________ Angkor Wat?
W Oh, how embarrassing. Of course I've heard of Angkor Wat. But I thought that Angkor Wat is in Vietnam. I don't know much about Southeast Asia even though _______________________ one day.
M Well, if you ask for my opinion, I'd say that you should do some research before you do that.
W I get the point. So, anyway, how was your vacation?

08 대화를 듣고, 화자들이 어떤 사진에 대해 이야기하고 있는지 고르시오.

w I bet he had a really great time. So, were there any pictures that stood out? I recall David being something of an amateur photographer.

m Oh, virtually all of them were outstanding. But, yeah, there was one picture he took that was _________________ _________________.

w Well, tell me about it. I'd love to hear what it looked like.

m It was a picture David took of his family at the beach. _________________, so it was low over the water. It was _________________.

w Ah, that must have looked great.

m That's not all though. David's wife and his two daughters were all wearing shorts and T-shirts. But _________________.

w You're keeping me in suspense. Hurry up and let me know what was so special about it.

m They were all on horseback. You see, the hotel where they stayed let the guests ride their horses, so that's what they were doing. _________________, isn't it?

w It sure is. I'm going to have to get David to invite me over to check out his pictures sometime soon.

09 다음을 듣고, 화자의 심경 변화를 가장 잘 나타낸 것을 고르시오.

m Hello, my name is Lyle. I am a musician. When I was a teenager, a lot of kids at school _________________ _________________. The girls at school didn't pay any attention to me. I used to be very sad. But then I started playing the guitar and singing. I could sing about _________________, and people would listen and smile. This made me feel better. Later, after I graduated from my university, I made my first album. I quickly became successful and famous, and everyone started to like me. I became really happy. I have money and a family, and _________________ _________________. But because I am so happy, I don't have any troubles to sing about. I haven't made an album in several years now. I just live on my farm in Texas and don't write songs anymore. I am afraid _________________.

10 대화를 듣고, 대화가 이루어지는 장소를 고르시오.

m I'm sorry, but do you work here?

w Yes, I do. Are you interested in _________________ _________________?

m I'm only considering renting for the time being.

w All right, and what exactly are you interested in?

m I'm looking for a place _________________ _________________ as soon as possible.

w This is just for you, right?

m Yes, I'm moving here next week to start a new job.

w And for how long are you thinking of staying there?

m If I'm happy with the place, I'd be willing to _________________ _________________.

w Fantastic. I think I have just the place for you. It's on the third floor of a modern apartment building. The facilities are as good as a modern resort, and _________________ _________________ lots of restaurants and other places of business as well.

m Okay, but _________________ first-floor place. My father will be visiting me, and he's really old. He can't walk up any stairs at all.

w Well, this place has an elevator, so you won't need to worry too much about him.

m Okay, then _________________? We can talk about the price afterwards.

11 다음을 듣고, 데이비드 카퍼필드에 대한 내용으로 잘못된 것을 고르시오.

w David Copperfield is an American magician and illusionist who is best known for his _________________ _________________. His most famous illusions include making the Statue of Liberty "disappear," "flying," and "walking through" the Great Wall of China. Copperfield began practicing magic _________________, and he became the youngest person ever admitted to the Society of American Magicians. Ever since he got started as a magician, he dreamed of doing magic tricks and illu sions _________________.

Making the Statue of Liberty appear to disappear on live television in 1983 was one of his most memorable tricks. Many people have tried to explain how he achieved these illusions, but their explanations are not _______________________. It is enough that both audiences and his fellow magicians consider his tricks and illusions _______________________.

12 대화를 듣고, 남자가 티켓 값으로 얼마를 낼지 고르시오.

W Hi, this is Sherry speaking. How may I help you?

M Yes, uh, do you still have tickets for the August 4 Wharton Tiers show?

W _______________________________________?

M I only need a couple of tickets, one for my friend and me.

W Hold on a second, and let me check on that… Yes, we have two tickets left. _______________________.

M Is there a special price for students?

W Yes, anyone who has a valid student ID card will ______ ______________, which would make the tickets cost only $8.00 each in your case.

M Okay, that's good. I'm a student at the local university.

W How would you like to pay for your tickets?

M _______________________________________?

W Sure… Oh, I forgot to tell you something. There is also a service charge of $1.00 per ticket. Is that all right?

M It's per ticket? Well, I suppose _______________ _______________________. And can you hold the tickets for me at the box office?

W Yes, we can do that for you.

13 다음을 듣고, 이야기를 요약하는 다음 문장을 완성하기 위해 들어갈 알맞은 말을 고르시오.

M In the past, _______________________________________, public libraries served crucial functions in the United States. Since most people lacked the disposable income required to purchase books yet were still interested in reading, libraries provided them with the resources they needed. Libraries' collections of books, magazines, and newspapers were _______________________. But, these days, libraries are finding _______________ _______________________. While people still check out

books from libraries, this is happening less frequently because of the proliferation of bookstores and since books have become relatively cheap. Rather than borrow the library's books, people are instead purchasing _______________________. Still, libraries are learning to adapt. Local libraries often become meeting places for members of their communities. They also typically serve as the custodians of their city's or town's history. These are important functions because they serve to _______________ _______________________ in many ways. Additionally, many libraries _______________________________________ _______________________, proving there are still many ways libraries can aid the public.

14 대화를 듣고, 남자에 관한 내용으로 잘못된 것을 고르시오.

W You look _______________________, John. Why are you still here at work?

M I've felt horrible ever since I came down with this cold last week. I thought I'd get better soon, but I've been so busy at work that _______________________. I just can't seem to shake it.

W Aren't you going to take sick leave? What you need is to stay home and get some rest.

M Are you kidding? _______________________ _______________ right now, my boss would be really upset. After all, we have to finish that big report by tomorrow.

W Well, since you'll be finished tomorrow, you ought to take the rest of the day off _______________________ _______________.

M I'd love to do that, but it's impossible. After tomorrow, we have another project with an upcoming deadline. It seems like the pressure to get things done here never ends.

W The problem with you is that _______________________ _______________________. Your boss knows this, so he lets you do most of the work.

M When I'm the boss someday, _______________________. Until then, I know I have to work twice as hard as my boss does.

15 다음을 듣고, 화자의 의견과 일치하는 진술을 고르시오.

W The food that many school cafeterias are feeding the young children in many of our cities is ____. The majority of the foods offered are either _________________ or _________________________. Pizza, hamburgers, sodas, and other fast foods dominate the menus each and every day. Not only that, but various chocolates and candies are also available in the cafeteria vending machines. This has simply got to stop. The result of the cafeterias serving this substandard food is that our children are ____. Instead of serving fast food, school cafeterias should be offering healthy alternatives. These would include salads, pastas, fish, and various vegetarian meals. One result of these low-fat and low-calorie meals would be ____.

Additionally, by increasing the nutritional value of the meals served, schools can help their students improve themselves. After all, that's the point of students attending school: to make themselves better ____.

16 대화를 듣고, 여자가 처한 상황에 어울리는 속담을 고르시오.

W ____, I can't seem to wake up on time in the morning.

M You never had problems while you were at your previous job, did you?

W Never. I don't know what the problem is.

M ____. Perhaps you're just really tired.

W I don't think so. I had a break just before I started this job.

M In that case, _________________ you're having this trouble.

W I do start work a lot earlier than before. I used to go to work at 9 a.m., but now I start at 7:15 a.m.

M ____.

W But I always used to wake up early so I could take my daughter to school.

M But you didn't have to rush around. Now ____.

W That's true. By the time I get to the office after dropping her off at school, I feel tired.

M You should probably go to sleep earlier as well.

W You're right. I go to sleep at my usual time, but I suppose that ____.

17 대화를 듣고, 남자와 여자가 만나기로 한 곳을 지도에서 고르시오.

M Hello, this is Min speaking.

W Hi, Min. It's Hannah. Where are you right now?

M I'm here in the city. I'm standing on the corner of 2nd Avenue and Main Street. Where are you?

W ____ as we speak. In fact, I'm going to be there pretty soon. ____ Luke about where he is?

M Yes, he called and said he was going to be a few minutes late in getting here. He said that he had some work to finish at the office. Do you think that we should wait for him before we start to eat?

W Well, ____ and wait for him to show up. Isn't there a coffee shop somewhere on Main Street?

M Yes, there's a really good one that ____.

W Why don't we meet there in about ten minutes or so?

M That sounds like a really good idea. You can park on the corner of Main Street and 3rd Avenue and walk down and meet me here.

W Great. ____.

18 대화를 듣고, 화자들이 여행에 가져갈 물건들을 모두 고르시오.

W Have you gotten everything ready for our trip tomorrow? I really haven't had ____.

M I know you've been busy, so I've been working to get everything ready. Let's see… I've got our passports. We can't go anywhere without them.

W Great. What about a visa? We need one for where we're going, right?

M Actually, we don't, ____. I've got some traveler's checks since I dislike carrying cash when I'm in another country.

W That's good thinking. I remembered _______________ _______________, so we'll be able to take lots of pictures while we're gone.

M Excellent. I was going to remind you about that. Oh, don't forget to bring a couple of bathing suits since _______________ we'll be doing a lot of swimming.

W Actually, I'm going to buy that and stuff like suntan lotion when I get there. I don't want my suitcase to be too heavy.

M _______________. But I'm going to bring a lot of shorts and T-shirts with me since I'm not sure how expensive they're going to be.

W Oh, right. I hadn't considered that.

M Well, it looks like _______________ to go on our trip.

19 대화를 듣고, 여자의 이동 순서를 가장 잘 나타낸 것을 고르시오.

M Welcome to the Incheon International Airport. May I see your passport, please?

W Certainly.

M _______________?

W I'm coming from Australia right now. I'm from Canada but I was visiting my friends in Australia for a couple of weeks.

M What is the purpose of your visit?

W My son is a teacher in Busan. I'm visiting him for one month. We might also go to Japan together. I haven't seen him in about a year.

M _______________?

W Probably for three weeks if we go to Japan, but otherwise four weeks.

M _______________?

W I'll be staying at his apartment most of the time. But I will be in Seoul for a night or two. Then I'll stay in a hotel.

M _______________?

W Yes, it is.

M _______________?

W No, only some gifts I bought in Australia.

M Alright, you're fine. _______________ here in Korea.

20 대화를 듣고, 여자의 마지막 질문에 대한 남자의 응답으로 알맞은 것을 고르시오.

W Larry, have you finished putting together the report? We're having the sales meeting tomorrow morning, and _______________.

M I haven't had a chance to finish it yet because I've been doing something else.

W What? I thought you were going to work _______________ _______________.

M I had intended to do that, but Mr. Jenkins ordered me to work on something else. Since he's the president, I didn't really have much of a choice.

W Oh, I see. Well, _______________?

M Yes, I just got done a few minutes ago, so now I'm getting back to work on your report. But I must say it's going to be impossible for me to finish by tomorrow morning. _______________, I don't think it'll get done.

W Is there anything I can do to help you _______________ _______________?

M I'd really love it if you could lend me a couple of other people to assist me with the graphics and charts. I'm not particularly good at working with computers.

W All right. So, what do you think? If I do that, do you think _______________?

21 대화를 듣고, 표에서 잘못 표시된 것을 고르시오.

M Windy Airways, good afternoon. May I help you?

W Hello. Do you have any flights to London tomorrow? I've got to get there as soon as possible _______________. Please tell me that I'll be able to get on a flight tomorrow.

M One moment, please. (Pause) Okay, there is nothing for you to worry about. We have two flights to London tomorrow _______________. There are a flight leaving at 4:45 p.m. and one departing at 6:00 p.m.

W The earlier flight sounds like it will be better for me.

M Do you want _______________, _______________, _______________?

W A first-class ticket is too expensive for me, so I think that I'll travel economy.

M Sure. The total cost of the ticket is going to be $400.

W I don't have a credit card. _______________ when I pick up the ticket?

M Sure, that will be fine. I'll reserve the 4:45 p.m. flight in that case. Could I have your name, please?

W It's Amanda Smith.

M Your flight has been booked, Ms. Smith. The flight leaves at 4:45, and you will arrive in London _________ _____________________.

22 대화를 듣고, 여자가 당황한 이유를 고르시오.

M Good afternoon. Can I help you find anything?

W I want to buy a pair of jeans, but _______________ _____________________. I don't mind if they're expensive so long as they fit nicely.

M In that case, it shouldn't be a problem. I'll show you the colors we have.

W Oh, _______________ I definitely want black jeans.

M Well, we have stonewashed or plain black.

W Let me see _______________.

M The dark jeans are less casual. I don't know if that's the look you want.

W Ah, _______________.

M Let's try to figure out your size.

W I'm so embarrassed. I'm enormous.

M Nonsense. You're just fine. _______________ _____________?

W Great. How much is this one?

M It's $35 dollars.

W What? You're not serious, are you? That's a great price.

M We have more expensive jeans in the next aisle if you're interested.

W Don't be silly. _______________ when these are so good? Let me try them on and see how I look.

23 대화를 듣고, 남자가 설명하는 과정의 순서가 알맞게 나열된 것을 고르시오.

W _______________ tomorrow, but I'm really nervous because I've never done it before.

M There's no need for you to worry. It's a really simple process.

W You've already gotten your license, right? Can you let me know what to do so that I'll be prepared? That would really make me feel better.

M Sure, I can do that. You've got to _______________ _____________________. That's going to take a few minutes to do.

W All right, that sounds pretty easy. Once I turn in my forms, I have to take the driving test, right?

M Yes, but you don't take that test first. You actually take _____________________. Then, assuming you pass the test, you get to take the driving test.

W Oh, they grade the test right there on the spot? I didn't know that. _____________________?

M I'm sure that's not going to happen to you. Just about anyone can pass that test.

W So, let's assume I pass both of the tests. What do I do after that?

M Well, you get your picture taken, and that's it. _________ _____________________ a couple of weeks later.

24 다음을 듣고, 화자가 말하고자 하는 요지를 가장 잘 나타낸 것을 고르시오.

W Many children are coming home from school _________ _____________________. The reason is that both of their parents are working and neither gets off work until at least a couple of hours after their children return home from school. The result is that too many children are _____________________. This has, naturally, led to a number of problems. Without a parent to guide them or look after them, children are often getting up to no good. _________ _____________, they sit in front of the television and watch various shows. Or perhaps they simply turn on their computers and surf the Web or just play computer games. _____________________, they're not using their time wisely. Nor are they eating properly. Rather than enjoying healthy, home-cooked meals, they are eating junk food or ordering pizzas or other unhealthy foods. While most families need both of the incomes the parents earn _____________________ _____________, their children are suffering.

25 대화를 듣고, 남자의 현재 상태를 가장 잘 나타낸 것을 고르시오.

W Thank you for coming. Please take a seat and _________ __________________.

M Thank you. I'm so glad to meet you.

W So you've applied for the manager's job at our company, right?

M Yes, that is correct.

W Who do you work for right now?

M Actually, ______________________________ Cuban's Department Store one month ago, so ________________ __________________.

W So you quit your job even before you found another one to replace it. Why did you resign from Cuban's?

M The job was causing me too much stress, and I was very unhappy there.

W ____, so how do you intend to deal with that if you get the job here?

M I enjoy a little stress and feel that it makes me a better worker, but at Cuban's, it seemed like the stress never ended.

W I see. __________________________________ to ask him what kind of worker you were?

M Um, I suppose. But I should inform you that _________ __________________.

W That doesn't matter. I just want to know if you're a hard worker or not.

26 다음을 듣고, 한국과 서양의 전통 상차림의 차이를 가장 잘 나타낸 것을 고르시오.

M The feature of a Korean table setting that you will notice first is that ________________________________ ______________. Years ago, tradition required the number of side dishes for the lower classes to be three while it was twelve for royal family members. ________________ ______________________ depending on whether a noodle dish or meat is served. Formal rules have now developed for table setting. It shows that people are paying close attention to food and dining. Compared to neighboring China and Japan, ______________________________ in Korea, especially when soups are served. In the Western

tradition, ____, hence the use of the term "three-course meal." It consists of a starter, the main course, and dessert.

27 대화를 듣고, 다니엘에 대해 사실이 <u>아닌</u> 것을 고르시오.

M Have you seen Daniel lately? He looks beat down.

W Yeah, I noticed that about him. __________________? Does he have some kind of family problem or something else bothering him?

M No, it's not that. It's just that he __________________ __________________. He's always so busy doing some kind of work.

W What are you talking about? He doesn't work any more than we do. I see him come here in the morning at nine and leave at six everyday. That's not working too much.

M Well, ______________________________________, but Daniel's got a second job. But do me a favor, and don't let him know I told you this, okay? I don't think he wants anyone to know.

W Okay, I won't say anything to him. But why's he doing that?

M One of ________________________________, but his medical insurance won't pay for everything. So he's been working really hard to earn enough money.

W Aha. So __________________________________. He's not getting any rest.

M Bingo. He's even working on the weekend.

W That's too bad. He needs to be careful, or he's going to get ____________________________________.

28 대화를 듣고, 마지막에 여자가 남자에게 할 말로 알맞은 것을 고르시오.

M What are you going to do this weekend?

W I don't know yet. ________________________________ __________________ just sitting at home watching TV or reading a book.

M When was the last time that you did something exciting or different?

W It's been a long time. During the week, I have no energy to plan anything, so on the weekends, I usually get stuck sitting around at home watching television.

M I'm planning to go to a concert in the park on Saturday

evening. ____?
It should be a really great time.

W   Are you going alone?

M   Probably. I bought two tickets, but my best friend _____
_________________. I don't mind going alone, but
_________________________________.

W   Well, I'd love to go with you. Out of curiosity, what kind of music is it?

M   It's jazz. I know that not everybody enjoys that kind of music, so if you want to say no…

W   Um, actually, to be honest, I can't stand that kind of music.

M   Oh, okay. ____
_________________.

W   Oh, no. I don't mind....

29 다음을 듣고, 이어지는 영어 질문에 대한 알맞은 답을 고르시오.

W   Larry just purchased an apartment _________________
_________________. His apartment is not on an even numbered floor, nor is it on a floor _________________
_________________________. Larry doesn't like living on the bottom floor, and he's afraid of heights, so he won't live on the top floor either. Additionally, floors five, six, seven, twelve, thirteen, and fourteen _________________________.

M   Q : *On which floor is the apartment that Larry purchased?*

30 대화를 듣고, 여자가 운동을 하려는 이유를 고르시오.

W   Hi, do you have a spare moment or two? I'd like to ask you a few questions _________________________.

M   Sure, I'd be glad to answer your questions. _________________________?

W   I need to get in shape before the end of the year. I'm getting married, and I have to _________________
_________________.

M   We can certainly help you, but you already look very skinny. Have you been doing any exercise lately?

W   No, but I try to eat healthy food _________________.

M   So you don't need to lose weight, but you want to be fit. Okay, I can help you with that. Which types of

exercises do you enjoy doing?

W   I'd like the new aerobics everyone keeps speaking about. I'm talking about the one that's similar to dancing.

M   That's good. You might have to do some weightlifting though if you really want to _________________.

W   ____?

M   I'd say two or three times a week would be good.

W   Where do I sign up?

31 대화를 듣고, 여자가 원하는 신용카드를 고르시오.

M   Good morning. Please have a seat. What can I do for you today?

W   Well, I'm interested in getting a credit card, but _______
_________________________________.

M   I'd be happy to answer any questions you have. What would you like to know?

W   Well, firstly, I'd like to start with a small credit limit and low interest. Is that possible?

M   That's possible although most people prefer a high limit or no limit at all. Do you plan to purchase something special, or _________________________________?

W   I often shop on the Internet. It's more convenient to have a credit card.

M   Yes, you're totally right about that. We can offer you _________________________________. But remember, the first 60 days after you buy something on your card are an interest-free period anyway.

W   Great. I never knew that.

M   Do you have any questions about what I just told you?

W   No, I don't. I'd like to _________________________
_________________.

M   Good, let me get the documents for you, and then we can get started.

[32-35] 32번부터 35번까지는 질문과 보기를 모두 듣고 푸는 문제입니다. 대화나 이야기를 듣고, 영어로 들려주는 질문에 대한 알맞은 답을 고르시오.

32

M   Welcome to Fast Food Palace. _________________
_________________ to tell you about our specials today?

W   No, thank you. I'm in a hurry. All I want is two

large cheeseburgers, two large fries, and a chocolate milkshake.

M Well, if you choose our special family value meal, ________________________________.

W What's the family value meal? I've never heard of that before.

M It's two hamburgers with medium fries, two pieces of fried chicken, and a small portion of onion rings. Oh, and it comes with two small sodas.

W But I don't want hamburgers. I want cheeseburgers. And I'd also like a milkshake.

M But ____________________________ the value meal.

W My daughter doesn't eat chicken, and I don't like onion rings. __________________________________ ________ just a second ago.

M Maybe the super value meal is a better option for you. You get two cheeseburgers with small fries and two sodas. What do you think about ordering that instead?

W For goodness sake,...

M Q : *What does the woman probably say next?*

W ① I'd like to have the family value meal.
   ② I'd like to have the value meal.
   ③ I'd like to have two large cheeseburgers, two large fries, and a chocolate milkshake.
   ④ I'd like two small sodas.
   ⑤ I'd like two large cheeseburgers.

33

M A new trend from Asia is getting popular in Western countries nowadays. In Asia, ____________________ restaurants on the sidewalk. When you step out of a building, you do not have to look far for a place to eat lunch or dinner. In Western countries, this is __________ ______________________________. The closest you get to this is a coffee shop with tables and chairs outside or a guy selling hotdogs or popcorn to people passing by. It must be hard work to produce delicious food even ______________________________. Most of the street restaurants do not have hot water, and they also have limited electricity. Some people wonder whether this means that ______________________________. However, in spite of such criticism, it is worth trying the food at one of these restaurants at least once. They

serve delicious food and usually at very cheap prices as well.

M Q : *According to the talk, which of the following is the new trend with restaurants in the West?*

W ① The restaurants that sell Asian food have gradually increased.
   ② Restaurants try to pay attention to hygiene.
   ③ Some restaurants sell food on the sidewalk.
   ④ Restaurants try to serve cheap food.
   ⑤ Restaurants try to serve delicious food at very cheap prices.

34

W Hi, Eric. How was your weekend?

M It was so good and relaxing. I spent the weekend playing golf at the local country club. Oh, did you hear that ______________________________?

W Why did he come back so soon? I thought that he was going to come back next week.

M There are some problems with the next project that we're going to be working on, so that's why he ________ ______________________________.

W That's bad news.

M The project is behind schedule. That means we might not have ______________________________ to finish the work.

W I'm sure ______________________________. His nickname is "Mr. Fix-it" after all.

M Well, the good news is that we'll have more people working on the project starting next week.

W The extra help will really be beneficial. We might actually meet our deadline without having to work so many overtime hours.

M I guess for once we can be glad that ________________ __________.

M Q : *What does "Mr. Fix-it" mean in the dialogue?*

W ① Their boss is good at handling problems.
   ② Their boss is good at fixing things.
   ③ Their boss repairs cars well.
   ④ Their boss spends too much money.
   ⑤ Their boss likes to help other people.

35

W Hello, and thank you for calling Golden Cinema Theater. Our specialty is _________________ _________________. We are pleased to bring you all your old favorites. Tonight, we are going to be showing two movies. The first is *Casablanca*, which stars Humphrey Bogart and Ingrid Bergman. _________________ _________________. Our second feature is *Breakfast at Tiffany's*, which stars the legendary Audrey Hepburn. _________________ _________________. The admission price for members is $5.00 and $7.50 for nonmembers. Our doors open at 6:45. That is thirty minutes before the first movie starts. Refreshments will be on sale both before and after the show. We will feature two different movies tomorrow night. For more information, please call us _________________. Thank you, and enjoy the show.

M Q : *Which of the following is correct?*

W ① The first movie starts at 9:30 and ends at 11:30.
② The first movie ends at 9:30.
③ The first movie begins at 7:15, and the second one starts at 9:00.
④ The first movie begins at 7:15, and the second one starts at 9:30.
⑤ The second movie ends at 9:00.

36 주어진 시간 동안 아래 지문을 주의 깊게 읽고, 대화를 들은 후 질문에 답하시오.

W So, _________________ about our Mount Everest trip yet?

M No, I haven't. I still think that next spring is not the right time for us to go.

W But we've both got the skills, we're in the best shape of our lives, and we've got two months off. _________________ _________________.

M I won't try to stop you, but you'll have to go without me.

W Come on. It wouldn't be half as much fun without you.

And it's something you've wanted to do since you were a kid. Just imagine the exhilaration _________________ _________________.

M I know, but there are other things to think about.

W Like what?

M For one thing,...

M Q : *Which best completes the man's last words?*

〔37-38〕 대화를 듣고, 이어지는 두 개의 질문에 답하시오.

M T.R. Reid is back in Tokyo just in time to celebrate the opening of the one thousandth Mister Donut shop.

W Mister Donut has just taken Japan by storm, and _________________. Do you know what it is? Mister Donut in Japan is vastly better than any Mister Donut shop in America.

M _________________?

W Well, you know, you go to the Mister Donut near my house in America, and you wait around for a while. Then some guy with a greasy apron comes out and gives you a donut on a piece of wax paper. After that, he sloshes some coffee in a cup, you know, a paper cup. But, here in Japan, _________________ _________________. They're bright, they're beautiful, and there are six people wearing perfect uniforms with a little white cap and a bow tie. But _________________ _________________ in Japan is that they sell you a cup of coffee for 250 yen, which is incredibly cheap for coffee in Japan. And then they have this great invention: the free refill.

M This is new there...

W This is the only place in Japan that gives you a free refill on coffee. But, _________________ they've done wrong.

M Oh, okay. Then what are they?

W They can't make a donut.

M [laughs]

W I mean, it's beautiful, it's clean, and the people are bowing to you in their perfect uniforms, but the donuts _________________.

37 다음 중 미국 미스터 도넛에 비해 일본 미스터 도넛이 나은 점이 <u>아닌</u> 것은?

38 일본 미스터 도넛의 문제점은 무엇인가?

[39–40] 대화를 듣고, 이어지는 두 개의 질문에 답하시오.

M Mary, what are you doing _______________________
_______________________? There are only a couple of
months left until then.

W Actually, I've already found a job, so I'm taking a
month or so to get some rest and do some traveling
around the country. Then I'll start my new job.
_______________________ even though
it's in another city, _______________________.

M I suppose we won't see too much of each other
anymore. What kind of work will you be doing?

W Well, as you know, my major is economics, but I landed
a job with a consulting company. They really wanted to
hire me, so_______________________
_________. Isn't that great?

M It sounds like you've got the perfect setup.
Congratulations.

W Thanks a whole lot. So, what are you going to do, Eric?

M Hmm... That's a good question because I'm not really
sure. I guess that I'll probably try to get a job sometime
soon.

W Do you mean that you haven't even sent out any
resumes yet? I started doing that last semester. _______
_______________________?

M Well, I was considering attending graduate school,
but those plans fell through at the last moment. I just
decided not to go last week, so I'm a little late _______
_______________________. I'm sure that something
will come up though. Things always seem to have a way
of working out for me.

W I sure hope so. Well, best of luck, okay.

39 Which of the following is true about the
conversation?

40 According to the woman, what is she going
to do right after she graduates?

01 대화를 듣고, 소년이 크리스마스에 받게 될 선물을 고르시오.

w ________________________________. Have you thought about what you want to get from Santa Claus this year?

m Well, let me think about that for a moment. I'd definitely like a new bike and maybe a toy car.

w Really? _______________________________________?

m It's too small for me, and it doesn't look good anymore. I would really love it if you bought me a new one for Christmas.

w Well, in that case, maybe Santa Claus will ___________ ________________________.

m I'm so excited about this coming holiday. How does Santa bring us our gifts, Mom?

w He comes down the chimney to put all of the presents by the Christmas tree.

m I think we should leave him some cookies and some chocolate. I'm sure he'll be hungry from working so hard on Christmas Day.

w That's a great idea. But you know that ______________ ____________________ so that Santa thinks you're a good boy.

02 대화를 듣고, 내용이 일치하지 <u>않는</u> 것을 고르시오.

w Good afternoon, this is the Works Corporation.

m Hello. ______________________________ Steve Owens, please?

w I'm sorry, but he's in a meeting with a client at this time.

m ____?

w He should be back by 1:00. Would you like to _________ ____________________?

m Yes. Could you tell him the project outline and budget are finished?

w Certainly. Can I have your name, please?

m My name is Michael Hong. I'm calling from White's Project Managers. Could you ask him to call me when he has a moment? I need to ___________________________ ____________.

w Mr. Owns already has your telephone number, doesn't he?

m Yes, he has my number and my email address. If he has no time to call me, he can send me an email. _________

________________________.

w All right, Mr. Hong. I'll have him call you back once he gets in the office and has a minute.

m Thanks. I appreciate it. Have a nice day.

03 대화를 듣고, 남자가 소포를 보내기 위해 얼마가 필요한지 고르시오.

m Good morning. I'd like to send this package to Canada, please.

w Sure. ______________________________________?

m I hope it will arrive at its destination as soon as possible. It's a birthday gift for a friend of mine, so it has to be there ___________________________.

w If you send it by air, it will be very expensive. _________ __________________.

m How soon will he receive it?

w He should get it in about ten days' time. The package is really heavy. ___________________. You might want to send it by ordinary mail to save on the shipping costs.

m But will it take longer than ten days?

w It will take two to three months to get there.

m That's a big difference. _____________________ __________.

w Do you need insurance? If the gift has a high value, you should really buy insurance _____________________ __________________.

m This is so expensive, but I'll take it. How much will that cost?

w The insurance will cost you ___________________.

04 대화를 듣고, 남자가 찾아가는 곳을 고르시오.

m Excuse me, but I'm stuck. Could you help me out for a minute, please?

w Sure, I can do that. What's the matter?

m I need to meet my friend at this address, ___________ ____________________.

w Oh, you're not too far away from it. Let me think of what the easiest way is for you to get there. Okay, ______ ____________________.

m Is that where the bakery is?

w Yes, that's correct.

m Okay, then what do I do next?

w Walk straight for about ten minutes until you see a bookstore. _____________________ _____________________, and then walk for another five minutes or so. You should be right outside the building you're looking for. It looks like _____________________ _____________________. That's right, isn't it?

m I think so. I'm helping one of my friends choose a new apartment.

w Good luck with that. Follow my directions, and you should be there _____________________.

05 다음을 듣고, 관광객들이 크라비의 남쪽 섬을 방문하는 이유로 알맞은 것을 고르시오.

w In December 2004, the southern islands of Krabi in Thailand were destroyed by tall waves known as tsunamis. _____________________ of Phi Phi Don in Thailand was destroyed by two waves, one of which was three meters in height and the other which was five and a half meters in height. _____________________ _____________________, and over 2,000 people were killed. In Ko Lanta, several people died, and numerous fishing boats were destroyed. In Ko Jum, no one died, but many children with fathers working on Ko Phi Phi, were orphaned. The northern parts of Phi Phi Don, Phi Phi Leh, and Bamboo Island _____________________ _____________________. The beach resorts on these islands have now been rebuilt, and a new school was opened a year after the tsunami. Tourists, _____________________ _____________________, have started returning. After two years, the islands look the same as before the events of December 2004.

06 대화를 듣고, 남자의 마지막 말에 대한 여자의 응답으로 알맞은 것을 고르시오.

m I've got to visit the supermarket for a while. Is there anything _____________________?

w Yes, I've got quite a long list of things I need. Do you mind if I write them all down and give you the list?

m No, I suppose it's all right. I was just going to run in to grab some bread and milk, but I guess I've got enough time to do your shopping for you.

w Thanks. I really appreciate it. I'd love to go there with you, but the kids are coming home soon, so I need to be here when they arrive.

m That's not a problem. _____________________ _____________________?

w Okay, I think I've got it written down somewhere already... Ah, yes, here it is.

m Great. I'll be back in about an hour or so. Is there anything else you need?

w There's nothing I can think of... Oh, wait a minute. Would you mind running to the pharmacy _____________________ _____________________? It will only take a few minutes. And the car needs gas, too.

m Um, I guess I have enough time to do everything. Are you sure _____________________?

07 다음을 듣고, 태국에 대한 그래프 중 잘못된 부분을 고르시오.

m Thailand has a _____________________. Most of the rain is blown in from the Indian Ocean by the southwest monsoon, which happens _____________________ _____________________. These months make up Thailand's rainy season. The cooler and drier season is _____________________. This weather is brought in by the northeast monsoon coming down from China. Due to the significant amounts of rain the country gets and also because of its vegetation, _____________________ _____________________. About 46% of the Thai population earns a living from the land. Rice paddies are a common sight in central Thailand. In the northeast, cassava, tapioca, and eucalyptus are grown. Most of these are grown as cash crops. In the south, _____________________ _____________________.

08 대화를 듣고, 이 레스토랑에 관한 내용 중 일치하지 <u>않는</u> 것을 고르시오.

w Hi, I'm looking for a place where my son can have his birthday party. _____________________?

m Certainly. We are used to having small parties at this restaurant.

W __________________________________?

M We're only open for dinner, but on Sundays, we're also open for lunch.

W Where are you located?

M We're located opposite the new Living in Style Shopping Mall.

W __________________________________?

M We have a variety of styles, including Italian and even Greek food.

W That sounds interesting. __________________________?

M Our main courses range from ____________. We also have set menus that cost ____________________.

W I see. What is the dress code in your restaurant?

M Men should wear ties, and women should dress in a smart casual style. I'm afraid that ____________________ ____________________.

W This all sounds exactly what I'm looking for. I'll call you later today to make a reservation. We'll be a party of fifteen people, but I'll confirm the number with you later.

09 대화를 듣고, 두 사람의 관계로 가장 적절한 것을 고르시오.

M Excuse me, but can you help me?

W Sure. What can I do for you?

M ____________________________________?

W Go straight along Oak Street, and then turn left.

M Thank you very much for your help. I'm so dizzy that I feel as if I might faint any minute.

W Let me help you. I'll stop this taxi, and he'll take us there immediately.

M It's not really necessary. I'll be fine. ____________________ ____________________.

W I don't mind. If you don't feel well, we should find help as quickly as we can.

M Actually, my head is starting to spin again. Perhaps it would be better if you found a taxi to take me straight to the pharmacy. I don't want to ____________________ ____________________.

W It's no problem. I'm on my lunch break from work, so I have enough time to go with you.

M I had a cold last week. I think ____________________.

W Here's a taxi. Let's go together.

10 대화를 듣고, 두 사람이 공통적으로 가지고 있는 문제점을 고르시오.

W I have to run to the store, but it's been raining all morning.

M Yes, there's quite a big storm going on out there.

W And the real problem is that ____________________ ____________________. I forgot my umbrella on the subway this morning. I can't believe that I did that again.

M ____________________________ you've lost this winter?

W Yes, it is. And the one I lost this morning belongs to my friend Jill. I suppose that I'll have to buy her a new one.

M It sounds as if ________________________________ ____________________.

W Sometimes I do. For example, I can never remember where I left my keys.

M Don't feel bad. ____________________________ ____________________. I have a problem remembering people's names. Sometimes that's a little embarrassing, especially if the person is really important. Or, other times, I forget that I have an appointment to meet someone, and I only remember when that person calls to remind me.

W It's because we have so many things to remember.

M Or ____.

11 대화를 듣고, 여자의 마지막 말에 대한 남자의 응답으로 알맞은 것을 고르시오.

W Excuse me, but are you the guy who drives the silver motorbike?

M Yes, I have a silver motorbike. Why do you ask?

W I eat lunch here every day. Yesterday, ____________________ ____________________ while I was eating. The waiter says it was done by a person who was driving a silver motorbike.

M I'm sorry, but I think ________________________________ ____________________.

W I don' think so. He was standing outside the restaurant, and he saw it happen.

M Now, look here. I think you're mistaken. I can understand that you're angry, and I would be angry too if someone scratched my car.

W I'm getting really angry. Why don't you apologize and

____?

M If you'll give me a moment to explain…You see, I didn't eat lunch here yesterday. I wasn't even in this neighborhood.

W Don't try to deny what you did. _____________________.

M I'm telling the truth.

W No, you're not. The waiter saw everything and told me exactly what happened.

12 대화를 듣고, 소녀가 오늘 한 일이 <u>아닌</u> 것을 고르시오.

W Hi, Dad.

M Hi, Lisa. How was school today?

W It was a lot of fun, Dad.

M That's good to hear. What did you do?

W We drew pictures of our families. Look, ______________ ______________ that has you and Mom in it.

M That's really beautiful.

W My teacher said that my picture was ______________ ______________ she had ever seen.

M I'm sure it was. Your Mom has a big green nose.

W Oh, Dad, that's because there were no other colors left.

M And what else did you do at school?

W We read a couple of new books, and I learned something new in my math class.

M ______________________________. So, then what did you do after school?

W I came home and played computer games with Mom and Jack. I rode my bike down the street, but then it started raining, so I had to come inside.

M ______________________. It sounds like you've had a very busy day.

13 다음을 듣고, 이야기의 제목으로 알맞은 것을 고르시오.

W _________________________________ were held in Athens in 1896, and, four years later, in Paris, _________________________________. When the Olympics were first held almost 3,000 years ago, women could not take part in them and were forbidden even to attend the games. The winter Olympics ______________________ ______________. Once every four years, athletes from most of the world's countries meet on the friendly fields of amateur sport. Apart from the Second World War

period, the Winter Olympics were held every four years _________________________________ the Summer Olympics. But, in 1986, the International Olympic Committee changed the schedule so that ______________ _________________________. Thus, for the only time in history, the Norway Games took place just two years after the previous Winter Olympics, which were held in Albertville, France.

14 대화를 듣고, 여자가 남자에게 사과한 이유를 고르시오.

M Excuse me, but do you have this shirt in blue?

W Yes, we do have that shirt, but ______________________ ______________________.

M That's fine. May I see the shirt?

W _________________________________, sir. If you don't mind my saying so, perhaps that green shirt in extra large will fit you better.

M Look, ______________________. It's for my nephew.

W My apologies. It's just that we have so many customers who buy the wrong size and then have to come back a second time to exchange their items for ones that fit. _________________________________.

M Well, you should be more careful. It sounded as if you were saying _________________________________.

W Oh, I'm sorry if I offended you.

M It's fine. I understand that ______________________ ______________.

W It's a good shirt. I'm sure your nephew will like it.

M He has his first job interview coming up, and I promised I'd buy him something to wear to the interview.

15 다음을 듣고, 이야기를 요약하는 다음 문장의 빈칸에 들어갈 알맞은 것을 고르시오.

M Many dentists these days are complaining that the patients they see _________________________________. This is, they say, especially true for young children, who have some of the worst teeth of all their patients. Fortunately, dentists say that there are several easy things people can do to ensure that they have white, healthy, and strong teeth. The first is that people need to be sure _________________________________

_______________. They should do this after every meal, and even brushing after snacks is advised as well. Most dentists say that _________________________________ _______________. Additionally, people should floss their teeth at least once a day. This will help remove particles of food from between the teeth and therefore keep them from rotting or getting cavities. Finally, people need to ____ that they eat. Because of its high sugar content, junk food can quickly ___________________________, particularly in young people's teeth.

16 대화를 듣고, 남자가 여자에게 애완견을 맡기면서 알려 준 사항과 <u>다른</u> 것을 고르시오.

M How's it going?

W Oh, fine. I'm just busy all of the time.

M My family and I are going out of town this weekend, and we were wondering ____________________________ _______________ while we're gone.

W I'd love to take care of Cuddles. He's so beautiful and cute.

M Yes, he really is playful, isn't he?

W Sometimes I hear him barking outside. ______________ _________________________?

M No, don't worry. He's fine at night since he usually just sleeps quietly.

W What does he eat?

M Just feed him _____________________________________ _______________. The rest of the time, make sure he has ____. We usually take him for a walk in the evenings. But he doesn't walk for a long time. We're only outside _______ _________________________________.

W I guess he needs his exercise.

M Absolutely.

W It should be fun taking care of him.

M Thank you so much for doing this. Now ____________ ____ that Cuddles is going to be miserable.

17 대화를 듣고, 여자의 마지막 말에 이어질 알맞은 속담을 고르시오.

M _________________________________. You must be very pleased about getting hired.

W I am so happy to have gotten chosen for this position. I must say that I never thought I'd get the job.

M Why not? You're perfect for the job since you have _____ ____.

W But this is a job that requires a lot of traveling, and I have a family, so I was sure that they weren't going to hire me.

M Well, you deserved to get hired. But what will your family do when you're away?

W My husband works at home sometimes. He'll take care of our daughter and take her to school in the morning.

M You're going to have to _________________________ _______________.

W You're right. But my husband is very excited about this opportunity.

M I wish I were you. I feel as if I'm stuck in my job and won't ever get promoted.

W Don't worry. I'm sure in a few months I'll wish I were _________________________________. You know what they say…

18 다음을 듣고, 일을 하는 학생들이 좋은 점수를 얻는 것에 대한 화자의 의견으로 알맞은 것을 고르시오.

M In the United States, it is fairly common for high school students _________________________. This is partly because they want job experience and partly because ____ _______________. Researchers and parents disagree on whether having a part-time job after school or on weekends affects students' grades. There have been one or two studies which show that having a part-time job can actually ____ _______________. If you believe these findings, a likely explanation is that these students are _______________ _________________________. They are able to divide their energy between work and school because both are equally important to them. While they may have less time to study, they are still able to achieve the same levels of success as students who do not have jobs. That doesn't sound like the average teenager, does it? So perhaps their good grades result from ______________________ ______________________, a ______________________, ______________________.

19 대화를 듣고, 남자가 여행을 위해 가져가는 것이 <u>아닌</u> 것을 고르시오.

W Are you ready to go on your trip?
M Well, I'm sort of ready, but I still have to buy some clothes ______________________.
W How's the weather where you're going?
M It's fall there right now, but the weather there in the fall is ______________________.
W That might be difficult to deal with.
M I'm going to buy some jeans and a few casual shirts and sweaters.
W Won't you need some warm clothes while you're there, too?
M Well, it snows in the mountains, so I'm going to buy a warm jacket. But ______________________ ______________________.
W So that's all you're taking with you?
M No, not at all. I want to be prepared ______________________ ______________________. Once I went on holiday, and it was totally ruined because I wasn't prepared for the weather there. So I'm going to ______________________ ______________________ as well.
W Don't you think that ______________________ with you just in case you need it?
M Well, you never know when you might need something nice to wear, so I think I'll pack one of those and take it with me.

20 대화를 듣고, 여자가 전화를 건 목적을 고르시오.

M Good evening.
W Good evening, sir. Is this Mr. Raymond Smith?
M Yes, it is.
W Mr. Smith, I'm calling to tell you about our great new product and ______________________.
M I'm in the middle of dinner. Could you call back another time?

W I'm so sorry, but ______________________ ______________________. I'd like to offer you a set of books for only $20. Usually each book would cost you $20.
M I'm sorry, but I'm not interested.
W Do you have children? ______________________ ______________________ which children of all ages could use for their school projects.
M We have the Internet at home, so I don't think we need such books.
W Well, this is a ______________________. I'll call you back tomorrow evening.
M No, thank you. I'm really not interested in your offer, and ______________________ tomorrow evening.
W Perhaps one of our other representatives will give you a call.
M I'd like to get back to my dinner. Please don't call again.
W Have a nice evening, Mr. Smith.

21 대화를 듣고, 내용과 일치하지 <u>않는</u> 것을 고르시오.

W Hello, Mike. Are you already back from school? You're early.
M ______________________ because of the rain. That's why I'm home so early.
W Do you want something to eat or drink?
M Yes, I'd like some chocolate milk and cookies, please.
W How about a nice tuna sandwich? That's healthier.
M Sure, Mom. It's not as delicious, but it will do. Is Michelle using the computer? I need to ______________________ ______________________ tonight. I have a big science project that's due on Thursday. The Internet at school is very slow, so I couldn't find the information today.
W No, I don't think Michelle is using the computer. But you could ______________________. You know she's really good at science.
M Maybe I will. I really need a good grade on this project. Those students with the highest grades ______________________ ______________________ and stay there for two days.
W That sounds really good. Anyway, here are your sandwich and milk. I'll see where your sister is.
M Thanks, Mom.

22 다음을 듣고, 멕시코와 그리스의 공통점으로 알맞은 것을 고르시오.

w New Year's Eve is on December 31, is the day before New Year's Day, and also is the final day of the year in the Gregorian calendar. ______________________ ______________________ with big parties until midnight. New Year's Day is usually a separate celebration. People commonly use fireworks as a part of their celebrations. Many cities have become famous for their fireworks shows, ______________________ ______________________. In countries such as Argentina, Brazil, Mexico, Greece, Venezuela, and the Philippines, ______________________. In most countries, it is not, so people still have to go to work on that day. Rio de Janeiro in Brazil and Sydney in Australia have the world's biggest celebrations, both of ______________________. New York and London are popular cities from which people often like to welcome the new year as well.

23 대화를 듣고, 대화가 이루어지고 있는 장소를 고르시오.

m Can I help you with anything?

w My professor has given us an assignment, but I can't seem to find ______________________.

m That shouldn't be too much of a problem. It's probably around here somewhere.

w It's a very urgent assignment, and ______________________ ______________.

m I understand. We'll find it. What's the title, and who's the author?

w It's *The Theory of Light* by Alexander Smith.

m Oh, yes, I remember now. ______________________ ______________________ yesterday.

w Are there any copies left?

m Your professor asked that the relevant chapters of the book be copied and placed in the reserved section. ______________________ for about five hours, but then ______________________.

w But I need to take it home to work on my assignment.

m You'll have to make your own copies if that is what you want to do. You are just not allowed to take it ______________ ______________.

w Thanks so much for your help.

m Good luck with your assignment.

24 대화를 듣고, 여자가 급하게 통화를 원하는 이유를 고르시오.

w Good morning, I need to speak to Mr. Lee, please.

m Good morning. Would you please ______________________ ______________________ while I go and check to see if he is in his office?

w Yes, I don't mind holding on at all.

m Um, I've just been informed that he has asked not to be disturbed this morning. He's got some important work to attend to right now.

w Oh, but I need to speak to him ______________________.

m Is there anything that I can help you with? Or perhaps you could speak with one of his junior staff members?

w I'm sorry, but ______________________. He ordered a new cell phone with my company recently, but ______________ ______________________.

m Let me take your name and number, and I will ask him to return your call just as soon as he can.

w Okay, but ______________________ that I need the information before lunchtime.

m I'll do my best to make sure he contacts you before then.

w Yes, please do that. Otherwise, ______________________ ______________________.

25 다음을 듣고, 화자의 의견에 동의하는 진술을 고르시오.

m A large number of the world's countries are ______________________. Yet, curiously, many people eligible to vote choose not to do so. There is typically a pattern to people's voting habits. ______________________ ______________________, a huge percentage of eligible voters cast their ballots in the elections. Often, as many as eighty or ninety percent of all eligible voters choose to do so. However, over time, ______________________ ______________________. In countries where democracy has been practiced for a long time, fewer than fifty percent of eligible voters cast ballots. This problem must be changed. To begin with, voting is a right which all people should take seriously. On many occasions, ______________________ ______________________ about their elected officials. By not voting, these people really have no right to complain. In democracies, power comes from the people, so they should be sure ________________________, or else it could, in the future, be taken from them.

26 다음을 듣고, 싱가포르가 여행하기 좋은 이유가 <u>아닌</u> 것을 고르시오.

w Singapore is an island-state located in Southeast Asia. It is ________________________ Malaysia. Singapore was founded as a British colony in 1819. Due to its location, it became an important trading port. ________________________, it has become one of the fastest developing countries in the world. Its port is one of the busiest in the world. It is a very modern city ________________________ and also has a very efficient subway system. Its climate is tropical, which adds to the relaxed feel of the city. It combines many cultures very successfully. The Chinese, Indian, and Malay influences are clear. Many people choose Singapore ________________________ ________________________. Singapore is a great place to begin a trip through the rest of Southeast Asia or to enjoy life in a glamorous, big city.

27 대화를 듣고, 여자가 공부하려는 것이 무엇인지 고르시오.

m You look a little confused. Is there something that I can help you find?

w I'm trying to find these two books on history, but I'm lost and ________________________.

m Oh, you're on the wrong floor if you're looking for books in that subject. You need to ask at the main desk on the fifth floor, and someone there will show you exactly where to go.

w ________________________. I've been wandering around all afternoon and didn't think to ask anyone for help.

m You need to take the stairs up right now. They're repairing the elevators, so you can't take one of them.

w Just my luck!

m Let me call the person on the fifth floor and ask ________ ________________________.

w Would you do that for me? I'd appreciate knowing that

the books are there before I walk up several flights of stairs.

m ________________________?

w It's called ________________________.

m Okay, and what about the title of the second one?

w The title of that work is ________________________.

m Okay, hold on just a second, and let me call the upstairs desk. I'll let you know whether it's worth your time to go up all those steps.

28 대화를 듣고, 아이스크림 만드는 순서가 올바르게 나열된 것을 고르시오.

m Are you sure this was homemade ice cream you served me? It tasted so delicious.

w Thanks a lot.

m I didn't know you were into making ice cream.

w Actually, I've been cooking a lot lately. ________________________ ________________________, it's quite relaxing.

m So, tell me about this ice cream. It must have been really complicated to make it.

w On the contrary, ________________________, and it doesn't even require too many ingredients. All you need is ________________________ ________________________.

m Well, okay, if that's all you need, then let me know exactly how to make it.

w Sure thing. Just get about a cup of fruit juice by crushing whatever fruit you want to use in your ice cream. I put strawberries in this. Then mix the juice with a cup and a half of powdered sugar ________________________ ________________________.

m That's not hard. What's the next step?

w Pour two cups of heavy cream into the mix, and then keep stirring it for about ten minutes. Pour it into a plastic container, ________________________, and, after four hours, you've got ice cream.

29 다음을 듣고, 화자의 요지를 고르시오.

w ________________________ when there's a major holiday coming up. This is especially true from November to February, when there are holidays like Thanksgiving, Christmas, New Year's, and Valentine's

Day. The reason I get this way is that people seem
____
________________. Instead of taking the time to consider
what we're celebrating and why we're celebrating,
people just look to have as much fun as possible.
Indeed, one of the major reasons for this is that
____
________________.
Companies are so intent upon selling certain products
that they've helped change the way people look at these
holidays. Take Valentine's Day, for example. It used
to be a nice holiday where couples could express their
feelings for one another. Now, both the men and women
____
________________. So a lot of people, like
myself, don't even look forward to these holidays but
are happy when they finally end.

30 대화를 듣고, 여자가 수강하려는 과목을 모두 고르시오.

M　You look like you're thinking hard about something.

W　I'm trying to decide ________________________
________________. There are so many good ones
listed in this course catalog, so I'm not sure what I
should take.

M　I'm having the same problem as you. I have, however,
settled on taking math and astronomy so that I can get
some of my requirements done.

W　That's a good idea, but I really dislike astronomy, so
I think ____
And I guess ________________________________.
Okay, I can sign up for those two.

M　Why don't you take a history class with me? I'm taking
one on European history.

W　You must be joking. I can never remember all those
facts. Sorry, but I'll pass on that. Instead, I'm going to
take ____.

M　Hey, that's a good choice. Maybe I'll take that with you.

W　Okay, I've got two more classes to choose. How
about this international relations class with Professor
Johnson?

M　I wouldn't. I've heard ____________________________.
Take a philosophy class instead.

W　____. I think
I'll take Professor Johnson's class and a German class.
There, it looks like I'm all done.

31 다음을 듣고, 이어지는 영어 질문에 대한 알맞은 답을 고르시오.

W　Lisa and Julie get in their car at their home to drive to
the city, which is ________________________________. For
the first two hours, there is a lot of road construction,
so they ____.
However, for the remainder of the trip, they __________
________________.

M　Q : *How long does it take Lisa and Julie to get from their
home to the city?*

[32-35] 32번부터 35번까지는 질문과 보기를 모두 듣고 푸는 문
제입니다. 대화나 이야기를 듣고, 영어로 들려주는 질문에 대한 알
맞은 답을 고르시오.

32

W　Hello, this is Ms. Anderson. How can I help you?

M　Oh, yes, um…good afternoon. My name is Mike Smith.
____
________________, so I'm calling to ask whether or not it's
been filled.

W　I'm terribly sorry, but we filled that vacancy yesterday.

M　That's too bad. I was really hoping ____________
________________.

W　If you don't mind my asking, where do you work now?

M　I work at Andersen's in the Finance Department.

W　That's interesting. ____________________ Andersen's
myself. I only started working here about a year ago.

M　You're lucky you got away.

W　What do you mean? I really enjoyed working over there,
but ________________________________ when I left.

M　Maybe it's the same for me.

W　Look, we will have a few positions available soon. Why
don't you send me your resume, and we'll ____________
________________________? Maybe one of the new
jobs will be the perfect fit for you.

M　Great. I'll do that right away. I'm a hard worker, so I'm
sure I would be an asset to your company.

M　Q : *What do the man and woman have in common?*

W　① They are both unhappy at their companies.
　② They both want to work at the same company.

③ They both used to work at the same company.
④ They are both looking for new jobs.
⑤ They are both hard workers.

33

M We've been driving around for ages. I'm afraid that
_______________________________.

W I told you we should have called them before we left and gotten exact directions.

M I didn't hear you say that.

W _______________________________. They're probably waiting for us outside the restaurant. This is so embarrassing.

M It can't be very far from where we are right now. Perhaps _______________________________
_______________________.

W Yes, we must have done that by mistake. Are you sure you don't have the map of this area with you? I was positive that you put it in the car before we left.

M I'm sure I didn't bring it. I've looked already. It must be at home.

W _______________________________. We've got to do something quickly.

M Calm down. We'll find the restaurant in just a few minutes.

W I don't know why you're not irritated. Don't you find what we're doing to be frustrating?

M Of course I do, _______________________________
_______________ and try to find the correct road.

M Q : *What mistake did the man and woman make?*

W ① They are driving in circles.
   ② They did not read the map correctly.
   ③ They did not meet their friends.
   ④ They drove too fast.
   ⑤ They made a wrong turn.

34

M Good evening. Have you been helped yet?

W No, I haven't. I need to get a room for the night.

M Please step over here, and I'll see what we have for you.

W I just need a single room.

M I see. Yes, _______________________________. One

room has an air conditioner, and the other has a fan.

W How much do the rooms costs?

M The first one is ____________, and the other is ________.

W That's quite a big difference. Can I look at the rooms ____________________?

M The two rooms look exactly the same. They're even the same size. The only difference is that _______________
_______________________.

W Is breakfast included in the price?

M Only the room with the air conditioner comes with _______________________________.

W Well, I suppose that I'll take the room with the fan. I'm more of a lunch person myself.

M Q : *Why does the woman say, "I'm more of a lunch person myself"?*

W ① She doesn't need the room with breakfast included.
   ② She likes to eat a really big lunch everyday.
   ③ She enjoys a delicious lunch.
   ④ She does not want the room if she is forced to eat breakfast.
   ⑤ She prefers to pay less for the room.

35

W What are you watching on television right now?

M I'm not watching anything special. It's a new talk show on TV. It's about _______________________________.

W I think _______________________________. It's such a disgusting habit.

M Really? I smoke, and it's difficult to give up no matter how much you may want to.

W Sure. But you don't have to smoke if you don't want to. _______________________________.

M I always smoke outside, so I don't bother anyone.

W That's fine. And if you do bother someone, that person can sit somewhere else. But what about your own health?

M Smoking is part of how I live. _______________________________
_______________________.

W Okay, but what will your health be like in ten years' time?

M I don't know, but right now I enjoy smoking.

W I think you should reconsider whether it really is worth it. It might wind up _______________________________

_______________.

M Q : *Which of the following is the man's opinion about smoking?*

W ① Secondhand smoking is bad for people's health.
② Smoking makes people feel better.
③ Smoking ought to be banned.
④ All smokers should not smoke outside.
⑤ Nonsmokers can sit far away from smokers.

36 주어진 시간 동안 아래 지문을 주의 깊게 읽고, 대화를 들은 후 이어지는 질문에 답하시오.

W I'm so tired of ________________________
________________.

M Oh, no. Don't tell me you're one of those skeptics who think the scientists are all wrong. You know that there's plenty of evidence for it, right?

W I'm not saying that ____________________________.
I'm just saying that all these predictions of doom and gloom are ______________. No one can see into the future.

M No, but global warming is happening right now. The temperature has gone up a lot in the last 150 years, and ____.

W True, but does that necessarily mean that it will be an unmitigated disaster? We should do what we can to stop it, but maybe we should also ________________
________________...

M There is no bright side to global warming.

W I'm not so sure about that...

M Q : *Which best completes the woman's last words?*

〔37-38〕 대화를 듣고, 이어지는 두 개의 질문에 답하시오.

M ____
________________________, Linda? Did you have a good time?

W It was such a fascinating place. I'd never been there before, so I was really pleased to see all the different exhibits.

M Yeah, ____,
so it would be nice to go again. Does the museum still have that dinosaur exhibit?

W It sure does. They've got ____________________
________________ displayed right in the first exhibition hall. You know, I never knew just how big the dinosaurs actually were. But do you know what my favorite part of the museum was?

M I'd say it was probably ____________________________
________________. Am I right?

W Well, that was fascinating. I had no idea all those different animals lived in our area. But, the best part of the museum was ____________________________________.
____.

M They have mummies at the museum? I never knew that. Perhaps I'll have to go check them out.

W You'd better go soon because ____________________
________________________, and it's going to be closing in about two weeks. Oh, and the same is true of the art exhibit they have. They've got a lot of Impressionist paintings, which are so nice when you can see the originals.

M It sounds like the museum's gotten a lot better since I first went. I think I'll go this weekend.

W I'm sure ________________________________.

37 Which of the following is NOT true about the conversation?

38 According to the girl, what was her favorite exhibit at the museum?

〔39-40〕 대화를 듣고, 이어지는 두 개의 질문에 답하시오.

W You're home late again! Because of that, ______________
________________.

M I'm so sorry about that, but there was a crisis in the office, so I couldn't get away from work ______________
____.

W You seem to have a crisis in the office every day. It's driving me mad.

M It's a very busy time of the year for us. I can't simply run away when there's a problem. I have to work with everyone to fix it. We work as a team, ______________
____.

W Well that's just stupid. Why should everyone stay late on

account of one or two people?

M You don't seem to understand. We have very stressful jobs, so if we don't help each other, we'll all crack under the strain of our deadlines.

W Why don't you stop studying in the evening then? Maybe

____

_________________. What do you think about that idea?

M I'd love to do it, but I can't quit my studies. I'd really like to work in another country one day, so I have to continue studying _________________________________.

W Why don't you give up playing golf on the weekend then?

M That's the only leisure activity I do, so I don't want to stop doing it. But _________________________________

_________________ in the future.

39 **Which expression best describes the man's situation?**

40 **What is the woman's complaint about the man?**

MEMO
Listen to the max

MEMO
Listen to the max

MEMO
Listen to the max

LISTEN to the MAX

실전모의고사 ❶

K&Y English Lab

정답 및 해석

유형편

다락원

LISTEN to the MAX

실전모의고사 ① 유형편

정답 및 해석

K&Y English Lab

다락원

유형 01 | 주제 파악하기

01 ② 02 ⑤ 03 ① 04 ② 05 ③
06 ③ 07 ④ 08 ② 09 ④ 10 ③

문제와 정답	스크립트	해석

01 다음을 듣고, 이것이 무엇에 관한 내용인지 고르시오.

① frogs
✓ dogs
③ hawks
④ cats
⑤ horses

① 개구리
② 개
③ 매
④ 고양이
⑤ 말

▶ evidence 증거 apparent 드러나는, 분명한 approximately 대략 profitable 이로운 species 종 flock 양떼 feature 특징, 생김새 temperament 성질, 기질 breed (품종을)개량하다; 품종

W The evidence of a relationship between humans and this animal became apparent approximately 12,000 years ago. How it developed is unknown, but the relationship was profitable for both species. Humans needed help watching their flocks, hunting, and protecting themselves from other animals. In return for their service, humans provided food for this animal. These animals quickly became known as "man's best friend" and were bred for many different features, such as size, speed, looks, and temperament. These days, there are almost 400 different breeds, all of which were created by humans.

여 인간과 이 동물과의 관계에 대한 증거는 대략 12,000년 전에 명확해졌다. 어떻게 관계가 발전했는지는 알려져 있지 않지만, 이 관계는 두 종 모두에게 이익이 되었다. 인간은 양떼를 감시하거나, 사냥을 하거나, 다른 동물로부터 자신들을 지켜주는 도움이 필요했다. 그것들의 봉사에 대한 보답으로, 인간은 이 동물에게 음식을 제공해 주었다. 이 동물은 빠르게 '인간의 가장 좋은 친구'로 알려지게 되었고 크기, 속도, 생김새, 성질 등이 다른 다양한 특징을 갖도록 개량되었다. 요즘에는 인간에 의해 만들어진 거의 400여 종에 이르는 다양한 종이 존재한다.

02 다음을 듣고, 이야기의 주제가 무엇인지 고르시오.

① wrestling
② uncertainty
③ sadness
④ disappointment
✓ lying

① 레슬링
② 불안정함
③ 슬픔
④ 실망
⑤ 거짓말

▶ reveal 밝히다, 드러내다 vulnerable 상처 입기 쉬운, 공격 받기 쉬운 varsity (주로 대학의) 대표팀 squad 팀 wrestler 레슬러 excel 뛰어나다 competitor 경쟁자 injure 부상을 입히다, 다치게 하다 think less of …을 하찮게 보다

M Often, people don't tell the truth because they feel that revealing the truth about themselves will make them appear vulnerable in the eyes of others. In high school, I really wanted to join the wrestling team, but I knew that I wasn't good enough to make the varsity squad. My father was a varsity wrestler all through high school and college, and it was obvious that he expected me to excel at this sport. Unfortunately, there were many strong competitors in my weight class, so, rather than admit to my father that I was not good enough to be on the varsity, I lied and told him that I had injured my knee lifting weights, so I couldn't be on the team. The story worked, but I think less of myself now.

남 가끔 사람들은 그들 자신에 대한 사실을 밝히는 것이 다른 사람들의 눈에 자기들을 상처받기 쉬운 사람으로 보이게 한다고 느끼기 때문에 진실을 말하지 않는다. 고등학생 시절, 나는 정말로 레슬링 팀에 들어가고 싶었지만 내가 학교 대표팀의 명단에 들기에는 실력이 충분하지 못하다는 것을 알았다. 우리 아버지는 고등학교와 대학교 시절 내내 학교 대표팀 소속의 레슬링 선수이셨고, 그래서 아버지가 내가 이 스포츠에 뛰어나기를 기대하시는 것은 명백했다. 불행히도 나와 같은 체급에는 강한 경쟁자들이 많았고, 그래서 나는 아버지에게 내가 대표팀에 들기엔 실력이 충분하지 않다는 것을 인정하기보다 내가 역기를 들다가 무릎을 다쳐서 팀에 들어갈 수 없다고 거짓말을 했다. 그 이야기는 효과가 있었지만 지금은 내 자신이 부끄럽다.

03

대화를 듣고, 내용을 가장 잘 나타내는 속담을 고르시오.

① Look before you leap. ✔
② Look on the bright side.
③ Don't judge a book by its cover.
④ Many hands make light work.
⑤ Do to others as you would be done by.

① 돌다리도 두드려 보고 건너라.
② 밝은 면을 보아라.
③ 겉모습으로 판단하지 마라.
④ 백지장도 맞들면 낫다.
⑤ 자기가 대접받고 싶은 만큼 남을 대접하라.

▶ opposite 반대의　awful 끔찍한, 지독한　resign from …을 그만두다, …에서 물러나다　risky 위험한　cautious 신중한　make decisions 결정을 내리다

M　Hi, Jane. Are you having a good time at your new job?

W　Hi, Tom. Unfortunately, it's just the opposite. I'm having a tough time.

M　Oh, really? But you were so excited when you started the job a month ago.

W　Yeah, I was, but it's not what I expected at all. My job is just awful.

M　I'm sorry to hear that.

W　I can't believe I was stupid enough to resign from a job I really loved to work at this horrible place. Nobody speaks to me, and I'm sure they think I don't know what I'm doing. Nobody helps me at all.

M　I told you that giving up your old job was risky.

W　Everyone warned me about that. But this opportunity was just too good to give up.

M　It just proves that people need to be more cautious before making decisions as big as this one.

남　안녕, 제인. 새 직장에서 즐거운 시간 보내고 있니?

여　안녕, 톰. 불행히도 정반대야. 힘든 시간을 보내고 있어.

남　진짜? 하지만 너 한 달 전에 새 직장에서 시작한다고 아주 즐거워했었잖아.

여　그래, 그랬지. 근데 이건 내가 기대했던 게 전혀 아니야. 내 일은 끔찍해.

남　그거 정말 유감이다.

여　이런 끔찍한 직장에서 일하기 위해서 내가 정말 좋아한 일을 그만두었다는 것이 너무 바보 같아서 믿어지지 않아. 아무도 나에게 말을 걸지 않고, 그들은 내가 뭘 해야 하는지 모른다고 생각하는 것이 확실해. 아무도 나를 도와주지 않아.

남　내가 이전 직장 그만두는 건 위험하다고 했잖아.

여　모두가 그 점을 경고했지. 그런데 이번 기회는 포기하기엔 너무 좋은 기회였어.

남　사람들이 이것처럼 큰 일을 결정할 때는 좀더 조심스러워져야 된다는 사실이 증명된 거네.

04

다음을 듣고, 내용을 가장 잘 요약한 것을 고르시오.

① The Minoans fled Greece after a volcanic eruption.
② The Santorini volcano left a trail of destruction. ✔
③ Though once enormous, the Santorini volcano is small and inactive today.
④ Most of the Greek islands are volcanic and unstable.
⑤ Regular earthquakes make Santorini uninhabitable.

① 미노스 사람들은 화산 폭발 후 그리스를 도망쳤다.
② 산토리니 화산은 엄청난 파괴의 흔적을 남겼다.
③ 비록 한때 거대했지만, 산토리니 화산은 지금은 작고 비활성 상태이다.
④ 대부분의 그리스 섬들을 화산섬이어서 불안정하다.
⑤ 정기적인 지진이 산토리니 섬을 사람이 살 수 없게 만든다.

▶ eruption 폭발, 분출　volcanic 화산의　enormous 거대한　wipe out 휩쓸어 버리다　Minoan 미노스 문명의, 미노스 사람　civilization 문명　sink 가라 앉다　caldera 칼데라　crater (화산의) 분화구　environment 환경　earthquake 지진　tremor 진동

W　Santorini, Greece, is the site of the world's largest volcano. Its last eruption in 1650 B.C. is widely considered the most severe volcanic eruption in known history. This enormous explosion is said to have wiped out the Minoan civilization, which existed on a nearby island. The island of Santorini itself was either blown apart or sank below the water line. This created one of the truly unique land forms on Earth today. The caldera, or crater, left by the volcano today measures roughly 9 by 11 kilometers. The volcano is still a highly active, unstable environment. Major earthquakes still take place regularly, and new tremors are always expected.

여　그리스에 있는 산토리니는 세계에서 가장 큰 화산이 있는 곳이다. 기원전 1650년에 있었던 가장 마지막 폭발은 역사상 가장 맹렬한 화산 폭발로 널리 알려져 있다. 이 엄청난 폭발은 근처의 섬에 있던 미노스 문명을 휩쓸어 버렸다고 일컬어진다. 산토리니 섬 자체는 해수면 아래로 가라앉거나 조각조각 났다. 이것은 오늘날 지구에서 정말 독특한 지형을 만들었다. 화산으로 인해 만들어진 칼데라 혹은 분화구는 오늘날 대략 9에서 11km까지 측정된다. 화산은 아직도 매우 활발하고 불안정한 환경에 놓여 있다. 주요 지진들이 아직도 정기적으로 발생하고 있고, 새로운 진동이 항상 예측된다.

05

대화를 듣고, 두 사람이 무엇에 관해 이야기하는지 고르시오.

① being homesick
② teaching
✔ living abroad
④ using recruiters
⑤ peer pressure

① 향수병에 걸리는 것
② 가르치는 일
③ 해외 생활
④ 리쿠르터를 이용하는 것
⑤ 동료로부터 받는 압박감

▶ advantage 장점, 이익 disadvantage 단점, 불이익 sign up 계약하다 at least 적어도 homesick 향수병 recommend 추천하다, 권하다 influence 영향을 주다; 영향 urge 재촉하다, 권하다

M What are you going to do after graduation?

W I'm thinking about teaching English in Korea. Do you think it's a good idea?

M You ought to look at the advantages and disadvantages.

W I know. It would be nice to travel. It would also be nice to get some training.

M How about the disadvantages? You have to sign up for at least a year. You might get homesick! By the way, have you decided where you would like to teach?

W No, I haven't.

M Have you talked to Steve? He taught there before. He might be able to help you.

W Yes, I talked to steve. He recommended I talk to a recruiter.

M He didn't encourage you to go?

W No, he didn't seem to want to influence me either way.

M That's funny. He really insisted that I spend a year teaching abroad.

W Maybe he urges men to travel, but not women.

M Maybe you're right.

남 졸업 후에 뭐할 거니?

여 한국에서 영어를 가르칠까 해. 좋은 생각인 것 같니?

남 장단점을 따져 봐야 해.

여 알아. 여행을 하는 건 멋질 거야. 또한 훈련을 받는 것도 그럴 테고.

남 단점은? 적어도 일년을 계약해야 해. 향수병에 걸릴 수도 있어! 어쨌든, 어디서 가르칠지는 정했어?

여 아니.

남 스티브에게 얘기했니? 그가 거기서 전에 가르쳤어. 그가 널 도울 수 있을 거야.

여 응, 스티브와 얘기를 했어. 리쿠르터와 얘기해 보라고 추천하더라.

남 가라고 격려해 주지는 않았어?

여 아니. 어떤 식으로든 영향을 주고 싶어 하지 않는 것 같아.

남 재미있구나. 나한테는 해외에서 일년 동안 학생들을 가르치는 걸 적극 주장했거든.

여 아마 남자는 여행하는 걸 권해도 여자는 아닌가 보지.

남 그럴지도 모르겠다.

06

Listen to the conversation and choose the statement which best summarizes it.

① Nuclear power plants do not damage the environment.
② Nuclear power plants are not harmful to the environment.
✔ There are disagreements about how to protect the environment.
④ Newspapers are important for keeping the population informed.
⑤ It is important to write letters to the government to express one's views.

대화를 듣고, 가장 잘 요약한 문장을 고르시오.

① 원자력 발전소는 우리 환경을 해치지 않는다.
② 원자력 발전소는 환경에 해롭지 않다.
③ 환경을 보호하는 방법에 관한 불일치가 있다.
④ 신문은 사람들에게 지속적으로 정보를 주는 중요한 것이다.
⑤ 자신의 관점을 알리기 위해 정부에 편지를 쓰는 것이 중요하다.

▶ editorial 사설 environment 환경 atomic power 원자력 plant 발전소, 식물 emit 방출하다 atmosphere 대기, 공기 radioactive waste 방사능 폐기물 contamination 오염 nuclear weapon 핵무기 nuclear power 원자력, 핵무기 보유국

W Say, Peter, did you read today's newspaper?

M Yes, I did.

W Did you see the editorial about the environment?

M Yes, and I agree with the editor one hundred percent.

W So do I. We are definitely destroying the environment, and we need to stop it.

M What do you suggest we do about it?

W I think we should use nuclear power instead. Nuclear power plants don't emit toxic fumes into the atmosphere.

M No, but they expel radioactive waste, don't they? Did you see the article on the front page of today's newspaper about the contaminated water supply in the town of Moss Beach?

W Yes. The contamination was caused by the factory nearby. Nobody knew the plant was producing nuclear weapon parts. And that's just one occurrence. That type of accident rarely happens. It doesn't change my mind, though. I am still for nuclear power.

M Not me. I'm anti-nuclear energy. I'm going to write to the Environmental Protection Agency in Washington like the editor suggested so that I can find out what I can do to stop more of these plants from harming our environment.

W Enjoy your letter writing.

여 피터, 오늘 신문 읽었어?

남 응.

여 환경에 대한 사설 읽었어?

남 응, 나는 편집자의 의견에 전적으로 동의해.

여 나도 그래. 우린 정말로 환경을 파괴하고 있고 멈출 필요가 있어.

남 우리가 뭘 해야 한다고 보니?

여 우린 원자력을 사용해야 해. 원자력 발전소는 대기 중에 해로운 연기를 방출하지 않거든.

남 맞아, 그러나 그것들은 방사능 폐기물을 분출하지 않니? 오늘 신문 1면에서 모스비치에서의 오염된 물 공급에 관한 기사 봤니?

여 응, 오염이 인근 공장에 의해 발생한 거야. 그 공장이 핵무기 부품을 만들고 있다는 걸 아무도 몰랐지. 그리고 그건 단지 하나의 사건이야. 그런 일은 잘 일어나지 않지. 그게 내 마음을 바꾸지는 않아. 난 여전히 원자력 발전에 찬성이야.

남 난 아냐. 난 원자력 발전에 반대야. 난 편집자가 제안한 것처럼 워싱턴에 있는 환경보호협회에 편지를 써서 이런 발전소들이 우리 환경을 해치는 걸 멈추기 위해 내가 무엇을 할 수 있는지 알아볼 거야.

여 편지 잘 써.

<table>
<tr><th>문제와 정답</th><th>스크립트</th><th>해석</th></tr>
</table>

07 What is the topic of the conversation?

① Technological advances in construction
② The man's promotion
③ Building a children's hospital
✔④ The man's new job
⑤ Temporary jobs *vs.* permanent jobs

대화의 주제는 무엇인가?

① 건축 기술의 발전
② 남자의 승진
③ 아동병원 짓기
④ 남자의 새로운 일자리
⑤ 임시 직장 *vs.* 평생 직장

▶ construction 건설 temporary job 임시 직장, 비정규직 permanent job 평생 직장, 정규직 supervise 감독하다 coordinate 조정하다, 통합하다 complete 완성하다 advance 발전, 진보

스크립트

W Hi, Joe. I heard you just got a new job with a construction company.

M Yes, but it's only a temporary job. It's for only one year. If the boss likes my work, it might turn into a permanent job.

W I've seen a lot of construction sites downtown. There are a lot of new places that are being built. Is that where you work?

M Yes, we're working on a new project. It's a children's hospital. Right now, my job is to make sure the different teams of workers do the work in the same manner or in the same way and at the correct time. In other words, I supervise the men and coordinate the work.

W How many people are involved in the project?

M It involves about eighty-five workers.

W How long will it take to complete the project?

M Well, with all the new advances in modern technology, we should be able to finish before the end of the year.

W Are you on your way to work now?

M Yes, and I'd better get going. I don't want to be late.

해석

여 조, 안녕. 얼마 전에 건설 회사에 새로 일을 얻었다며?

남 응, 하지만 비정규직이야. 딱 일년 동안이지. 사장님이 내 일처리를 마음에 들어 하면 정규직으로 바뀔 거야.

여 시내에서 많은 건설 장소들을 봤어. 건설 중인 새로운 장소들이 많이 있더라. 거기서 일하는 거야?

남 응. 새로운 프로젝트에서 일해. 아동병원이야. 현재의 내 일은 다른 팀의 일꾼들이 같은 방법, 같은 방식으로 정확한 시간에 일하게 하는 거야. 즉 사람들을 관리하고 일을 조정하는 거지.

여 그 프로젝트에 사람은 몇 명인데?

남 약 85명이야.

여 프로젝트가 끝나려면 얼마나 걸려?

남 발전된 현대 기술을 총동원 하면, 연말 안에는 끝날 거야.

여 지금 일하러 가는 중이었니?

남 그래, 이제 가야겠다. 늦고 싶지 않거든.

---

08 What is the topic of the conversation?

① The dangers of old buildings
✔② Whether historic buildings should be preserved
③ Newspapers' influence on public opinion
④ The use of public money
⑤ The cost of repairing historic buildings

대화의 주제는 무엇인가?

① 오래된 건물의 위험성
② 역사적 건물이 보존되어야 하는지의 여부
③ 대중들의 의견에 대한 신문의 영향
④ 공공 자금의 사용
⑤ 역사적 건물의 수리 비용

▶ glance at 훑어보다, 흘끗 보다 vanish 사라지다 contribute 기부하다, 기여하다 destruction 파괴 fix up 수리하다 in favor of …을 찬성하다 opinion 의견

스크립트

W Excuse me, sir. My name is Rose Hines. I'm a newspaper reporter for the *Evening Star*, and I'd like to talk to you briefly. To start with, did you read our newspaper last night?

M I'm sorry, but I only glanced at it. I didn't have enough time to read it completely.

W On the front page was an article about our city's historic buildings and how they're vanishing because the public won't contribute any money to fix them. Many of them are being destroyed. Could you comment on this situation? We'd be interested in what you have to say.

M I'm all for it. They're old buildings and falling apart. I think they're dangerous. Someone could get hurt. They should tear them down and build new ones in their places.

W But, Mr. Cane, don't you think the constant destruction of these old buildings is costing the people more than it would to fix up the buildings?

M No, I don't think so. Besides, I'm in favor of progress in the city. Out with the old, and in with the new. That's what I believe.

W Thank you for your opinion, sir. Be sure to read this evening's newspaper.

해석

여 실례합니다. 제 이름은 로즈 하인스입니다. 〈이브닝 스타〉지의 기자인데요, 잠시 얘기 좀 하고 싶어요. 우선, 지난밤 저희 신문 읽으셨나요?

남 죄송합니다. 그냥 훑어보기만 했는데요. 완전히 읽을 시간이 없어서요.

여 1면에 우리 시의 역사적 건물에 대한 기사가 있었어요. 대중들이 그 건물들의 수리비를 내려 하지 않아서 그것들이 어떻게 사라지고 있는지를 다뤘지요. 많은 것들이 파괴되고 있어요. 이 상황에 대해 한 말씀 해주시겠어요? 당신의 의견을 꼭 듣고 싶습니다.

남 난 대찬성입니다. 그것들은 오래된 건물이고 무너지고 있죠. 위험하다고 생각해요. 누군가 다칠 수도 있고요. 그것들을 부수고 그 자리에 새 건물을 지어야 해요.

여 하지만 케인 씨. 이 건물을 수리하는 것보다 그것들을 부수는 것이 돈이 더 든다고 생각하지 않나요?

남 아뇨, 그렇게 생각하지 않습니다. 게다가 저는 도시 발전을 원해요. 오래된 것은 물러나고, 새것이 들어와죠. 나는 그렇게 믿습니다.

여 의견 감사합니다. 오늘 저녁 신문 꼭 읽으세요.

09 **What is the speaker's main message to hikers?**

① Pack the right clothing, but don't forget to dress well.

② A hat is not so important on a hike.

③ Don't forget to wear a long-sleeved shirt.

④ ✓ Pack the right clothing for the hike and be prepared, but pack lightly.

⑤ It can rain very suddenly on a hike, so be prepared.

하이킹하는 사람에 대한 화자의 주된 메시지는 무엇인가?

① 적절한 옷을 준비하되, 옷을 잘 갖춰 입는 걸 잊지 말 것.

② 모자는 하이킹에 그리 중요하지 않음.

③ 긴팔 옷을 입는 걸 잊지 말 것.

④ 하이킹에 적절한 옷을 준비하되 짐을 가볍게 할 것.

⑤ 하이킹 중 갑자기 비가 오는 것에 대비할 것.

▶ clothing 옷, 의복 essential 중요한, 필수적인 footwear 신발 adequate 적절한 rugged 울퉁불퉁한, 바위가 많은 get soaked 흠뻑 젖다 downpour 폭우, 호우 pack 짐을 싸다

M The right clothing is essential for any hike or trek. Footwear is probably the most important thing. Strong boots with adequate protection for the ankles are the best footwear. Running shoes may be fine in drier, less rugged areas. Thin, loose clothes are best, but long pants are good protection against thorns or rocks. A good hat can help keep you from getting a sunburn. For the same reason, most people choose to wear long-sleeved clothing. There is nothing worse than returning home from a hike badly burned by the sun. Try to bring at least two changes of clothing along with you. It can rain very suddenly in the mountains, and you need to be prepared in case you get soaked during a sudden downpour. But try to pack lightly since you must carry everything you bring along!

남 올바른 복장은 하이킹이나 트레킹에서 매우 필수적이다. 신발은 가장 중요할 것이다. 복사뼈를 보호할 수 있는 튼튼한 신발이 가장 좋다. 건조하고 덜 울퉁불퉁한 지형에서는 러닝화도 괜찮다. 얇고 헐렁한 옷이 가장 좋지만, 긴 바지는 가시와 바위에 대한 좋은 보호막이다. 좋은 모자는 햇볕에 타는 것을 막아 줄 수 있다. 같은 이유로 많은 이들이 긴팔 옷을 입는다. 하이킹을 하고서 햇볕에 심하게 타서 집으로 오는 것만큼 안 좋은 일은 없다. 적어도 갈아입을 옷 두 벌은 가져가라. 산에서 갑자기 비가 올 수도 있으니 갑작스러운 폭우에 젖을 경우를 대비할 필요가 있다. 가져간 것들은 모두 지니고 다녀야 하므로 가볍게 짐을 싸도록 하라!

---

10 **What is the topic of the lesson?**

① The uses of rubber in consumer products

② The history of rubber

③ ✓ The properties of rubber

④ The chemical structure of rubber

⑤ The uses of rubber in science

수업의 주제는 무엇인가?

① 소비재에서의 고무 사용

② 고무의 역사

③ 고무의 특성

④ 고무의 화학적 구조

⑤ 과학에서의 고무 사용

▶ quality 성질, 품질 rubber 고무 characteristic 성질, 특성 flexible 유연한 elastic 탄력적인 bend with …로 인해 구부러지다 bounce 튀어 오르다 temperature 온도 affect 영향을 주다 rigid 딱딱한, 단단한

W Good morning, class. Today, we're going to review the qualities of rubber. Tom, can you tell us some of the characteristics of this substance that is so common nowadays?

M Yes. Rubber is a substance that is flexible and elastic.

W Right, Tom. Those are two of the characteristics or properties of rubber. Can you give us some examples of the flexibility and elasticity of this substance?

M The tires on a car do not stay perfectly round. They bend with the weight of the car. This shows that the tires are not rigid. They are flexible.

W Good example, Tom. What about elasticity? Can you describe how rubber is elastic?

M Some items of clothing, such as belts, contain rubber. Elastic belts stretch when a person's waist gets larger.

W True, and some of us are glad. What are some other characteristics of rubber?

M Rubber bounces.

W Right, and how does temperature affect rubber? Can you tell us, Tom?

M Putting rubber in temperatures below freezing makes it very rigid and inflexible; as a result, it can break.

여 여러분, 좋은 아침이에요. 오늘 우리는 고무의 성질에 대해 복습할 겁니다. 톰, 요즘 흔한 이 물질의 특성에 대해 얘기해 줄래요?

남 네. 고무는 유연하고 탄력성이 있는 물질입니다.

여 맞아요, 톰. 그 두 가지가 고무의 특성이에요. 이 물질의 가변성과 탄력성에 대해 몇 가지 예를 들어 줄래요?

남 자동차 타이어는 둥근 상태로만 있는 게 아닙니다. 자동차 무게에 따라서 구부러지죠. 이것은 타이어가 딱딱한 것이 아니라는 걸 보여 주죠. 가변적이라는 겁니다.

여 좋은 예군요. 그럼 탄력성은요? 고무가 어떻게 탄력적인지 설명해 줄래요?

남 몇 가지 옷들, 특히 벨트는 고무를 함유하고 있습니다. 탄력 벨트는 사람의 허리가 커지면 늘어나요.

여 맞아요. 그리고 그건 어떤 사람들에겐 반가운 일이죠. 고무의 다른 특성은 뭘까요?

남 고무는 튀어 오릅니다.

여 그래요. 그럼 온도는 고무에 어떤 영향을 미칠까요? 얘기해 줄 수 있나요, 톰?

남 고무를 영하의 온도에 두면 딱딱해지고 비탄력적이 됩니다. 결과적으로 부서지죠.

유형 02 | 목적 및 의도 찾기

01 ① 02 ③ 03 ③ 04 ② 05 ②
06 ⑤ 07 ① 08 ⑤ 09 ④ 10 ④

문제와 정답	스크립트	해석

01 다음을 듣고, 담화의 목적을 고르시오.
✔ ① 관광객들에게 한국의 관습을 알리기 위해
② 한국인들의 친절함을 묘사하기 위해
③ 관광객들이 한국을 방문하도록 설득하기 위해
④ 한국의 낡은 가치관을 비판하기 위해
⑤ 한국인들이 외국인을 대할 때 주의해야 할 점을 알리기 위해

▶ custom 풍습, 관습 affection 애정, 호의 criticism 비판 conservative 보수적인 uncomfortable 불편한 considerate 사려 깊은, 신중한 privately 사적으로 tactfully 재치 있게

W Three important Korean customs for tourists to know deal with public displays of affection, anger, and criticism. The Korean people are very conservative, so couples are rarely seen kissing in public. Foreign couples should know that this kind of behavior makes Koreans feel uncomfortable. Koreans are also a considerate people, and social harmony is very important to them. For example, anger should never be shown in public as it leads to a "loss of face" for all involved. A tourist should therefore keep careful control of his or her emotions at all times. Also, any form of criticism is considered very bad manners. If it is necessary, it should be done privately and extremely tactfully. In summary, Korean customs are very different from many western customs, but they are very important to remember.

여 여행객들이 알아야 할 세 개의 중요한 한국 풍습은 공공연한 애정 표시, 분노, 비난에 관한 것이다. 한국인들은 아주 보수적이라 공공장소에서 연인들이 키스를 하는 장면을 보기란 정말 드문 일이다. 외국인 연인들은 이러한 종류의 행동이 한국인들을 불편하게 한다는 사실을 알아야 한다. 한국인들은 또한 사려 깊은 사람들이고, 사회적인 조화를 중시한다. 예를 들어, 분노는 대중 앞에서 드러낼 수 없다. 왜냐하면 이는 연류된 모든 사람들의 '체면을 깎는' 일이기 때문이다. 그러므로 관광객들은 항상 감정을 조절하는 데 신경을 써야 한다. 또한 어떠한 형태의 비판이라도 굉장히 무례한 것으로 간주된다. 만약 비판이 필요하다면, 사적으로 말하거나 매우 재치 있게 말해야 한다. 요약하면, 한국의 관습은 서구의 것들과 많이 다르지만, 그것들을 꼭 기억해야 한다.

02 다음을 듣고, 담화의 목적을 고르시오.
① To illustrate the importance of trusting one's own business instincts
② To provide ideas for new business products and services
✔ ③ To convince new owners to work with a group
④ To help new owners have fun when starting a business
⑤ To clarify some important business regulations

① 자신의 비즈니스 본능을 신뢰하는 것이 중요하다는 것을 보여 주기 위해
② 새로운 사업 제품과 서비스의 아이디어를 제공하기 위해
③ 신참 사장들에게 그룹으로 일하도록 납득시키기 위해
④ 신참 사장들이 사업을 시작할 때 흥미를 갖게 도움을 주기 위하여
⑤ 중요한 사업 규정을 명확히 하기 위하여

▶ intelligent 현명한 creativity 창조력 solution 해결책 devise 고안하다 exponentially 급격히 decision 결정 minimize 최소화하다 preview (사전에) 검토하다 implement 이행하다; 도구 weakness 약점 limitation 한계 impact 영향, 효과

M The smartest thing I ever did when starting a new business was to invite some of my friends to work on it with me. In fact, I recommend this course of action to all new business owners. There is more safety in working with a group. For example, my friends are very intelligent. Therefore, when there are problems to be solved, instead of having just one person's creativity available, everyone can bring his or her creativity to bear, so the chances that the best solutions will be devised increase exponentially. For the same reason, bad decisions can be minimized. Having many people preview a decision before it is made helps to ensure that stupid plans are not implemented. If I were forced to do all the thinking, my personal weaknesses and limitations would have a direct, negative impact on my new business.

남 내가 새로운 사업을 시작할 때 했던 가장 현명한 일은 함께 일하기 위해 친구들 몇 명을 초대한 것이다. 사실 나는 새로운 사업을 시작한 모든 사업주들에게 이 일련의 행동을 추천한다. 그룹으로 일할 때 더 많은 안전성이 있다. 예를 들어, 내 친구들은 매우 영리하다. 그래서 풀어야 할 문제가 있을 때 한 사람의 창의력의 가능성만 가지는 것 대신에, 모두가 그 문제를 해결할 창의성을 발휘할 수 있어서 가장 좋은 해결책들이 고안될 가능성이 급격히 증가한다. 같은 이유로, 나쁜 결정도 최소화될 수 있다. 결정이 내려지기 전에 많은 사람들로 하여금 검토하게 하는 것은 어리석은 계획이 이행되지 않도록 확인할 수 있게 해준다. 만약 내가 모든 생각들을 해내야 한다면, 나의 개인적인 약점이나 한계들이 나의 신규 사업에 직접적이고 부정적인 영향을 미칠 것이다.

03 다음을 듣고, 이 내용이 누구를 대상으로 한 광고인지 고르시오.

① 요리를 못하는 한국인들
② 요리를 못하는 남성들
✓ 한국 음식 요리법을 배우고자 하는 서울의 외국인들
④ 한국을 여행하고 싶어 하는 외국인들
⑤ 외국에서 한국 음식점을 내려고 하는 사람들

▶ explosion 폭발 Westerner 서양인 venue 사건 현장, 발생지 cover …을 다루다, 덮다 substitute 대체하다, 교체하다 ingredient 재료, 성분 advisable 현명한, 권할 만한 ahead of time 미리, 사전에

M There has been an explosion of interest among Westerners in Seoul in preparing Korean food. Many Korean restaurants and hotels now offer cooking lessons. One of the best venues is the stylish cooking style attached to the restaurant *Sesame*, which is owned by Lee Wan Joo. The restaurant offers courses that run for three or five days and once a month over a weekend. They cover popular Korean dishes, such as galbi and kimchi fried rice. They also teach students how to substitute ingredients which they will commonly find in Western countries. The number of students allowed in each course is limited to six. It's therefore advisable to book ahead of time to secure your place and avoid disappointment. The best part of the course is that you get to take home what you prepare during class. Overall, it is a great experience.

남 한국 음식을 만드는 것에 대해 서울에 사는 외국인들의 관심이 폭발적으로 증가해 왔다. 많은 한국 음식점과 호텔들이 이제 요리 강습을 제공하고 있다. 최고의 장소 중 하나는 멋진 요리 스타일이 결합된 레스토랑 〈세사미〉로, 이완주가 소유하고 있는 곳이다. 그 레스토랑은 3~5일 짜리와 한달에 한 번 주말을 이용한 강의 과정을 제공한다. 그들은 갈비와 김치볶음밥과 같은 유명한 한국 요리들을 다룬다. 그들은 또한 학생들에게 서양에서 흔히 찾을 수 있는 재료를 어떻게 대체할 것인지를 가르쳐 준다. 한 강의에 들어올 수 있는 학생수는 여섯으로 제한된다. 그러므로 실망하지 않고 자리를 확보하기 위해서는 미리 예약하는 것을 추천한다. 강의에서 가장 좋은 부분은 수업 동안 당신이 준비한 것을 집으로 가져간다는 것이다. 결론적으로, 이것은 훌륭한 경험이다.

---

04 대화를 듣고, 남자가 무엇을 하고 있는지 고르시오.

① Invite the woman over for a visit
✓ Explain the plans for his new basement
③ Recommend his contractor to the woman
④ Brag about how much money his new house costs
⑤ Demonstrate his skill at making blueprints

① 방문을 위해 여자를 초대한다.
② 그의 새로운 지하실을 위한 계획을 설명한다.
③ 그의 건설업자를 여자에게 추천한다.
④ 그의 새 집 가격이 얼마나 나가는지 자랑한다.
⑤ 설계도를 만드는 것에 대한 그의 기술을 설명한다.

▶ blueprint 설계도, 청사진 contractor 계약자 basement 지하실 pool 수영장 deck 발코니 be supposed to …하게 되어 있다 underground 지하에; 지하의

W What's that you are drawing, Pete?

M These are blueprints. They are the plans for our new house that tell the contractor how to build what we want. We're going to have a basement in it.

W You just added a pool, a deck, and three bedrooms. Why are you putting in a basement, too? Isn't that expensive?

M It is not really that much more expensive.

W I don't understand these drawings. A basement is supposed to be underground, but it looks like this one has large windows. How is that possible?

M The house is on a hill. One side of the basement will be below the ground like any other basement, but the other side will have windows above the ground. See?

W That looks great, Pete!

여 피트, 당신이 그리고 있는 게 뭔가요?

남 설계도에요. 건설업자에게 우리가 원하는 것을 지을 방법을 알려주는 우리 새 집을 위한 계획서죠. 지하실이 생길 거예요.

여 당신은 수영장, 발코니, 세 개의 침실을 추가했어요. 왜 지하실도 추가하는 거죠? 비싸지 않아요?

남 그리 비싸지는 않아요.

여 나는 이 도안을 이해하지 못하겠어요. 지하실은 땅 아래에 있을 텐데, 여기에는 큰 창문이 있는 것처럼 보이네요. 이게 어떻게 가능해요?

남 집이 언덕에 있어요. 지하실의 한쪽 면은 다른 지하실과 같이 지면 아래에 있지만, 다른 면은 지면을 향해 창문이 날 거예요. 알겠어요?

여 멋지겠네요, 피트!

---

05 다음을 듣고, 담화의 목적을 고르시오.

① 알래스카의 겨울에 대한 잘 알려지지 않은 정보를 알리기 위해
✓ 관광객들이 알래스카를 방문하도록 장려하기 위해
③ 알래스카의 혹독한 기후를 알리기 위해
④ 지구 온난화의 위험성을 경고하기 위해
⑤ 하와이에 필적하는 멋진 휴양지로서의 알래스카를 알리기 위해

▶ perpetual 영구적인, 끊임 없는 temperature 온도 wintertime 겨울 moderate 완화하다, 절제있는, 적당한 effect 효과, 작용

W The truth about Alaska is surprising to many people because it is normally thought to be a land of perpetual darkness, ice, and snow. That is not true, however. Alaskan visitors can find very cold temperatures during the wintertime, of course, but they can also find very warm temperatures during the summer. In Fairbanks, for example, the summer temperatures average between 27 and 32 degrees Celsius. The highest summer temperature ever recorded was 37.2 degrees Celsius on July 28, 1919. The reason for these high temperatures is that many parts of Alaska are far from the moderating effects of the ocean and receive 18-24 hours a day of sunlight. With this kind of pleasant climate, the really surprising thing is that more people do not come to visit.

여 알래스카에 대한 진실은 많은 사람들에게 놀라운 것일 것이다. 보통 알래스카는 지속적인 어둠과 얼음, 눈의 땅으로 생각되기 때문이다. 하지만 그것은 사실이 아니다. 물론 겨울에 알래스카를 방문하는 사람들은 매우 추운 기온을 경험하겠지만, 여름에는 굉장히 따뜻하다는 것도 알게 될 것이다. 예를 들어 페어뱅크스에서는, 여름의 평균 기온이 섭씨 27도에서 32도 사이이다. 여름에 가장 높은 온도로 기록된 것은 1919년 7월 28일의 섭씨 37.2도이다. 이렇게 높은 기온의 이유는 알래스카의 대부분이 바다의 완화 작용과는 거리가 멀고, 하루에 18~24시간 가량 태양빛을 받기 때문이다. 이런 상쾌한 날씨와 함께, 정말로 놀라운 점은 더 많은 사람들이 방문하지 않는다는 사실이다.

06 What is the purpose of this conversation?

① To promote honesty and integrity in the workplace
② To illustrate the importance of learning a foreign language
③ To convince teachers to improve so they can become principals themselves
④ To alert the listener to a job opening
✔ To describe the perfect school principal

이 대화의 목적은 무엇인가?

① 직장에서의 정직함과 성실함을 장려하기 위해
② 외국어 학습의 중요성을 설명하기 위해
③ 선생님들이 실력을 높여 스스로 교장이 되도록 설득하기 위해
④ 청취자들에게 일자리가 있다는 것을 알리기 위해
⑤ 완벽한 교장을 설명하기 위해

▶ principal 교장   relate 언급하다   detail 세부사항   description 설명   hear … through the grapevine 소문으로 듣다   candidate 후보자   second language 외국어   personality 인격   integrity 성실   generosity 관대함   reliable 신뢰할 수 있는   admirable 훌륭한   apply 지원하다

W Good morning, Mr. Grant. Have you heard we need a new principal for our school?

M Yes. Mr. Lewis briefly told us about it but didn't relate many details. Have they written the job description yet?

W I've only heard some details about it through the grapevine. In addition to having a PhD in education, the prime candidate for this position will have an excellent foundation in childhood learning, will have worked in different countries, and will be able to speak a second language.

M With all that experience and those skills, a candidate must be very competent to get the job. How about personality? Have you heard anything about the required character?

W I've been told that the successful candidate should have integrity and generosity, be an honest and helpful person, and have a high set of values. In other words, the perfect candidate is very reliable and has high personal standards as well as high standards for the school.

M That does, indeed, sound like an admirable candidate.

W In two weeks, the interviews will begin.

M I'll certainly be watching. I'm curious and eager to see who applies.

여 그랜트 씨, 안녕하십니까? 우리학교에 새로운 교장이 필요하다는 이야기를 들으셨나요?

남 예. 루이스 씨가 간략히 이야기해 주었지만, 자세한 부분은 말해 주지 않았습니다. 일자리에 대한 설명서를 만들었나요?

여 저는 단지 소문을 통해 몇 가지 사항들을 알고 있을 뿐입니다. 교육박사학위뿐만 아니라, 이 자리에 가장 알맞은 지원자는 아동교육에 대한 확실한 지식을 가져야 하고, 여러 나라에서 일한 경험도 있어야 하고, 외국어를 할 줄 알아야 합니다.

남 지원자는 그 경험과 기술뿐만 아니라 일자리를 얻기 위한 유능함도 반드시 갖추어야 합니다. 인격은 어때요? 요구되는 성격에 대해 들은 것이 있나요?

여 저는 성공적인 지원자라면 성실함과 관대함을 갖추고, 정직하고 도움이 되는 사람이고, 높은 가치를 지닌 사람이어야 한다고 들었습니다. 바꿔 말하면, 완벽한 지원자는 아주 믿을 만하고, 학교에 대한 높은 기준을 갖춘 것뿐만 아니라 개인적으로도 높은 기준을 가지고 있는 사람입니다.

남 그것 참 정말 훌륭한 지원자 같군요.

여 2주 후에 면접이 시작됩니다.

남 저는 꼭 지켜볼 겁니다. 누가 지원하는지 정말 궁금합니다.

---

07 Listen to the conversation and choose the man's intent.

✔ To get a date
② To see if his phone is working properly
③ To learn about a movie
④ To get his car fixed
⑤ To find out what the best movie theater is

대화를 듣고, 남자의 의도를 고르시오.

① 데이트를 신청하는 것
② 그의 전화기가 잘 작동하는지 확인하는 것
③ 영화에 관해 배우는 것
④ 그의 차를 고치는 것
⑤ 어디가 가장 좋은 영화관인지 찾는 것

▶ The line is busy. 통화 중이다.   liquor 주류, 액체   get fixed …을 수리하다

W Hello.

M Hi, Karen. I called you a few minutes ago, but your line was busy.

W Yeah. My roommate was on the phone.

M What are you doing this Friday? I'm going to see the new *Batman* movie. Do you want to go?

W I don't know. I am thirty-five, and that movie is for kids. Which theater do you want to go to?

M I was thinking about going to the one over on Main Street.

W You mean the one next to all of the liquor stores? I don't think so. That place is dangerous. Let's go to the theater in the mall.

M But that is so far away, and my car is broken.

W Then call me back when you get it fixed.

여 안녕.

남 안녕, 캐런. 몇 분 전에 전화했는데 통화 중이더라.

여 어. 룸메이트가 통화 중이었어.

남 이번 주 금요일에 뭐해? 나 〈배트맨〉 신작을 볼 건데, 너도 갈래?

여 모르겠어. 나는 서른다섯 살인데, 그건 아이들 영화잖아. 어느 영화관으로 갈 건데?

남 메인 가에 있는 데로 갈까 생각 중이야.

여 술집들 옆에 있는 곳 말하는 거야? 거긴 좀 아닌데. 그곳은 위험해. 상점가에 있는 극장으로 가자.

남 하지만 거긴 너무 먼데, 내 차도 고장 났고.

여 그럼 고치면 나한테 전화해.

08

Listen to the conversation and choose the woman's intent.

① To buy an apartment
② To get a job as an apartment manager
③ To rent an apartment for her pet
④ To rent a one-bedroom apartment
✓ To rent a two-bedroom apartment

대화를 듣고, 여자의 의도를 고르시오.

① 아파트를 사기 위해
② 아파트 관리직을 얻기 위해
③ 애완동물을 위한 아파트를 임대하기 위해
④ 원룸 아파트를 임대하기 위해
⑤ 방이 두 개인 아파트를 임대하기 위해

▶ for rent 세를 내놓은 garage 차고 utility room 다용도실 deposit 보증금, 예금

W Hello. May I speak to the manager?

M This is the manager speaking. May I help you?

W Yes. I'm calling about an apartment. Do you have one for rent?

M Yes, we do. What are you looking for? A one- or two-bedroom?

W I'd like a two-bedroom.

M I don't have a two-bedroom right now, but I'll have one next week.

W How many bathrooms does it have?

M There are two baths, a living room, a dining room, and a kitchen. It also has a garage, a small utility room, and a garden.

W Great. Can children and pets live there?

M Yes for children. No for pets.

W How much does it cost?

M The rent is four hundred a month, and there's a deposit of $200.

W That's not bad. When can I see it?

M Any day after Monday from 9 to 5.

여 안녕하세요. 관리인과 대화를 좀 나눌 수 있습니까?

남 제가 관리인입니다. 도와드릴까요?

여 예. 아파트에 대해 문의하기 위해 전화 드렸습니다. 임대 가능한 것이 있습니까?

남 그렇습니다. 어떤 것을 찾으시죠? 방 하나짜리요, 두 개짜리요?

여 두 개짜리가 좋겠네요.

남 지금 당장은 방 두 개짜리가 없지만, 다음 주에는 생깁니다.

여 화장실은 몇 개나 있나요?

남 화장실 두 개, 거실, 식당, 부엌이 있습니다. 차고도 있고, 작은 다용도실과 정원이 있어요.

여 좋습니다. 아이들과 애완동물도 지닐 수 있나요?

남 아이는 되지만, 애완동물은 안 됩니다.

여 가격은 얼마죠?

남 한 달에 400달러이고, 보증금이 200달러입니다.

여 나쁘지 않군요. 언제 볼 수 있나요?

남 월요일 이후 9시에서 5시까지 어느 날이나 가능합니다.

09

Listen to the conversation and choose the woman's intent.

① To recommend a good law school
② To get herself out of jail
③ To bribe a judge
✓ To recommend a good lawyer
⑤ To become a gangster

대화를 듣고, 여자의 의도를 고르시오.

① 좋은 로스쿨을 추천하기 위해
② 감옥에서 탈출하기 위해
③ 판사에게 뇌물을 주기 위해
④ 좋은 변호사를 추천하기 위해
⑤ 갱 단원이 되기 위해

▶ be a good judge of …을 잘 감정하다, 잘 보다 trust 신뢰하다 defense 변호 in court 법정에서 criminal case 형사 재판 civil case 민사 재판 efficient 유능한 judicial decision 법적 판결

W I'm sorry to hear you're in trouble. Is there anything I can do for you?

M Yes, thanks. I need a good lawyer, but I'm not a very good judge of character. I'd appreciate it if you could help me find one I can trust completely.

W Have you contacted Ed Blake? He has a very successful record as a defense lawyer. He seldom loses in court.

M Yes, I contacted him yesterday, but he told me he's too busy to handle another case right now.

W How about Ed's partner? He'd represent you well.

M No, he doesn't take criminal cases like mine. He's mainly interested in disagreements between people, so he accepts only civil cases.

W Then you ought to consider hiring Bill, Ed's oldest son. He'll do an excellent job. He's very efficient, so he won't waste any time or money.

M But he graduated from law school only a few years ago. He doesn't have much experience.

W He has learned a great deal from his father. Furthermore, the judge who has been assigned to your case is highly respected.

M That's true. He's a just man. Even his enemies agree that his judicial decisions are usually fair.

여 당신이 곤경에 빠지셨다니, 유감이군요. 제가 도와드릴 것이 있을까요?

남 예, 감사합니다. 좋은 변호사가 필요하지만, 제가 사람을 잘 볼 줄 몰라서요. 제가 믿을 수 있는 사람을 찾아 주신다면 감사하겠습니다.

여 에드 블레이크 씨에게 연락해 보셨어요? 변호사로서 아주 뛰어난 사람이에요. 그는 법정에서는 좀처럼 지지 않습니다.

남 예, 어제 연락을 했는데, 그가 지금 당장은 또 다른 사건을 맡기에는 너무 바쁘다고 하더군요.

여 에드의 동료는 어때요? 그가 당신을 잘 대변할 것입니다.

남 아뇨, 그는 제 경우와 같은 형사 재판은 맡지 않습니다. 그는 주로 사람들 간의 논쟁에 관심이 있기 때문에 그는 민사 사건만 맡아요.

여 그럼 에드의 장남인 빌의 고용을 생각해 보셔야 합니다. 그는 일을 정말 훌륭하게 해낼 겁니다. 그는 매우 유능하기 때문에 돈이나 시간을 낭비하지 않을 겁니다.

남 하지만 그는 로스쿨을 졸업한 지 몇 년 지나지 않는데요. 그는 경험이 별로 없습니다.

여 그는 그의 아버지로부터 많은 것을 배워 왔어요. 게다가, 당신의 재판에 선임된 판사는 매우 훌륭합니다.

남 그건 사실입니다. 그는 공정한 사람이죠. 심지어 그의 적들마저 그의 판결이 대개 공정하다고 인정합니다.

10 Listen to the talk and choose the speaker's purpose.

① To provide suggestions for living successfully away from one's parents

② To encourage parents to send their children to college

③ To convince teenagers to move out immediately

✔ To describe what teenagers enjoy about living on their own

⑤ To warn teenagers about how tough it can be living on their own

이야기를 듣고, 화자의 목적을 고르시오.

① 부모로부터 떨어져서 잘 살아가기 위한 제안을 하기 위해서

② 부모들이 자식을 대학교에 보내도록 장려하기 위해

③ 10대들이 즉시 집을 떠나도록 설득하기 위해

④ 10대들이 자립한 삶에서 무엇을 즐기는지 설명하기 위해

⑤ 자립해서 사는 것이 얼마나 어려운 것인지를 10대들에게 경고하기 위해

▶ benefit 장점 supervision 감독, 간섭 curfew 통금 socialize 사교활동을 하다 nag 잔소리하다 comment 비판, 논평 incentive 자극, 동기

W Most teenagers enjoy the freedom of being away from home for the first time. The first benefit is living without parental supervision, whether it is in the dorms on a college campus or in a house or apartment with friends. This benefit means they have no curfew and can come and go as they please. The second benefit is setting their own schedules. They can get up, study, work, and socialize at any time and in any order they want. Nobody is there checking up on them or nagging them to do things. A third freedom that teenagers away from home for the first time have is the freedom to choose their own image. Students can wear any type of clothing and wear any type of hairstyle that makes them happy without hearing comments from their parents. These three freedoms provide real excitement and incentive for teenagers to move out quickly.

여 많은 10대들이 처음에는 집에서 떨어져 사는 자유를 즐긴다. 첫 번째 이득은 캠퍼스 내의 기숙사에 살던, 친구들과 주택이나 아파트에서 살던 간에, 부모의 간섭에서 벗어나는 것이다. 이 이득은 그들에게 더 이상 통금시간이 없고 원하는 대로 오고 갈 수 있다는 것을 의미한다. 두 번째 이득은 그들 스스로의 시간표를 짠다는 것이다. 그들은 일어나고, 공부하고, 일하고, 사교활동을 하는데 있어서 어느 시간이나, 어느 순서든지 그들이 원하는 대로 할 수 있다. 아무도 그들을 체크하거나 그들의 행동에 잔소리하지 않는다. 집을 떠난 10대가 가지는 세 번째 자유는 그들 자신의 이미지를 고를 수 있는 자유이다. 학생들은 부모님의 비판을 듣지 않고 자신을 행복하게 하는 어느 옷, 어느 헤어스타일이든 할 수 있다. 이러한 세 가지 자유는 빨리 떠나는 10대들에게 정말로 흥미와 자극을 제공한다.

유 형 03 | 관계 및 상황 파악하기

01 ⑤ 02 ③ 03 ① 04 ④ 05 ④
06 ② 07 ⑤ 08 ⑤ 09 ③ 10 ①

문제와 정답	스크립트	해석

01 다음을 듣고, 화자의 직업을 고르시오.

① army general
② scientist
③ businessman
④ newspaper reporter
✔ politician

① 장군
② 과학자
③ 사업가
④ 신문기자
⑤ 정치가

▶ distribution 분포, 분배 supply 공급 conflict 분쟁, 갈등 settle 해결하다 voter 유권자 estimate 평가하다 available 이용할 수 있는 valuable 가치 있는 demand 수요 population 인구 pollution 오염 climate 기후 water crisis 물 위기

M Gentlemen, as you know, the distribution of the world's oil supplies is a present source of conflict among many nations. As a candidate, I campaigned to try to settle these conflicts peacefully. However, what you may not know, and what the voters definitely do not know, is that more future battles may be fought over drinking water than over oil. Given the enormous amount of water on Earth, this may seem hard to believe. Scientists estimate that there are some 326 million cubic miles of water on this planet, but only 478 cubic miles of liquid fresh water is available for human use, and 97.74% of this water is underground. This valuable, limited resource is facing an increasing demand from ever-growing populations, severe pollution problems, and possible global climatic changes. This administration needs to start planning now to avoid a water crisis in the next century, or we may find ourselves going to war over it.

남 여러분, 아시다시피, 현재 세계 석유 공급의 분포는 많은 국가들 간 갈등의 원인입니다. 후보로서, 저는 이러한 갈등을 평화적으로 해결하려는 운동을 했습니다. 그러나, 여러분은 모를 것이고 유권자들도 명확히 모르는 것은, 미래에는 석유보다는 물로 인한 전쟁이 일어날 수 있을 것이라는 겁니다. 지구에 있는 많은 양의 물을 생각하면, 이것은 믿기 힘들 것입니다. 과학자들이 추정하기를 지구상에는 3억2천6백만 입방마일의 물이 있지만, 인간이 사용할 수 있는 액체 상태의 신선한 물은 478입방마일뿐이고 그나마 그 중 97.74%는 지하에 있다고 합니다. 이 귀중하고 한정된 자원은 끊임없이 늘어나는 인구로부터의 증가하는 요구와, 심각한 오염문제, 그리고 일어날 수 있는 지구 기후변화에 직면해 있습니다. 우리 행정부는 다음 세기의 물 위기를 피하기 위해 지금 준비를 해야 합니다. 그렇지 않으면 물 때문에 전쟁을 하게 될지도 모릅니다.

02 다음을 듣고, 화자와 화자가 이야기하는 대상 사이의 관계를 고르시오.

① owner – horse
② veterinarian – young boy
✔ owner – dog
④ doctor – patient
⑤ zookeeper – panda bear

① 주인 – 말
② 수의사 – 소년
③ 주인 – 개
④ 의사 – 환자
⑤ 동물원 관리인 – 팬더곰

▶ shelter 보호소 pathetic 애처로운 neglect 무시하다, 소홀히 하다 sore 상처 paw 발 leash 가죽끈, 사슬 flea 벼룩 give a bark 짖다 nose drop 점비약(코에 넣는 약) veterinarian 수의사

W When I brought you home from the animal shelter for the first time, you were pathetic looking. You could count so many bones underneath your skin and patchy fur that I would have thought you had been neglected for years. In fact, you probably had. Your tail had sores on it, all four of your paws were hurt, and, judging from the raw ring of flesh around your neck, you had obviously been kept on a leash that was too tight. Not only that, but the fleas and ticks were so bad that you still had marks where you had been bitten. You were very sick, too. Your nose was sick, and it seemed like your throat hurt whenever you managed to give a hoarse bark. Fortunately, however, the veterinarian at the animal shelter gave me three bottles of pills and some nose drops to cure you, and now you are healthy and happy and playing with me every day.

여 내가 너를 처음으로 동물 보호소에서 집으로 데려왔을 때, 넌 정말 애처로워 보였지. 네 피부와 누더기가 된 가죽 아래 뼈가 많이 드러나 보였어. 그래서 나는 네가 수년 동안 버려져 있었다는 걸 알 수 있었지. 사실 그랬을 거야. 너의 꼬리에는 상처가 있고, 네 개의 발은 모두 다쳤었고, 그리고 너의 목에 있는 살점이 엉겨 붙은 둥근 테두리로 보아 너는 분명히 너무 꽉 조여진 목줄을 끼고 있었어. 그것뿐만이 아니라 벼룩과 진드기들이 너무 많아서 여전히 물린 자국들이 남아 있지. 너는 굉장히 아프기도 했어. 코도 아팠고, 짖으려 할 때마다 목이 아픈 것 같았지. 하지만, 다행히 동물 보호소의 수의사가 너를 치료하기 위해 세 병의 약과 점비약을 주었고, 이제 넌 건강해지고 행복해져서 나랑 매일 놀고 있구나.

03 대화를 듣고, 두 사람의 관계를 고르시오.

✔① police officer – witness
② police officer – thief
③ thief – police officer
④ witness – neighbor
⑤ witness – thief

① 경찰관 – 목격자
② 경찰관 – 도둑
③ 도둑 – 경찰관
④ 목격자 – 이웃
⑤ 목격자 – 도둑

▶ backdoor 뒷문 throw … into …을 ~로 던지다 jewelry 보석 steal 훔치다 interrupt 저지하다, 방해하다 yell 소리치다 appreciate 감사히 여기다

스크립트

M Can you tell us what happened, ma'am?

W Yes, Officer. I'm Mrs. Green's neighbor. I saw a guy who was rushing out of Mrs. Green's backdoor. He had a lot of objects, things, in his arms. He was throwing them into the trunk of an old red car.

M What kind of objects, ma'am? Just tell us what you saw.

W All kinds of stuff—a radio, a toaster, Mrs. Green's jewelry, a clock, and a TV. It looked like he was stealing the stuff. He was just taking it out of the house. He was running out of the house and throwing the stuff into his car.

M Did you say anything to him, ma'am? Try to remember.

W Oh, I interrupted him by shouting from my window. He stopped running and looked at me. I yelled, "What are you doing? Is Mrs. Green home?" The guy turned suddenly and dropped something. Then he ran.

M Thank you, ma'am. We appreciate your help.

해석

남 부인, 무슨 일이 있었는지 말해 주실 수 있겠습니까?

여 예, 경관님. 저는 그린 부인의 이웃입니다. 저는 한 남자가 그린 부인의 집 뒷문에서 뛰쳐나오는 것을 봤어요. 그는 팔에 많은 물건들을 들고 있었습니다. 그는 낡고 빨간 차로 그것들을 던졌습니다.

남 어떤 종류의 물건들이요? 무엇을 봤는지 말해 주십시오.

여 모든 종류의 물건들이요. 라디오, 토스터기, 그린 부인의 보석, 시계, TV 같은 거요. 그 물건들을 훔치고 있는 듯 보였어요. 그는 그것을 집에서 가지고 나오고 있었죠. 그는 집에서 뛰쳐나와서 그것들을 차로 던졌어요.

남 부인, 그 사람한테 아무 말도 안 하셨나요? 기억해보세요.

여 오, 창문으로 그에게 소리치면서 그를 방해했어요. 그가 달리다 멈추고 저를 봤어요. 제가 "뭐 하는 거죠? 그린 부인 집에 있나요?"라고 외치니 갑자기 돌더니 뭔가 떨어뜨렸어요. 그러고는 달려갔습니다.

남 감사합니다, 부인. 도움에 감사 드립니다.

---

04 대화를 듣고, 대화가 일어나는 장소를 고르시오.

① 커피숍
② 남자 부모님의 집
③ 가구점
✔④ 여자의 아들의 집
⑤ 주차장

▶ offer 제공하다 spoil 망치다 surprise (선물이나 방문으로) 깜짝 놀라게 하는 것 decorate 장식하다

스크립트

M Would you like some more coffee, Mom?

W No, thanks. I've had enough. I should probably go. I have to prepare dinner, and I don't know how long it will take me. Sometimes the traffic is crazy at this time of the day.

M Thanks for visiting. I'm sorry I had no cake or biscuits to offer you.

W Don't worry. I should have told you that I was visiting today.

M That would have spoiled the surprise.

W You should let me know if you need any help decorating the place. I could help you do some shopping.

M Don't worry, Mom. I will. I'll let you know if I have any ideas. But I find that kind of thing so boring.

W Your place could use some brighter colors. Maybe you should repaint the walls or something.

M I plan to do that soon. But I can't decide which colors I like best.

W I think white is a good color. But blue is also bright and colorful.

M Let's go shopping for some new things really soon.

해석

남 엄마, 커피 더 드실래요?

여 괜찮아, 충분해. 난 가야겠다. 저녁도 준비해야 되는데, 얼마나 걸릴지 모르겠구나. 가끔 이 시간에 차가 미칠 듯이 밀려.

남 와주셔서 고마워요. 케이크나 비스켓도 못 드려서 미안하네요.

여 걱정 마라. 내가 오늘 온다고 말했어야 되는데.

남 그럼 놀라움이 줄어들었겠죠.

여 집 꾸미는 데 도움이 필요하면 말하렴. 쇼핑하는 걸 좀 도와줄 수 있을 거야.

남 걱정하지 마세요, 엄마. 그럴게요. 아이디어가 떠오르면 알려 드릴게요. 근데 저한테 그런 건 너무 지루해요.

여 너의 집은 좀 밝은 색을 써야 해. 벽 같은 걸 다시 칠해야 할 거야.

남 곧 그럴 계획이에요. 근데 저는 제가 무슨 색을 가장 좋아하는 지 결정을 못 하겠어요.

여 내 생각엔 흰색이 좋을 듯 하다. 하지만 파란색도 밝고 색깔이 좋지.

남 조만간 같이 새로운 것들을 좀 사러 가죠.

05

다음을 듣고, 화자가 누구에게 이야기하고 있는지 고르시오.

① A student
② A doctor
③ Her son
✓ A patient
⑤ A friend

① 학생
② 의사
③ 아들
④ 환자
⑤ 친구

▶ anesthetic 마취제 surgery 외과 수술 perform 수행하다 relaxed 긴장이 풀린 pain 고통

W Don't worry. You won't feel a thing. Before we start, we'll give you an anesthetic. Nearly all surgeries today are performed with some kind of anesthetic. In fact, the word "anesthetic" comes from a Greek word that means "without pain." Hundreds of years ago, there were no anesthetics used in surgery. Can you imagine that? A doctor would give his patient something to eat or drink that came from a plant. It would make the patient sleepy or relaxed, but it was not a real anesthetic. We'll give you the real thing though. We've been using modern anesthetics since they were first discovered in the 1800s. Ether was the first type of anesthetic. It was discovered by a doctor in the United States in 1842. Today, you will feel no pain at all thanks to anesthetics.

여 걱정 마세요. 아무 것도 느끼지 못할 겁니다. 시작하기 전에, 마취제를 투여할 겁니다. 요즘은 거의 모든 외과 수술이 마취제를 투여하고 진행됩니다. 사실, 'anesthetic(마취제)'라는 단어는 '고통 없이'라는 그리스어에서 온 것입니다. 수백 년 전에는 외과 수술에 쓰이는 마취제는 없었습니다. 상상이 됩니까? 의사는 환자에게 식물에서 추출한 먹거나 마실 것을 주곤 했습니다. 그것은 환자를 잠들거나 긴장이 풀리게 만들긴 하지만, 진짜 마취제는 아니었습니다. 하지만 저희는 진짜를 사용합니다. 우리는 1800년대에 마취제가 발견된 이후 현대 마취기술을 사용해 왔습니다. 에테르는 마취제의 최초 유형이었습니다. 이것은 1842년 미국에 있는 한 의사가 발견했죠. 오늘 당신은 마취제 덕분에 어떤 고통도 느끼지 않을 겁니다.

06

What best shows the relationship between the speakers?

① operator – manager
✓ caller – operator
③ caller – store clerk
④ caller – aviator
⑤ customer – manager

화자 간의 관계를 가장 잘 나타낸 것은?

① 교환원 – 매니저
② 전화 건 사람 – 교환원
③ 전화 건 사람 – 점원
④ 전화 건 사람 – 비행사
⑤ 고객 – 매니저

▶ distance call 장거리 전화 station-to-station 번호 통화의 person-to-person 지명 통화의 local call 시내 전화 pay phone 공중전화 deposit 동전을 투입하다

M Can you help me, please? I want to make a long distance call.
W There are two kinds, station-to-station and person-to-person.
M Which is cheaper?
W That would be calls without my help.
M Which kind is that?
W Station-to-station.
M How can I make a local call on this pay phone?
W First, listen for the dial tone. Then deposit the coins in the slot and dial.
M What do local calls on a pay phone cost?
W Different cities have different prices, but in this city they cost twenty-five cents.
M Thanks for your help.

남 좀 도와주시겠어요? 장거리 전화를 걸고 싶은데요.
여 두 가지 종류가 있습니다, 번호 통화와 지명 통화가 있습니다.
남 어느 것이 싼가요?
여 저의 도움이 필요 없는 전화가 저렴합니다.
남 어떤 건가요?
여 번호 통화입니다.
남 이 유료 전화로 시내통화는 어떻게 하나요?
여 먼저, 발신음을 들으세요. 그리고 슬롯에 동전을 넣고 전화를 거세요.
남 시내통화 비용은 어떤가요?
여 도시마다 다르지만 이 도시에서는 25센트입니다.
남 도움 감사합니다.

07 Where is this conversation taking place?

① at a hotel
② at an office
③ at an airport
④ at a bus station
☑ on the phone

대화가 이루어지고 있는 장소는 어디인가?

① 호텔에서
② 사무실에서
③ 공항에서
④ 버스 정류장에서
⑤ 전화상에서

▶ make a reservation 예약하다 transfer 바꾸다
adult 성인 available 이용할 수 있는 adjacent
근접한, 이웃의 deposit 보증금 payment 지불 in
that case 그런 경우에는

스크립트

M1 Good afternoon, how may I help you?

W I'd like to make a reservation, please.

M1 Of course, ma'am. Just a moment while I transfer you to the reservations desk.

(Pause)

M2 Reservations desk. May I help you?

W I need to reserve a room with two double beds for next Friday and Saturday night.

M2 How many people will be in your group, ma'am?

W Four. Two adults and two children.

M2 I'm sorry, but I don't have a double room available then. However, I can give you two adjacent rooms. One has a king-sized bed, and the other has twin beds.

W How much will that cost?

M2 $79.00 a night.

W All right. I'll take the rooms. Do I need to mail you a deposit or give you a credit card number?

M2 Not unless you plan to arrive after 6:00. We can hold the room for you without payment until then.

W We plan to be there by then, but you know how it is when you're traveling with children. We may be a little late.

M2 In that case, just give us a call. We can save the rooms for you if we know when to expect you.

해석

남1 안녕하세요, 무엇을 도와드릴까요?

여 예약을 좀 하고 싶습니다.

남1 예. 예약 데스크로 바꿔드릴 때까지 잠시만 기다려 주세요.

(휴지)

남2 예약 데스크입니다. 무엇을 도와드릴까요?

여 다음 주 금요일, 토요일 밤에 더블 침대 2개가 있는 방을 예약하고 싶습니다.

남2 일행이 몇 명이나 오십니까?

여 네 명이요. 어른 둘에 아이들 둘입니다.

남2 죄송하지만 그때는 더블룸이 없네요. 하지만, 가까운 거리에 있는 방 2개를 예약하실 수 있습니다. 하나는 킹사이즈의 침대, 그리고 다른 것은 트윈베드가 있습니다.

여 그건 얼마죠?

남2 1박에 79달러입니다.

여 알겠습니다. 그 방을 예약하지요. 보증금이나 신용카드 번호를 알려드릴 필요는 없나요?

남2 여섯 시 이후에 오실 것이 아니면 필요 없습니다. 그때까지 요금을 지불하지 않아도 방은 잡고 있을 수 있습니다.

여 그때까지는 도착하기로 계획하고는 있지만, 알다시피 아이들이랑 여행하는 거잖아요. 조금은 늦을 수도 있습니다.

남2 그런 경우에는 전화를 주세요. 당신이 언제 올지 우리가 알고 있으면 방을 잡아 둘 수 있습니다.

---

08 Which is the most likely occupation of the speaker?

① teacher
② school principal
③ politician
④ student
☑ salesman

화자의 직업은 무엇인가?

① 교사
② 교장
③ 정치인
④ 학생
⑤ 판매원

▶ standardized 표준화된 valuable 중요한,
가치 있는 instrument 도구 achievement 업적
aptitude 자질, 적성 interest 흥미, 관심 promote
진급시키다 employee 직원, 피고용인 subscribe
to …에 서명하다, …을 구독하다 have access to
…에 접근할 수 있다, …을 이용할 수 있다

스크립트

M In today's specialized world, standardized tests have become valuable instruments in helping to determine a person's placement in school or in the workplace. Standardized tests—those which have been used, revised, and used again until their results are uniform under controlled conditions—can measure a person's achievement in a particular area, his aptitude and interests, and even his ability to get along well with other people. Here at TestCo, Inc., we are the leaders in standardized testing technology. We have a full range of testing materials that can be used by teachers to measure learning in a specific area. The results of these tests might be used to grade or promote students. For the low price of $2,000 per test, your company will instantly know any employee's aptitude. Or you can subscribe to our monthly service where, for a fee, you can have access to everything TestCo, Inc. offers.

해석

남 현대의 특화된 세계에서는, 표준화된 시험이 사람들이 학교나 일터에서의 위치를 결정하는 데 중요한 도구가 되었습니다. 잘 통제된 조건 하에 동일한 결과를 도출할 때까지 반복적인 실험과 개정을 거치는 표준화된 시험들은 개인의 특정 분야에서의 업적, 자질, 흥미, 심지어는 사교성까지도 측정할 수 있습니다. 여기 테스트코 사는, 표준화된 시험기술의 선두 주자입니다. 우리는 특정 영역에 대한 학습을 측정할 수 있는 광범위한 시험 자료를 가지고 있습니다. 이 시험의 결과는 학생들의 성적을 매기거나 진급시키는 데 사용될 것입니다. 테스트 당 2천 달러라는 저렴한 가격에, 당신은 직원의 자질을 즉각 알 수 있습니다. 아니면 저희의 월간 서비스를 구독하시면 그 요금으로 테스트코 사가 제공하는 모든 서비스를 이용할 수 있습니다.

09

Listen to the conversation and choose the most likely occupation of the man.

① waiter
② cook
✓ farmer
④ truck driver
⑤ mailman

대화를 듣고, 남자의 직업으로 추정되는 것을 고르시오.

① 웨이터
② 요리사
③ 농부
④ 트럭 운전사
⑤ 우체부

▶ take care of …에 신경 쓰다 heavy rain 폭우 wheat 밀 harvest 수확하다 tractor 트랙터 seed 종자, 씨앗

W The coffee smells great. Thanks, Grandpa.

M Did I tell you that the Mirandas next door want to sell their business?

W I thought Mr. Miranda was going to take care of the business.

M Yes, he wanted to make it a nice place, but the heavy rains destroyed their wheat crop last year. Now they've decided to sell everything and move to the city.

W Well, I can understand that, but they must be very disappointed after all of that hard work planting, harvesting, working every day in the sun and rain, and fighting the bugs in order to grow wheat. Now, they have to sell their business. They probably won't get a good price.

M You're right. We were very lucky. We harvested our wheat crop just in time. I have been thinking about buying his tractor and extra seeds.

여 커피 향이 참 좋네요. 고마워요, 할아버지.

남 내가 옆집의 미란다네가가 사업을 넘기고 싶어한다는 얘기를 했던가?

여 저는 미란다 씨는 사업에 신경을 쓰실 거라고 생각했어요.

남 그래, 멋진 곳으로 만들고는 싶겠지만, 작년의 폭우가 그들의 밀 수확을 망쳤어. 그들은 지금 모든 것을 다 팔고 도시로 떠나려 결정한 참이야.

여 음, 그건 이해할 수 있는데요, 매일 햇볕과 비 아래에서 심고, 추수하고, 일하고, 밀을 키우기 위해 벌레를 잡으면서 열심히 일했는데 매우 실망할 것이 틀림없어요. 이제 그들은 사업을 매각해야 해요. 좋은 가격은 못 받을 걸요.

남 맞다. 우리가 아주 운이 좋지. 우리는 제때 밀을 수확했으니까. 나는 그의 트랙터와 추가 종자를 구입할까 생각해 왔다.

10

Which best shows the relationship between the speakers?

✓ hotel manager – customer
② maid – client
③ king – astronaut
④ architect – construction boss
⑤ astronaut – accountant

① 호텔 매니저 – 고객
② 가정부 – 고객
③ 왕 – 우주비행사
④ 건축가 – 건설회사 사장
⑤ 우주비행사 – 회계사

▶ conference 회의 exhibit 전시 available 이용할 수 있는 charge 요금 adequate 충분한 refreshment 다과, 식음료 reservation 예약 stop by 들르다 convenient 편리한

M Hello, Ms. Taylor. I'm sorry to keep you waiting. This is Arthur Johnson. How can I help you?

W I'm making arrangements for a conference scheduled for the last weekend of March, and I need to reserve a large room for a meeting and an exhibit.

M How many people will attend, and how much space do you need for the exhibit?

W We expect about fifty people to come. I checked last year's plan, and, going by that information, it looks as though we'll need an area about 300 square feet to display the works of some of our local artists.

M What luck! You've called just in time. Our largest meeting room, the Galaxy, is available then. It's usually occupied every weekend.

W Good. How much does it cost to rent the Galaxy Room?

M The charge is $225.00 a day plus tax. I should also mention that there's a compact kitchen at one end of the room. It has limited space, but it's adequate for serving refreshments if you'd like. Would you care to come by this afternoon and see the room?

W Yes, that's a good idea. I need to go by the reservations desk, too, so I'll stop by your office after that. Would two o'clock be convenient?

남 안녕하세요, 테일러 씨. 기다리게 해서 죄송합니다. 저는 아서 존슨입니다. 무엇을 도와드릴까요?

여 3월 마지막 주에 계획된 회의를 준비하고 있는데요, 회의와 전시를 위한 큰 방을 예약하고 싶습니다.

남 몇 명이나 참석하고, 전시를 위한 공간은 어느 정도나 필요하신가요?

여 50명가량 올 겁니다. 지난 해 계획을 봤는데, 그 정보대로라면 지역 예술가들의 작품을 전시하기 위해서는 300평방 피트 정도의 공간이 필요할 것 같네요.

남 운이 좋으시군요! 제때에 연락하셨군요. 저희의 가장 큰 갤럭시 룸이 그땐 자리가 빕니다. 보통 주말마다 예약이 되어 있거든요.

여 좋네요. 갤럭시 룸을 빌리는 건 얼마입니까?

남 세금을 더해 하루 225달러입니다. 방 끝 쪽에 아담한 부엌이 있다는 말도 빼놓아선 안 되겠군요. 공간은 제한적이지만, 원하시면 식음료 제공도 가능합니다. 오후에 오셔서 방을 보시겠어요?

여 예, 좋은 생각이군요. 예약 프런트에 갈 필요도 있겠군요, 그 후에 당신 사무실에 들르겠습니다. 2시 괜찮으세요?

유형 04 | 그림 파악하기

01 ⑤ 02 ④ 03 ④ 04 ② 05 ⑤
06 ③ 07 ⑤ 08 ① 09 ① 10 ①

문제와 정답	스크립트	해석

01 대화를 듣고, 화자들이 이야기하고 있는 그림을 고르시오.

① 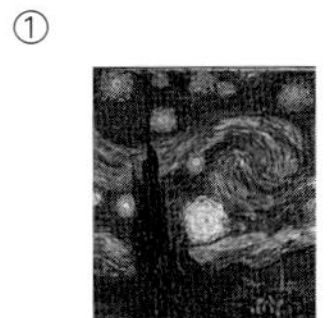 ② 

③ 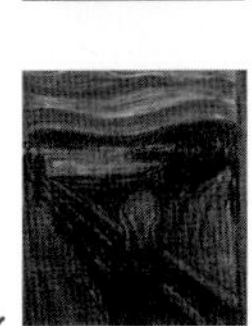 ④ 

⑤ 

▶ art gallery 미술관 priceless 아주 귀중한, 값을 매길 수 없는 Impressionist 인상주의자; 인상주의의

M I'm glad we decided to come to the art gallery. There's nothing better than spending the day looking at priceless works of art.

W I totally agree with you. Hey, let's go to that section over there and check out some of the Impressionist paintings.

M Okay. That's one of my favorite periods. Take a look at that painting over there in the corner.

W Yeah, this is one that I love to see every time I come here. This is definitely one of my favorites at the gallery.

M It's one of my favorites, too. What do you like about this painting?

W Well, look at how everyone is relaxing in the forest. For example, there are a few people just sitting on the ground looking like they're having a conversation.

M Yeah, and standing right behind them is a couple that seems to be getting ready to take a walk through the forest. When I look at it, it makes me want to go hiking outdoors.

W It's such a peaceful picture. I think that's why I like it so much.

M It's really a great painting.

W Let's move on and check out something else now.

남 우리가 미술관에 오기로 해서 기뻐. 가치를 따질 수 없는 미술 작품들을 보면서 하루를 보내는 것보다 더 좋은 일은 없어.

여 전적으로 동감이야. 저쪽 섹션에 가서 인상파 그림들을 좀 보자.

남 좋아. 그건 내가 가장 좋아하는 시대야. 저쪽 구석에 있는 저 그림을 좀 봐.

여 그래, 이건 내가 여기에 올 때마다 보는 그림이야. 이 미술관에서 내가 가장 좋아하는 그림들 중 하나가 분명하지.

남 나도 가장 좋아하는 그림이야. 넌 이 그림의 어떤 점이 좋니?

여 숲속에서 모두가 얼마나 편안하게 있는지를 좀 봐. 예를 들어, 몇 명은 바닥에 앉아 대화를 나누고 있는 것 같아 보여.

남 맞아. 그리고 그들 바로 뒤에는 숲으로 산책을 나갈 준비를 하고 있는 듯 보이는 커플이 있지. 난 이 그림을 보면 야외로 소풍을 가고 싶어져.

여 정말 평화로운 그림이야. 아마 그래서 나는 이 그림을 그렇게 좋아하는 것 같아.

남 정말 훌륭한 그림이지.

여 이제 이동해서 다른 그림들을 보자.

02 네 개의 대화를 듣고, 대화에서 언급되지 <u>않은</u> 상황의 그림을 고르시오.

①  ② 

③  ④ 

⑤ 

▶ throw out 던져 버리다 make up one's mind 결정을 내리다 appropriate 적절한 likewise 마찬가지로 get in touch with …와 연락하다

a) M Oh, no, not another one of my pieces!

W Sorry, but it's your own fault. You're the one who taught me how to play.

b) M And here we are in front of the Christmas tree. Look at your uncle with the Santa hat on!

W We should e-mail this picture to him. He'll love it.

c) M I can't make up my mind. Which of these is more appropriate for my job interview tomorrow?

W Um, neither. Come on. I guess we've got some shopping to do.

d) M Thanks very much for your time. It was a pleasure meeting you.

W Likewise. I'll get in touch with you soon about that proposal.

a) 남 이런, 더 이상은 안 돼!

여 미안하지만 네 잘못이야. 네가 나에게 어떻게 하는 건지 알려 줬잖아.

b) 남 자 여기 우리가 크리스마스트리 앞에 있어. 산타 모자를 쓴 삼촌을 봐.

여 이 사진을 그에게 이메일로 보내자. 좋아하실 거야.

c) 남 결정을 못 하겠어. 내일 면접에는 어떤 게 좋을까?

여 음, 둘 다 아냐. 보자. 쇼핑을 해야 할 거 같아.

d) 남 시간 내줘서 정말 감사합니다. 만나서 반가웠습니다.

여 마찬가지에요. 제안에 대해 곧 연락하기로 하죠.

03

이것은 화자의 방의 현재 모습입니다. 이야기를 듣고 물건의 위치가 바뀌지 <u>않은</u> 것을 고르시오.

① The computer
② The fan
③ The lamp
✓ The clock
⑤ The bookshelves

① 컴퓨터
② 선풍기
③ 램프
④ 시계
⑤ 책장

▶ in front of …의 앞에   distracting 마음을 산란하게 하는   deadline 마감 시간   position …을 어디에 위치시키다; 지위   bookshelf 책장

M My home office used to look a lot different. First of all, I had the desk with my computer in front of the window, so I could look outside, but I found that too distracting when I had a lot of work to do and deadlines to meet. Now the desk is positioned with a good view of the clock even though I had to shift the bookshelves and the fan out of the way to make enough room. I also brought the lamp in from my bedroom because I like to have a lot of light when I'm working.

남 내 집에 있는 사무실은 원래는 많이 다른 모습이었어. 우선, 창문 앞에 컴퓨터가 있는 책상이 있었어. 그래서 밖을 볼 수 있었지. 하지만 마감에 맞춰 할 일이 많을 때는 방해가 된다는 걸 알게 됐어. 이제 책상은 시계가 잘 보이는 위치에 있어. 비록 공간을 만들기 위해 책장과 선풍기를 옮겨야 했지만. 난 침실에서 램프도 가져왔어. 왜냐하면 일할 때는 조명이 밝은 게 좋거든.

04

네 개의 바다 생물에 대한 설명을 듣고, 언급되지 <u>않은</u> 바다 생물을 고르시오.

①  ✓ 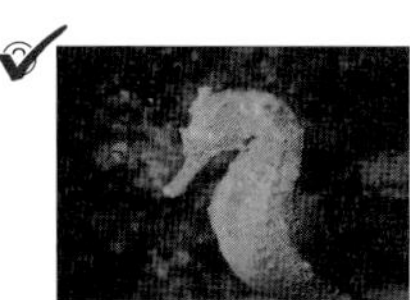

③  ④ 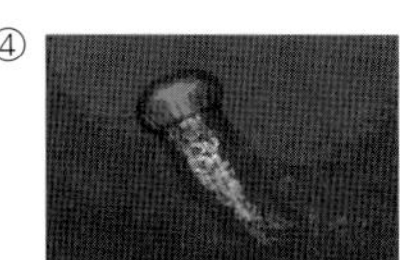

⑤ 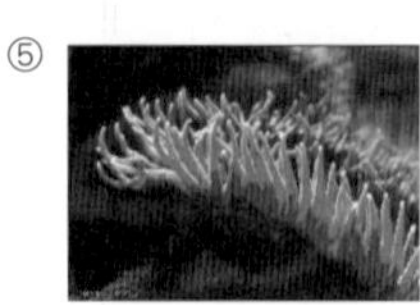

▶ mushroom 버섯   tentacle 촉수, 촉각   be covered with …로 뒤덮여 있다   sting (독침으로) 쏘다, 지르다   appearance 생김새, 외모   name after …을 따라 이름을 붙이다   grab 붙들다   unique 독특한   radiate 뻗다, 퍼지다   spiral-shaped 나선형의   musical instrument 악기

a) W This animal has a soft body shaped like the top of a mushroom or a bell and has long, thin tentacles attached to it. These are covered with cells that can sting very painfully.

b) M Because of its strange appearance, this animal could be mistaken for a plant, and, in fact, it is named after a flower. It has tentacles as well, which can look like leaves.

c) W Our next animal has five pairs of legs. The first pair is used for grabbing hold of things, and the rest are for walking. Some varieties of this animal are popular as food.

d) M This animal has a very unique shape. It has five so-called "arms" of equal size radiating out from the center of its body. It is able to see through a tiny eye on the end of each arm.

a) 여 이 동물은 버섯 혹은 종의 머리 부분 같은 형태의 부드러운 몸을 가지고 있다. 또한 길고 가는 촉수가 몸에 붙어 있다. 이것들은 찔렸을 때 심한 고통을 주는 세포들로 덮여 있다.

b) 남 이상한 생김새 때문에, 이 동물은 식물로 오해받기도 한다. 사실 이것은 꽃을 따서 이름이 지어졌다. 이 또한 촉수를 가지고 있는데 잎처럼 보이기도 한다.

c) 여 다음 동물은 다섯 쌍의 다리를 가지고 있다. 첫 쌍은 물건을 잡는 데 사용된다. 나머지는 걷는 데 사용한다. 이 동물의 몇몇 종들은 식용으로 인기가 있다.

d) 남 이 동물은 독특한 모습을 하고 있다. 신체 중앙으로부터 뻗어 나간 동일한 크기의 소위 '팔'을 가지고 있다. 각 팔의 끝에 있는 작은 눈을 통해 볼 수 있다.

05

네 개의 얼굴 표정에 대한 설명을 듣고, 언급되지 <u>않은</u> 표정을 고르시오.

① 　② 

③ 　④ 

▶ emotion 감정　tense 긴장한　eyebrow 눈썹
fierce 사나운　raise 올리다　relaxed 편안한, 이완된

스크립트

a) M　When you feel this emotion, your lips become tight and tense. Your eyebrows move up, and your eyes get narrower, giving them a fierce look.

b) W　This emotion often causes your mouth to fall open. You also open your eyes very wide and raise your eyebrows.

c) M　When you feel this emotion, you often wrinkle your nose as though you smell something bad, and you squeeze your eyes shut.

d) W　This emotion makes you open your mouth slightly and raise it at the corners, showing your teeth. Your eyes and eyebrows are relaxed.

해석

a) 남　이 감정을 느낄 때는 입술은 타이트해지고, 긴장한다. 눈썹은 위로 올라 가고, 눈은 좁아져서, 사나운 표정을 만든다.

b) 여　이 감정은 종종 당신의 입이 열리게 만든다. 눈도 활짝 열리고 눈썹은 올라간다.

c) 남　이 감정을 느끼면, 마치 안 좋은 냄새를 맡은 것처럼 코를 찡그린다. 그리고 눈은 찡그리게 된다.

d) 여　이 감정은 입을 살짝 벌리게 만들고, 치아를 보여 줌으로써 양 옆쪽이 올라간다. 눈과 눈썹은 이완된다.

06

대화를 듣고, 여자가 찾고 있는 남자를 그림에서 고르시오.

① ② ③ ④ ⑤

▶ parking lot 주차장　catch up with …을
따라잡다　businessman 비즈니스맨　middle-aged
중년의　suit 정장, 양복　ordinary 일반적인, 평범한
briefcase 서류 가방

스크립트

M　Good afternoon. How may I help you?

W　Hello, I wanted to let you know that someone in your office dropped these keys in the parking lot. I saw it happen, but I was too far away to catch up with him, and then he went inside.

M　Okay, I'll try to find him. Can you tell me what he looked like?

W　Well… He looked like a businessman, I guess. He was middle-aged, and he was wearing a suit and tie.

M　Do you remember what color the suit was?

W　No, only that it was an ordinary color. And he was carrying a briefcase.

M　Did he have glasses?

W　No, I don't think so.

M　All right, that sounds like Mr. Costanza. I'll go ask him if he has lost his keys.

해석

남　안녕하세요. 도와드릴까요?

여　안녕하세요, 당신 사무실 누군가가 주차장에 이 열쇠를 떨어뜨렸어요. 그 장면을 보긴 했는데, 너무 멀리 있어서 그를 잡지 못했고 그는 사무실로 들어갔죠.

남　네, 찾아 볼게요. 어떻게 생겼나요?

여　비즈니스맨처럼 생겼어요. 중년이고, 양복과 넥타이를 매고 있었죠.

남　양복 색은 기억합니까?

여　아뇨. 그냥 평범한 색이었어요. 서류 가방을 가지고 있었어요.

남　안경을 꼈나요?

여　아뇨.

남　알겠습니다. 코스탄자 씨 같군요. 가서 열쇠를 잃어버렸는지 물어볼게요.

07 네 개의 국기에 대한 설명을 듣고, 언급되지 <u>않은</u> 국기를 고르시오.

① 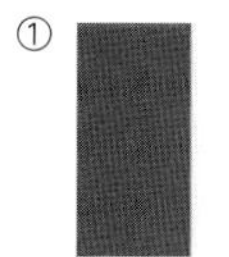 ② 

③  ④ 

▶ horizontal 수평의   represent 나타내다   shed (피를) 흘리다   independence 독립   stand for …을 상징하다   unity 통일, 단합   symbolize 상징하다   consist of …로 구성되다   Communism 공산주의   progress 진보, 발전

a) M The three horizontal strips on this flag represent the country's forests, gold, and the blood shed for independence. The black star stands for African unity.

b) M This flag has a red section on the left and three horizontal stripes. The black stripe on the bottom represents the country's oil wealth.

c) M This is a fairly simple flag, consisting of just three vertical panels: green for Catholics, orange for Protestants, and white for unity between the two.

d) M The red in this flag used to stand for Communism; now it stands for progress. There are some Buddhist symbols in the left red section.

a) 남 이 깃발의 세 개의 수평선은 그 나라의 삼림, 금, 그리고 독립을 위해 흘린 피를 나타낸다. 검정 별은 아프리카의 단합을 상징한다.

b) 남 이 깃발은 왼쪽에 빨간 부분과 세 개의 수평선을 가지고 있다. 바닥에 있는 검정 줄은 그 국가의 석유 자원을 상징한다.

c) 남 이 깃발은 상당히 단순하다. 단지 세 개의 수직 면으로 이루어져 있다. 녹색은 가톨릭을, 오렌지는 신교도를, 흰 색은 둘 간의 단합을 나타낸다.

d) 남 이 깃발의 붉은 색은 공산주의를 상징하기 위해 사용되었다. 지금은 진보를 나타낸다. 왼쪽 붉은 부분에는 부처의 상징이 있다.

08 다섯 개의 짧은 대화를 듣고, 그림의 상황에 가장 잘 어울리는 것을 고르시오.

✓① a   ② b   ③ c   ④ d   ⑤ e

▶ suggestion 제안   anniversary 기념일   make a mistake 실수하다   terribly 정말로, 몹시   offer a job 일을 제안하다

a) M Excuse me, Professor Ramos. Would you mind explaining more about that?

W Sure. But first, let's take a short break and meet back here in 10 minutes.

b) W Is there anything I can do for you?

M Yes. Actually, I was hoping you could give me some suggestions on what to get my wife for our anniversary.

c) M Pardon me, ma'am, but I think you're in my seat. What does your ticket say?

W It says… Oh, I guess I did make a mistake. I'm terribly sorry.

d) W Well, I guess we're about done here, Philip. Did you have any questions for me?

M Yes. If I am offered the job, when would I start?

e) M It's nine o'clock already? I'd better get going, or I'm going to miss the start of the meeting.

W All right. Have a good day, dear.

a) 남 실례합니다, 라모스 교수님. 그 점에 대해 좀 더 설명해 주실 수 있나요?

여 물론입니다. 하지만 우선 잠시 휴식을 갖고 10분 후에 만나죠.

b) 남 제가 해 드릴 것이 있나요?

여 네. 사실 우리 기념일에 제 아내에게 무엇을 사주면 좋을지 제안 좀 해 주시면 좋겠어요.

c) 남 실례합니다. 제 자리에 앉으신 거 같군요. 티켓이 맞나요?

여 표가… 이런 내가 실수한 거 같군요. 정말 미안해요.

d) 남 음, 거의 끝난 것 같네요. 필립. 질문 있나요?

여 네. 만약 제가 일을 제안 받으면 언제부터 시작해야 하죠?

e) 남 벌써 9시야? 가야 할 거 같아. 그렇지 않으면 회의 앞부분을 놓칠 거야.

여 좋아. 좋은 하루 보내.

09

대화를 듣고, 여자가 구입하지 <u>않은</u> 물건을 고르시오.

 ✔ ①    ②

 ③    ④

 ⑤

▶ **on sale** 할인 중인   **figure** ~라고 생각하다, 판단하다   **out of size** 사이즈가 맞지 않는   **No way!** 말도 안 돼!   **outfit** (한 벌의) 의상

W	First, I bought this cute little winter coat for Emily. It was on sale, so I figured, why not? Plus, it's her favorite color. I got her this shirt in the same color.
M	Good, she needed a new one. Did you find anything for me?
W	I did, in fact. I think you'll look good in this vest.
M	Thanks! I love it. Hey, I hope you got something for yourself, too. What about a dress for the party?
W	I tried on about twelve of them. The best was a long, light brown one, which I loved. But they were out of my size. I'll look for it somewhere else tomorrow.
M	And will you be wearing those red shoes with the dress?
W	No way! These are for another outfit.

여	우선 에밀리를 위해 예쁘고 앙증맞은 겨울 코트를 샀어. 할인을 하더라고. 그래서 당연히 사야 한다고 생각했지. 거기다 에밀리가 가장 좋아하는 색이고, 같은 색으로 이 셔츠도 샀어.
남	좋아. 그녀가 새 것이 필요했지. 내거는 없어?
여	샀어, 사실. 이 조끼가 잘 어울릴 거 같아.
남	고마워, 좋아 보여. 네 것도 뭔가를 샀길 바래. 파티에서 입을 드레스는?
여	12개 가량을 입어 보았는데, 가장 좋은 것이 긴 옅은 갈색 드레스였어. 하지만 내 사이즈가 없어서 내일쯤 다른 곳에서 찾아 보려고.
남	그 드레스에 이 빨간 신발을 신을 거야?
여	말도 안 돼. 그건 다른 옷을 위한 거야.

10

다섯 개의 짧은 대화를 듣고, 그림의 상황에 가장 잘 어울리는 것을 고르시오.

✔ ① a   ② b   ③ c   ④ d   ⑤ e

▶ **get nervous** 긴장하다   **takeoff** 이륙   **switch** 바꾸다   **starve** 배가 몹시 고프다   **time difference** 시차

a) W	Are you okay? You look worried.
M	I'll be all right. I just get nervous during takeoff.
b) M	Would you like to switch seats for a while?
W	Sure, thanks. It would be nice to see the view.
c) M	I've never been to this part of town. Have you?
W	No. I'll ask the driver to tell us when we get to our stop.
d) M	I'm starving. Did you bring any snacks with you?
W	I'm afraid not, but they'll be serving dinner soon.
e) M	What's the time difference between here and Moscow?
W	Ten hours. So please, check the time before you make a phone call.

a) 여	괜찮아? 걱정스러워 보여.
남	괜찮을 거야. 이륙시에는 좀 긴장을 해.
b) 남	잠시 자리를 바꾸기를 원해요?
여	네. 감사합니다. 경치가 보이면 정말 좋을 거예요.
c) 남	시내의 이 쪽은 가 본 적이 없어요. 당신은 가 봤나요?
여	아뇨. 우리가 정거장에 도착하면 알려 달라고 기사에게 말할게요.
d) 남	배고파 죽겠어. 먹을 거 좀 가져왔어?
여	아니. 하지만 곧 저녁을 줄 것 같아.
e) 남	여기랑 모스크바의 시차가 어떻게 되지?
여	10시간. 그러니까 전화를 걸기 전엔 시간을 체크해 줘.

유형 05 | 그래프 파악하기

01 ②　02 ④　03 ⑤　04 ⑤　05 ⑤
06 ①　07 ⑤　08 ①　09 ①　10 ①

문제와 정답	스크립트	해석

01 다음을 듣고, 이야기가 묘사하는 차트를 고르시오.

① 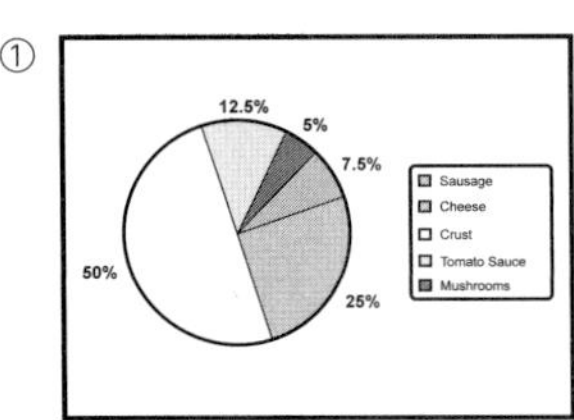

② 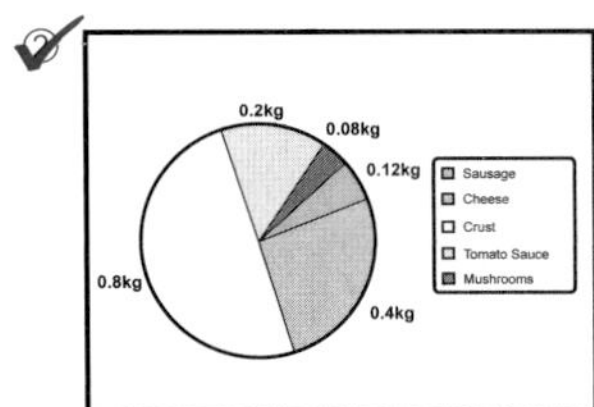

③ 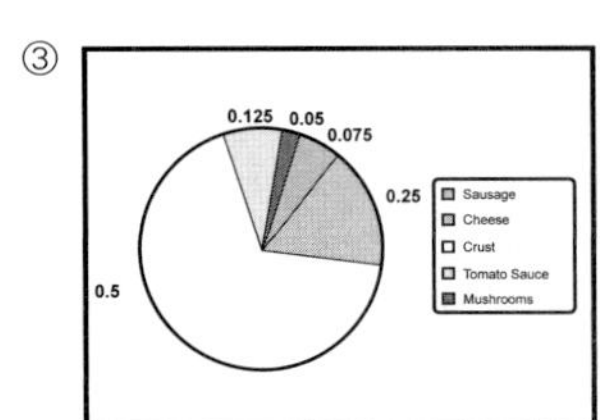

④ 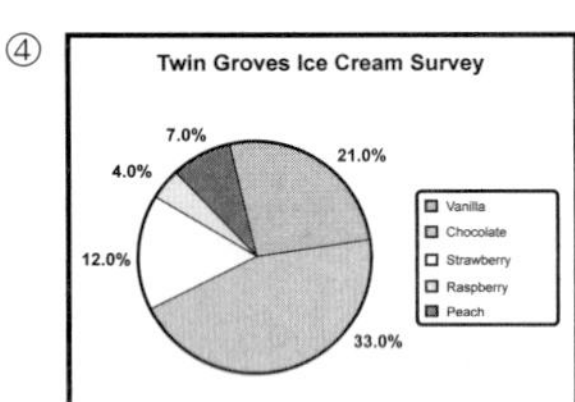

⑤ 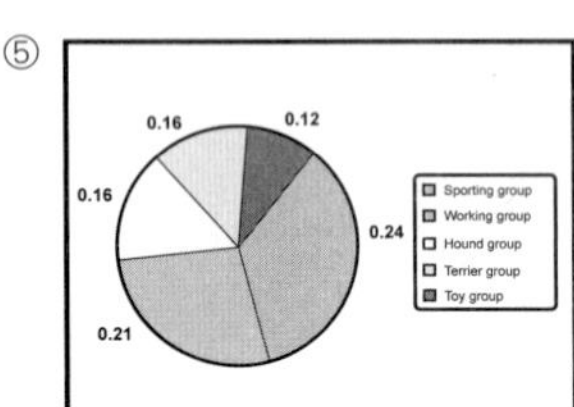

▶ **nutrition** 영양　**unhealthy** 건강에 좋지 않은
ingest (음식물을) 섭취하다　**obesity** 비만　**diabetes**
당뇨병　**heart disease** 심장병　**take a toll** 손해를
끼치다, 인명을 잃게 하다　**digest** 소화하다　**clog**
막다　**be linked to** …와 연결되다

W Ladies and gentlemen, there is no question that our nation is getting poor nutrition in our diets. Due to the large amount of unhealthy food that Americans are ingesting, obesity is up 10% in the last year alone. More importantly, diseases such as diabetes and heart disease, which are related to obesity, are taking their toll on our nation's youth. A perfect example of the nutritional enemy that we face is the pizza. Just by looking at the average toppings on one medium-sized pie, we can see that there are 0.4 kilograms of cheese. Besides being incredibly high in fat, cheese is very difficult for the stomach to digest, resulting in large amounts of it remaining in the body, where it clogs up the digestive system. Red meat in the form of 0.12 kilograms of sausage is also a killer since red meat has been directly linked to heart disease. The only ways to avoid this crisis are to eat healthier and to avoid foods such as pizza if at all possible.

여 신사숙녀 여러분, 의심할 여지없이 우리나라 사람들은 제대로 된 음식을 섭취하지 못하고 있습니다. 미국인들이 먹고 있는 엄청난 양의 건강에 좋지 않은 음식으로 인해, 지난 한 해에만 비만이 10퍼센트가 늘었습니다. 더 중요한 것은 당뇨나 심장병 등 비만에 연관된 질병들이 우리 나라의 젊은이들을 위협하고 있다는 겁니다. 우리가 직면한 영양상의 난적 중 가장 좋은 예는 피자입니다. 중간 사이즈 피자 위의 토핑만 봐도 400그램의 치즈가 있다는 걸 알 수 있습니다. 치즈는 지방이 엄청나게 많을 뿐 아니라 위가 소화시키는 데도 어렵습니다. 결국 우리 몸 안에 남아서 소화 기관을 막아 버리죠. 120그램의 소시지에 들어 있는 붉은색 육류 또한 해롭습니다. 붉은색 육류는 심장병에 직접적으로 연관되어 있기 때문입니다. 이 위기를 극복하는 유일한 방법들은 건강한 음식을 먹고, 가능한 한 피자 같은 음식을 피하는 겁니다.

02

대화를 듣고, 다음 그래프에 대해 수치가 잘못 언급된 것을 고르시오.

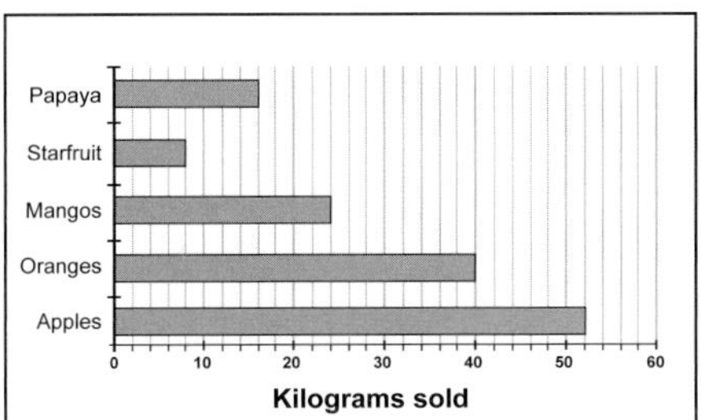

① The number of apples sold
② The number of oranges sold
③ The number of mangos sold
✔ The number of starfruit sold
⑤ The number of tropical fruits sold

① 사과의 판매 수치
② 오렌지의 판매 수치
③ 망고의 판매 수치
④ 스타후르트의 판매 수치
⑤ 열대 과일들의 판매 수치

▶ in charge of ~을 담당하는   challenging 도전적인, 힘드는   predict 예측하다, 예상하다

M How do you enjoy working at the grocery store these days?

W It's a great time. They've got me in charge of the fruit section, so I have to make sure that we have enough of different kinds of fruit and that everything is fresh.

M That sounds like it must be pretty challenging.

W It really is. You never know what exotic fruits people are going to like or dislike. I mean, obviously, apples are going to be the most popular fruit we sell.

M Not oranges?

W No, but they are the second most popular fruit. But those two are easy to predict. It's other fruits, like mangos and starfruit, that I'm not sure about.

M How well do those sell?

W We sell about half as many mangos as we do apples. And starfruit is actually more popular than papayas, which is somewhat interesting.

M Well, I don't even know what those last two are, so I can't even comment on them.

W They're tropical fruits which are becoming more popular nowadays. You should drop by the store someday and I'll give you a couple of free samples.

남 요즘 식료품점에서 일하는 거 재미있니?

여 정말 재밌어. 나는 과일 코너를 담당하고 있어서, 다양한 종류 과일들의 재고가 충분한지, 또 그것들이 신선한지를 확인해야 해.

남 꽤 힘들 것 같구나.

여 정말 그렇긴 해. 넌 사람들이 어떤 이국적인 과일들을 좋아하고, 또 싫어하는지 절대 모를 거야. 우리가 파는 과일 중 가장 인기 있는 건 명백하게 사과야.

남 오렌지가 아니고?

여 아니야. 하지만 오렌지는 두 번째로 인기 있는 과일이긴 해. 그 두 가지는 예측하기 쉬운 편이지. 망고나 스타후르트 같은 다른 과일들은 잘 모르겠어.

남 그것들은 얼마나 잘 팔리는데?

여 망고는 사과의 절반 정도가 팔려. 스타후르트는 파파야보다는 인기가 있지. 이게 좀 흥미로운 사실이야.

남 네가 마지막에 말한 두 가지가 어떤 건지도 난 잘 모르겠다. 그래서 뭐라고 말하기도 어렵네.

여 그것들은 요즘 인기를 얻고 있는 열대 과일들이야. 언제 한번 가게에 들르도록 해. 과일 몇 개를 무료로 줄게.

03

다음을 듣고, 그래프의 결론을 가장 잘 나타내는 진술을 고르시오.

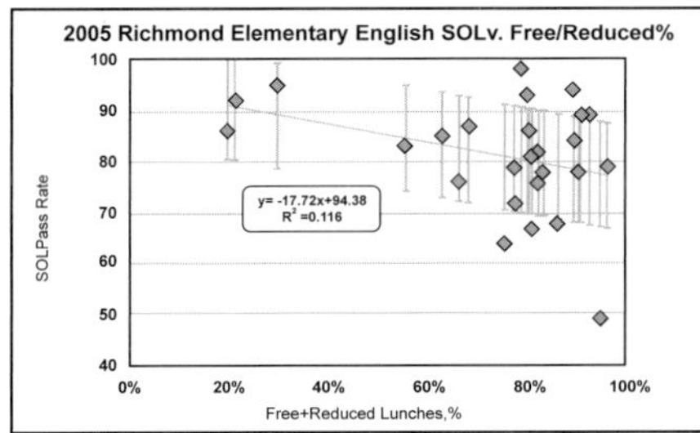

① Students with higher test scores probably ate a good breakfast before their tests.
② There is no relationship between free/reduced lunches and test scores.
③ Students with higher test scores have better study habits.
④ Students who are hungry do poorer on tests.
✔ Lower-income students do poorer on tests.

① 좋은 시험 점수를 보인 학생들은 시험 전에 제대로 된 아침을 먹었을 것이다.
② 시험 성적과 무료/간단한 점심은 관련이 없다.
③ 좋은 시험 점수를 학생들은 더 좋은 공부 습관을 가지고 있다.
④ 배고픈 학생들이 시험 점수가 더 낮다.
⑤ 소득이 낮은 가정의 학생들이 시험 점수가 더 낮다.

▶ link 연결 고리   performance 성적, 수행 결과   qualify for …의 자격을 얻다   poverty line 빈곤선

M There is a well-known link between money and performance on standardized tests. This can be seen clearly by looking at the *Free + Reduced Lunch Program* in the United States. This national program is designed to make sure that poorer students get at least one good meal each day. In order to qualify for this program, a child's parents must make less than a certain amount of money each year. These students usually live well below the poverty line. Using one Virginia school as an example, we can see an obvious relationship between children's scores on standardized English tests—the vertical axis—and whether that student receives free or reduced lunches because his parents are poor.

남 경제력과 시험 성적 간에는 잘 알려진 연결 고리가 있다. 이것은 미국의 〈Free + Reduced Lunch Program〉을 보면 잘 나타난다. 이 국가적 프로그램은 가난한 학생들이 적어도 매일 한 번은 제대로 된 식사를 하게 하기 위해 고안되었다. 이 프로그램의 자격을 얻으려면, 아이의 부모가 일정 금액 이하의 소득을 얻어야 한다. 이 학생들은 대개 빈곤선 이하의 어려운 삶을 산다. 버지니아 한 학교의 예를 들어 보면, 아이들의 영어 시험 성적(수직축)과 그 학생이 부모의 가난으로 인해 무료이거나 간단한 점심을 먹는가 사이에 명백한 관계가 있음을 알 수 있다.

04 다음을 듣고, 이야기가 묘사하는 차트를 고르시오.

① 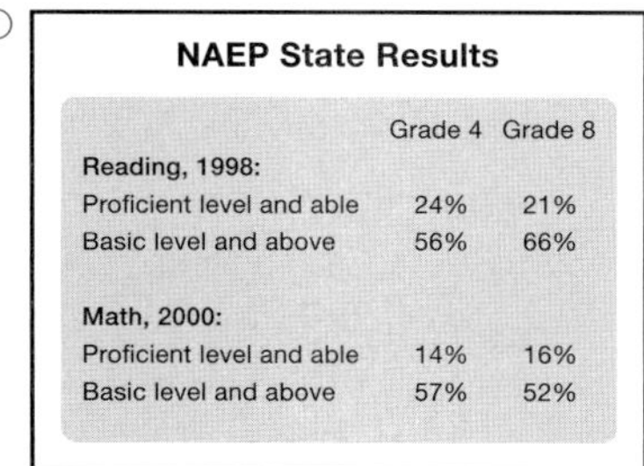

② 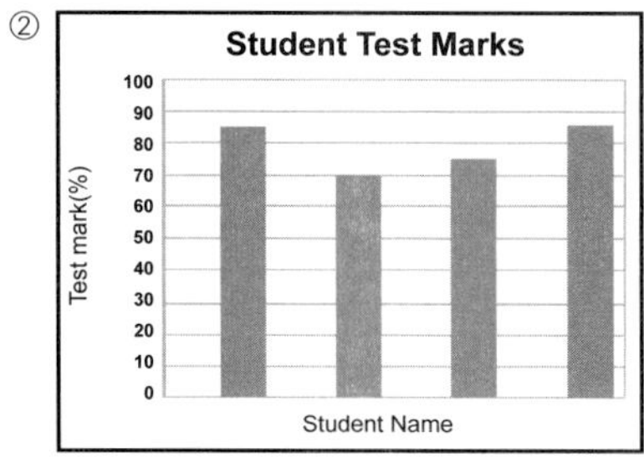

③ 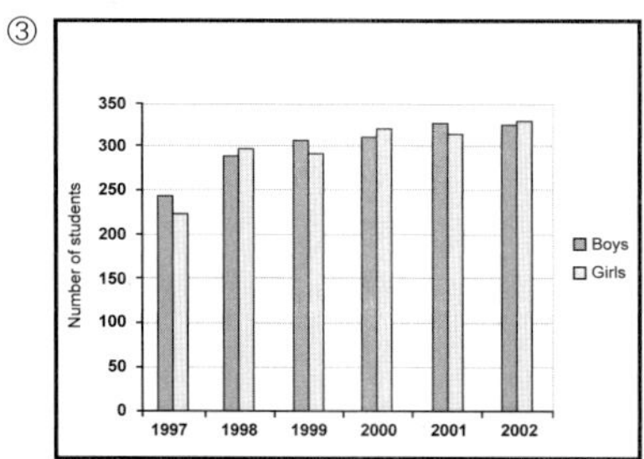

④ 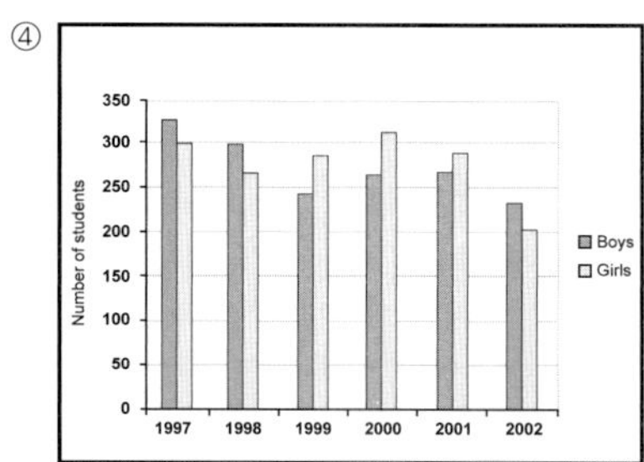

✓ 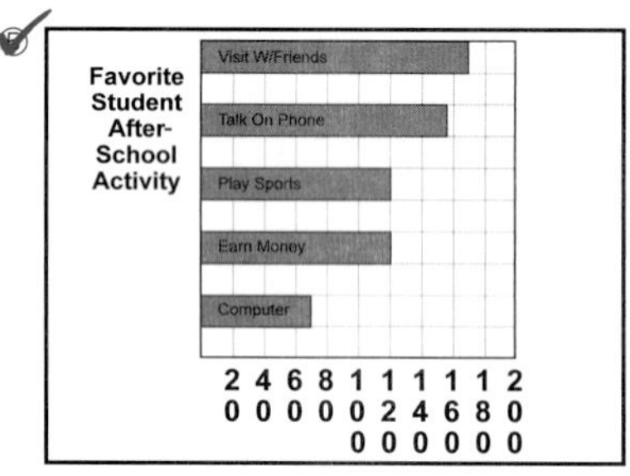

▶ technologically 기술적으로 option 선택 surf the Internet 인터넷 서핑을 하다 survey 연구 glue to …에서 눈을 떼지 않다 rank …에 자리잡다

W In today's technologically advanced world, children have many options about what to do with their free time after school. Although most parents think their kids play too many video games and would prefer that they do homework—since at least 20% of our fourth graders are reading below normal levels for their age group—students have other opinions. Many students do things like, for example, surf the Internet. One important survey, however, shows that most American students are not glued to their computer screens despite what adults might think. Out of 650 students surveyed, 170 of them said that their favorite thing to do was to spend time with their friends. In fact, the computer ranked dead last as a favorite activity, even behind holding a job and making money.

여 오늘날의 기술적으로 발달된 세상에서, 아이들은 방과 후 자유 시간에 무엇을 할 것인지에 대한 많은 선택을 가진다. 비록 부모들은 아이들이 비디오 게임을 너무 많이 하고 있다고 생각하고, 숙제에 더 많은 시간을 보내길 원하지만 — 적어도 4학년의 20퍼센트는 그 나이대가 읽어야 할 책의 양에 미흡한 양을 읽는다 — 학생들은 다른 의견을 가지고 있다. 많은 학생들은 예를 들면 인터넷 서핑 같은 것을 한다. 그러나 한 중요한 연구는 대부분 미국 학생들은 성인들이 생각하는 것과는 달리 컴퓨터 화면에 집착하는 것은 아님을 보여 준다. 조사된 650명의 학생 중에 170명은 친구들과 시간을 보내는 것을 가장 좋아한다고 대답했다. 사실 컴퓨터는 일을 하면서 돈을 버는 것보다도 뒤지는 마지막에 위치했다.

<table><tr><th>문제와 정답</th><th>스크립트</th><th>해석</th></tr></table>

05 대화를 듣고, 그래프의 내용과 일치하는 것을 고르시오.

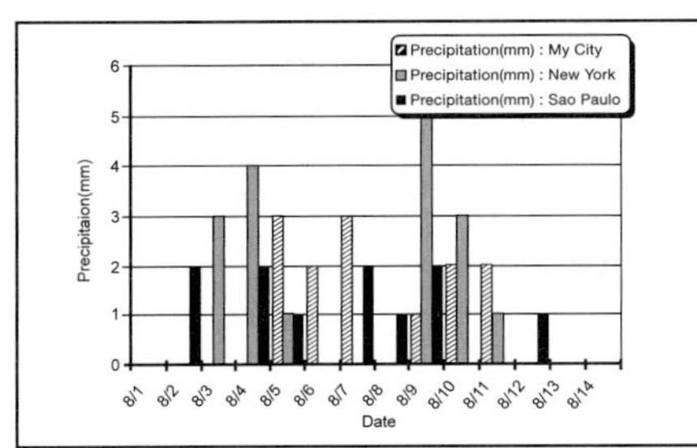

① In Sao Paulo on August 2, it rained harder than in New York.

② In my city, it rained 4 millimeters on August 13.

③ There were more days of rain in my city than in Sao Paulo.

④ It rained less in August in Sao Paulo than in my city.

✓⑤ It rained consistently more in New York in August than in my city.

① 8월 2일 상파울로에는 뉴욕보다 비가 많이 내렸다.
② 우리 도시에는 8월 13일에 4밀리리터의 비가 내렸다.
③ 상파울로보다 우리 도시에 비오는 날이 더 많았다.
④ 8월에는 우리 도시보다 상파울로에 비가 덜 내렸다.
⑤ 8월에 뉴욕이 우리 도시보다 비가 더 많이 내렸다.

▶ apologize 사과하다 spend on …에 (돈이나 시간)을 쓰다 rubber boot 고무장화 take canoes 카누를 타다

M Wow, I really love your country. Brazil is so beautiful in August.

W I'm glad you like it. But I am sorry about all the rain. It is always like this. You cannot see very much.

M Please don't apologize. We have weather like this back in my hometown, too. Where I come from, if you don't go out in the rain, then you don't go out at all.

W Really? Do you get as much rain as us?

M Well, at this time of year, we have some days where it rains even harder. Overall, though, you probably have a few more days of rain. We definitely spend a lot of money on umbrellas and rubber boots though.

W Is the weather the same all over America?

M Of course not. In New York, for example, it is very wet this time of year. New York can get up to fifty millimeters on some days.

W That much? I think the people there must take canoes to work.

남 와, 난 너희 나라가 정말 좋아. 브라질은 8월이 정말 아름답구나.

여 네가 좋아해서 기뻐. 하지만 계속 비만 와서 유감이야. 항상 이렇거든. 다른 걸 많이 보기 힘들어.

남 사과할 필요 없어. 우리 고향도 이런 날씨가 있어. 고향에서는 비가 올 때 나가지 않으면 전혀 나가지 못하게 돼.

여 정말? 우리나라만큼 비가 많이 오니?

남 음, 매년 이맘때는, 비가 더 심하게 오는 때도 있어. 그렇지만 전체적으로 보면 브라질이 비오는 날이 조금 더 많을 거야. 우리도 우산이나 고무 장화에 돈을 많이 쓰지만.

여 미국 전반적으로 날씨가 같아?

남 물론 아니지. 예를 들어, 뉴욕은 지금쯤이면 아주 젖어 있을 거야. 며칠은 50밀리미터까지 올 거야.

여 그렇게나 많이? 사람들이 직장에 가려면 카누라도 타야겠구나.

06

Listen to the conversation and look at the chart. Then determine the best title for the graph.

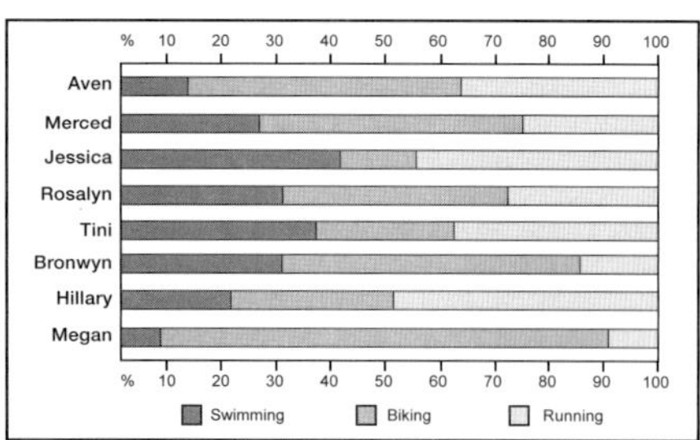

✔ Percentage of Training Time Spent by Athletes on Each Event of the Triathlon

② Number of Athletes That Focus on Swimming More Than Biking or Running

③ Amount of Improvement Shown by Students in Each Event of the Triathlon

④ Average Workout Times Each Athlete Spent in Each of the Three Events of the Triathlon

⑤ Graph of Which Event in the Triathlon Each Student Likes the Most

대화를 듣고, 다음 그래프의 제목으로 가장 알맞은 것을 고르시오.

① 철인 3종 경기에서 운동선수가 각 종목에 할당한 시간의 비율
② 사이클이나 달리기보다 수영에 더 집중한 운동선수들의 숫자
③ 철인 3종 경기에서 각 종목에서 학생들이 보여 준 향상 수치
④ 철인 3종 경기 각 분야에서 각 운동선수가 훈련에 소요하는 시간
⑤ 철인 3종 경기에서 각 선수가 좋아하는 종목에 대한 차트

▶ log 기록, 일치   competitive 경쟁할 수 있는   track team 육상팀, 트랙팀   beat …을 물리치다   ahead of …에 앞서   improve 향상시키다

W Good afternoon, Coach. I am all ready for the workout.

M Megan, I have been looking at your training log, and I made this graph of your workouts. It seems that you spend a lot of time biking and almost no time swimming and running. Why is that?

W Well, I have been a competitive swimmer since I was five years old, and I've been on the track team since elementary school, so I feel very comfortable in those sports. However, my biking skills are weak. Everyone beats me in practice.

M Yes, I noticed that Jessica usually finishes about seven minutes ahead of you in the biking event. That's a lot.

W Yes, but I swim much better than her. Since that is the first event, I am usually ahead of her until the end of the biking event. I run faster than she does, so if I improve my biking, I think I can beat her.

M Okay, well, it sounds like you have a good plan. Keep spending 90% of your practice time on the biking event.

여 코치님, 안녕하세요. 훈련할 준비가 되었어요.

남 메간, 네 훈련 기록을 보고 있었다. 그리고 네 훈련 그래프를 만들었어. 사이클에 많은 시간을 투자하면서 수영과 달리기는 거의 하지 않더구나. 왜 그런거지?

여 음, 다섯 살 이후부터 수영은 잘했어요. 그리고 초등학교 때부터 트랙 팀에 있었고요. 그래서 이 종목들은 편해요. 그러나 사이클은 좀 약해요. 모든 사람이 연습에서 나를 앞서가요.

남 그래, 제시카가 사이클에서 너를 7분 정도 앞서는 걸 봤어. 그건 큰 차이지.

여 네, 하지만 저는 수영을 그녀보다 잘해요. 수영이 첫 종목이니까, 사이클 끝 무렵까지는 제가 대개 앞서고 있죠. 제가 그녀보다 달리기를 잘하거든요. 그러니까 제가 사이클을 향상시키면 그녀를 이길 수 있을 거에요.

남 그래, 좋은 계획 같구나. 계속 연습 시간의 90퍼센트는 사이클에 투자해라.

07 Listen to the following and choose the chart that the passage describes.

① 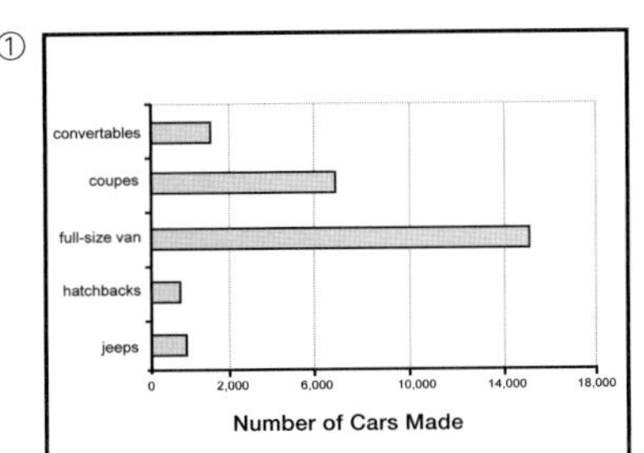

② 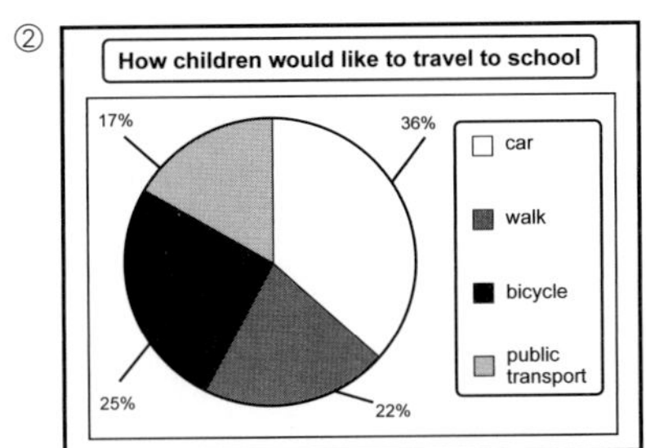

③ 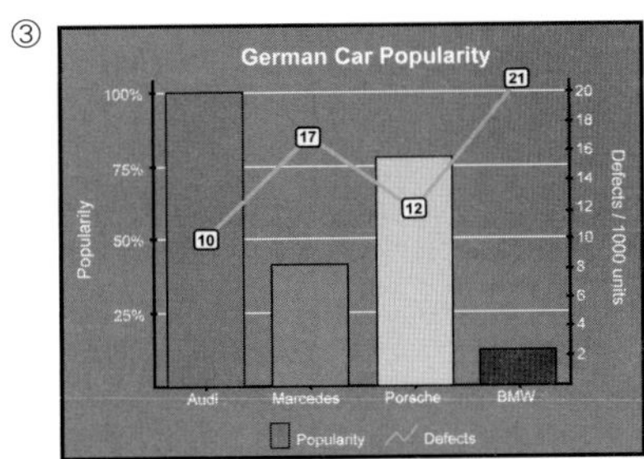

④ 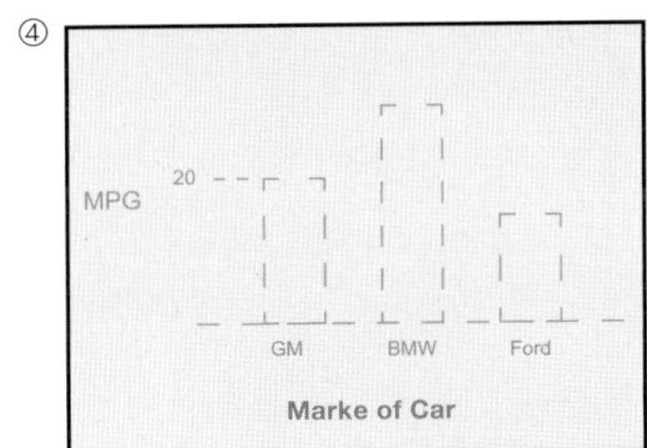

✓ 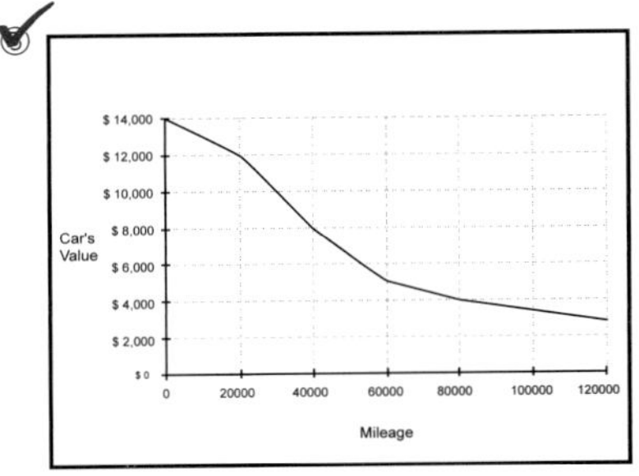

다음을 듣고, 내용이 묘사하는 차트를 고르시오.

▶ **bonus** 보너스, 상여금 **check** 수표 **deserve** …할 만하다 **dealership** 판매 대리점 **offer** 제안하다 **less and less** 점점 더 적게 **depreciate** 가치가 떨어지다

M   I am so excited. I just got my bonus from work. Look at how large that check is.

W   That's wonderful. You really deserve it. You worked hard. What are you going to do with all the money?

M   Well, I can finally afford to buy a new car, so that is what I think I am going to do. I am going to go right down to the dealership and pick one out today.

W   Are you sure you want to do that? Can I offer some advice?

M   I guess so. Sure, go ahead.

W   Well, new cars are nice, but when you buy one, it immediately depreciates. That means it is worth less money. Every mile you drive it makes the car worth less and less.

M   Well, sure, but that is true of every car, right?

W   Yes, but the value of the car drops greatly during the first 6,000 miles. After that, it drops much more slowly. You might want to think about buying a good used car instead.

남   난 지금 아주 흥분돼. 회사에서 보너스를 받았거든. 수표 금액이 얼마나 큰지 봐.

여   굉장하다. 넌 그럴 자격이 있어. 열심히 일했잖아. 그 돈으로 뭐할 거야?

남   음, 마침내 새 차를 살 수도 있을 거 같아서 그러려고 해. 바로 대리점에 가서 오늘 하나 고르려고.

여   정말 그럴 거야? 내가 조언해도 돼?

남   그래, 해봐.

여   새 차가 좋기는 하지만 네가 사자마자 가치가 떨어지는 거야. 즉 돈의 가치가 덜 나간다는 거지. 네가 운전할 때마다 차의 가치는 떨어질 거야.

남   음, 맞아, 하지만 모든 차가 그렇잖아, 맞지?

여   그래, 하지만 차의 가치는 처음 6천 마일에서 엄청나게 떨어지지. 그 이후는 훨씬 천천히 떨어지고. 새 차 대신에 좋은 중고차를 사는 것에 대해 생각하게 될 거야.

08 Listen to the following and choose the chart that the passage describes.

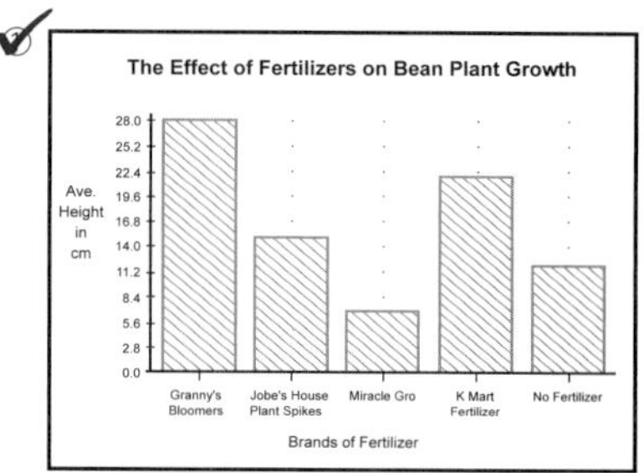

② 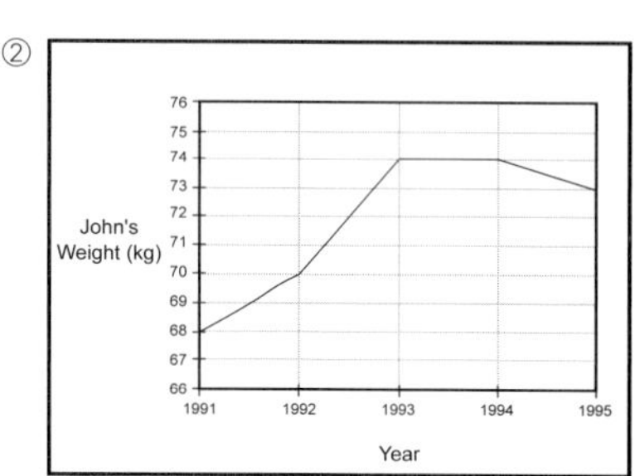

③ 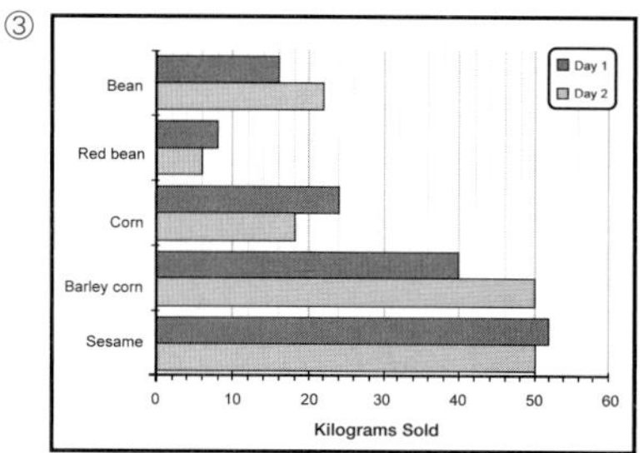

④ 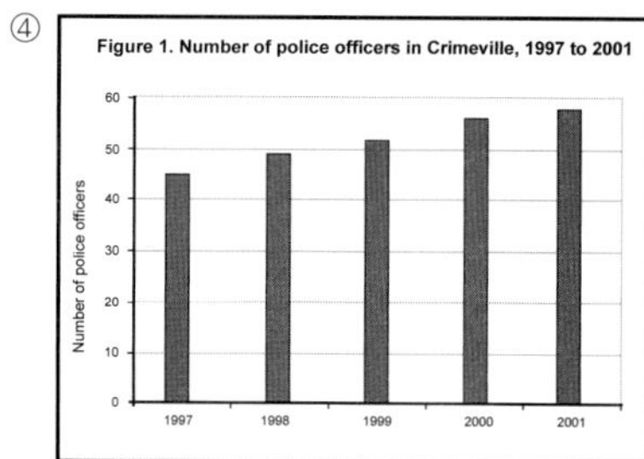

⑤ 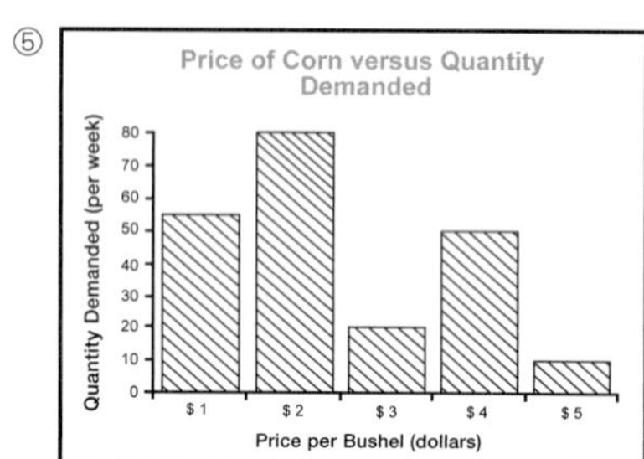

다음을 듣고, 내용이 묘사하는 차트를 고르시오.

▶ figure out 이해하다 bean 콩, 열매 nutrition 영양분 mineral 미네랄 fertilizer 비료 height 높이

M What's wrong? Why do you look so sad?

W It's my plants. I can't figure out why they are so short and sickly. I do everything I am supposed to. I give them water, but not too much, and I put them out in the sun. They just don't grow right. I can't even eat the beans because they are so small. I'll never be a good farmer.

M Well, do your plants get enough nutrition?

W Plants need nutrition? You mean, just like me?

M That's right. Remember a few years ago when you really started to grow? Well, you would never have added all those extra kilograms without vitamins and minerals. And it is the same with bean plants. Have you given them enough fertilizer?

W Fertilizer? I have heard of it, and I have seen many brands in the store, but I have never used it before.

M Oh, a good fertilizer will make your plants reach amazing heights. Come on. Let's go get some right now.

남 무슨 일이야? 왜 그렇게 슬퍼 보이니?

여 내 식물들 때문이야. 왜 그들이 자라지 않고 아픈지 모르겠어. 해야 할 모든 것들을 하는데 말이야. 물도 주는데 그리 많이는 아니야. 햇볕도 쪼이고 말이야. 그런데도 잘 자라지 않는 거 같아. 너무 작아서 콩을 먹지도 못하고 있어. 난 절대 좋은 농부는 못될 거 같아.

남 음, 네 식물들이 적당한 영양을 섭취하고 있니?

여 식물들이 영양이 필요하다고? 나처럼 말이야?

남 맞아. 네가 자라기 시작했던 몇년 전을 기억하니? 비타민과 미네랄이 없었다면 네가 살이 붙지 않았을 거야. 콩 식물도 마찬가지야. 비료를 충분히 주었니?

여 비료? 들어도 봤고, 가게에서 많은 브랜드를 보긴 했지만 사용해 본 적은 없어.

남 오, 좋은 비료는 네 식물들이 놀라운 크기로 자라게 해 줄 거야. 자, 당장 구하러 가자.

09 Listen to the following and choose the chart that the passage describes.

✓ 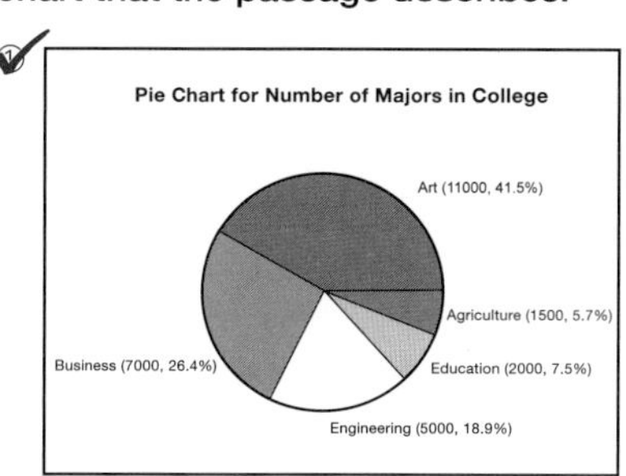

② 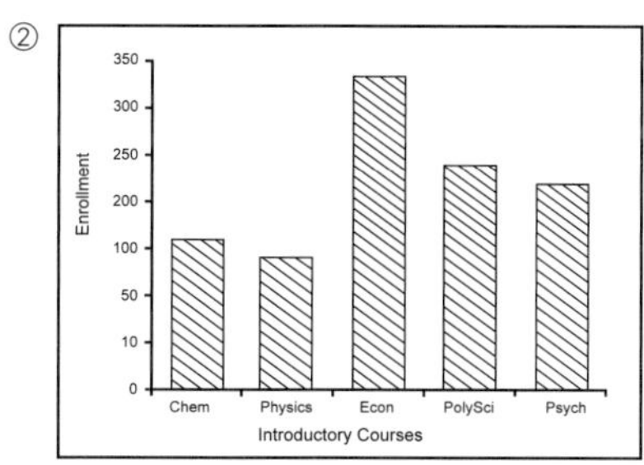

③ 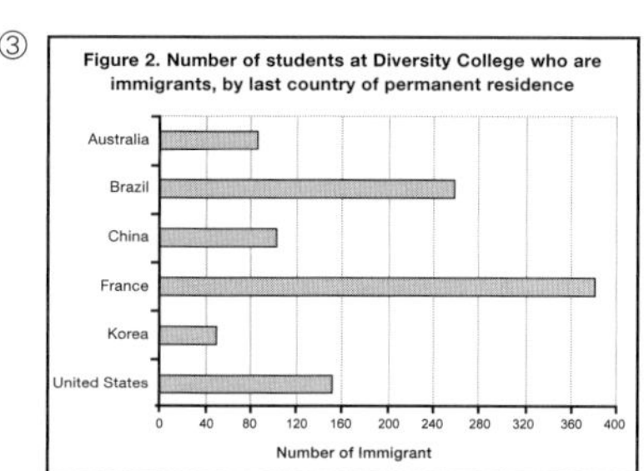

④ 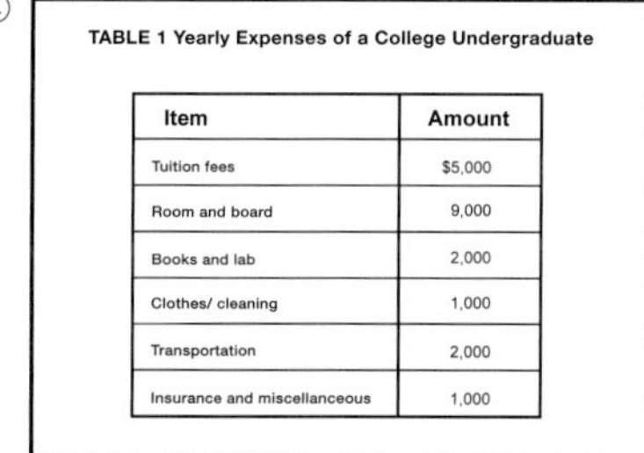

TABLE 1 Yearly Expenses of a College Undergraduate

Item	Amount
Tuition fees	$5,000
Room and board	9,000
Books and lab	2,000
Clothes/ cleaning	1,000
Transportation	2,000
Insurance and miscellaneous	1,000

⑤ 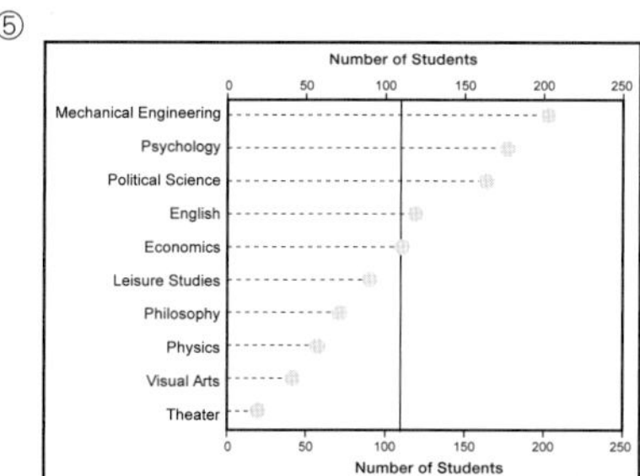

다음을 듣고, 내용이 묘사하는 차트를 고르시오.

▶ destruction 파멸, 파괴 brain 뇌 tuition fee 등록금 partly 부분적으로 be related to …와 관련이 있다 outrageous 말도 안 되는, 난폭한 create 창조하다

M Ethel, I swear that our country is headed for destruction.

W Don't be silly, William. What are you talking about?

M It's the kids these days. They have no brains. Look at the yearly tuition fees at colleges. They spend all that money to go to college, but all they want to do is major in soft subjects.

W Soft subjects?

M Yeah, you know easy subjects. It's partly the universities' fault, too. Did you know that 41% of all the majors offered are related to art? 26% are related to business. That is outrageous. What this country needs are scientists and people who can invent machines and program computers. Only 18% of all majors are related to that. And even fewer majors are for teachers. The number is 7.5%.

W Oh, I don't know. There are plenty of students coming here from other countries like Brazil, France, and Korea. Maybe they want to major in those subjects. I think the world will always have plenty of scientists. Don't forget that art is very important, too. Art creates culture.

남 에텔, 난 우리 나라가 파멸로 나아가고 있다고 확실하게 말할 수 있어.

여 바보 같은 소리 하지 마, 윌리엄. 무슨 소리야?

남 요즘 애들 말이야. 뇌가 없는 거 같아. 대학 등록금을 보라고. 그 돈을 대학을 가기 위해서 쓰지, 하지만 그들이 원하는 것이라고는 가벼운 학과를 전공하는 것이야.

여 가벼운 학과?

남 그래, 쉬운 학문들. 부분적으로는 대학 잘못도 있어. 학과의 41퍼센트는 예술과 연관되어 있다는 거 알고 있니? 26퍼센트는 비즈니스에 연관이 있고 말이야. 말도 안 되는 일이야. 이 나라가 필요로 하는 것은 과학자들과 기계를 발명할 사람들, 그리고 컴퓨터 프로그래머들이야. 겨우 전체 학과의 18퍼센트만이 그와 연관되어 있지. 더 적은 수의 학과들은 교사를 위한 것이고. 그 수치는 7.5퍼센트야.

여 아, 난 모르겠어. 이곳에는 브라질, 프랑스, 한국 등 다른 나라로부터 오는 많은 학생들이 있어. 아마 그들이 이런 학문을 전공하고 싶어하겠지. 세상에는 항상 많은 과학자가 있을 거야. 잊지 마, 예술도 정말 중요하다는 것을. 예술이 문화를 만들거든.

10 Listen to the following and choose the chart that the passage describes.

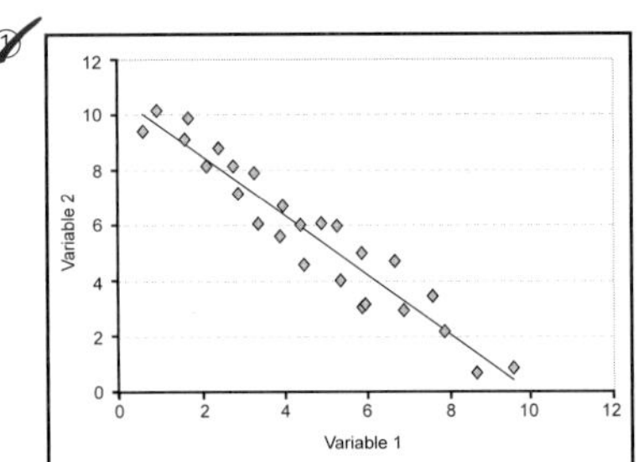

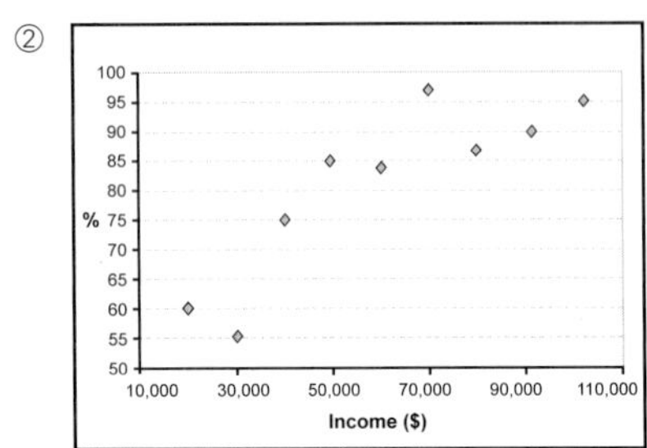

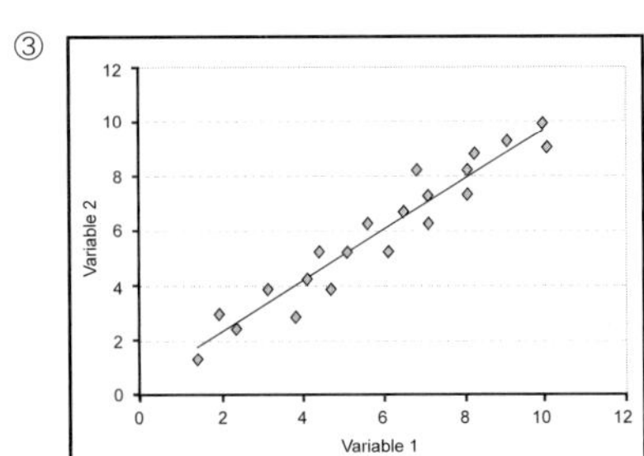

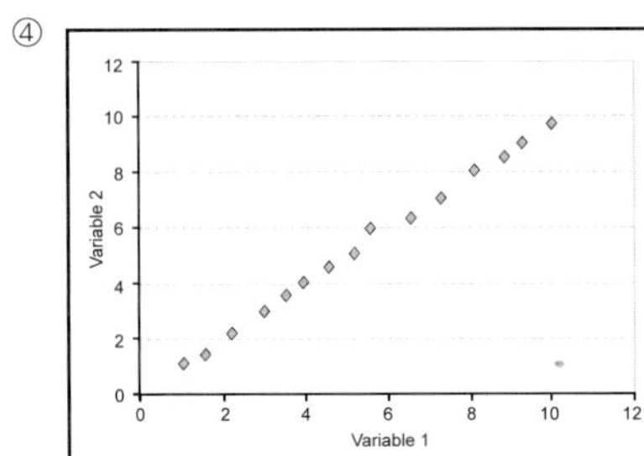

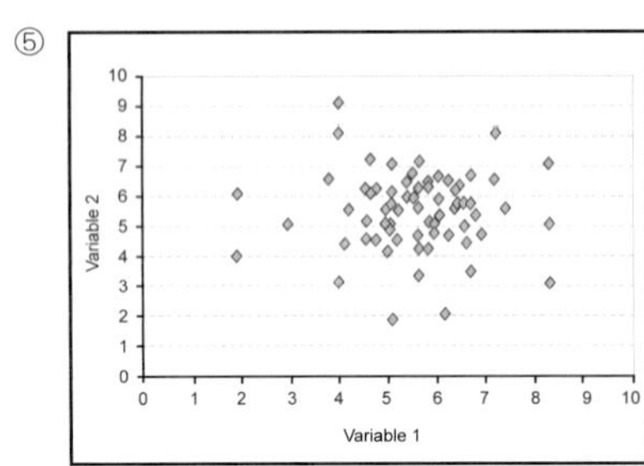

다음을 듣고, 내용이 묘사하는 차트를 고르시오.

▶ relationship 연관, 관계 what on earth 도대체
inverse relationship 역의, 반대의 opposite 반대의
vertical axis 수직축 horizontal axis 수평축
upper 윗부분의

M And now we turn to the chapter on graphing. This is a very easy chapter if you just read it carefully.

W Excuse me, Professor, but I have a question.

M Yes, what is it?

W Well, I understood the sections on graphs where the data had very little relationship to each other. And I understand about graphs with direct relationships and graphs of groups. But what on earth is an inverse relationship?

M Good question. The word "inverse" means "opposite." Therefore, the more that one thing happens, the less something else happens. For example, the more it snows, the less often you go to school. The more time you spend studying, the less time you spend playing Starcraft.

W Okay, I understand that better now. But how does that look on a graph?

M Well, if we plot the amount of snow on the vertical axis and the likelihood that you will go to school on the horizontal axis, how will the line look?

W Ah! An inverse relationship graph like that would show the line going from the upper left corner to the lower right corner.

M Very well done.

남 이제 그래프에 관한 챕터로 가자. 신중하게 읽기만 하면 정말 쉬운 부분이야.

여 실례합니다만, 교수님 질문이 있어요.

남 그래, 뭐지?

여 음, 데이터가 서로 약한 관련을 갖는 그래프상의 부분은 이해가 갑니다. 그리고 직접적 연관을 갖는 그래프와 그룹들의 그래프도 이해가 갑니다. 하지만 역관계라는 건 도대체 뭐죠?

남 좋은 질문이야. '반비례'라는 것은 '반대'라는 의미야. 그러므로 한 가지 일이 더 많이 일어날수록, 다른 것은 덜 일어난다는 것이지. 예를 들어, 눈이 더 내리면, 네가 학교에 덜 간다는 거야. 공부에 시간을 더 보낼수록 네가 스타크래프트를 덜 한다는 거지.

여 알겠어요, 이해가 되네요. 하지만 그래프에서는 어떻게 보이죠?

남 음, 우리가 눈의 양을 수직축에 나타내고 네가 학교에 갈 확률을 수평축에 나타낸다면 그래프 선이 어떻게 보일까?

여 아! 반비례 그래프는 왼쪽 위의 코너에서 오른쪽 아래 코너로 가는 선을 보여 주겠군요.

남 잘했다.

유형 06 수치 파악하기

01 ③ 02 ④ 03 ④ 04 ③ 05 ⑤
06 ④ 07 ② 08 ② 09 ③ 10 ②

문제와 정답	스크립트	해석
01 대화를 듣고, 여자가 지출한 금액이 얼마인지 고르시오. ① $90 ② $85 ✔ $80 ④ $75 ⑤ $70 ▶ in particular 특별히 fall apart 떨어지다 limit 한계, 제한 discount 할인	M Are you looking for anything in particular, ma'am? W Yes, do you have any sandals like the ones I'm wearing? These are so old they're about to fall apart, but I love them. M Certainly. Here you are. They're only twenty-five dollars. W Excellent! I was also hoping to find some shoes for less than fifty dollars. M You're in luck. These are usually eighty, but they're on sale for forty-five. W Those are nice, but I'm not sure about the color. Do you have them in dark blue? M I'm afraid not. Here's a nice pair in blue, but they're sixty dollars. W I don't know. I like those, but they're ten dollars over my limit. M I'll tell you what. How about a five-dollar discount? W Okay, close enough. I'll take them.	남 손님, 특별히 찾으시는 게 있나요? 여 네, 내가 신고 있는 것과 같은 샌들이 있나요? 오래돼서 망가질 것 같은데, 전 이게 좋거든요. 남 그럼요. 여기 있습니다. 겨우 25달러입니다. 여 좋아요! 그리고 50달러 이하의 신발도 한 켤레 찾고 있었거든요. 남 운이 좋으시군요. 이것은 원래 80달러인데, 할인해서 45달러입니다. 여 이것은 좋군요. 하지만 색에 대한 확신이 안 서요. 진한 파란색 있나요? 남 유감이지만 없네요. 파란색은 여기 있습니다. 하지만 60달러입니다. 여 어쩌죠. 이게 좋지만 10달러 초과군요. 남 그럼, 5달러 할인은 어떠세요? 여 좋아요. 그거로 하죠.
02 다음을 듣고, 빵을 굽는 데 필요한 밀가루의 양과 오븐의 온도를 고르시오. ① 1 ½ cups, 250 degrees ② 1 cup, 315 degrees ③ 6 spoonfuls, 450 degrees ✔ 1 ½ cups, 350 degrees ⑤ 3 spoonfuls, 320 degrees ① 1½컵, 250도 ② 1컵, 315도 ③ 6스푼, 450도 ④ 1½컵, 350도 ⑤ 3스푼, 320도 ▶ recipe 조리법 beginner 초보자 ingredient 재료, 성분 flour 밀가루 thoroughly 완전히 mixture 혼합물 bake 굽다 decorate 장식하다 frosting 설탕 입히기	M Here's a recipe for a very simple chocolate cake that even a beginner can make. You'll need the following ingredients: one and a half cups of flour; one cup of sugar; one cup of water; 3 spoonfuls of cocoa; six spoonfuls of oil; and one spoonful of baking soda. Mix these ingredients thoroughly, and then pour the mixture into an eight-inch baking pan. Bake it at 350 degrees Fahrenheit for thirty minutes. Let it cool for twenty minutes, and then decorate it with frosting. I guarantee it will be delicious.	남 초보자도 만들 수 있는 아주 간단한 초콜릿 케이크 레시피가 있어. 다음 재료가 필요해. 밀가루 한 컵 반, 설탕 한 컵, 물 한 컵, 코코아 세 스푼, 기름 여섯 스푼, 베이킹 소다 한 스푼. 이 재료들을 잘 섞어, 그리고 그걸 8인치 굽기용 팬에 부어. 화씨 350도에서 30분간 구워. 20분 동안 식힌 다음 설탕을 입혀서 장식을 해. 맛이 끝내 줄 거야.

03

대화를 듣고, 스케줄이 <u>잘못된</u> 것을 고르시오.

① Breakfast: 8:00
② Market: 8:45
③ Lunch: 12:00
✔ Museum: 3:00
⑤ Dinner: 5:00

① 아침 식사: 8:00
② 시장: 8:45
③ 점심 식사: 12:00
④ 박물관: 3:00
⑤ 저녁 식사: 5:00

▶ sightseeing 관광   look forward to …을 몹시 기대하다   natural history museum 자연사 박물관   stroll 산책하다, 한가롭게 거닐다

M We should probably think about our schedule for tomorrow. What would you like to do first?

W I guess we should plan on having breakfast at the hotel at eight o'clock.

M Eight sounds good.

W Okay. That'll take about 45 minutes. Then, from 8:45 to twelve, we can do some sightseeing. I'm really looking forward to the natural history museum.

M Maybe we should do that in the afternoon. I don't think the museum opens until eleven.

W Good point. I didn't think of that. After breakfast, we can stroll through the market for a while and then take a walk down by the lake. After that, we'll be ready for lunch.

M We shouldn't have a big lunch though. Don't forget we've got a dinner date with Mike and Carol at five.

W Okay, we can have a light lunch at noon and then get to the museum by two. That'll give us three hours to spend there before dinner.

남 내일 스케줄에 대해 생각해야 해. 먼저 뭘 하고 싶어?

여 8시에 호텔에서 아침을 먹는 걸 생각해야 해.

남 8시면 좋은 것 같다.

여 좋아. 45분 정도 걸릴 거야. 그 다음, 8시 45분부터 12시까지 관광을 하는 거야. 자연사 박물관이 정말 기대돼.

남 그건 오후에 하는 게 나을 거야. 박물관이 11시 이전에 열 것 같지 않아.

여 좋은 지적이야. 그걸 생각 못했네. 그럼 아침을 먹은 후, 시장에서 잠시 산책을 하고 호수가를 산책하자. 그 이후 점심 준비를 하고.

남 점심을 많이 먹으면 안 돼. 마이크와 캐롤과 5시에 저녁 약속이 있다는 걸 잊지 마.

여 좋아, 정오에 가벼운 점심을 먹고 2시까지 박물관에 가자. 그럼 저녁 식사 전에 거기서 세 시간을 보낼 수 있을 거야.

04

다음을 듣고, 화자의 말과 일치하는 것을 고르시오.

① The average lifespan in 1850 was 60 years.
② The average lifespan today is 78 years.
✔ Every 20 years, the world's population doubles.
④ There is a 35% annual increase in the world's population.
⑤ Germany will have 20 million more people by 2015.

① 1850년의 평균 수명은 60세였다.
② 오늘날의 평균 수명은 78세이다.
③ 20년마다 세계 인구는 두 배가 된다.
④ 세계 인구는 해마다 35퍼센트 늘어난다.
⑤ 독일 인구는 2015년까지 2천만 명 이상이 늘 것이다.

▶ population 인구   immensely 막대하게   medicine 약   average 평균적인   lifespan 수명   double 두 배가 되다   economic 경제적인   developed country 선진국

W The world's population has grown immensely over the last century. This is largely because of advances in medicine that have resulted in fewer people dying in childhood as well as an increase in the average lifespan of people. The average person lived to be only 45 years old in 1850, compared to about 75 today, and that number continues to increase. The result is that the population now grows by about 3.5 percent every year, doubling in size every twenty years. It's a worrying fact that the countries with the worst economic problems also have the fastest growth while the populations of most developed countries are actually expected to decrease. For example, by the year 2050, Germany is expected to have twenty million fewer people than it does today.

여 세계 인구는 지난 백 년간 엄청나게 늘었다. 이것은 대개 유아기의 생존율을 높이는 의학의 발전과 평균 수명의 증가 때문이다. 1850년에 사람들의 평균 수명은 오늘날의 75세와 비교되게 겨우 45세였다. 그리고 그 수치는 계속 증가했다. 그 결과 세계 인구는 해마다 3.5퍼센트씩 늘어나고 있다. 20년마다 세계 인구가 두 배로 늘어나는 것이다. 우려스러운 사실은 대부분의 선진국들의 인구는 사실상 줄어들 것으로 보이는 데 반해 최악의 경제 문제를 가진 나라들이 가장 빠른 성장세를 보인다는 것이다. 예를 들어 2050년 경이 되면, 독일의 인구는 지금보다 2천만 명이 줄어들 것으로 예상된다.

05 대화를 듣고, 여자의 정확한 전화번호와 주소를 고르시오.

① 340-7070; 1945 Maple St. #102
② 344-7217; 9025 Maple St. #201
③ 304-1710; 945 Maple St. #21
④ 330-7217; 9025 Maple St. #101
✓ 340-7270; 1945 Maple St. #201

▶ vegetarian 채식주의의; 채식주의자 deliver 배달하다 arrive 도착하다

M Good evening. Thank you for calling Lotsa Pizza. How may I help you?

W Hello, I'd like to order a large vegetarian pizza, please, and I'd like it delivered.

M Would you like anything to drink with that?

W No, just the pizza.

M Okay, that'll be $15.25. Can I have your name and phone number, please?

W It's Heejin Park, and my number is three four zero, seventy-two seventy.

M That's three four zero, one seven seven zero, correct?

W No, seven two seven oh.

M All right, and your address?

W It's the big apartment building at nineteen forty-five Maple Street.

M Nineteen forty-five Maple. And the apartment number?

W Number two zero one.

M Thank you, Miss Park. Your pizza should arrive in 30 minutes.

남 안녕하세요. 롯사 피자에 전화주셔서 감사합니다. 어떻게 도와드릴까요?

여 라지사이즈 채식 피자를 주문하고 싶어요. 그리고 배달할 거고요.

남 마실 것은요?

여 아뇨. 피자만요.

남 네. 15달러 25센트입니다. 이름과 전화번호 부탁합니다.

여 박희진입니다. 그리고 전화번호는 340-7270입니다.

남 340-1770 맞죠?

여 아뇨, 7270입니다.

남 네. 주소는요?

여 메이플 스트리트 1945번지의 큰 아파트 건물이에요.

남 메이플 스트리트 1945요. 아파트 호수는 어떻게 되시죠?

여 201호입니다.

남 감사합니다. 피자는 30분 안에 도착할 겁니다.

---

06 How much money does the speaker have left?

① $5
② $15
③ $20
✓ $35
⑤ $45

화자에게 남은 돈은 얼마인가?

▶ terrific 아주 좋은, 굉장한 discount 할인 divide 분배하다

M I'm having a terrific time with the money that I got for my birthday. My parents gave me fifty dollars, and my grandfather gave me another twenty. Of course, as soon as I could, I rushed out to spend some of it. The first thing I did was take two of my friends to see the new Jackie Chan movie. We got the student discount, so the tickets were only five bucks each, plus another five for popcorn. Then we went to the computer store and bought a game CD. It's pretty expensive—forty-five dollars—but we divided the cost three ways, so that's not too much. It was not a bad day. I can't wait to go out tomorrow and spend the rest.

남 난 생일에 받은 돈으로 아주 신나는 시간을 보내고 있어. 부모님이 50달러를 주셨고 할아버지가 20달러를 주셨어. 물론 최대한 빨리 일부를 쓰러 갔지. 우선, 친구 두 명을 데려 가서 성룡의 새로운 영화를 봤어. 학생 할인을 받아서 티켓값은 한 명당 5달러였고, 팝콘이 5달러였지. 그 다음 컴퓨터 가게에 가서 게임 시디를 샀어. 꽤 비싼 45달러였지만 우리 셋이 나눠 내서 그리 비싼 건 아니었지. 나쁜 날은 아니었어. 내일 밖에 나가서 나머지 돈을 쓰는 걸 기대하고 있어.

---

07 What time is it when the conversation takes place?

① 5:00
✓ 5:25
③ 5:30
④ 5:40
⑤ 5:45

대화가 일어난 시간은 몇 시인가?

▶ be delayed 연착하다, 지연되다 get off …에서 내리다 luggage 짐 carousel (공항의) 회전식 컨베이어 on time 제 시간에

M Uh oh. Aren't we running late for the airport? Your mother's flight arrives at six, and with this traffic, it'll take us an hour to get there.

W No, I just called the airline, and the flight's been delayed by 30 minutes, so we've got some time. Plus, it'll take her a little while to get off the plane and get her luggage.

M That won't take long though.

W Are you kidding? Those baggage carousels move so slowly.

M Maybe, but let's not take any chances. She's almost eighty years old. I don't want her to have to wait for us alone at the airport.

W You're right. We should try to be there right when her plane gets in.

M Let's leave in five minutes. That way, we'll get there right on time.

남 공항에 늦은 거 아냐? 너희 엄마 비행기가 6시에 도착할텐데, 이런 교통 상황이면 한 시간은 걸릴 거야.

여 아냐. 방금 항공사에 전화했는데, 비행기가 30분 연착됐대. 그래서 시간이 좀 있는 거야. 게다가 비행기에서 내려서 짐 찾는 데 시간이 좀 걸릴 테고.

남 그리 오래 걸리지 않을 것 같은데.

여 농담해? 짐칸 컨베이어는 엄청 느리다고.

남 그럴 수도 있지. 하지만 모험은 하지 말자. 어머님은 거의 여든 살이셔. 공항에서 혼자 기다리시게 하고 싶지 않아.

여 맞아. 비행기 도착시간에 맞게 도착해야 해.

남 5분 안에 떠나자. 그럼 제 시간에 도착할 거야.

08 Which of the following is correct?

① Sunday's high temperature: 73
✓ Monday's high temperature: 71
③ Tuesday's low temperature: 68
④ Wednesday's high temperature: 55
⑤ Wednesday's low temperature: 63

다음 중 올바른 것은?

① 일요일 최고 온도: 73
② 월요일 최고 온도: 71
③ 화요일 최저 온도: 68
④ 수요일 최고 온도: 55
⑤ 수요일 최저 온도: 63

▶ weather forecast 일기예보 humidity 습도
on one's way …하는 도중에, 가까워져

스크립트

M Good evening. I hope you're having a pleasant Sunday. This is Willard Scott with the 3-day weather forecast. Today is a beautiful day, which will have a pleasant afternoon high of 75. But we're going to see cloudy skies tomorrow with a high temperature of 71 degrees, and the weather will drop to 63 overnight. The humidity will be 80% with a 50% chance of rain, so don't forget your umbrellas. By Tuesday, conditions will have improved a bit. We'll have clear skies and bright sunshine, with the temperature warming up to 68 degrees during the day; however, it's expected to be ten degrees cooler overnight. The chillier weather will continue into Wednesday, when we're expecting a high of 65 and a low of 53. It looks like autumn is on its way.

해석

남 안녕하세요. 즐거운 일요일을 보내고 계시길 바랍니다. 전 윌리엄 스캇이고 3일간의 일기예보를 해드리죠. 오늘은 아름다운 날입니다. 최고 온도가 화씨 75인 화창한 오후가 될 겁니다. 하지만 내일은 최고 온도가 71도이고, 흐린 날씨가 되겠군요. 밤에는 63도로 떨어질 겁니다. 습도는 80퍼센트이며 강수 확률은 50퍼센트입니다. 그러니 우산을 잊지 마세요. 화요일이 되면, 상황은 약간 좋아질 겁니다. 화창하고 맑은 날씨가 될 텐데요, 기온은 낮에는 68도지만 밤에는 10도 떨어질 겁니다. 쌀쌀한 날씨는 수요일까지 지속이 되어서, 최고는 65도이고 최저는 53도입니다. 가을이 오고 있네요.

---

09 Choose the correct date and time of the party.

① 13th, 6:00
② 13th, 7:00
✓ 14th, 6:00
④ 14th, 7:00
⑤ 15th, 6:00

정확한 파티 날짜와 시간을 고르시오.

① 13일, 6:00
② 13일, 7:00
③ 14일, 6:00
④ 14일, 7:00
⑤ 15일, 6:00

▶ miss 그리워하다 farewell party 송별파티 at least 적어도 on time 제시간에

스크립트

W Martin is such a great guy. I'm really going to miss him when he leaves for Australia.

M Everyone is. You're coming to the farewell party, right? I'm in charge of the planning.

W I'd love to come. When is it?

M Well, he leaves on the 16th, which is a Monday, so we want to have the party on the previous Friday.

W Sounds good. Now what about the time and place?

M I was thinking of having it at my place at six.

W Hmm, I don't know. Most of us don't finish work until six, and your place is pretty far. It's at least an hour away from my office. Why don't we have it start an hour later?

M Or I could just change the day to Saturday instead. That way, everyone can be on time.

W That's not a bad idea.

해석

여 마틴은 정말 좋은 친구야. 그가 호주로 떠나면 정말 그리울 거야.

남 모두가 그럴 거야. 송별파티에 올 거지? 내가 파티 책임자야.

여 가고 싶어. 언제야?

남 그가 16일 월요일에 떠나니까, 우리는 그 전 금요일에 파티를 할 거야.

여 좋아. 시간과 장소는?

남 우리집에서 6시에 할까 해.

여 음, 모르겠다. 우리 대부분이 6시까지는 일을 끝내지 않잖아. 그리고 네 집은 꽤 멀어. 적어도 사무실에서 한 시간은 걸릴 거야. 한 시간 뒤에 하는 게 어때?

남 아니면 대신에 날짜를 토요일로 바꿀 수도 있어. 그럼 모든 사람들이 제시간에 올 거야.

여 나쁜 생각은 아닌데.

---

10 Choose the correct apartment size and how much the woman will pay.

① 110 m², $700
✓ 110 m², $350
③ 95 m², $550
④ 70 m², $500
⑤ 70 m², $250

올바른 아파트 크기와 여자가 지불할 금액을 고르시오.

① 110평방미터, $700
② 110평방미터, $350
③ 95평방미터, $550
④ 70평방미터, $500
⑤ 70평방미터, $250

▶ decide 결정하다, 결심하다 narrow 좁히다
steep (비용이나 요구가) 엄청난, 터무니 없는
possibility 가능성 split 분배하다, 나누다 rent
임대료

스크립트

M Have you decided on an apartment yet?

W No, but I've narrowed it down to three choices. I love this one. It's 110 square meters for 700 dollars a month.

M That's pretty steep.

W I know, but I would love having all that space. Then there's one for 500 a month. It's only 70 square meters, but it's brand new, and it's in a nice neighborhood.

M Only 500? I would take that one if I were you.

W But wait. There's one more possibility. This one is 95 square meters for 550 per month. It's a great price for the size, but I'd have to spend 2 hours on the subway every day.

M You don't want to do that. Listen, how many bedrooms does the first one have?

W Three.

M Why don't you take that one and get a roommate to split the rent? You'd still have a spare room.

W You know, I think I will do that.

해석

남 아파트 결정했어?

여 아니, 하지만 세 개의 선택으로 좁혔어. 이게 좋은 거 같아. 한 달에 700달러이고 110평방미터야.

남 너무 비싼데.

여 알아. 하지만 이 공간이 좋아. 그리고 한 달에 500달러짜리가 있어. 비록 70평방미터지만, 새것이고 주변 환경이 좋아.

남 겨우 500달러라고? 나라면 그걸 하겠어.

여 하지만 기다려, 하나 더 있어. 95평방미터에 한 달에 550달러야. 크기에 비해 좋은 가격이지만 매일 전철에서 두 시간을 보내야 해.

남 그러고 싶지는 않겠지. 그런데 첫 번째 집은 침실이 몇 개야?

여 세 개.

남 그럼 그걸 얻어서 집세를 나눌 룸메이트를 구하는 건 어때? 그래도 방이 하나는 남잖아.

여 그렇게 해야겠다.

유형 07 | 세부사항 이해하기

01 ④ 02 ② 03 ③ 04 ⑤ 05 ④
06 ① 07 ③ 08 ③ 09 ② 10 ④

문제와 정답	스크립트	해석

01 대화를 듣고, 여자에 대해 올바른 것을 고르시오.

① She majored in English.
② She lived in a large city.
③ She hated living in Africa.
✔ She taught children.
⑤ She is from Kenya.

① 영어를 전공했다.
② 큰 도시에 살았다.
③ 아프리카에 사는 걸 싫어했다.
④ 아이들을 가르쳤다.
⑤ 케냐 출신이다.

▶ work experience 경력, 이력 volunteer 자발적인; 자원봉사자 aspect 측면 worthwhile 가치 있는 geography 지리학 major 전공 get used to 익숙해지다 running water 수돗물, 유수(流水) electricity 전기

M Let's talk a little bit about your work experience, Rosalie. I see that you worked for a volunteer organization in Africa after college.

W Yes, I spent a year teaching in Kenya. It was the first time I'd ever been abroad.

M And how did you like it there?

W Overall, I loved it. Some aspects of living there were difficult, but my students made it all worthwhile. They were such wonderful kids.

M What subjects did you teach?

W Mostly English conversation, but I also taught a few geography classes since that was my major in college.

M I see. You mentioned that there were some difficulties. Can you give an example?

W Well, the living conditions were hard to get used to at first. I lived in a small village, and there was no running water or electricity. I really missed being able to use the Internet every day.

남 당신의 직업 이력에 대해 얘기해 보죠, 로잘리. 대학 졸업 후 아프리카에서 자원 봉사 조직을 위해 일했군요.

여 네, 케냐에서 일 년 동안 가르쳤어요. 해외에 처음 나가 본 거죠.

남 거기서 어땠나요?

여 전반적으로 좋았어요. 그곳 생활의 몇몇 부분은 힘들었지만, 내 학생들이 그 모든 걸 가치 있게 만들어 주었죠. 정말 좋은 아이들이었어요.

남 무슨 과목을 가르쳤죠?

여 대부분 영어회화요. 하지만 대학 전공인 지리학도 가르쳤죠.

남 알겠어요. 몇 가지 어려움도 있었다고 언급했군요. 예를 들어 줄 수 있나요?

여 음, 생활 환경이 처음에는 적응하기 힘들었어요. 작은 마을에 살았는데, 수도나 전기가 없었지요. 매일 인터넷 사용하는 것이 정말 그리웠어요.

---

02 다음을 듣고, 과도한 스트레스의 징후로서 언급되지 <u>않은</u> 것을 고르시오.

① Overeating
✔ Trouble sleeping
③ Depression
④ Drinking too much
⑤ Stomachaches

① 과식
② 수면 장애
③ 우울증
④ 과도한 음주
⑤ 위통

▶ roller coaster 롤러코스터 horror movie 공포영화 enjoyable 즐거운 intense 강렬한, 심한 react 반응하다 excess 과도한 symptom 증상 allergy 알레르기 abuse 남용하다, 오용하다 irritable 화를 잘 내는, 성마른 clinically 임상적으로 psychological 심리적인, 심리학적인

W Not all stress is unpleasant. Riding a roller coaster or watching a horror movie produces a kind of enjoyable stress for many people. However, stressful situations that are very intense or that continue for a long time can become health problems. People react in different ways to excess stress: Some people suffer physical symptoms such as headaches, stomachaches, or allergies; others develop unhealthy habits, such as drinking or eating too much or abusing drugs. Still others experience changes in their moods, becoming irritable, sad, or even clinically depressed. It's important to remember that all of these symptoms can also be caused by other medical or psychological problems, so if you are experiencing any of them, it's a good idea to see your doctor.

여 모든 스트레스가 불쾌한 것은 아니다. 롤러코스터를 타거나 공포 영화를 보는 것은 많은 사람들에게 즐거운 스트레스를 준다. 그러나 너무 과도하거나 장기적으로 지속되는 스트레스는 건강 문제가 될 수 있다. 사람들은 과도한 스트레스에 다르게 반응한다. 몇몇은 두통, 위통, 알레르기 같은 육체적 증상으로 괴로워한다. 다른 이들은 과음 혹은 과식 아니면 약물 남용 같은 건강에 좋지 않은 습관을 갖게 된다. 겪는다. 또한 어떤 이들은 성질 내거나 슬퍼하거나 또는 임상적인 우울증 등의 감정의 변화를 겪는다. 이 모든 증상들은 다른 의학적 혹은 심리적 문제로도 야기될 수 있다는 것을 기억하는 것이 중요하다. 그러니 만약 이런 것들을 겪는다면, 의사에게 진찰을 받는 것이 좋다.

03

다음을 듣고, 이야기에서 언급되지 <u>않은</u> 것을 고르시오.

① Our faces are given shape by our skulls.
② The backbone protects the spinal cord.
✓③ The upper leg bone is the largest in the body.
④ Hand bones allow us to hold things.
⑤ The ribs protect vital organs.

① 우리 얼굴은 우리 두개골에 의해 모양이 잡힌다.
② 등뼈는 척추 신경을 보호한다.
③ 위쪽 다리 뼈가 신체에서 가장 큰 뼈이다.
④ 손뼈는 우리가 물건을 잡을 수 있도록 한다.
⑤ 늑골은 중요한 장기들을 보호한다.

▶ skeleton 골격, 해골 purpose 목적, 용도
obviously 명백하게 skull 두개골 sense organ
감각 기관 tongue 혀 rib 늑골 spine 척추
backbone 등뼈 upright posture 직립 자세
ribcage 흉곽 pelvis 골반 joint 관절 manipulate
조작하다, 다루다

M Each part of the human skeleton fulfills a particular purpose. Obviously, the skull protects the brain and the sense organs such as the eyes and tongue. It also gives shape to the face. The ribs form a kind of cage around the heart, lungs, liver, and other vital organs while the spine, or backbone, protects the spinal cord and gives us our upright posture. Below the ribcage, the pelvis protects the organs of the lower body and provides attachment for the legs. The bones of the legs help support our weight. Joints between the leg bones allow us to walk, and the joints in our arms and hands enable us to grasp and manipulate objects.

남 인간 골격의 각 부분은 특정한 목적을 수행한다. 두개골은 명백하게 뇌와 눈과 혀 같은 감각 기관을 보호한다. 또한 얼굴 형태를 만든다. 늑골은 심장, 폐, 간 그리고 다른 중요한 장기 주위에 일종의 새장 같은 것을 만든다. 반면에 척추 또는 등뼈는 척추 신경을 보호하고 우리가 직립 자세를 하게 해 준다. 흉곽 아래에 있는 골반은 신체 하부를 보호하고 다리가 부착될 수 있게 한다. 다리뼈들은 우리 무게를 지탱하는 것을 돕고 다리 사이의 관절은 우리가 걷게 해 준다. 그리고 팔과 손의 관절은 우리가 물건을 잡고 조작할 수 있도록 한다.

04

대화를 듣고, 여자의 문제가 무엇인지 고르시오.

① Her daughter cries too much.
② The neighbors watch TV late at night.
③ She does not like children very much.
④ She is lonely without her neighbors.
✓⑤ Her neighbors' daughter is loud.

① 딸이 너무 많이 운다.
② 이웃들이 밤늦게 텔레비전을 본다.
③ 아이들을 아주 많이 좋아하지 않는다.
④ 이웃 없이는 외롭다.
⑤ 이웃의 딸이 시끄럽다.

▶ empty (공간이) 빈 neighbor 이웃 get along
with …와 잘 지내다 wake… up …을 깨우다
bother 귀찮게 하다 complain 불평하다 no matter
what 어떠한 경우라도

M Hey, Natalie, what's new?
W Well, you know that empty apartment next door to mine? It's not empty anymore.
M So you've got new neighbors. What are they like?
W They're all right, I guess.
M Just all right? Aren't you getting along with them?
W Well, they're nice enough, but they have a two-year-old daughter.
M And you don't like kids?
W No, it's not that. She's very cute. It's just that she cries loudly a lot and at strange hours, too. Last night, she woke me up at 1:00 in the morning.
M I had that problem once. I just turned the TV on when I went to bed, and it didn't bother me anymore.
W Maybe I'll try that.
M It's really the only thing you can do. Complaining to the parents won't do any good. Kids will cry no matter what.

남 안녕, 나탈리. 뭔가 새로운 일 있어?
여 우리집 옆에 비어 있는 아파트 알지? 이젠 더 이상 빈 집이 아니야.
남 새로운 이웃이 생긴 거구나. 어떤 사람들이야?
여 괜찮은 거 같아.
남 그냥 괜찮아? 잘 지내는 거 아냐?
여 충분히 괜찮아. 하지만 두 살짜리 딸이 있어.
남 넌 아이를 안 좋아하니?
여 아니, 그게 아니야. 아이는 아주 귀여워. 단지 큰 소리로 울어. 그것도 특이한 시간에. 어젯밤엔 그 애가 나를 새벽 1시에 깨웠거든.
남 나도 그런 문제를 겪은 적 있어. 그래서 난 잠자리에 들 때 텔레비전을 켰어. 그렇게 하니 더 이상 문제가 안 되더라.
여 한번 시도해 볼게.
남 그게 네가 할 수 있는 유일한 것이야. 부모에게 불평하는 것은 도움이 안 돼. 아이들은 어쨌든 울거든.

05

대화를 듣고, 대화에서 언급되지 <u>않은</u> 것을 고르시오.

① Chimpanzees can use tools.
② Cats can sense their owners coming home.
③ Elephants mourn their dead.
✔ Dogs feel sadness.
⑤ Birds can use tools.

① 침팬지는 도구를 사용할 수 있다.
② 고양이는 주인이 집에 오는 것을 느낄 수 있다.
③ 코끼리는 죽음을 슬퍼한다.
④ 개는 슬픔을 느낀다.
⑤ 새는 도구를 사용할 수 있다.

▶ emotion 정서 intelligence 지능 fascinating
환상적인 tool 도구 dumb 멍청한, 미련한
mourning 비탄, 애도 sixth sense 제6감, 직감
chirp 지저귀다

M I've been reading this book about animal emotions and intelligence. It's fascinating.

W So what have you found out?

M For one thing, chimpanzees use tools to get food.

W I knew that.

M But did you know that birds can use tools, too?

W Seriously? I thought birds were some of the dumbest animals.

M So did a lot of people until pretty recently. The book also says that elephants seem to have some human-like feelings. When a member of the group dies, they show signs of sadness and mourning.

W Is there anything in there about dogs?

M Sure, and this is the best part. They seem to have a sixth sense about when their owners will come home. When the owner is still too far away to be seen, dogs will go to the window and watch for them.

W Wow. How do they know?

M Scientists have no idea. Cats do the same thing, and birds start chirping when their owner is on the way home.

남 동물의 정서와 지능에 대한 이 책을 읽고 있어. 정말 흥미로워.

여 뭘 발견했어?

남 한 가지는 침팬지가 음식을 얻기 위해 도구를 사용한다는 거야.

여 알고 있어.

남 하지만 새들도 도구를 사용한다는 거 알고 있었어?

여 정말? 난 새들이 정말 미련하다고 생각했는데.

남 최근까지는 많은 사람들이 그렇게 생각했지. 그 책은 말하길, 코끼리들은 인간과 비슷한 감정을 가지고 있대. 무리 중 하나가 죽으면, 슬픔과 애도의 표시를 보인대.

여 그 책에 개에 관한 것도 있어?

남 물론이지, 그게 가장 좋은 부분이야. 개들은 주인이 집에 언제 올지에 관한 육감이 있다. 주인이 아직 멀리 있어서 보이지 않을 때 개들은 창으로 가서 그들을 본대.

여 와, 개들이 어떻게 알지?

남 과학자들도 몰라. 고양이들도 같은 행동을 하고 새들도 주인이 집으로 오는 중이면 지저귀기 시작한대.

06

What is the man's problem?

✔ His cell phone does not work properly.
② He borrowed his friend's cell phone and broke it.
③ He needs a new charger for his cell phone.
④ He bought the wrong model cell phone by mistake.
⑤ His cell phone is difficult to use.

남자의 문제는 무엇인가?

① 핸드폰이 잘 작동하지 않는다.
② 친구 휴대폰을 빌려서 고장 나게 했다.
③ 핸드폰 충전기가 새것이 필요하다.
④ 실수로 잘못된 모델을 샀다.
⑤ 사용하기 어려운 휴대폰을 가지고 있다.

▶ cell phone 휴대전화 chare a battery 배터리를
충전하다 charger 충전기 defective 결함이 있는
replace 대체하다 exchange 교환하다 prefer to
…을 더 좋아하다

W Hello, sir. Can I help you?

M Yes, I hope so. I bought this cell phone here last week, but I'm not happy with it.

W Oh? That's one of our most popular models. What seems to be the trouble?

M When I charge the battery, it only works for a couple of hours before it dies again.

W Maybe that charger is defective. Would you like to replace it?

M No, that wouldn't solve the problem. I borrowed one from a friend of mine who has the same model phone, but the same thing happened.

W I see. Would you like to exchange your phone for another one?

M I'd really prefer to get my money back.

여 안녕하세요. 도와드릴까요?

남 네, 그래 주세요. 이 휴대폰을 지난 주에 여기서 샀는데 마음에 안 들어요.

여 그래요? 가장 인기 있는 우리 모델 중 하나인데요. 무슨 문제인 것 같은데요?

남 배터리를 충전할 때, 두어 시간만 작동하고 방전돼요.

여 아마 충전기가 결함이 있는 것 같네요. 교체하고 싶으세요?

남 아뇨, 그건 문제 해결이 안 될 것 같아요. 같은 모델을 가지고 있는 친구로부터 하나를 빌렸는데, 같은 일이 일어나더군요.

여 알겠습니다. 휴대폰을 다른 것으로 교환하고 싶으신가요?

남 난 돈을 돌려 받고 싶어요.

07 Which of the following is NOT explained by the speaker?

① Where the "love vein" is
② Why the ring is worn on the left hand
✓ Why the bride carries flowers
④ What the knots in the ribbons mean
⑤ Why the bride wears orange blossoms

다음 중 화자에 의해 설명되지 <u>않은</u> 것은?

① '사랑의 정맥'이 어디에 있는지
② 왜 반지를 왼손에 끼는지
③ 왜 신부가 꽃을 들고 있는지
④ 리본의 매듭이 무슨 의미인지
⑤ 신부가 왜 오렌지 꽃을 다는지

▶ bride 신부 bouquet 부케 be decorated with …로 장식되다 knot 매듭 represent 나타내다 evergreen tree 상록수 symbolize 상징하다 vein 정맥

W Weddings in North America involve many old traditions. Everyone knows that the bride carries a bouquet of flowers, but did you know that the flowers are often decorated with ribbons with knots tied in them? The knots represent the best wishes of her friends. The bride sometimes wears flowers, too, particularly orange blossoms. Orange trees are evergreen trees, meaning that they stay green all year round. This symbolizes the couple's love, which never dies. Also, the tradition of the wedding ring has an interesting history. According to the ancient Egyptians, there is a vein called a "love vein," which runs directly from the heart to the fourth finger of the left hand. It was the ancient Romans who decided that the wedding ring should always be worn on that finger.

여 북미에서의 결혼은 많은 오래된 전통을 포함하고 있다. 모든 이들은 신부가 꽃 부케를 가지고 있는 것을 알고 있을 것이다. 하지만 꽃들이 매듭이 있는 리본으로 장식되어 있다는 것을 알고 있는가? 매듭은 그녀의 친구들의 기원을 상징한다. 신부는 때로는 꽃을 달고 있는데 특히 오렌지 꽃을 단다. 오렌지는 상록수이다. 즉 일년 내내 푸르름을 유지한다는 것이다. 이것은 결코 죽지 않는 커플의 사랑을 상징한다. 또, 결혼 반지 전통에는 흥미로운 역사가 있다. 고대 이집트인들에 따르면, '사랑의 정맥'이라 불리는 정맥이 있다. 이것은 심장에서 왼쪽 네 번째 손가락까지 곧바로 흘러간다. 결혼 반지를 항상 그 손가락에 끼워야 한다고 결정한 것은 고대 로마인이다.

---

08 According to the conversation, which of the following do both speakers like?

① Going scuba diving
② Sightseeing
✓ Trying new foods
④ Shopping
⑤ Reading books

대화에 따르면, 두 사람이 공통으로 좋아하는 것은?

① 스쿠버다이빙
② 관광
③ 새로운 음식 먹기
④ 쇼핑
⑤ 독서

▶ scuba diving 스쿠버다이빙 exotic 이국적인, 색다른 complete 완벽한, 완전한 sightseeing 관광 exhausting 힘이 많은 드는, 소모적인

M I can't wait until summer break. What's your idea of the perfect vacation?

W I love a white, sandy beach with a bright sun and no clouds and plenty of scuba diving.

M I'm with you on the beach, but I'm not at all into scuba diving. I'd rather lie on the sand reading books all day.

W Books on vacation? Don't we have enough of those during the school year? I'm not going to look at a book all summer.

M What will you do when you're not scuba diving?

W Well, my other favorite thing to do on vacation is try new foods. The more exotic, the better.

M Me, too. That's the best part of visiting a different country.

W Also, for me, no vacation would be complete without lots of hiking and sightseeing.

M You've got a lot more energy than I do. Your vacation sounds exhausting.

남 여름 휴가까지 기다릴 수가 없어. 완벽한 휴가가 뭐라고 생각해?

여 환한 햇볕과 구름 한 점 없는 하얀 모래 해변이랑 스쿠버 다이빙을 실컷 하는 게 좋아.

남 해변에 대해서는 너와 공감해. 하지만 스쿠버다이빙에는 관심이 없어. 하루 종일 해변에 누워 책을 읽고 싶어.

여 휴가에서 책을? 학기 중에 충분히 하지 않았어? 여름에는 책을 더 이상 보지 않을 거야.

남 스쿠버다이빙 하지 않으면 뭐할 거야?

여 음, 휴가 때 하고 싶은 다른 것은 새로운 음식 체험이야. 더 이국적일수록 더 좋아.

남 나도. 그것이 다른 나라를 방문하는 일에서 가장 멋진 부분이지.

여 또 나에게 방학은 하이킹과 관광이 있어야 해.

여 넌 나보다 에너지가 많구나. 너의 방학은 완전히 지칠 것 같아.

09

According to the conversation, which of the following is true of the woman's family?

① Her parents are both teachers.
✔ The children frequently speak on the phone.
③ Courtney is the woman's younger sister.
④ All four children meet for dinner once a month.
⑤ She often used to fight with her brother.

대화에 따르면, 여자의 가족에 대해 사실인 것은 무엇인가?

① 그녀의 부모는 모두 선생님이다.
② 네 자녀들은 자주 전화로 얘기한다.
③ 코트니는 여자의 동생이다.
④ 네 자녀들은 한 달에 한 번 저녁 식사를 위해 만난다.
⑤ 그녀는 종종 남동생과 싸우곤 했다.

▶ get along well 잘 지내다 normal 일반적인 fairly 꽤 at least 적어도 night shift 야간 근무 be proud of …을 자랑스럽게 여기다

M We've been talking about me long enough. Let's talk about you now. I don't know anything about your family. Do you have any brothers or sisters?

W Yes, I've got two older sisters and a younger brother.

M That's a pretty big family. Did you all get along well growing up?

W Not always. I fought with Courtney a lot, but that's normal, I think, when two sisters are so close in age. She's only a year older than me.

M Yeah, there's nothing unusual about that. What about now?

W We're all fairly close now. We talk on the phone a few times a week, and we get together for dinner once a month. At least, three of us do. My brother works the night shift, so he can't usually make it.

M What does he do?

W He's a police officer. Courtney and Melissa are both teachers.

M Your parents must be proud of all four of you.

남 우린 나에 대해 충분히 얘기했어. 이제 너에 대해 말하자. 나는 네 가족에 대해 아는 게 전혀 없어. 형제나 자매가 있니?

여 응, 두 명의 언니와 남동생이 있어.

남 대가족이구나. 자랄 때 형제들과 잘 지냈어?

여 항상 그런 것은 아니야. 코트니와 많이 싸웠어. 하지만 그냥 일상적인 거지. 두 자매가 나이 차가 얼마 안 날 때는 말이야. 그녀는 나보다 겨우 한 살이 많거든.

남 응, 그게 흔한 일이지. 지금은 어때?

여 지금은 아주 가까워. 우린 일주일에 몇 번 전화로 얘기하고 한 달에 한 번 같이 저녁을 먹지. 적어도 우리 중 세 명은 그래. 내 남동생은 야간 근무를 하기 때문에 함께 하기 힘들어.

남 무슨 일을 하는데?

여 경찰관이야. 코트니와 멜리사는 둘 다 교사야.

남 너의 부모님은 네 명 모두가 자랑스러우시겠구나.

10

Which of the following is true according to the speaker?

① He could not find his skis.
② They walked to his friend's apartment.
③ His friend lost her wallet.
✔ He overslept.
⑤ They took the wrong bus.

화자의 말에 따르면, 사실인 것은?

① 그의 스키를 찾을 수 없었다.
② 그들은 남자의 친구 아파트에 걸어 갔다.
③ 그의 친구는 지갑을 잃어버렸다.
④ 그는 늦잠을 잤다.
⑤ 그들은 버스를 잘못 탔다.

▶ go off (시계가) 울리다 asleep 잠이 든 ring …을 울리다 search for …을 찾다 cash 현금

M You wouldn't believe the kind of morning I had yesterday. I had planned to get up early and meet my friend for a day of skiing; however, nothing went right. First of all, my alarm clock didn't go off, so I was still asleep when my friend arrived and rang my doorbell. Then I couldn't find my keys, so we wasted ten minutes searching for them. After we caught a taxi to the bus station, my friend realized she had forgotten her wallet. I didn't have enough cash for both of us, so we had to go back to her apartment to pick it up. When we finally made it to the station, the bus was gone. I still haven't found my keys by the way.

남 내가 어제 보낸 아침을 넌 믿지 못할 거야. 난 친구랑 만나서 스키를 타기 위해 일찍 일어날 계획이었어. 하지만 제대로 된 게 없었지. 우선 알람시계가 작동이 되지 않았어. 그래서 내 친구가 도착해서 초인종을 눌렀을 때 자고 있었지. 그리고 난 열쇠를 찾을 수가 없어서 찾는데 10분을 소비했어. 버스 정거장으로 가는 택시를 잡은 후에 내 친구는 지갑을 잃어 버린 걸 알게 됐어. 나에게는 두 사람을 위한 충분한 현금이 없어서 그녀의 아파트로 가서 지갑을 가져와야 했어. 우리가 마침내 정거장에 갔을 때, 버스는 이미 떠나고 없었어. 난 여전히 열쇠를 찾지 못했어.

유 형
08 | 분위기 및 감정 파악하기

01 ⑤ 02 ⑤ 03 ① 04 ⑤ 05 ②
06 ④ 07 ① 08 ③ 09 ① 10 ②

문제와 정답	스크립트	해석

01 다음을 듣고, 화자의 요지가 반영되도록 빈 칸에 알맞은 것을 고르시오.

Professors in the second category __________.

① are more concerned with doing research than with teaching
② are usually older than professors in the first group
③ are usually less experienced teachers
④ usually have smaller classes
⑤ are usually less popular with students

다음을 듣고, 화자의 요점이 반영되도록 빈 칸에 알맞은 것을 고르시오.

두 번째 범주에 속하는 교수들은 __________.

① 가르치는 것보다 연구하는 것에 더 관심이 있다
② 첫 번째 범주의 교수들보다 대개 나이가 많다
③ 대개 경험이 덜한 교사들이다
④ 대개 더 작은 규모의 수업들을 한다
⑤ 학생들에게 인기가 덜하다

▶ faculty 교수진, 교직원 be classified into …로 분류되다 category 범주 relationship 관계 tailor …에 맞추다, 맞게 하다 lecture 강의하다 interest 강의 vary 다양하게 하다 individual 개인

W University faculty can be classified into two categories according to the amount of time and energy they put into getting to know their students. Professors in the first category work hard to develop a personal relationship with each of their students. Those in the second category do not care who is sitting in the seats they are lecturing to. Professors in the first category often tailor their talks to the interests and experiences of their students, unlike the professors in the second category, who never vary their lectures year after year. Overall, professors in the first category want everyone to feel like an appreciated and important individual rather than just "another nameless student."

여 대학 교수진들은 학생들을 파악하는 데 들이는 시간과 에너지의 양에 따라 두 개의 범주로 분류될 수 있다. 첫 번째 범주에 들어가는 교수들은 각각의 학생들과 개인적인 관계를 발전시키기 위해 열심히 노력한다. 두 번째 범주에 들어가는 교수들은 강의실에 누가 앉아 있는지 신경 쓰지 않는다. 첫 번째 범주에 들어가는 교수들은 학생들의 흥미와 경험을 생각해서 구미에 맞게 강의한다. 반대로 두 번째 범주에 들어가는 교수들은 해가 바뀌어도 강의에 변화가 없다. 대체로, 첫 번째 범주에 들어가는 교수들은 학생들 모두가 단지 '또 다른 이름없는 학생'이 아닌 정말 가치 있고 중요한 존재로 느끼게 만들고 싶어한다.

02 다음을 듣고, 화자의 감정을 가장 잘 나타내는 것을 고르시오.

① outrage
② joy
③ apathy
④ excitement
⑤ despair

① 분노
② 기쁨
③ 무관심
④ 흥분
⑤ 절망

▶ machine 기계 pulse 진동, 파동 environment 환경 go off (시계가) 울리다 discussion 토론 spouse 배우자 intersection 교차로 volition 의지, 결의 response 반응 external 외부의 stimuli 자극

M Sometimes I think that people are just machines. When you stop to think about it, most of us have our lives dictated to us by the pulse of lights and sounds in our environment. The alarm goes off, so we get up. The phone rings, so we answer it even when we are in the middle of an important discussion with our spouse. The red traffic light flashes at midnight, and we stop the car at the intersection and wait even though we can clearly see that there are no other cars anywhere. These days, our personal volition is disappearing and is being replaced by automatic responses to external stimuli. Where does it end? In the future, will humans even have a need to think for themselves?

남 가끔 나는 사람들이 단지 기계일 뿐이라고 생각한다. 생각을 멈추면 우리 중 대부분은 우리 주변의 빛이나 소리의 진동에 의해 우리의 생활이 지배되도록 한다. 알람이 울리면 우리는 일어난다. 전화벨이 울리면 배우자와 아무리 중요한 얘기를 하고 있는 중일지라도 전화를 받는다. 한밤중에 신호에 빨간 불이 들어오면 어디에도 다른 차가 없다는 것이 분명한데도 교차로에 차를 세운다. 요즘 우리의 개인적 의지는 사라지고 있고 외부자극에 대한 자동적인 반응으로 대체되고 있다. 이것은 어디서 끝이 날까? 미래에 인간은 스스로 생각할 필요를 가지게 될까?

<table>
<tr><th>문제와 정답</th><th>스크립트</th><th>해석</th></tr>
</table>

03

대화를 듣고, 쇼핑에 대해 부정적인 사람은 누구인지 고르시오.

✓① Mike
② Julie
③ Mike and Julie
④ Mike and Meg
⑤ Meg and Julie

▶ inexpensive 저렴한 leather 가죽 artificial 인공의 cannot resist -ing …하지 않을 수 없다 be squeezed by …에 갇히다 painter 화가 get soaked 흠뻑 젖다 runny nose 콧물

M How was your shopping tour, Julie?

W Oh, it was good, Mike. Jennifer and I bought some inexpensive shoes and purses made of real leather. We also bought some beautiful artificial flowers made of paper. Meg couldn't resist buying an original painting by a local painter. The tour was so good that we had hardly any money left.

M Were there many people shopping that day?

W Oh, yes. We were squeezed by the crowds of people on the buses. Also, the day was rainy, but we had no umbrellas or raincoats. As a result, our clothes got soaked. Now I have a runny nose.

M So the results of your shopping tour are a thin purse, cheap shoes, and a cold. I don't think it was such a good shopping tour.

남 줄리, 쇼핑 여행 어땠니?

여 아, 좋았어, 마이크. 제니퍼랑 나는 비싸지 않은 신발이랑 진짜 가죽으로 만든 지갑을 좀 샀어. 또 아주 예쁜 종이꽃도 샀어. 메그는 현지 화가가 그린 원화를 사지 않을 수 없었지. 쇼핑 여행이 너무 좋아서 남은 돈이 거의 없어.

남 그날 쇼핑하는 사람 많았니?

여 응. 버스에 사람이 너무 많아서 끼여서 탔어. 게다가 비가 왔는데 우산이나 비옷도 없었지. 그래서 옷이 다 젖었어. 지금은 콧물도 나와.

남 그래서 쇼핑 여행을 한 결과 지갑은 얇아졌고 신발은 싸구려고 감기까지 걸렸네. 정말 좋은 쇼핑 여행이었던 것 같지는 않구나.

04

대화를 듣고, 스미스 박사의 감정을 가장 잘 나타내는 것을 고르시오.

① anger
② sorrow
③ passion
④ disinterest
✓⑤ concern

① 분노
② 슬픔
③ 열정
④ 무관심
⑤ 염려

▶ backache 등의 통증, 요통 spine 척추 kidney 신장 infection 감염 balance 균형 carpenter 목수 trip over …에 걸려 넘어지다, 헛디디다

M Hi, Dr. Smith. It's nice to see you again. You seem to be very busy today.

W It's good to see you too, Alex. Yes, we've been very busy, but what about you? What seems to be the problem today?

M Well, Doctor, I have a terrible backache. There's pain up and down my spine.

W Hmm. Back pain could be a sign of a kidney infection. As you know, your kidneys help to maintain the proper balance of water in your system. Have you ever had kidney problems before?

M As far as I know, no one in my family has ever had kidney trouble.

W Have you had any accidents?

M There's only one thing I can think of. You see, I'm a carpenter, and two days ago, I tripped over some wood. I really hit the ground hard. That's when I first felt pain in my backbone.

W Hmm, I see. So your pain is probably not caused by an infection. That's good news. Just relax now, and let me take a look at your back.

남 안녕하세요, 스미스 박사님. 다시 뵙게 돼서 반갑습니다. 오늘 아주 분주해 보이시네요.

여 다시 만나니 좋군요, 알렉스. 네, 아주 바빴습니다만 당신은 어떤가요? 오늘은 무슨 문제죠?

남 네, 의사 선생님, 등이 너무 아파요. 등뼈 위아래로 통증이 있어요.

여 흠, 등의 통증은 신장 감염의 징후죠. 아시다시피 신장은 몸의 수분량의 균형을 유지시켜주는 기관이죠. 전에 신장에 문제가 있었던 적이 있습니까?

남 제가 아는 한, 가족 중 누구도 신장에 문제가 있었던 적은 없습니다.

여 사고를 당한 적도 없고요?

남 생각나는 게 한 가지 있긴 해요. 아시다시피, 제가 목수잖아요. 이틀 전에 나무에 발이 걸려 넘어졌어요. 땅에 심하게 부딪혔지요. 그때 처음으로 등뼈에 통증을 느꼈습니다.

여 흠, 알겠습니다. 그럼 통증은 아마도 감염에 의한 것은 아니군요. 다행입니다. 이제 긴장을 푸시고 등을 한번 보도록 하죠.

05

다음을 듣고, 화자의 감정을 가장 잘 나타내는 것을 고르시오.

① disbelief
✓② nervousness
③ sadness
④ nostalgia
⑤ fatigue

① 불신
② 긴장
③ 슬픔
④ 향수
⑤ 피곤함

▶ gym 체육관 examination 시험 determine 결정하다 fender-bender 가벼운 접촉사고 proctor 시험 감독관 stopwatch 스톱워치 frenzy 열광, 격앙 savage 잔인한, 거친 flick 갑자기 움직이다

W We all sat in the gym, ready to take the examinations that would determine which colleges we would go to and, by extension, whether the rest of our lives would be sublimely successful or a train wreck that would make old Casey Jones and Engine 382 look like a minor fender-bender. Mr. Carlson, the proctor of the examination, raised his stopwatch high. "You may begin!" I was suddenly amidst a feverish frenzy of high school test takers. Pencils swirled furiously, answer sheet bubbles darkened as if by magic, and one could almost hear the papers groan under the savage scratching. Students' eyes flicked worriedly to wristwatches as the time seemed to slip by faster and faster. Finally, I reached the last question and realized that I still had six minutes left to check my answers. My brain ached, but I felt great.

여 우리 모두는 체육관에 앉았다. 어느 대학을 갈지, 더 나아가 남은 삶 동안 엄청난 성공을 할지 아니면 그 옛날 케이시 존스와 엔진 382 열차사고를 가벼운 접촉사고로 보이게 만들 만한 열차사고를 낼지를 결정할 시험을 칠 준비가 되어 있는 채로 말이다. 시험 감독관인 칼슨 씨는 스톱워치를 높이 들어올렸다. "시작하세요!" 그 순간 갑자기 나는 고등학교 수험생들의 열기를 느꼈다. 연필이 격하게 움직였고 답안지의 빈 동그라미가 마술처럼 까맣게 채워졌다. 시험지의 문제를 푸는 소리가 거의 신음소리처럼 들렸다. 시간이 점점 더 빨리 지나감에 따라 학생들은 걱정스럽게 손목시계를 보았다. 마침내 나는 마지막 문제까지 풀었고 다시 한 번 답안지를 검토할 시간이 6분이나 남았음을 깨달았다. 머리는 아팠지만 기분은 무척 좋았다.

06 Which best reflects the speaker's feeling?

① anticipation
② hope
③ respect
✓ nostalgia
⑤ loneliness

화자의 감정을 가장 잘 나타낸 것은?

① 기대감
② 희망
③ 존경
④ 향수
⑤ 외로움

▶ cottage 작은 집, 작은 별장 long for …을 그리워하다 evoke 자아내다, 일깨우다

M The first thing I did when I moved to Hawaii was to look for an apartment. After only a few weeks, I found the cutest little beach cottage. It had two bedrooms, a living room, and a kitchen. The living room had a very tall ceiling and lots of big glass windows with a great view of the beach and the ocean. The windows let in lots of light, and a ceiling fan kept the air moving softly. The whole atmosphere was peaceful and full of harmony. There was also a desk next to the windows. I would often spend six hours a day at that desk working on my novel, and then, when I had finished writing for the day, I would continue to sit at my desk enjoying the view. To this day, I still long for the feelings that room evoked in me.

남 하와이로 이사를 한 다음 내가 처음으로 한 일은 아파트를 찾는 일이었다. 겨우 몇 주 후에 나는 귀엽고 아담한 해변의 작은 집을 구했다. 침실 두 개, 거실, 부엌이 있는 집이었다. 거실은 천장이 매우 높았고 해변과 바다를 볼 수 있는 전망이 좋은 커다란 유리창이 많이 있었다. 유리창으로 햇빛이 많이 들어왔고 천장에 달린 선풍기는 공기를 부드럽게 순환시켰다. 전체 분위기는 평화롭고 조화로움이 가득했다. 창문 옆에는 책상도 하나 있었다. 나는 종종 소설을 쓰며 하루에 여섯 시간을 그 책상에서 보내곤 했다. 그리고 나서 그날의 글쓰기를 끝내고 나면 경치를 감상하며 책상에 그대로 앉아 있곤 했다. 지금까지도 그 방이 내 안에 불러일으켰던 감정들이 여전히 그립다.

---

07 Listen to the following conversation and choose what the man is probably feeling.

✓ outrage
② mild anger
③ relief
④ joy
⑤ indifference

대화를 듣고, 남자가 느낄 감정을 고르시오.

① 분노
② 가벼운 화남
③ 안심
④ 기쁨
⑤ 무관심

▶ registrar (대학의) 학적 담당 사무원 sign up 수강 신청하다 senior (대학의) 최상급생 deserve to …할 만하다

M Did you find out anything about the college schedule?

W Yes, I went to the Registrar's office and asked all the questions.

M What did the Registrar say about our classes?

W She said that we can register for most of the classes we want.

M "Most" of the classes? What do you mean?

W Well, she said that the advanced economics class at 10 a.m. is full. We will have to take it next semester.

M Oh, no! That's unbelievable. I have been waiting for that class for two years. Is the class available at a different time?

W No, there's no other time we can sign up for it. We will have to wait.

M That's ridiculous. We are seniors. We deserve to get the classes we want!

남 학교 일정에 대해 뭐 좀 알아낸 것 있니?

여 응, 교무부에 가서 다 물어봤어.

남 교무원이 우리 수업에 대해 뭐라고 말하든?

여 우리가 원하는 수업을 대부분 다 신청할 수 있다고 했어.

남 '대부분'이라고? 그게 무슨 뜻이야?

여 오전 10시에 있는 고급 경제학 수업은 마감이 되었다고 하더라. 다음 학기에 들어야 된대.

남 안 돼! 믿을 수가 없다. 2년 동안 그 수업을 기다려왔는데. 다른 시간에는 들을 수 있대?

여 아니, 우리가 신청할 수 있는 다른 시간은 없어. 기다려야 할 거야.

남 말도 안 돼. 우린 4학년이잖아. 우리가 원하는 수업을 들을 자격이 있다고!

---

08 How does the woman feel?

① hungy
② unhealthy
✓ exhausted
④ nauseous
⑤ excited

여자는 어떻게 느끼고 있는가?

① 배고픈
② 건강이 안 좋은
③ 지친
④ 지겨운
⑤ 흥분한

▶ marshmallow 마시멜로 healthy 건강에 좋은, 건강한 wake up 깨어나다

M Where did you go after work yesterday? I saw you rushing out of the office.

W I went to a friend's birthday party.

M That sounds great! What did you buy your friend as a present?

W I bought him a CD of his favorite band.

M So was the party fun?

W It was. We had great food as well. We ate hamburgers and French fries. For dessert, we had ice cream and marshmallows. It wasn't very healthy!

M When did you leave the party? You must be tired today.

W I didn't leave until midnight. I couldn't wake up this morning.

M Thank goodness today's Friday.

W Yes, I'll sleep late tomorrow.

남 어제 퇴근하고 어디 갔었어? 네가 사무실을 서둘러 나가는 것을 봤어.

여 친구 생일파티에 갔었어.

남 재미있었겠다! 선물로 친구에게 뭘 사 줬는데?

여 그가 좋아하는 밴드의 CD를 사 줬지.

남 그래서 파티는 재미있었니?

여 응, 재미있었어. 맛있는 음식도 먹었고. 햄버거랑 감자튀김을 먹었고, 디저트로 아이스크림이랑 마시멜로를 먹었어. 건강식은 전혀 아니지!

남 언제 파티를 떠났니? 오늘 피곤하겠구나.

여 자정이 되어서야 떠났어. 오늘 아침에 일어날 수가 없더라.

남 오늘이 금요일이라서 다행이구나.

여 맞아, 내일은 늦게까지 자려고 해.

문제와 정답	스크립트	해석

09 Which of the following best shows the change in the man's feeling?

✔ ① courteous → outraged
② shocked → relieved
③ confused → relaxed
④ ashamed → embarrassed
⑤ indifferent → startled

남자의 감정 변화를 가장 잘 보여 주는 것은?

① 정중한 → 분노한
② 놀란 → 안도하는
③ 혼란스러운 → 편안한
④ 부끄러운 → 당황스러운
⑤ 무관심한 → 놀란

▶ round-trip 왕복 first-class 1등석의 fare 요금 restriction 제한 apply to …에 적용되다 purchase 구입하다 in advance 미리 available 이용할 수 있는 make a reservation 예약하다

W East-West Airways, how may I help you?

M This is Roger Neal. Can you please tell me how much it costs to fly round-trip from Los Angeles to Hong Kong?

W The first-class round-trip ticket is $4,482, and the business class fare is $2,402.

M Wow, that is very expensive. Is there a cheaper fare?

W There's also an economy fare of $1,486, but certain restrictions apply to that.

M What are the restrictions?

W You can stay only twenty-three days, and you must purchase your tickets a year in advance.

M Are you serious? But I want to leave next month and stay for just two weeks.

W We have a flight to San Francisco if you prefer.

M San Francisco? I am in Los Angeles right now. Am I supposed to drive to San Francisco? What kind of an airline is this?

W Sir, according to the computer, this is the lowest available fare to Hong Kong. Would you like me to make reservations for you?

M Not a chance! This is the worst airline I have ever seen. I will not be calling you again.

여 이스트웨스트 항공사입니다. 무엇을 도와드릴까요?

남 전 로저 닐이라고 합니다. LA에서 홍콩까지 왕복으로 얼마인지 말씀해 주시겠어요?

여 일등석 티켓은 4,482달러이고, 비즈니스 클래스 요금은 2,402달러입니다.

남 와, 정말 비싸네요. 더 싼 표가 있나요?

여 이코노미 클래스는 1,486달러인데요, 제한규정이 있습니다.

남 어떤 규정이죠?

여 23일 동안만 머무르실 수 있고, 1년 전에 미리 표를 구매하셔야 합니다.

남 정말요? 그렇지만 저는 다음달에 떠나서 2주 동안만 머무르고 싶은데요.

여 원하신다면 샌프란시스코로 가는 비행편이 있습니다.

남 샌프란시스코요? 전 지금 LA에 있어요. 샌프란시스코까지 운전해서 가라고요? 무슨 항공사가 그래요?

여 손님, 컴퓨터로 확인해보니 그것이 홍콩까지 가는 가장 싼 비행편입니다. 예약해 드릴까요?

남 어림도 없는 소리 마세요! 제가 본 가장 최악의 항공사군요. 다시는 전화 안 할 겁니다.

---

10 Which of the following best shows the change in the man's feeling?

① relaxed → relieved
✔ ② annoyed → embarrassed
③ frightend → indifferent
④ startled → relieved
⑤ delighted → disappointed

남자의 감정 변화를 가장 잘 나타낸 것은?

① 편안한 → 안심한
② 성가신 → 당황한
③ 겁이 난 → 무관심한
④ 놀란 → 안심한
⑤ 기쁜 → 실망한

▶ uncomfortable 불편한 afford 지불하다 be broke 파산하다 promotion 진급 subscription (정기 간행물의) 예약 구독 short on …가 부족한

W Hi, It's me, Jan. Can you come over? I want to show you something.

M Right now? I'd rather not. I'm resting. I'm sitting comfortably in my favorite chair while watching my favorite TV program.

W Oh, please. I want you to come over and see what I bought for my dad.

M I really don't want to. I've been at work all day, and now I want to relax. Just tell me what the present is.

W It's a chair. It's the one he's wanted all these years. He won't be uncomfortable anymore when he watches TV.

M You want me to get out of my comfortable chair to go and look at a nice comfortable chair? Are you crazy? That's a great present though. It's a good choice. But how could you afford it? I thought you were broke.

W I was. I didn't have any money, but my poor days are over. I got the promotion that I wanted. I'll be rich from now on.

M Well, congratulations. I'm proud of you. Dad will be proud of you, too.

W Yeah! He'll be comfortable and proud! What did you get for him Paul?

M Umm… well… I got him a subscription to a magazine.

W I guess he'll like it, but I think he wanted a stereo.

M Yeah, well… I am a little short on cash right now. Maybe next year I'll get rich like you and buy it for him.

여 안녕, 나야, 잰. 우리 집에 잠깐 올 수 있니? 뭔가 보여 줄 것이 있어.

남 지금 당장? 못 가. 지금 쉬고 있거든. 내가 제일 좋아하는 의자에 편안히 앉아서 좋아하는 TV 프로를 보고 있는 중이야.

여 제발. 잠깐 와서 아빠를 위해 내가 산 것 좀 봐.

남 정말 그러고 싶지 않아. 하루 종일 일해서 지금은 쉬고 싶어. 선물이 뭔지만 말해봐.

여 의자야. 요 몇 년 동안 갖고 싶어하셨던 거야. TV 볼 때 더 이상 불편하지 않으실 거야.

남 내 편한 의자 놔두고 가서 다른 편한 의자를 보라는 거야? 미쳤니? 근데 선물로는 괜찮다. 잘 선택했어. 근데 살 여유가 있었어? 난 네가 돈이 다 떨어진 줄 알았는데.

여 그랬지. 돈이 하나도 없었어. 근데 나의 가난한 날들은 이제 끝났어. 원하던 승진을 했거든. 이제부터 부자가 될 거야.

남 축하한다. 네가 자랑스러워. 아빠도 자랑스러워하실 거야.

여 그래, 아빠는 의자도 편안하고 나도 자랑스러우실 거야! 넌 그를 위해 뭘 주었니, 폴?

남 그게… 잡지 정기 구독권을 드렸어.

여 좋아하실 것 같기는 한데 아빠는 스테레오를 갖고 싶어하셨던 것 같은데.

남 근데 지금은 현금이 좀 부족해서. 아마 내년에는 너처럼 부자가 돼서 스테레오를 사 드릴 거야.

유형 09 | 문장 완성하기

01 ④ 02 ② 03 ⑤ 04 ② 05 ②
06 ② 07 ⑤ 08 ① 09 ④ 10 ④

문제와 정답	스크립트	해석

01 대화를 듣고, 남자의 마지막 말에 대한 여자의 응답으로 알맞은 것을 고르시오.

① Be careful that you don't get sick yourself.
② Yes, I can give you the name of a good doctor if you want.
③ I really enjoyed the book *Anne of Green Gables.*
✔④ No, so long as you do it before Monday.
⑤ Well, I hope your friend is okay.

① 아프지 않게 조심해.
② 응, 네가 원하면 좋은 의사의 이름을 알려 줄게.
③ 〈빨간 머리 앤〉을 잘 읽었어.
④ 아니, 월요일 이전에 하기만 한다면.
⑤ 네 친구가 괜찮으면 좋겠다.

▶ **return** 반납하다, 되돌려 주다 **concern** …을 걱정하게 하다, 염려하다 **particular** 특정한

스크립트

W Hi, Ron. Could you do me a favor?
M Sure, I'll help if I can. What can I do?
W Would you return these books to the library for me?
M Sure, Anne. That's not much. I'm going to call on a sick friend who lives close to the library. I haven't visited him in quite a while. I'll return your books then.
W Who's your sick friend?
M His name is Walt. He's been sick for a while. This really has concerned me.
W You seem to be very worried about him.
M I am. The doctors don't know what's wrong with him. Anyway, do your books need to be returned on any particular day?
W ____________________

해석

여 안녕, 론. 부탁 좀 들어 줄래?
남 물론이지, 할 수 있다면 도와줄게. 무얼 도와줄까?
여 나 대신 이 책들 좀 도서관에 반납해 줄래?
남 그래, 앤. 별 거 아니네. 나는 도서관 근처에 사는 아픈 친구를 방문할 거야. 꽤 오랫동안 친구를 찾아가지 않았어. 그때 반납할게.
여 그 아픈 친구가 누군데?
남 이름은 월트야. 한동안 아팠어. 그것 때문에 걱정이었지.
여 정말 그 친구 걱정을 많이 하는 것 같아 보여.
남 그래. 의사도 무슨 병인지 몰라. 아무튼 책을 반납해야 하는 정해진 날이 있니?
여 ____________________

02 다음을 듣고, 화자의 마지막 말에 이어질 내용으로 가장 알맞은 것을 고르시오.

① cars have replaced cattle and horses in the American West
✔② they are still a means of transportation in other countries
③ they are strong, reliable, and good-tempered animals
④ because they are extremely versatile
⑤ and they will continue to be for years to come

① 자동차들이 미국 서부에서 말과 소를 대체했다
② 그것들은 여전히 다른 나라들에서 운송수단이다
③ 그것들은 강하고 믿을 수 있고, 성격이 좋은 동물들이다
④ 그것들이 매우 다방면에 유용했기 때문에
⑤ 앞으로도 오랫동안 남아 있을 것이다

▶ **transportation** 운송 **aid** 돕다, 원조하다 **castrate** 거세하다 **bull** 수소 **desert climate** 사막 기후 **cattle** (집합적) 소 **cloven** (발굽이) 갈라진 **hoof** 발굽 **traction** 수송 업무 **settler** 정착민

스크립트

M Horses have long been used for transportation, but other animals also have a history of aiding human movement. In the American West, for example, castrated bulls—called oxen—were particularly useful because, although they were slower than horses, they required less water to drink, making them particularly well-suited to dry desert climates. Also, cattle have cloven, or split, hooves, which give them better traction in loose sand and mud—two elements frequently encountered by settlers. For these reasons, while cattle are no longer used this way in America, ____________________.

해석

남 말은 오랫동안 운송수단으로 사용되어 왔지만 다른 동물들도 인간의 이동을 도와준 역사를 가지고 있다. 예를 들면, 미국의 서부 지역에서는 황소라 불리는 거세한 수소가 특히 유용했는데 말보다는 느리지만 물을 덜 마셨기 때문에 건조한 사막 기후에 특히 잘 맞았다. 또한 소들은 갈라진 발굽을 가지고 있어서 초기 정착민들이 자주 맞닥뜨리는 두 가지 상황인 푸석푸석한 모래나 진흙 같은 곳을 잘 다닐 수 있다. 이러한 이유로 소들은 미국에서 더 이상 이러한 용도로 사용되지는 않지만, ____________________.

03

다음을 듣고, 여자의 마지막 말에 이어질 내용으로 가장 알맞은 것을 고르시오.

① had very few boyfriends
② enjoyed school
③ always had more weekend plans than me
④ usually had more homework than me
✓ was always more organized than me

① 남자친구가 거의 없었다
② 학교 생활을 즐겼다
③ 나보다 주말 계획이 항상 많았다
④ 대개 나보다 숙제가 많았다
⑤ 나보다 항상 계획성이 있었다

▶ assignment 과제, 숙제　on the other hand 반면에　stay up late 늦게까지 밤을 자지 않다　frantically 미친 듯이

W　My sister was always the kind of person who would come home after school on Friday and do all of her homework so that she could enjoy the rest of the weekend without worrying about her assignments. Because she started early and took her time doing her homework, my sister's grades were always A's. On the other hand, when Friday afternoon rolled around, I couldn't wait to change clothes and go out and play with my friends. I didn't even want to think about my homework until Sunday night, and I usually had to stay up late while frantically trying to get it all done. My sis ter ___________________________.

여　내 언니는 항상 금요일 날 학교가 끝나면 집에 와서 모든 숙제를 다 한 후 숙제에 대해 걱정하지 않고 나머지 주말을 즐기는 부류였다. 언니는 일찍 숙제를 시작하고 숙제하면서 충분한 시간을 보냈기 때문에 성적은 항상 A였다. 그와는 정반대로 나는 금요일 오후가 다가오면 바로 옷을 갈아입고 밖에 나가서 친구들과 어울렸다. 일요일 밤까지 숙제에 대해서는 생각조차 하기 싫어했다. 그래서 일요일 밤이 되면 보통은 밤늦게까지 미친 듯이 숙제를 하며 앉아 있어야 했다. 내 언니는 _______________.

04

대화를 듣고, 여자의 마지막 말에 대한 남자의 응답으로 알맞은 것을 고르시오.

① Can I have some more carrots, Grandma?
✓ I'd love to see that. Can you show me?
③ Bring out the dessert. I'm still hungry.
④ Do you ever pick the blossoms, Grandma?
⑤ Apple trees are nice, but I prefer rose bushes.

① 할머니 당근 좀 더 주실래요?
② 정말 보고 싶어요. 보여 주실래요?
③ 디저트를 가져와. 난 아직 배가 고파.
④ 할머니, 꽃을 따셨어요?
⑤ 사과나무는 멋지지만 난 장미 관목이 더 좋아요.

▶ harvest 수확하다　blossom 꽃을 피우다　in full blossom 꽃이 만개한　reflection 그림자, 반영

M　That was a great meal, Grandma. I especially liked the peas and carrots.

W　I'm glad you liked them. Our neighbors, the Mirandas, just harvested some vegetables and gave us some.

M　Oh, the farmers. Did they have a good harvest this year?

W　They had plenty of vegetables, and they have just planted some fruit trees. Soon they'll have plenty of apples and pears. That will be so beautiful.

M　Yes, I remember that early in the spring all the fruit trees blossom. The white blossoms make the trees look like they have snow on them.

W　I know. I took some pictures of the blossoms. The trees were in full bloom. All the blossoms were open, and the trees looked amazing. In one of the pictures, I got the reflection of the trees on the lake.

M　_______________________________

남　잘 먹었습니다, 할머니. 특히 완두콩과 당근이 맛있었어요.

여　네가 좋아하니 나도 기쁘다. 옆집 사는 미란다네가 야채를 수확해서 우리에게 좀 나눠 주었단다.

남　아, 그 농부네 집이요. 올해 수확이 좋았나요?

여　야채를 많이 수확했단다. 그리고 과일나무도 심었지. 곧 사과와 배를 많이 얻게 될 거다. 정말 멋질 거야.

남　네. 이른 봄에 과일나무가 꽃을 피웠던 게 기억나요. 하얀 꽃들로 과일나무에 눈이 쌓인 것처럼 보였어요.

여　그래. 그 꽃들 사진도 찍었지. 나무에 온통 꽃이 피었는데, 꽃들이 활짝 펴서 정말 예뻤단다. 사진 중에는 호수에 비친 나무 그림자도 있단다.

남　_______________________________

05

대화를 듣고, 남자가 마지막 말에 덧붙일 내용으로 알맞은 것을 고르시오.

① You should never have volunteered for this job.
✓ Just let him enjoy his trip.
③ I hope it will turn out well for him.
④ Oh well, I never liked Jack anyway.
⑤ Let's just keep this a secret between us.

① 이 일에 결코 자원하지 말았어야 했어요.
② 그냥 그가 여행을 즐기게 두세요.
③ 그가 잘 되길 바래요.
④ 어쨌든 잭을 좋아한 적이 없어요.
⑤ 우리 둘만의 비밀로 해요.

▶ take care of …을 돌보다　refrigerator 냉장고　leak (물, 가스 등이) 새어 나오다　warped 휘어진

M　Are you taking care of Jack's apartment while he's abroad?

W　Yes, and I'm a little worried. Because of the storm yesterday, his refrigerator was off for about four hours.

M　Is it on now?

W　Yes, it's on now, but the floor underneath is in bad shape. A lot of water leaked from the refrigerator, and now the wood is very rough and warped.

M　Oh no! It used to be so smooth.

W　Do you think I should call him and tell him about the problem?

M　Well, there's nothing he can do about it while he's away. He can worry about rough floors when he gets home. _______________________

남　잭이 해외에 나가 있는 동안 그의 아파트를 돌봐 주고 있나요?

여　네, 근데 좀 걱정이 되네요. 어제 폭풍 때문에 그의 냉장고가 4시간 동안 꺼져 있었어요.

남　지금은 켜졌나요?

여　네, 지금은 켜졌는데 아래 바닥이 상태가 안 좋아요. 냉장고에서 많은 물이 흘러나와서요, 지금 나무가 우둘투둘해지고 휘었어요.

남　저런! 예전엔 매우 반듯했는데.

여　전화를 걸어서 이 문제에 대해 얘기해야 할까요?

남　멀리 나가 있는 동안은 그가 할 수 있는 일이 없을 거에요. 집에 와서 마룻바닥에 대해 걱정하면 될 거에요. _______________

06 Which best completes the speaker's last words?

① can cause you to look foolish at dances

✔ frequently causes stress in people's lives

③ is not important for true happiness

④ is a good reason to work hard in school and get a good job in the future

⑤ is seldom very important to the people around you

화자의 마지막 말에 가장 잘 이어지는 것은?

① 당신을 댄스파티에서 우습게 보이게 만들 수 있다
② 사람들의 삶에서 자주 스트레스를 일으킨다
③ 진정한 행복을 위해 중요하진 않다
④ 학교에서 열심히 공부하고 미래에 좋은 일자리를 얻을 좋은 이유다
⑤ 당신 주위 사람들에게는 거의 중요하지 않다

▶ recycle 재활용하다 phenomenon 현상 character 등장인물 out of date 유행이 지난 embarrassed 당황스러운 self-conscious 자신을 의식하는

M Families without money often have to recycle clothes or toys rather than buying new ones. Sometimes this makes children feel as if their wealthier friends are looking down on them. J.K. Rowling does a great job of examining this phenomenon through her treatment of the character Ron Weasley, Harry Potter's best friend. At one point, Ron has to go to a formal school dance, but he does not have any nice clothes to wear. Instead, he has formal clothes that are many years out-of-date. Ron was disappointed and embarrassed. He felt sorry for himself and was self-conscious all night. Ron spent a lot of time and energy that night wishing he was not poor. From this episode, we can see that the lack of money ________________________.

남 돈이 없는 가정에서는 흔히 옷이나 장난감을 새로 사기보다는 재활용해야 하는 경우가 종종 있다. 때때로 이 때문에 아이들은 그들의 부유한 친구들이 자신들을 멸시한다고 느끼기도 한다. J.K. 롤링은 해리 포터의 가장 친한 친구인 론 위즐리라는 등장인물을 통해 이러한 현상을 잘 묘사했다. 한번은 론이 공식적인 학교 댄스파티에 가야 했는데, 입을 만한 옷이 없었다. 대신 그는 유행이 몇 년이 지난 정장을 가지고 있었다. 론은 실망스럽고 당황스러워했다. 그는 자신이 측은하게 여겨졌고 그날 밤 내내 남의 시선을 의식했다. 그날 밤 론은 자신이 가난하지 않기를 바라면서 많은 시간과 에너지를 썼다. 이 이야기로부터 우리는 돈의 부족이 ________________ 라는 것을 알 수 있다.

07 Which best completes the speaker's last words?

① life is like that

② the grass is always greener on the other side

③ it's like water off a duck's back

④ a stitch in time saves nine

✔ every cloud has its lining

화자의 마지막 말에 이어질 것으로 가장 알맞은 것은?

① 그런 게 인생이라고
② 남의 떡이 더 커 보인다고
③ 그건 아무런 효과가 없다고
④ 제때의 한 바느질이 아홉 바느질을 덜어 준다고
⑤ 전화위복이라고

▶ including …을 포함해 promote 승진하다 manage 관리하다 wake … up …을 깨우다 nightlife 밤의 유흥 rent 임대료

W All my adult life, I have lived in big cities, including New York and Tokyo. I would certainly describe myself as a "city person." But I was promoted at work last year and was asked to manage a store outside the city. At first, I hated the idea of it. I thought of the shopping malls, the subway, the great food, the movie theaters, and the art galleries I would not see. But it's been six months since I left the city, and I've never been happier. It's so quiet outside my apartment at night. I can finally sleep well without being woken up by the sound of nightlife or cars early in the morning. Life is also much cheaper for me. I no longer pay very high rent, and, since I don't need a car, I save the money I used to spent on gas and parking each month. I finally understand why they say ________.

여 성인이 된 후부터 나는 뉴욕이나 도쿄 같은 대도시에서 쭉 살았다. 난 틀림없는 '도시인'이다. 그런데 작년에 회사에서 진급이 돼서 교외에서 가게를 운영해 보지 않겠냐는 요청을 받았다. 처음엔 무척 싫었다. 내가 못 보게 될 쇼핑몰, 지하철, 맛있는 음식들, 영화관, 미술관들 생각만 했다. 지금은 도시를 떠난 지 반년 정도 되었는데 지금이 가장 행복하다. 밤에 내 아파트 밖은 아주 조용하다. 나는 마침내 밤의 유흥가에서 나는 소리나 아침 일찍 지나가는 차들 때문에 잠에서 깨는 일 없이 아주 푹 잘 수 있다. 생활도 훨씬 돈이 들지 않는다. 더 이상 높은 집세를 내지도 않고 차도 필요하지 않기 때문에 매달 기름과 주차에 들었던 돈을 절약한다. 이제야 왜 사람들이 ____________ 라고 말하는지 이해가 된다.

08 Choose what the man will probably say next.

✔ Yes, the tire was poorly made.

② I can't believe my good luck.

③ Yes, because I have a strong personality.

④ Yes, that poor couple was very kind.

⑤ Of course I will continue to drive.

남자가 다음에 뭐라고 말할지 고르시오.

① 응, 타이어가 불량이었어.
② 내 행운을 믿을 수 없어.
③ 응, 왜냐면 내가 강한 성격을 가져서 말이야.
④ 응, 그 가엾은 부부는 아주 친절했어.
⑤ 물론 계속 운전할 거야.

M Hello? Beverly?

W Yes. Rick?

M You wouldn't believe what happened to me this morning when I was going to the mall.

W You sound upset. What happened?

M I had a blowout and almost had an accident.

W Oh my goodness! Was that the first time one of your tires blew out?

M Yes, I was really scared. The poor couple I almost ran into was also frightened, but they stopped and tried to help.

W That was very kind of them. What did you do?

남 안녕? 비벌리니?

여 응. 릭이야?

남 오늘 아침에 쇼핑몰에 갔을 때 나한테 무슨 일이 있었는지 너는 못 믿을 거야.

여 화난 것 같다. 무슨 일이 있었는데?

남 타이어에 펑크가 나서 거의 사고 날 뻔했어.

여 저런! 타이어에 펑크가 난 게 처음이니?

남 응, 너무 무서웠어. 내가 거의 칠 뻔한 가엾은 부부도 너무 놀랐는데, 그들은 차를 세우고 도와주었어.

여 정말 친절하구나, 넌 어떻게 했는데?

남 다행히 사고가 주유소 앞에서 일어난 거였어. 주유소 사람들이 타이어 교체하는 것을 도와주었고 문제가 뭐였는지 알아봐 주었어.

문제와 정답	스크립트	해석
▶ upset 화가 난, 당황한 blowout 펑크, 파열 run into …와 충돌하다, 우연히 마주치다 gas station 주유소 flat (타이어가) 펑크 난	M Well, fortunately, it all happened in front of a gas station. Some people there helped me change the flat tire and examined what the problem was. W Do you know what caused it? M ________	여 원인이 뭐였는지 아니? 남 ________

09 Choose what the travel agent will probably say next.

① Just ask the pilot to fly the plane faster.
② It doesn't matter if your boss fires you.
③ When you return, your car will still be there.
✓④ It's only two days, after all.
⑤ Your job is more important than a vacation.

여행사 직원이 다음에 할 말을 고르시오

① 그냥 조종사에 비행기를 더 빨리 가게 해달라고 해요.
② 당신 상사가 당신을 해고하면 문제가 안 돼요.
③ 돌아오면, 당신의 차는 거기 여전히 있을 거예요.
④ 결국 겨우 이틀일 뿐이잖아요.
⑤ 일이 휴가보다 더 중요해요.

▶ fare 비용, 요금 complete 완성시키다; 완전한 turn in 제출하다 a couple of 두 개의

W Do you have any interesting summer tours?

M We certainly do. Where would you like to go, and how much time will you have?

W Could I tour Malaysia in three months?

M You certainly can. And you're in luck today. We have some great fares for a tour that's leaving June 6 and returning August 28. Here, take a look at these.

W Thailand, Malaysia, Indonesia—great prices. You're right. This is pretty good. But there might be a problem. I have to be back at work by August 26. I have to complete a report and turn it in before the end of the month. And I have to report any trips I've made, too.

M That's too bad. Is there any chance you could stay a couple of days longer?

W Well, maybe....

M Don't worry. ________

여 괜찮은 여름 여행 상품 있나요?

남 물론 있지요. 어디로 가고 싶으시고, 얼마나 오래 계실 거죠?

여 석 달 동안 말레이시아를 여행할 수 있나요?

남 가능합니다. 오늘 운이 좋으시군요. 6월 6일에 떠나서 8월 28일에 돌아오는 아주 싼 가격의 상품이 있습니다. 여기, 한번 보시죠.

여 태국, 말레이시아, 인도네시아… 가격은 싸네요. 당신 말이 맞아요. 아주 좋은 상품이네요. 근데 문제가 있어요. 8월 26일까지는 회사에 돌아가야 해요. 완성해야 할 보고서가 있어서 그 달 말일까지 제출해야 하거든요. 제가 한 여행도 보고 드려야 하구요.

남 안 됐군요. 이틀 정도 더 머무르실 수 있는 가능성은 전혀 없나요?

여 네, 아마도……

남 걱정 마세요. ________

10 What will the woman probably say next?

① Could you hurry up and finish your work?
② I guess your hard work paid off.
③ Do you want a cup of coffee?
✓④ What a stroke of luck.
⑤ No more hard times for me.

여자는 다음에 뭐라고 말할까?

① 서둘러서 일을 끝낼 수 있어?
② 네 노력이 보상을 받았구나.
③ 커피 한잔 할래?
④ 정말 운이 좋구나.
⑤ 더 이상 힘든 일은 싫어.

▶ win the lottery 복권에 당첨되다 believe in …을 좋다고 생각하다, …을 믿다 by accident 우연히 decide to …하기로 결심하다 accidental 우연한

M I can't believe it. I've won!

W What did you win?

M I won the lottery!

W Are you serious? How much did you win?

M I won almost fifty thousand dollars!

W Wow, that's amazing. I didn't think you believed in playing lotteries.

M Well, I didn't before, but one of the men who works for my father brought in the tickets. He got them in the mail by accident. He was going to send them back, but he decided to ask if anyone wanted to buy them.

W So the whole thing was accidental.

M Yes. At first, I didn't want to buy a ticket, but Richard went on and on telling me we should take a chance sometimes. So a group of us, about five or six, bought the tickets.

W ________.

남 믿을 수가 없어. 내가 당첨됐어!

여 뭐에 당첨됐는데?

남 복권에 당첨됐어!

여 정말이야? 당첨금이 얼만데?

남 거의 5만 달러야!

여 와, 굉장하구나. 네가 복권에 당첨될 것을 믿는 사람인줄은 몰랐는데.

남 전엔 안 믿었지. 근데 아빠 회사 사람 중 한 명이 복권을 가져왔어. 우연히 우편물 속에 있었대. 반송하려다가 살 사람이 있나 물어보기로 한 거야.

여 그 모든 일이 우연이었구나.

남 응. 처음엔 나도 사고 싶지 않았는데 리처드가 계속해서 가끔은 한번 해봐야 한다고 말하는 거야. 그래서 우리 대여섯 명이 복권을 산 거야.

여 ________.

유형 10 | 유추하기

01 ② 02 ② 03 ① 04 ⑤ 05 ③
06 ④ 07 ② 08 ③ 09 ⑤ 10 ①

문제와 정답	스크립트	해석

01

대화를 듣고, 대화 내용으로 유추할 수 있는 사실을 고르시오.

① Both speakers are Canadian.
✔ Only the man is Canadian.
③ Only the woman is Canadian.
④ The speakers are in Canada.
⑤ The speakers are planning to visit Canada.

① 두 사람 모두 캐나다인이다.
② 남자만 캐나다인이다.
③ 여자만 캐나다인이다.
④ 두 사람은 캐나다에 있다.
⑤ 두 사람은 캐나다를 방문할 계획이다.

▶ rude 무례한 invitation 초대 drop by 들르다
in advance 미리 all the time 항상 private 사적인
privacy 사생활 occasion 경우, 사건

W A friend of mine told me that in Canada, it's kind of rude to go to someone's house without an invitation. Is that true?

M I guess it is. You don't necessarily have to be invited, but you shouldn't drop by a Canadian's home without calling first and letting that person know.

W It's not that way where I come from. If you're welcome at a friend's house, then you're welcome all the time. You don't have to plan a visit in advance.

M I suppose Canadians think of the home as more of a private place. We do a lot of our socializing out in public, at restaurants, for example, and the home is for privacy and family. We like having our friends over, but it's usually a special occasion that takes some planning.

W That's interesting. I'll have to remember that.

여 내 친구 한 명이 말해 준 건데, 캐나다에서는 초대받지도 않았는데 어떤 사람의 집에 가는 것은 다소 무례한 일이라며. 그 말이 맞니?

남 그런 것 같아. 반드시 초대를 받아야 할 필요는 없지만 먼저 전화를 걸어서 알리지 않고 캐나다인의 집에 들려서는 안 돼.

여 내 고향에서는 안 그런데. 일단 친구 집에서 환영을 받으면 항상 그런 거지. 미리 방문계획을 세울 필요는 없어.

남 내 생각에 캐나다인들은 집을 사적인 공간으로 생각하는 것 같아. 사회생활은 식당 같은 공공장소에서 더 많이 하고 집은 사생활과 가족을 위한 곳이지. 우리도 친구들이 집에 놀러 오는 것을 좋아하지만 그건 계획을 세울 필요가 있는 특별한 일일 경우가 많아.

여 흥미로운데. 기억해야겠다.

02

다음을 듣고, 화자가 동의할 것으로 추측할 수 있는 진술을 고르시오.

① Gambling addiction does not exist.
✔ People should have the freedom to gamble.
③ Gambling is more fun than most other pastimes.
④ Poor people should not gamble.
⑤ Gambling should be made illegal.

① 도박 중독은 존재하지 않는다.
② 사람은 도박할 자유를 가져야 한다.
③ 도박은 다른 여흥거리보다 재미 있다.
④ 가난한 사람은 도박을 해서는 안 된다.
⑤ 도박은 불법으로 규정돼야 한다.

▶ win a prize 돈을 따다 object to …에 반대하다
gambling 도박 uncontrollable 통제할 수 없는
pleasurable 즐거운, 유쾌한 waste 낭비하다
insulting 모욕적인 be capable of …의 능력이 있다

M When people go to casinos, they know that they will probably lose some of their money. They do it anyway because they enjoy the thrill of believing, even just for a moment, that they might win a huge prize. I do not see why anyone should object to that. It's true that gambling becomes an uncontrollable habit for some people, and help should be available for them. But for most of us, games of chance such as poker and bingo are simply pleasurable ways of spending time with our friends. Most people spend money on other leisure activities such as movies and sports events yet never take home anything. Does that mean their money was wasted? It is insulting to suggest that adults are not capable of deciding how to spend their own money.

남 사람들이 카지노에 갈 때는 자신들이 돈의 일부를 잃을 수도 있다는 것을 알고 갑니다. 그래도 어쨌거나 게임을 하는데 이것은 잠시 동안이나마 큰 돈을 딸 것이라고 믿을 때 느껴지는 쾌감을 즐기기 때문입니다. 왜 누구나 도박에 반대해야 하는 건지 모르겠습니다. 어떤 사람들에게 도박은 통제할 수 없는 습관이 되어서 도움을 받아야 하는 것은 사실입니다. 그렇지만 우리 중 대부분에게 포커나 빙고 같은 운에 따라 결정되는 게임은 단순히 친구들과 시간을 보내는 즐거운 방법일 뿐입니다. 대부분의 사람들은 영화나 스포츠 경기 같은 여가활동에 돈을 쓰고 집에는 아무것도 가져오지 않습니다. 그렇다고 해서 돈이 낭비된 걸까요? 성인들이 자신들의 돈을 어떻게 써야 할지 결정할 능력이 없다고 주장하는 것은 모욕적인 일입니다.

03 대화를 듣고, 두 사람이 무엇을 하려고 하는지 고르시오.

✓① Visit the man's mother
② Invite the man's mother over for dinner
③ Go shopping with their children
④ Call an elderly friend
⑤ Ask the man's mother to babysit

① 남자 어머니댁을 방문한다
② 남자의 어머니를 저녁 초대한다
③ 아이들과 쇼핑하러 간다
④ 나이 많은 친구를 부른다
⑤ 남자 어머니에게 아이를 봐달라고 부탁한다

▶ grandchildren 손자 remind …을 떠올리게 하다, 상기시키다 thrilled 흥분한, 감동한 give a call 전화하다

M I love Saturdays. What's your plan for the afternoon?

W Oh, I was going to finish this report for work and then play with the kids until dinnertime. What about you?

M I was thinking... I just saw this older lady at the store with her grandchildren, and she reminded me of my mother. They all looked so happy. You know, Mom hasn't seen the kids for about a month.

W Yeah, you're right. It has been a while. I think they miss her. So what do you have in mind?

M Well, it's only a half-hour drive, and she'd be so thrilled to see us. We could be back here in time for dinner if you want.

W Nonsense, we'll cook dinner for her there. You give her a call, and I'll get the kids ready.

남 난 토요일이 좋아. 오후에 무슨 계획 있니?

여 이 업무보고서 끝내고 나서 저녁 때까지 아이들과 놀려고. 당신은 어때?

남 난 생각 중이야. 방금 가게에서 손자손녀들이랑 함께 있는 나이든 부인을 봤는데, 우리 엄마가 생각났어. 그들 모두 행복해 보였어. 알다시피 엄마는 거의 한달 동안 아이들을 못 보셨잖아.

여 그래, 당신 말이 맞아. 꽤 됐다. 애들도 할머니를 그리워하는 것 같아. 어떻게 할까?

남 30분이면 가는 거리고, 우리를 보면 정말 기뻐하실 거야. 당신이 원한다면 저녁 먹기 바로 전에 돌아올 수도 있어.

여 말도 안 돼. 거기서 음식을 해드려야지. 당신이 전화해, 나는 애들 준비시킬테니까.

---

04 다음을 듣고, 크리스가 하는 운동이 무엇인지 고르시오.

① Soccer
② Bowling
③ Golf
④ Tennis
✓⑤ Basketball

① 축구
② 볼링
③ 골프
④ 테니스
⑤ 농구

▶ athlete 운동선수 practice 연습하다 make up for 보상하다 height 신장 weakness 단점 strategy 전략 steal 빼앗다 spectacular 멋진

M Chris is a talented natural athlete, and he has worked hard to become the best player on our team. Nearly every afternoon, you can see him at the park practicing, either alone or with some of his teammates. He's not all that tall, but he makes up for his lack of height with great speed, strength, and quick thinking. In every game, Chris is the leader. He always knows the other team's weaknesses and thinks of clever strategies for how to beat them. When he was sick and missed a game, we only scored forty points—our lowest score during the entire season. In one game, he stole the ball with three seconds left and made a spectacular shot with one hand. I think he might be a star in a professional league one day.

남 크리스는 재능 있는 타고난 운동선수다. 그리고 그는 우리 팀에서 최고의 선수가 되기 위해 열심히 노력해왔다. 거의 매일 오후에 우리는 그가 공원에서 혼자 또는 다른 팀원들과 연습하는 모습을 볼 수 있다. 그는 그리 키가 크지 않지만 그러한 자신의 단점을 빠른 스피드, 힘, 그리고 재빠른 판단력으로 보완하고 있다. 모든 경기에서 크리스가 리더이다. 그는 항상 다른 팀의 약점을 알아서 그들을 이길 수 있는 전략을 생각해낸다. 그가 아파서 경기에 참가하지 못했을 때 우리는 전 시즌 동안 가장 낮은 득점인 40점 밖에 득점을 하지 못했다. 한 경기에서는 3초가 남은 상황에서 공을 빼앗아 한 손으로 멋진 슛을 날렸다. 그는 언젠가 프로리그에서 큰 스타가 될 것이라고 생각한다.

---

05 다음을 듣고, 쉐리와 로라에 대해 유추할 수 있는 사실을 고르시오.

① They like their teacher.
② They often get into trouble.
✓③ They are twin sisters.
④ They are good friends.
⑤ They do not like each other.

① 그들 선생님을 좋아한다.
② 종종 문제에 빠진다.
③ 그들은 쌍둥이 자매다.
④ 그들은 좋은 친구이다.
⑤ 그들은 서로 좋아하지 않는다.

▶ get confused 혼란스러운, 헷갈리는 distinct 분명한, 뚜렷한 personality 성격 thoughtful 사려 깊은 switch 바꾸다 trick 속임수 be annoyed 화가 나다

W Sherry and Laura have always done everything together. Their faces are so similar that even their parents sometimes get confused, but they have quite distinct personalities. Sherry is rather quiet and thoughtful while Laura rarely stops talking and laughing. Sherry usually tries to keep Laura out of trouble, but she doesn't always succeed. Once, at school, the girls played a very old joke: They decided secretly to switch places. Laura sat in Sherry's place, and Sherry took Laura's, and, for an hour, they tried not to laugh as the teacher and their classmates called them by the wrong names. When the teacher discovered the trick, she was first annoyed and then amused. From that day on, the girls were required to wear name tags pinned to their shirts.

여 쉐리와 로라는 항상 모든 일을 함께 해왔다. 얼굴도 아주 비슷해서 심지어 부모님들도 가끔 헷갈려 하지만, 성격은 아주 뚜렷이 구별된다. 쉐리는 다소 조용하고 생각이 깊은 반면 로라는 끊임없이 얘기하고 웃는다. 쉐리는 일반적으로 로라가 곤경에 빠지지 않게 하려고 노력하지만 항상 성공하는 것은 아니다. 한 번은 그들이 학교에서 아주 고전적인 장난을 쳤다. 몰래 자리를 바꾸기로 했던 것이다. 로라가 쉐리의 자리에 앉고 쉐리는 로라의 자리에 앉았다. 그리고 한 시간 동안 선생님과 급우들이 틀린 이름으로 자신들을 부를 때 웃음을 참으려고 노력했다. 선생님이 속임수를 알아챘을 때 처음에는 화를 내셨지만 나중에는 즐거워하셨다. 그날부터 쉐리와 로라는 셔츠에 핀으로 이름표를 달아야 했다.

06 Which of the following is most likely true?

① The man is at an expensive restaurant.
② The man's food does not taste good.
③ The man is angry at the woman.
✓④ The man is on a diet.
⑤ The man is in a hurry.

다음 중 가장 사실에 가까운 것은?

① 남자는 비싼 레스토랑에 있다.
② 남자의 음식 맛이 좋지 않다.
③ 남자는 여자에게 화가 나 있다.
④ 남자는 다이어트 중이다.
⑤ 남자는 서두르고 있다.

▶ low-fat 저지방 mushroom 버섯 tempting 끌리는 extra charge 추가 요금 forbidden 금지된 definitely 절대로

W Good afternoon, sir. Are you ready to order?
M Yes, I'll have the garden salad and a glass of water, please.
W Okay, and what kind of dressing would you like?
M Are any of your dressings low-fat?
W No, I'm sorry. They're not.
M All right then. I'll have it without dressing.
W Now, our lunch salad also comes with soup. Today we have a choice of cream of mushroom or vegetable.
M Hmm. Cream of mushroom sounds tempting, but I'll have to go with the vegetable.
W Would you like a small or large bowl?
M Small, please.
W Okay, and can I bring you some bread to go with that? There's no extra charge.
M I would love some, but it's on my list of forbidden foods.
W I understand. Will you be having anything for dessert?
M Definitely not.

여 안녕하세요, 손님. 주문하시겠어요?
남 네, 가든 샐러드와 물 한잔 주세요.
여 네, 드레싱은 뭘로 드릴까요?
남 저지방 드레싱이 있나요?
여 아니요, 죄송하지만 없습니다.
남 알겠어요. 그럼 드레싱 없이 먹겠어요.
여 점심 샐러드는 수프랑 같이 나오거든요. 오늘은 버섯크림수프와 야채수프가 있습니다.
남 흠. 버섯크림수프가 끌리지만 야채수프로 하겠습니다.
여 작은 걸로 드릴까요, 큰 걸로 드릴까요?
남 작은 걸로 주세요.
여 네, 수프랑 곁들여서 빵을 좀 갖다 드릴까요? 추가 비용은 없습니다.
남 먹고 싶지만 먹으면 안돼는 목록에 있는 음식이라서요.
여 알겠습니다. 디저트로 뭔가 드시겠습니까?
남 절대 안 먹죠.

07 What does the man imply at the end of the conversation?

① He is very good at teamwork.
✓② He is not good at concentrating.
③ He has no interest in editing books.
④ He wants the woman to help him get a job.
⑤ He never reads books.

남자가 대화 마지막에 암시한 것은 무엇인가?

① 그는 팀워크에 뛰어나다.
② 그는 집중을 잘 못한다.
③ 책 편집에 관심이 없다.
④ 그는 여자가 자신의 일자리를 얻는 것을 도와주길 원한다.
⑤ 그는 결코 책을 읽지 않는다.

▶ editor 편집자 fascinating 멋진 specific 특정한, 뚜렷한 personality 성격 trait 특색, 특징 sensitive 민감한 criticism 비난, 비평 publishing industry 출판업 independently 독립적으로, 혼자서 in that case 그런 경우라면, 그렇다면

M I've always thought that being a book editor would be a fascinating job. Do you enjoy it?
W I really do. It's not for everyone though. I think it takes very specific personality traits and specific skills.
M Really? How so?
W Well, you have to be good at working with people. Writers are very sensitive about their work, so you always have to be gentle with your criticism.
M That makes sense. I think I could manage that. I suppose you also need to know a lot about language and about the publishing industry.
W Certainly. And it's very important to be able to work independently as well. You have to be able to completely focus your mind on a book for hours at a time.
M Uh-oh. In that case, I'd better forget about an editing career.

남 난 항상 책 편집자가 되는 것이 아주 매력적인 직업일 거라고 생각해 왔어. 재미있니?
여 정말 재미있어. 그렇지만 모두에게 그런 건 아냐. 내 생각엔 특정한 성격과 기술이 필요한 것 같아.
남 정말? 어떤 것?
여 다른 사람과 같이 일하는 걸 잘해야 해. 작가들은 자기 작품에 아주 민감하거든. 그러니 비판은 부드럽게 해야 해.
남 말이 된다. 내 생각에 그건 할 수 있을 거 같아. 또 언어랑 출판업계에 대해 박식해야 될 것 같은데.
여 물론이지. 또한 혼자서 일할 수 있는가도 중요해. 한 번에 여러 시간 동안 정신을 완전히 책에만 집중시킬 수 있어야 하거든.
남 이런. 그렇다면 난 편집자가 되는 것은 잊는 게 낫겠다.

08 Approximately how old is Joy?

① She is in her 20's.
② She is in her 30's.
✓③ She is in her 40's.
④ She is in her 50's.
⑤ She is in her 60's.

대략적으로 조이는 몇 살인가?

① 그녀는 20대이다.
② 그녀는 30대이다.

M I'd like to tell you a little about my friend Joy. We've known each other for years ever since we went to elementary school together in Chicago. She used to tutor me in science, and I'd return the favor by helping her with her Spanish homework. Later, we enrolled in different universities and didn't see each other again until her wedding, which took place right after graduation. Since then, we've stayed in close touch. She and her husband had a little boy, Richard, the following

남 내 친구 조이에 대해 말하고 싶다. 시카고에 있는 초등학교를 같이 다닌 이후로 여러 해 동안 우리는 서로를 알아 왔다. 그녀는 과학을 나한테 가르쳐 주었고 그에 대한 보답으로 나는 그녀의 스페인어 숙제를 도와주곤 했다. 나중에 우리는 다른 대학에 입학했고 서로 만나지 못하다가 졸업식 바로 후에 있었던 결혼식에서야 다시 만났다. 그때 이후로 자주 연락하며 지냈다. 그녀와 남편은 다음 해에 리처드라는 작은 사내아이를 낳았다. 안타깝게도 그들은 6년 후에 이혼했다. 조이는 시카고로 다시 돌아왔고

<table>
<thead>
<tr><th>문제와 정답</th><th>스크립트</th><th>해석</th></tr>
</thead>
<tbody>
<tr>
<td>

③ 그녀는 40대이다.
④ 그녀는 50대이다.
⑤ 그녀는 60대이다.

▶ elementary school 초등학교 tutor 가정 교사 노릇을 하다: 가정 교사 enroll 입학시키다, 등록하다 graduation 졸업 divorce 이혼하다; 이혼 high-tech 첨단기술의

</td>
<td>

year. Unfortunately, they divorced six years later. Joy moved back to Chicago, where she has become a busy and successful engineer at a high-tech company as well as my closest friend. By the way, Richard starts college next year, and he's an A student in science just like his mom was. Time really flies.

</td>
<td>

그녀는 나의 가장 가까운 친구일 뿐만 아니라 한 첨단 기술회사에서 일하는 바쁘고 성공한 엔지니어가 되었다. 그런데 리처드는 내년에 대학에 입학한다. 자기 엄마처럼 과학에서는 항상 A를 받는 학생이다. 시간이 정말 빠르다.

</td>
</tr>
<tr>
<td>

09 At the end of the conversation, the man implies that Professor Dundy's classes…

① are more interesting than his other classes
② are disliked by most students
③ are very popular among students
④ have not taught him very much
✓ have improved his study habits

대화 마지막에 남자는 던디 교수의 수업이 어떠하다고 암시하고 있는가?
① 그의 다른 수업보다 흥미롭다.
② 대부분의 학생들이 싫어한다.
③ 학생들 사이에 아주 인기가 있다.
④ 그를 많이 가르치지는 않았다.
⑤ 그의 공부 습관을 향상시켰다.

▶ lecture 강의 demanding 큰 노력을 요하는 pay attention to …에 집중하다 assign 과제를 내다 turn in …을 제출하다 credit 명예, 칭찬 organize 체계화하다 in common 공통으로

</td>
<td>

M What did you think of that lecture? I got a little lost toward the end of it.

W Me too. Professor Dundy's lectures are always demanding. If you stop paying attention even for a moment, you're in trouble.

M That's for sure. He certainly expects a lot from students. I hardly have any free time these days because of all the library research he's been assigning.

W Me neither. And now we have to starting turning in a paper every week.

M I guess I won't be playing computer games every night anymore.

W I have to give the professor credit though. He's forced me to become a more serious student. Because of him, I've learned how to organize my time and how to keep to a regular schedule.

M I think everyone who makes it through his class has that in common.

</td>
<td>

남 강의 어땠어요? 저는 끝날 때쯤엔 흐름을 놓쳤어요.

여 저도요. 던디 교수님의 강의는 항상 많은 노력을 요구해요. 조금이라도 집중하다 놓치면 곤경에 빠지죠.

남 정말 그래요. 교수님은 학생들에 대한 기대치가 너무 높아요. 교수님이 내준 숙제를 도서관에서 조사하느라 요즘엔 한가한 시간이 거의 없지요.

여 저도 없어요. 또 이제 매주마다 리포트를 제출하기 시작해야 해요.

남 이제 더 이상 밤마다 컴퓨터 게임을 못할 것 같아요.

여 그렇지만 전 교수님을 인정해야겠어요. 절 보다 진지한 학생으로 만들어 주셨거든요. 교수님 덕분에 시간관리법도 배우고 규칙적으로 생활하는 법도 배웠어요.

남 수업을 끝까지 들은 학생이라면 누구나 공통적으로 그 점을 갖고 있을 거에요.

</td>
</tr>
<tr>
<td>

10 What does the woman imply at the end of the conversation?

✓ A parent cannot choose a child's job.
② The girl's family has a good reason to be angry.
③ Modeling is a more difficult job than people think.
④ Parents should give their children career advice.
⑤ The girl might regret her decision later.

여자가 대화 말미에 암시하는 것은?
① 부모가 아이의 직업을 선택할 수 없다.
② 소녀의 가족이 화가 날 충분한 이유가 있다.
③ 모델 일은 사람들이 생각하는 것보다 힘든 일이다.
④ 부모들은 아이들에게 직업에 대한 조언을 해야 한다.
⑤ 소녀는 나중에 자신의 결정을 후회할 것이다.

▶ article 기사 offer 제안하다 turn down 거절하다 retire 은퇴하다 ridiculous 바보 같은, 터무니 없는 furious 분노한, 화난 It's none of one's business. 네가 관여할 바가 일이 아니다.

</td>
<td>

M Did you read this article? It's about a girl who was offered a job with a modeling agency, but she turned it down!

W Yes, I read it, and I think she made the right choice.

M Are you kidding? She could have made millions of dollars in a few years and then retired. Instead, she's staying in high school.

W Maybe she thinks education is more important than money. Anyway, modeling is a ridiculous job. It turns women into dolls.

M But she could have just done it for a few years and then used the money to do what she really wanted. And what about her family?

W What do you mean?

M Shouldn't she think about them? It says here that her father is furious with her about it.

W Why should he be? It's none of his business.

</td>
<td>

남 이 기사 읽었어? 모델 에이전시에서 일자리 제안을 받은 소녀에 관한 이야긴데, 그 소녀가 거절했네!

여 응, 읽었어. 난 그녀가 제대로 된 선택을 했다고 생각해.

남 농담하니? 몇 년 안에 수백만 달러를 번 다음에 은퇴할 수도 있었어. 대신에 고등학교 계속 다닌대.

여 아마 교육이 돈보다 더 중요하다고 생각하겠지. 어쨌든 모델은 터무니 없는 직업이야. 여자를 인형으로 만든다고.

남 그렇지만 몇 년만 일해서 번 돈으로 원하는 일을 할 수도 있었잖아. 가족은 또 어떻고?

여 무슨 뜻이야?

남 가족들 생각은 안 해? 여기 보니까 거절한 것 때문에 아버지가 굉장히 화를 내었다고 하더라.

여 왜 아버지가 그래야 하지? 자기랑 상관없는 일인데.

</td>
</tr>
</tbody>
</table>

유형 11 | 질문 유추하기

01 ④ 02 ③ 03 ② 04 ② 05 ②
06 ① 07 ⑤ 08 ④ 09 ① 10 ③

문제와 정답	스크립트	해석

01 다음을 듣고, 이것이 어떤 질문에 대한 답인지 고르시오.

① Where were the first regular television broadcasts?
② Why is television such a popular medium?
③ How does television work?
✔ How did television develop?
⑤ What was the first television company?

① 최초 정규 텔레비전 방송은 어디에서였는가?
② 텔레비전은 왜 그렇게 인기 있는 매체인가?
③ 텔레비전은 어떻게 작동하는가?
④ 텔레비전은 어떻게 발전했는가?
⑤ 최초 텔레비전 회사는 무엇이었는가?

▶ principle 원리 necessary 필요한 put ... into practice 실행하다, 실현시키다 vacuum 진공; 진공의 experimental 실험의 broadcast 방송; 방송하다 advancement 발전 popularity 인기 entertainment 오락 medium 매체, 수단

M During the 1880s, an American, W.E. Sawyer, and a Frenchman, Maurice LeBlanc, discovered the basic principles of television. However, the technology necessary to put their ideas into practice was not yet available. In 1907, a Russian named Boris Rosing suggested that the newly developed vacuum tube could be used for television. Even so, it would be another twenty years before the first experimental broadcasts were conducted. Eventually, a company in London began the first regularly scheduled television broadcasts in 1936. Although World War II slowed the advancement of television, nothing could stop its rapid rise in popularity. As a consequence of this popularity, television has become what is undoubtedly the most important entertainment medium in the world today.

남 1880년대에 미국인인 W.E. 소여와 프랑스인인 모리스 르블랑은 텔레비전의 기본원리를 발견했다. 그러나 그들의 아이디어를 실현시킬 기술이 아직 없었다. 1907년에 보리스 로싱이라는 이름의 러시아인이 새롭게 개발된 진공튜브가 텔레비전에 사용될 수 있다고 제안했다. 그렇다 하더라도 20년이 더 지나서야 최초의 실험적인 방송이 실행되었다. 마침내 1936년에 영국에 있는 한 회사가 최초의 정규 텔레비전 방송을 시작했다. 2차 세계 대전 때문에 텔레비전의 진보가 늦추졌지만 아무것도 급속도로 증가하는 인기를 막지 못했다. 이러한 인기의 결과로 텔레비전는 의심할 여지없이 오늘날 세계에서 가장 중요한 오락 매체가 되었다.

02 다음을 듣고, 이것이 어떤 질문에 대한 답인지 고르시오.

① How large is the refuge?
② What animals live in the refuge?
✔ What are the attractions of the refuge?
④ What is the history of the refuge?
⑤ Why was the refuge established?

① 보호소는 얼마나 큰가?
② 보호소에는 어떤 동물이 사는가?
③ 보호소의 매력이 무엇인가?
④ 보호소의 역사는?
⑤ 보호소가 설립된 이유는?

▶ wildlife 야생 생물 refuge 피난처, 보호 inhabit 서식하다 manmade 인공의 freshwater 담수, 민물 pollution 오염

W Of the 340 wildlife refuge parks in the United States, one of the most visited is the Blackwater National Wildlife Refuge located near Washington, D.C. and Baltimore. It's easy to see why. There is a pleasing visitor's center with films about the rare wildlife groups that inhabit the refuge as well as large windows where you can enjoy the sight of living animals. You can see geese and bald eagles soaring through the sky and gracefully landing upon the manmade lakes constructed for them. From the center, you have a choice of either a driving tour or a walking tour through the refuge. A leisurely walk through pinewoods and around freshwater ponds provides a wonderful break from the crowds and pollution of the city.

여 미국에 있는 340개의 야생동물 보호공원 중에서 가장 많은 사람들이 찾는 곳 중의 하나가 워싱턴 시와 볼티모어 근처에 위치한 블랙워터 국립 야생동물 보호구역이다. 그 이유를 알기는 쉽다. 재미있는 방문객 센터에는 살아있는 동물들의 모습을 즐길 수 있는 커다란 창문이 있을 뿐만 아니라 공원 안에 서식하고 있는 희귀한 야생동물들에 관한 영화도 있다. 여러분은 거위와 대머리 독수리들이 하늘로 날아올랐다가 그들을 위해 만들어진 인공호수 위에 우아하게 내려앉는 모습도 볼 수 있다. 센터에서 출발해서 공원을 차를 타고 돌 수도 있고 걸어서 돌아볼 수도 있다. 소나무 숲과 담수호 주변을 여유롭게 걷다 보면 도시의 군중과 오염으로부터 벗어나 멋진 휴식이 될 것이다.

03 다음을 듣고, 화자가 어떤 질문에 답하고 있는지 고르시오.

① Why is it important to see a dentist regularly?

✓ Why do you dislike going to the dentist?

③ What are the most common dental problems?

④ What was your worst experience at the dental clinic?

⑤ Why did you stop having dental work done?

① 정기적으로 치과 의사의 진료를 받는 것이 왜 중요한가?

② 왜 치과에 가는 것을 싫어하나?

③ 가장 흔한 치아 문제는?

④ 치과 병원에서의 가장 최악의 경험은 무엇인가?

⑤ 치과 치료를 그만둔 이유는?

▶ at least 적어도   bother 성가시게 하다 nonetheless 그럼에도 불구하고   to begin with 우선   medicinal 약의   drill 못   grind …을 갈다 withstand 참가   anesthetic 마취제   sensation 감각   dread 무서운

M I've visited a dentist at least thirty times in my life, so it really shouldn't bother me. Nonetheless, I always dread having dental work done. To begin with, there is the dental clinic itself. It has an unpleasant, medicinal smell. You can always hear a drill grinding loudly in the next room while you wait for your turn. In addition, I can't withstand a lot of pain. The dentist gives me an anesthetic to make my mouth numb, of course, but he uses a needle, which I hate. Furthermore, I don't like how I feel after I leave the dental clinic. It's uncomfortable not to have any sensation in your mouth at all. I know I'll keep visiting the dentist twice a year, but I'll still dread it.

남 나는 평생 동안 치과에 적어도 30번은 갔기 때문에 그것을 귀찮아하지 않아야 한다. 그럼에도 불구하고 나는 항상 치과치료를 받는 것이 무섭다. 우선 치과 자체가 문제다. 거기선 기분 나쁜 약 냄새가 난다. 차례를 기다리는 동안에는 옆방에서 커다란 드릴 소리가 들려온다. 게다가 난 큰 통증을 참지 못한다. 물론, 치과의사가 내 입을 무감각하게 만들기 위해 마취제를 놓아주기는 하지만 내가 싫어하는 바늘을 사용한다. 게다가 병원을 나온 후의 느낌이 싫다. 입에 전혀 감각이 없다는 것은 아주 불편하다. 1년에 두 번은 계속 치과에 가겠지만 그래도 여전히 나는 치과가 무섭다.

---

04 다음을 듣고, 화자가 어떤 질문에 답하고 있는지 고르시오.

① How did prehistoric people write numbers?

✓ What is the history of written numbers?

③ Why do people need numbers?

④ Why is our number system called "Arabic"?

⑤ Why are Arabic numbers used throughout the world?

① 선사시대 사람은 숫자를 어떻게 썼는가?

② 숫자 기록의 역사는 무엇인가?

③ 사람들이 숫자를 필요로 하는 이유는?

④ 우리의 수 체계가 '아라비아 숫자'라고 불리는 이유는?

⑤ 아라비아 수 체계가 전 세계적으로 사용되는 이유는?

▶ represent 나타내다   practical 실용적인 purpose 용도, 목적   trade 무역, 교환   knot 매듭 problematic 문제가 있는   expression 표현   trader 무역상   advantage 장점   quantity 양   digit 아라비아 숫자

M People have always needed ways to represent numbers for practical purposes such as trade. A few of the earliest methods of counting made use of small rocks or sticks; some Indians in South America used knots tied in string. Written representation of numbers or amounts was more problematic. For example, if a person wanted to express the idea of "three cows," he could draw a cow three times. However, since this method was not practical for the expression of large numbers, a system of symbols was necessary. The number system we use today is commonly called "Arabic," but it was actually developed by Hindu traders in India. The great advantage of Arabic numbers is that any quantity can be expressed with only ten symbols, or digits.

남 사람들은 항상 무역과 같은 실용적인 목적으로 숫자를 나타내는 방법을 필요로 해 왔다. 초기의 계산 방법 중 일부는 작은 돌이나 막대기를 사용했다. 남아메리카의 인디언들은 줄에 매듭을 묶어 사용했다. 숫자나 양을 글로 써서 표현하는 것은 더 문제가 많았다. 예를 들면, '3마리의 소'를 표현하고 싶으면 소를 세 번 그렸다. 그러나, 이 방법은 큰 숫자를 표현하기엔 실용적이지 않았기 때문에 기호체계가 필요했다. 오늘날 우리가 사용하는 숫자체계는 흔히 '아라비아 숫자'라고 불리지만 실제로는 인도에 있는 힌두교 무역상들에 의해 개발되었다. 아라비아 숫자의 가장 큰 장점은 어떠한 양도 오직 10개의 기호, 즉 아라비아 숫자로 표현될 수 있다는 것이다.

05

다음을 듣고, 화자가 어떤 질문에 답하고 있는지 고르시오.

① What were you most afraid of as a child?

✓ What was your most embarrassing experience?

③ Who was your least favorite teacher?

④ What was the strangest dream you have ever had?

⑤ What is your favorite childhood memory?

① 어릴 때 가장 무서워한 것은 무엇인가?
② 가장 당황스러웠던 경험은 무엇인가?
③ 가장 싫어했던 선생님은 누구인가?
④ 당신이 꾸었던 가장 이상한 꿈은 무엇인가?
⑤ 당신이 가장 좋아하는 어린시절의 기억은?

▶ nervous 긴장한 keep -ing 계속해서 …하다
lock 잠그다 closet 벽장 exit 출구

W I think for me, it was the time I was in fifth grade, and my teacher asked me to bring a note to another teacher. Well, I was really nervous walking into the classroom because the students were much older than me. They were eighth graders, I think. I gave the teacher the note, she thanked me, and then I walked to the door. But it wouldn't open. I kept pulling and pulling on it. The reason it wouldn't open is because it was locked. It was the door of the closet, not the exit. I had gone to the wrong door. The worst part was, not only did all the students laugh, but so did the teacher.

여 내 생각에 내가 5학년이었을 때였던 것 같다. 선생님이 다른 선생님께 공책을 가져다 줄 것을 부탁했다. 교실로 걸어 들어갈 때 그 반 학생들이 나보다 훨씬 나이가 많았기 때문에 난 정말 긴장했다. 그들은 아마 8학년이었을 것이다. 선생님께 공책을 드리고 선생님이 고맙다고 말한 후에 나는 문으로 걸어갔다. 근데 문이 열리지 않았다. 난 계속 잡아당겼다. 문이 열리지 않았던 이유는 그것이 잠겨 있었기 때문이었다. 그것은 나가는 문이 아니라 벽장 문이었다. 다른 문으로 갔던 것이다. 가장 최악이었던 것은 학생들 모두가 웃었을 뿐만 아니라 선생님도 웃으셨다는 것이다.

06

Which of the following questions is the speaker trying to answer?

✓ What would you do if you won the lottery?

② Where would you go if you could travel anywhere?

③ What is your most important goal for the future?

④ What do you like to do in your free time?

⑤ What gift would you like to give to a loved one?

화자는 어떤 질문에 답하고 있는가?

① 복권에 당첨되면 무엇을 할 것인가?
② 어디든 여행할 수 있다면 어디로 갈 것인가?
③ 미래를 위한 가장 중요한 목표는 무엇인가?
④ 여가 시간에 무엇을 하는 걸 좋아하는가?
⑤ 사랑하는 사람에게 어떤 선물을 주고 싶은가?

▶ pay off 전액을 갚다, 지불하다 debt 채무, 빚
small potato 하찮은 일 donation 기부 charity
자선단체 cancer 암 research 연구

M There are so many things I'd like to do. But first of all, I would pay off my debts. I still owe some money on my car and my stereo. That's small potatoes though. I'd also want to make some big donations to charity, particularly to ones involved with cancer and AIDS research. And, of course, I'd want to do something nice for my parents, like send them on a great vacation. If there were any money left, I'd travel around Europe. I'd like to see Africa as well. And there's a lot of Asia I haven't seen, too. I guess I'd be really busy!

남 나는 하고 싶은 것이 정말 많다. 그렇지만 무엇보다 먼저 빚을 갚을 거다. 차와 오디오를 사느라 약간의 돈을 빚지고 있다. 그렇지만 그 정도는 아무것도 아니다. 나는 또 자선단체에 큰 기부를 하고 싶다. 특히 암과 에이즈에 관해 연구하는 단체에 말이다. 그리고, 물론 부모님께 여행을 보내드리는 것과 같은 멋진 일을 해드리고 싶다. 그러고도 돈이 남는다면, 유럽을 여행할 것이다. 아프리카도 가보고 싶다. 아시아에도 가지 못한 곳이 많이 있다. 나는 정말 바빠질 것이다!

07 Which of the following questions is the speaker trying to answer?

① How did males and females evolve differently?

② What are the major psychological differences between the sexes?

③ Why has human life expectancy increased?

④ Why do men engage in risky behavior?

✓ Why do women live longer than men?

화자는 어떤 질문에 답하고 있는가?

① 남성과 여성이 어떻게 다르게 진화했는가?

② 남녀의 가장 큰 심리학적 차이는 무엇인가?

③ 인간 평균 수명이 늘어난 이유는?

④ 남성이 위험한 행동에 빠지는 이유는?

⑤ 여성들이 남성보다 오래 사는 이유는?

▶ **outlive** …보다 오래 살다 **evolution** 진화 **play a role** 역할을 하다 **mammal** 포유동물 **extravagant** 엄청난, 지나친 **attention** 관심, 주의 **compete** 경쟁하다 **exception** 예외 **violent** 폭력적인 **recklessly** 무모하게 **murder** 살인 **suicide** 자살 **childbirth** 출산 **life expectancy** 평균 수명 **advance** 발전 **reduce** 줄이다

W Women tend to outlive men all over the world, and, apparently, evolution may play a role. Researchers point out that the males of many mammal species make extravagant displays for female attention and compete fiercely with each other. Humans are no exception. One result is that men are more likely than women to try dangerous and even violent behavior, thereby raising their risk of death. For example, more men than women drive recklessly, and more die in car accidents. The majority of murder and suicide victims are also male. Men's behavior isn't the whole answer, however. Until recently, large numbers of women died during childbirth, which meant they had a significantly lower life expectancy. Medical advances have greatly reduced this risk, thereby lengthening women's lives.

여 전 세계적으로 여성들이 남성들보다 오래 사는 경향이 있다. 여기엔 분명 진화의 법칙이 큰 역할을 하고 있다. 연구자들은 지적하기를 많은 포유동물들의 수컷이 암컷의 주의를 끌기 위해 지나친 과시를 하고 서로 맹렬하게 경쟁한다고 한다. 인간도 예외는 아니다. 한 연구결과에 따르면 남자는 여자보다 위험하고 심지어 폭력적인 행동도 서슴지 않는데, 이 때문에 사망의 위험이 높아진다고 한다. 예를 들면, 여자보다 더 많은 남자들이 무모하게 운전을 하고 자동차 사고로 더 많이 사망한다. 대다수의 살인과 자살 피해자들 역시 남자이다. 그러나 남자들의 행동만이 완전한 답은 아니다. 최근까지 많은 여성들이 출산 중에 사망했는데, 이것은 그들이 뚜렷하게 낮은 평균수명을 가졌다는 것을 의미했다. 의학 발전으로 이러한 위험이 현저히 줄어들고 그로 인해 여성들의 수명이 늘어났다.

08 Which of the following questions is the speaker trying to answer?

① How do doctors know when a patient needs surgery?

② When is reconstructive surgery necessary?

③ What are the risks involved in plastic surgery?

✓ What are the major types of surgery?

⑤ How do surgeons replace parts of the body?

화자는 어떤 질문에 답하고 있는가?

① 환자가 수술이 필요한 때를 의사가 어떻게 아는가?

② 재건 수술이 필요한 때는?

③ 성형 수술과 연관된 위험들은 무엇인가?

④ 주요 수술의 형태에는 어떤 것들이 있는가?

⑤ 외과 의사들이 신체 부분들을 어떻게 대체하는가?

▶ **treatment** 치료, 치료법 **repair** 회복 **surgery** 수술 **removal** 제거 **organ** 장기 **appendix** 맹장 **operation** 수술 **reconstructive** 재건 수술 **replacement** 대체 **diseased** 병에 걸린 **artificial** 인공의 **device** 장치 **valve** 판막, 판

M The treatment and repair of wounds often requires surgery after a person has been shot or hurt in a car accident. The removal of organs or parts of organs, such as the appendix or a lung, is another kind of operation. There is also reconstructive surgery, sometimes called plastic surgery, in which part of the body is rebuilt. For example, if a person's face has been badly burned or injured, a doctor may have to reconstruct a nose, mouth, or lips using skin from another part of that patient's body. Yet another category is replacement surgery, in which a diseased or damaged part is replaced by an artificial device, such as a plastic heart valve.

남 사람이 총에 맞거나 자동차 사고로 부상을 당한 후에 상처를 치료하고 회복시키려면 보통 수술이 필요하다. 맹장이나 폐와 같은 장기 또는 장기의 일부를 제거하는 것은 전혀 다른 종류의 수술이다. 또한 가끔 성형 수술이라고도 불리는, 신체의 일부를 다시 만드는 재건 수술이 있다. 예를 들어, 누군가가 얼굴이 심하게 화상을 입었거나 부상을 당하면, 의사는 환자 몸의 다른 부분에 있는 피부를 사용해서 코, 입, 입술을 재건해야 한다. 그러나 또 다른 범주는 대체수술인데 이것은 병에 걸리거나 손상을 입은 부분을 플라스틱 심장 판막과 같은 인공장치로 대체하는 것이다.

09 **Which of the following questions is the speaker trying to answer?**

✔ How has Shakespeare influenced other writers?

② Why is Shakespeare considered the greatest playwright of all time?

③ How are Shakespeare's plays unique?

④ Why do people find Shakespeare difficult to read?

⑤ In which countries is Shakespeare most popular?

화자는 어떤 질문에 답하고 있는가?

① 셰익스피어는 다른 작가들에게 어떤 영향을 주었는가?

② 셰익스피어가 역사상 가장 위대한 극작가로 여겨지는 이유는?

③ 셰익스피어의 연극은 어떻게 독특한 것인가?

④ 사람들은 왜 셰익스피어가 읽기 어렵다고 생각하는가?

⑤ 어떤 나라에서 셰익스피어가 가장 인기 있나?

▶ **profound** 심오한, 깊은 **impression** 인상 **playwright** 극작가 **characterization** 성격묘사 **tragic** 비극적인 **soliloquy** (연극의) 독백 **information** 정보 **reveal** 드러내다 **psychology** 심리 **inspiration** 영감 **quote** 인용하다

W William Shakespeare has left a more profound impression on the playwrights and authors who followed him than perhaps any other writer. His works changed the way people viewed characterization, plot, and language in drama. For example, *Romeo and Juliet* was the first successful play to use romance as a tragic subject. In addition, before Shakespeare, soliloquies had been merely for relating information; Shakespeare showed that they could be excellent ways to reveal a character's psychology. Some of the greatest novelists in English have found inspiration in Shakespeare as well. Herman Melville's Captain Ahab is a tragic hero in the tradition of King Lear. Charles Dickens took the titles of twenty-five of his works from Shakespeare and often quoted him.

여 윌리엄 셰익스피어는 그 어떤 다른 작가보다도 그를 따르는 소설가와 극작가에 가장 깊은 인상을 남겼다. 그의 작품은 사람들이 연극의 성격묘사, 줄거리, 대사를 보는 방식을 바꿨다. 예를 들면, 〈로미오와 줄리엣〉은 남녀 간의 로맨스를 비극적인 소재로 사용하여 성공을 거둔 최초의 연극이다. 게다가 셰익스피어 전에는 독백은 단지 정보를 전달하기 위한 것이었다. 그러나 셰익스피어는 독백이 등장인물의 심리를 드러내는 훌륭한 방법이 될 수 있다는 것을 보여 주었다. 영어로 작품을 쓴 가장 훌륭한 소설가들 중 몇몇도 셰익스피어의 작품 속에서 영감을 얻었다. 허만 멜빌의 에이허브 선장은 리어왕의 계보를 잇는 비극적 영웅이다. 찰스 디킨스는 자신의 25개 작품의 제목을 셰익스피어 작품에서 가져왔고 종종 셰익스피어를 인용했다.

---

10 **Which of the following questions is the speaker trying to answer?**

① What are the dangers of cold weather?

② What causes frostbite?

✔ What should you do if you have frostbite?

④ How do you know if you have frostbite?

⑤ How common is frostbite?

화자는 어떤 질문에 답하고 있는가?

① 추운 날씨의 위험은 무엇인가?

② 무엇이 동상을 유발하는가?

③ 동상에 걸리면 무엇을 해야 하는가?

④ 동상에 걸렸는지 어떻게 아는가?

⑤ 동상은 얼마나 흔한가?

▶ **exposure** 노출 **frostbite** 동상 **freeze to death** 동사하다 **cell** 세포 **tissue damage** 조직 손상 **blood circulation** 혈액 순환 **remove** 제거하다 **rub** 문지르다 **crucial** 중요한 **bandage** 붕대

M Exposure to extremely cold weather can result in frostbite. This means that your skin is actually freezing to death. The water in your skin cells forms ice crystals, killing the cells. Severe cases often result in tissue damage and even the loss of fingers and toes. When frostbite sets in, move to a warmer place as soon as possible. Tight clothing can restrict blood circulation, so it should be removed. Do not put the affected area in hot water or rub it since this will cause even greater damage to the skin. It is crucial to warm the skin gradually. Warm water—about 100 to 105 degrees Fahrenheit—is best. Place a bandage or a piece of cloth between your fingers and toes to keep them dry so that they will not freeze together.

남 극한 추위에의 노출은 동상을 유발할 수 있다. 동상이란 피부가 실제로 얼어서 죽은 것을 의미한다. 피부 세포에 있는 수분이 얼음 알갱이를 형성해서 세포를 죽인다. 심각한 경우에는 조직 손상이 오고 심지어 손가락과 발가락을 절단해야 하기도 한다. 동상에 걸리면 가능한 한 빨리 따뜻한 곳으로 가라. 몸에 꽉 끼는 옷을 입으면 혈액순환이 잘 안 될 수 있으니 벗어야 한다. 동상에 걸린 곳을 뜨거운 물에 넣거나 문지르면 안 된다. 피부에 더 심각한 손상을 입힐 수 있기 때문이다. 피부를 점차적으로 따뜻하게 하는 것이 중요하다. 약 화씨 100~105도 정도의 따뜻한 물이 가장 좋다. 손가락과 발가락 사이에 붕대나 천 조각을 두어 건조하게 유지하면 함께 동상에 걸리는 걸 막아 준다.

유형 12 모두 듣기

01 ④ 02 ② 03 ② 04 ④ 05 ④
06 ③ 07 ① 08 ④ 09 ④ 10 ①

문제와 정답	스크립트	해석

01

[모두 듣기] **What is the main point of the conversation?**

① The man is usually at work early.
② The woman wants the man to give the kids a ride to school.
③ The woman wants the man to drive safely.
✔ The man is running late this morning.
⑤ The man slept too much.

대화의 초점은 무엇인가?

① 남자는 보통 일찍 일하러 간다.
② 여성은 남자가 아이들을 학교에 데려다 주길 원한다.
③ 여자는 남자가 안전 운전하기를 원한다.
④ 남자는 오늘 아침 늦었다.
⑤ 남자는 잠을 너무 많이 잤다.

▶ oversleep 늦잠 자다 make it 시간을 맞추다 on time 제시간에 depending on …에 의존하는, …에 따라 달라지는

스크립트

M Honey, would you mind taking the kids to school? I overslept, and I don't have time to go by there.

W Sure, that's no problem. Will you be able to make it to work on time?

M I should be able to make it depending on the traffic.

W Well, drive safely. You're better late than dead.

M True, although I'm not sure my boss would agree. This would make three times this month.

W Get going then.

해석

남 여보, 애들 좀 학교까지 태워다 줄래? 늦잠 자서 거기 들를 시간이 없어.

여 그래요, 문제 없어요. 회사엔 제시간에 갈 수 있을까요?

남 교통상황이 어떤가에 달려 있지.

여 안전 운전해요. 늦는 것이 죽는 것보다는 나으니까.

남 맞아. 사장님도 그렇게 생각하실지는 모르겠지만. 이번 달만 벌써 세 번째라고.

여 그럼 어서 가요.

02

[모두 듣기] **Which drug will the woman take for her headache?**

① ASA
✔ Acetaminophen
③ Ibuprofen
④ Midol
⑤ Advil

여자가 두통을 위해 복용할 약은?

① ASA
② 아세트아미노펜
③ 이부프로펜
④ 미돌
⑤ 애드빌

▶ headache 두통 option 선택 preference 선호하는 것 contain 함유하다 cramps 복통, 경련

스크립트

W Hi, I have a terrible headache. Could you please give me something for it?

M Well, we have quite a few options. Do you have a preference?

W What have you got?

M We have aspirin that contains ASA, Tylenol, which contains acetaminophen, and Midol and Advil, which contain ibuprofen.

W I thought Midol was for women's cramps?

M Oh, yes, it also contains ibuprofen, but I meant Motrin.

W I'll take some Tylenol, please.

해석

여 안녕하세요, 두통이 너무 심해요. 두통약 좀 주실래요?

남 여러 가지 약이 있는데 평소 드시는 약이 있나요?

여 어떤 것들이 있죠?

남 ASA를 함유한 아스피린, 아세트아미노펜을 함유한 타이레놀, 이부프로펜을 함유한 미돌과 애드빌이 있어요.

여 미돌은 생리통 약 아닌가요?

남 네, 미돌에도 이부프로펜이 있습니다만, 제가 의미한 건 모트린입니다.

여 타이레놀로 주세요.

03 〔모두 듣기〕 **Where are the two speakers?**

① a shopping mall
✓ the university library
③ the student center
④ the science building
⑤ the English department

두 사람이 있는 장소는?

① 쇼핑몰
② 대학 도서관
③ 학생 센터
④ 과학관
⑤ 영어학과

▶ **downstairs** 아래층에 **get used to** …에 익숙해지다 **find one's way** 길을 찾다

M	Excuse me, but I'm lost. Can you help me find this book?
W	Certainly. It's a science book, right?
M	Yes, that's right.
W	The science books are found downstairs. Follow me, and I'll show you.
M	Isn't that too much trouble?
W	Not at all. I'm just doing my job.
M	I have a paper to finish before this evening. I really need that book to do my work.
W	Don't worry. We'll find the book for you. Are you a first-year student?
M	Yes, I am. I'm still getting used to the university.
W	After a few weeks, you'll be able to find your way around easily.

남	죄송하지만, 책을 못 찾겠어요. 이 책 찾는 것 좀 도와주시겠어요?
여	물론이죠. 과학책 맞죠?
남	네, 맞아요.
여	과학책은 아래층에 있습니다. 따라오세요, 알려 드릴게요.
남	너무 성가시게 하는 것 아닌지 모르겠습니다.
여	천만에요. 제 일인걸요.
남	오늘 저녁이 되기 전에 끝내야 할 리포트가 있어서요. 작업을 하는 데 그 책이 꼭 필요해요.
여	걱정 마세요. 찾아 드리겠습니다. 일학년이세요?
남	네. 아직 학교에 적응하고 있는 중이에요.
여	몇 주 지나면 쉽게 찾으실 수 있을 거에요.

---

04 〔모두 듣기〕 **Which of the following best completes what the woman says at the end?**

① There's another PC room up the road with new computers.
② Well, let me call a repair service right now.
③ If you're not happy here, you should go somewhere else.
✓ I'll be sure to discuss your complaint with my boss, sir.
⑤ Most of our customers prefer using older computers.

여자의 마지막 말에 가장 알맞은 것은?

① 길 위에 최신 컴퓨터가 있는 피시방이 또 하나 있습니다.
② 제가 즉시 수리 센터에 전화하겠습니다.
③ 당신이 여기에 만족하지 않으면, 다른 곳으로 가야 합니다.
④ 사장님께 손님의 불평에 대해 반드시 논의하겠습니다.
⑤ 우리 고객 대부분은 오래된 컴퓨터 사용하는 것을 선호합니다.

▶ **in a hurry** 급히 **apologize** 사과하다 **inconvenience** 불편 **replace** 교체하다 **repair** 수리; 수리하다 **fix** 수리하다 **otherwise** 그렇지 않으면 **customer** 고객 **complain** 불평하다

M	Excuse me, but this computer is not working. I'm in a hurry.
W	I'm so sorry. Please use this one.
M	Do I have to pay the full price? I have less than an hour left to use the computer.
W	I'll give you a special price, sir. I apologize for the inconvenience.
M	Your computers are so old. I think you should replace them with new ones.
W	Yes, I know. But my boss thinks it will be too expensive.
M	Well, if he won't buy new ones, he should take care of these old ones. He should call a computer repair company and have them fixed. Otherwise all his customers will start complaining.
W	___________________

남	죄송합니다만 이 컴퓨터가 고장 났어요. 저는 급한데요.
여	정말 죄송합니다. 이 컴퓨터를 사용하세요.
남	돈을 다 지불해야 하나요? 사용 시간이 한 시간도 남지 않았는데요.
여	할인해 드리겠습니다, 손님. 불편을 끼쳐 죄송합니다.
남	컴퓨터들이 너무 낡았어요. 새것으로 교체하셔야 할 것 같아요.
여	네, 알고 있습니다. 근데 사장님이 너무 돈이 많이 든다고 생각해요.
남	새것을 사지 않으려면 이 낡은 컴퓨터들을 잘 관리해야 해요. 수리회사에 전화해서 고쳐야 해요. 안 그러면 고객들이 불만을 제기하기 시작할 거에요.
여	___________________

---

05 〔모두 듣기〕 **What is the speakers' relationship?**

① Patient – Doctor
② Dentist – Receptionist
③ Receptionist – Patient
✓ Father – Receptionist
⑤ Daughter – Doctor

두 사람의 관계는?

① 환자 – 의사
② 치과의사 – 수납원

M	Hello, my daughter just saw the dentist. I'd like to pay the bill, please.
W	One moment please. (Pause) Okay, what is her name?
M	It's Jenny Parker.
W	Oh, yes. That will be $55.
M	Can I pay by credit card?
W	No problem. But would you please write your details here.
M	My details or my daughter's?

남	안녕하세요, 제 딸이 방금 의사 선생님의 진료를 받았습니다. 진료비를 내려고요.
여	잠시만요. (잠시 후) 네, 이름이 뭐죠?
남	제니 파커에요.
여	네. 55달러입니다.
남	카드로 결제 가능하죠?
여	네, 됩니다. 여기 몇 가지 자세한 사항을 적어 주시겠습니까?
남	저에 관한 것이요, 아님 딸에 관한 것이요?

③ 수납원 – 환자
④ 아버지 – 수납원
⑤ 딸 – 의사

▶ pay the bill 요금을 지불하다   by credit card 신용카드로   detail 세부사항   charge 수수료   insurance 보험

W Yours, please, because it's your credit card. There's a 3% charge for paying with a credit card. Are you okay with that?

M Sure. But thanks for reminding me.

W Do you have your health insurance card with you?

M Sure. Here it is.

W I'll make a copy for our records. Please wait a moment.

M Thank you.

여 손님에 관한 것을 부탁 드립니다. 손님 신용카드로 결제하실 것이기 때문에요. 카드로 결제하시면 3%의 수수료가 붙습니다. 괜찮으세요?

남 물론 괜찮죠. 상기시켜 주셔서 감사합니다.

여 건강보험카드 가지고 계신가요?

남 물론이죠, 여기 있습니다.

여 기록을 위해 복사를 좀 하겠습니다. 잠시만 기다려 주세요.

남 고맙습니다.

---

06 〔모두 듣기〕 What is the topic of the conversation?

① candy
② dentistry
✓ an appointment
④ meetings
⑤ teeth

대화의 주제는 무엇인가?

① 사탕
② 치과 의술
③ 약속
④ 미팅
⑤ 치아

▶ following day 다음날   be fine with …에게 좋다, 괜찮다   appointment 약속   have a sweet teeth 단 것을 좋아하다

M The dentist would like me to come back in two weeks.

W Okay. Let's see what we have open. We can see you two weeks from today at 4:00 p.m.

M Do you have anything earlier in the day? I have a work meeting at around 4 p.m. each day.

W No, but we could see you in the morning on the following day at 9:00 or 10:00.

M Ten o'clock is fine with me.

W Let me write that down for you. Here's your appointment card.

M Thanks so much. This way I won't forget when I should be here. I'll see you in two weeks.

W Be careful with your teeth. Try not to eat so much candy.

M I'll try, but you know I have a sweet tooth.

남 의사 선생님이 2주 후에 다시 오라고 하셨어요.

여 네. 예약이 빈 자리가 있나 어디 봅시다. 오늘부터 2주 후에 오후 4시에 비어 있군요.

남 그날 더 일찍은 안 되나요? 매일 4시쯤에 회사에서 회의가 있어요.

여 없습니다. 그 다음날 아침 9시나 10시는 비어 있습니다.

남 10시가 좋겠네요.

여 그럼 그렇게 적을게요. 여기 약속카드가 있습니다.

남 고맙습니다. 약속카드가 있으면 언제 와야 하는지 잊지 않을 거네요. 2주 후에 뵙죠.

여 치아 조심하세요. 사탕 너무 많이 먹지 말고요.

남 노력할게요. 그렇지만 알다시피 전 단것을 좋아해요.

---

07 〔모두 듣기〕 What is the purpose of the conversation?

✓ To take a friend out for her birthday
② To organize a surprise party
③ To plan a weekend holiday trip
④ To attend a soccer match together
⑤ To make a plan for Sunday evening

대화의 목적은 무엇인가?

① 생일을 맞은 친구를 밖으로 데리고 나가기
② 깜짝 파티 준비
③ 주말 휴일 여행 계획
④ 함께 축구 경기 참석
⑤ 일요일 저녁을 위한 계획 짜기

▶ surprise gift 깜짝 선물   Why don't we...? …하는 게 어때?   free 시간이 되는, 한가한

W What are you doing on Wednesday evening?

M I was planning to go to a soccer game with Jack. Why do you ask?

W It's Jen's birthday on Sunday. I think we should take her out for ice cream.

M That's a good idea. But why don't we take her out on Sunday evening?

W She's going out of town for the weekend. It's a surprise gift from her family for her birthday.

M She's really lucky this year. How about Tuesday evening then?

W That sounds perfect. I'll call everyone else and see if they're free. I hope they are because I'm busy the rest of the week.

M Me too. But I don't want her thinking we forgot her birthday.

여 수요일 저녁에 뭐 할 거야?

남 잭이랑 축구 보러 갈 계획인데. 왜 물어보는데?

여 일요일이 젠의 생일이야. 데리고 나가서 아이스크림이라도 사줘야 할 것 같아.

남 좋은 생각이야. 근데 일요일 저녁에 데리고 나가는 게 어때?

여 젠은 주말에 시골에 갈 거야. 젠의 가족이 보낸 깜짝 생일 선물이지.

남 젠은 올해 아주 운이 좋네. 그럼 화요일 저녁은 어때?

여 아주 좋아. 다른 사람들에게 전화해서 시간이 되는지 물어볼게. 시간이 되면 좋겠는데. 왜냐면 다른 날은 내가 바쁘거든.

남 나도 그래. 그렇지만 젠이 우리가 그녀의 생일을 잊어버렸다고 생각하게 만들고 싶진 않아.

---

08 〔모두 듣기〕 What is NOT mentioned?

① The arrival time
② The departure date
③ The destination
✓ The departure time
⑤ The flight number

M This is Southpark Airlines. Can I help you?

W Hello. I'd like to reconfirm my flight, please.

M May I have your name and flight number, please?

W My name is Melissa Right, and my flight number is W747.

남 사우스파크 항공입니다. 무엇을 도와드릴까요?

여 안녕하세요. 예약을 재확인하려고 하는데요.

남 성함과 편명을 알려 주시겠습니까?

여 이름은 멜리사 라이트이구요. 비행편은 W747이에요.

다음 중 언급되지 <u>않은</u> 것은?

① 도착 시간
② 출발 일자
③ 목적지
④ 출발 시간
⑤ 비행 편명

▶ reconfirm 재확인하다 flight 비행편 depart
출발하다 return 돌아오다 hold the line
(전화상에서) 잠깐만 기다리세요 be delayed
연착되다 departure time 출발 시간

M What date are you departing?

W On March 15.

M You're flying to Germany?

W That's right, yes.

M You'll be returning on April 5. Hold the line, please. (Pause) All right. Your seat is confirmed, Ms. Right. You'll be arriving in Germany at 7 p.m. unless your flight is delayed for some reason.

W Thank you.

M Please check in at least one hour before departure time.

남 출발 날짜가 언제죠?

여 3월 15일이요.

남 독일로 가시죠?

여 네, 맞아요.

남 4월 5일 귀국이시고요. 잠시만요. (잠시 후) 네, 확인되었습니다, 라이트 씨. 어떤 이유로 비행기가 연착되지만 않는다면 독일에 저녁 7시에 도착할 예정입니다.

여 감사합니다.

남 적어도 출발시각 한 시간 전에는 수속을 마쳐 주세요.

---

09 [모두 듣기] How long will the man stay?

① 5 days
② 1 week
③ 4 weeks
✓ 4 days
⑤ 5 weeks

남자는 얼마나 오래 머물 것인가?

① 5일
② 1주
③ 4주
④ 4일
⑤ 5주

▶ purpose 목적 visit 방문 reservation 예약
Have you ever been to...? …에 가 본 적이 있나요?
declare (세관에) 신고하다

W Welcome to Canada. May I see your passport please?

M Sure. Here it is.

W Where are you coming from?

M I'm coming from Seoul, South Korea.

W What is the purpose of your visit to Canada?

M I'm here on business.

W How long are you planning to stay?

M I'll be staying for about four days.

W Where will you be staying?

M I have a reservation at the Central Hotel. That's where I'll be staying.

W Have you ever been to Canada before?

M Yes, this is my fifth time here.

W Do you have anything to declare?

M No, I have nothing to declare.

W You're free to go. Enjoy your stay.

M Thank you very much.

여 캐나다에 오신 걸 환영합니다. 여권을 좀 보여 주시겠습니까?

남 물론이죠. 여기 있습니다.

여 어디에서 오셨죠?

남 대한민국 서울입니다.

여 캐나다 방문 목적은 무엇이죠?

남 출장 왔습니다.

여 얼마 동안 계실 계획이신가요?

남 4일 동안 머무를 예정입니다.

여 어디서 머무르실 건가요?

남 센트럴호텔을 예약했는데요. 거기서 머물 예정입니다.

여 전에 캐나다를 방문하신 적이 있습니까?

남 네, 이번이 5번째입니다.

여 세관에 신고할 것 있으신가요?

남 아니요, 신고할 것 없습니다.

여 가셔도 됩니다. 즐거운 여행 되세요.

남 정말 고맙습니다.

---

10 [모두 듣기] How does the woman feel?

✓ Satisfied with the bank's service
② Annoyed by the lack of efficiency
③ Angry about being asked for ID
④ Tired from the long drive to the bank
⑤ Happy with the man's politeness

여자가 느끼는 감정은 무엇인가?

① 은행 서비스에 만족함
② 효율성 부족에 화가 남
③ 신분증을 요구한 것에 화가 남
④ 은행에 오기 위해 운전을 오래 해서 피곤함
⑤ 남자의 정중함에 만족함

▶ deposit 예금하다 account 계좌 driver's
license 면허증 receipt 영수증 efficient 유능한,
능률적인

M Good morning. How may I help you today?

W Good morning. I'd like to deposit this money into my account.

M Can I have your bankcard please?

W Here it is.

M I'll need some ID as well, please.

W All I have is my driver's license. Is that okay?

M That will be fine. Most people use their driver's license. Thanks. How much money would you like to deposit?

W $100 dollars. Here it is.

M Please sign here. (Pause) Thank you. Here is your ID and your receipt.

W Thanks so much. You've been so efficient.

M Will there be anything else for you today?

W No, that's all. Thank you.

M Enjoy the rest of your day.

남 안녕하세요. 무엇을 도와드릴까요?

여 안녕하세요. 제 계좌에 이 돈을 입금하고 싶은데요.

남 은행카드 좀 주시겠습니까?

여 여기 있습니다.

남 신분증도 필요합니다.

여 갖고 있는 게 운전면허증밖에 없습니다. 괜찮습니까?

남 괜찮습니다. 대부분 면허증을 사용합니다. 고맙습니다. 금액은 얼마나 되죠?

여 백 달러입니다. 여기 있습니다.

남 여기 서명해 주세요. (잠시 후) 고맙습니다. 여기 신분증과 영수증이 있습니다.

여 정말 고맙습니다. 일을 잘하시네요.

남 다른 도와드릴 일 없습니까?

여 없습니다. 이게 다예요. 고맙습니다.

남 좋은 하루 되십시오.

유형 13 | 독해형 듣기

01 ③ 02 ④ 03 ⑤ 04 ① 05 ④
06 ① 07 ② 08 ⑤ 09 ④ 10 ④

| 문제와 정답 | 스크립트 | 해석 |

01

Although many people think that common colds are caused by cold weather, there is no evidence for that idea. It's true that cold infections increase significantly during the winter, but this seems to be due to the fact that most of us spend more time indoors in close proximity to other people. Unlike the flu, colds are caused by so many different viruses that developing immunity or a vaccine against them is virtually impossible, and there are no effective drugs to fight them. Fortunately, colds are fairly easy to prevent. The surest ways are to wash your hands frequently, to avoid close contact with sick people, and to keep your hands away from your face.

Q ___________________________________

W From now on, ___________________________.

① remember to wash your hands frequently
② you should try using a different soap
✓ be careful when you're around sick people
④ I hope you feel better soon
⑤ you should get a vaccination every year

W 지금부터는, ___________________________.

① 잊지 말고 손을 자주 씻으세요
② 다른 비누를 사용해 보세요
③ 아픈 사람 옆에 있을 때는 주의하세요
④ 곧 낫기를 바랍니다
⑤ 매년 백신주사를 맞아야 되요

▶ miserable 비참한 sympathize 공감하다 as sick as a dog (컨디션이) 매우 나쁜 effect 효과 plenty of 많은

스크립트

M Good morning.

W Good morning. You sound terrible. Do you have a cold?

M Yes, I feel miserable. It's not fair. I try so hard to stay healthy. I eat the right foods, I exercise…

W I sympathize with you. You must have caught it from Steve. He's been as sick as a dog for a week now.

M Yeah, and since I've had a lot of meetings with him, that makes sense. I guess it's that time of year. I've never seen you sick though. How do you manage it?

W I suppose I'm just lucky. And I wash my hands about five times a day.

M That's one thing I should do more often, and I will do from now on. Do you think I should start taking vitamin C?

W No, I read that it doesn't really have any effect. Just make sure you get lots of sleep, and drink plenty of water.

M I will. Do you have any other advice?

W From now on, ___________________________.

Q *What best completes the woman's last words?*

해석

비록 많은 사람들이 추운 날씨 때문에 감기에 걸린다고 생각하지만 그 증거는 없다. 겨울에 감기에 걸리는 사람이 많은 것은 사실이지만 그것은 대부분의 사람들이 다른 사람들과 가까이 접촉하는 실내에서 더 많은 시간을 보낸다는 사실 때문인 것 같다. 독감과 달리 감기는 너무나 많은 다양한 바이러스에 의해 걸리기 때문에 면역이 생긴다거나 감기를 퇴치하는 백신을 만드는 것은 거의 불가능하고 잘 드는 약도 없다. 다행히 감기는 예방이 아주 쉽다. 가장 확실한 방법은 손을 자주 씻고 아픈 사람들과의 접촉을 피하고 손을 얼굴에 대지 않는 것이다.

남 안녕하세요.

여 안녕하세요. 목소리가 안 좋네요. 감기 걸렸나요?

남 네, 상태가 아주 안 좋아요. 정말 불공평해요. 건강을 유지하기 위해 그렇게 노력을 했는데. 제대로 된 음식을 먹고, 운동하고……

여 공감합니다. 스티브한테서 옮은 게 틀림없어요. 벌써 일주일 동안이나 심하게 아프거든요.

남 네, 스티브와 회의를 많이 했기 때문에 당연한 거죠. 지금이 감기에 걸릴 때인 것 같아요. 근데 당신이 아픈 건 한 번도 못 본 것 같아요. 어떻게 그럴 수가 있죠?

여 그냥 운이 좋은 거죠. 전 하루에 5번 손을 씻어요.

남 그건 저도 더 자주 해야 할 일이에요. 지금부터 해야겠어요. 비타민 C를 섭취해야 할까요?

여 아니요. 어디서 읽었는데 정말 아무 효과도 없대요. 그냥 잠을 푹 자고 물 많이 마시세요.

남 그럴게요. 다른 충고할 것 더 있으신가요?

여 지금부터는, ___________________________.

Q *여자의 마지막 말을 완성하는 가장 알맞은 것은?*

02

The world polar bear population currently stands at about 25,000. Environmental activists are trying to have the polar bear declared an endangered species so that it would become illegal to hunt them. It may seem obvious that the killing of these fascinating animals ought to be stopped, but there are some reasonable arguments in favor of the practice. For one thing, the species isn't really threatened. Tight regulations mean that hunters bring in only about 150 animals per year. Furthermore, the isolated communities of Inuit, the Native Americans who inhabit the Canadian Arctic, oppose a hunting ban. Besides wishing to preserve their own ancient hunting traditions, they enjoy being able charge $30,000 for each bear taken by visiting hunters in a region with limited economic opportunities.

Q ___________

M ___________

① You're right. There's no excuse for it.
② Maybe, but polar bears are endangered.
③ Actually, it used to be illegal.
✔ I think the Inuit would disagree.
⑤ Okay, let's go to Canada in June.

① 맞아. 변명의 여지가 없어.
② 아마도, 그렇지만 북극곰은 멸종위기에 처해 있어.
③ 사실, 예전엔 불법이었어.
④ 내 생각에 이누이트 족들은 동의하지 않을 것 같아.
⑤ 그래, 6월에 캐나다에 가자.

▶ polar bear 북극곰 hunting trip 사냥 여행 shoot …을 쏘다 full-grown 완전히 자란 protect oneself 스스로를 보호하다 disagree 동의하지 않다

M Have you ever been to Canada?

W Yes, I was just there last year. In fact, I was able to see some real live polar bears up close.

M Wow, I'd love that. Were you on a hunting trip?

W Hunting? Of course not. I was just there to look. I don't know why anyone would want to shoot a polar bear. You wouldn't believe how cute the baby ones are.

M They're cute when they're little, but the full-grown ones are really dangerous to the people who live in that area. They sometimes have to hunt the bears to protect themselves.

W But there are so few of them left. I think killing them should be against the law.

M ___________

Q *What is the man's best answer to the woman's last words?*

현재 전 세계 북극곰의 수는 대략 2만5천 마리 정도이다. 환경운동가들은 북극곰을 사냥하는 것을 불법화하기 위해 북극곰이 멸종위기 동물로 지정되도록 노력하고 있다. 이 멋진 동물을 죽이는 것을 멈춰야 한다는 것은 분명해 보인다. 그렇지만 북극곰을 사냥하는 관행에 찬성하는 몇 가지 합리적인 주장들이 있다. 우선, 북극곰은 실제로 멸종 위기에 처해 있지 않다. 엄격한 규제가 사냥꾼이 일년에 고작 150마리 정도를 잡아들이게 할 뿐이다. 게다가 캐나다 북극에 거주하는 원주민인 이누이트 족의 고립된 마을들은 사냥금지에 반대한다. 자신들의 오랜 사냥전통을 보존하고 싶어하는 것 외에도, 그들은 경제활동을 할 수 있는 기회가 제한되어 있기 때문에 외부 사냥꾼들에게 곰 한 마리당 3만 달러의 요금을 받는 것을 즐기고 있다.

남 캐나다에 가 본 적 있니?

여 응, 작년에 갔었어. 사실은 진짜 살아 있는 북극곰을 가까이서 볼 수 있었어.

남 와, 재미있었겠다. 사냥여행이었니?

여 사냥? 물론 아니지. 그냥 관광하러 갔었어. 왜 사람들이 북극곰을 잡고 싶어하는지 모르겠어. 새끼 곰이 얼마나 귀여운지 믿기지 않을 거야.

남 어릴 때는 귀엽지. 근데 다 자란 곰은 그 지역에 사는 사람들에게 정말 위험해. 때로는 자신을 보호하기 위해 북극곰을 사냥해야 할 때도 있어.

여 하지만 살아남은 곰이 많지 않아. 북극곰을 죽이는 것은 법으로 금지해야 한다고 생각해.

남 ___________

Q **여자의 마지막 말에 대한 남자의 대답으로 가장 알맞은 것은?**

03

Do you spend more time socializing in cyberspace than in real life? According to one estimate, the owners of Cyworld are now making 200 million won every day. Close to 90% of Koreans in their teens and twenties are registered members of Cyworld, and they spend countless hours improving their homepages and online personas, counting visitors, and measuring their self-worth in gifts. Recently, a reporter wrote that she quit the site after becoming jealous of friends with more elaborate homepages and greater popularity. Her decision was a wise one. Young people face so many important challenges—achieving in academics and the job market, not to mention maintaining a healthy social life in the "real" world—that every minute they spend in Cyworld is a minute wasted.

W What are you up to?

M Well, I finished my homework, and now I'm working on my Facebook page.

W Facebook, huh? I didn't know you were into that. That's the site where you post information about yourself, right?

M Yes, among other things. Right now I'm posting some photos, and then I need to send Christine a birthday present.

W Who's Christine?

M I've never actually met her, but she's a girl in my network. We exchange messages and gifts and things like that. Don't worry, Mom. It's just harmless fun.

W I admit that it does look like fun. But don't get carried away with it.

M What do you mean?

당신은 실생활보다 사이버 공간에서 사교활동을 하는 데 더 많은 시간을 보내는가? 한 추정치에 따르면, 싸이월드 소유주들은 현재 매일 2억 원을 벌고 있다고 한다. 10대와 20대 한국인의 거의 90%가 싸이월드 회원으로 가입되어 있고 자신들의 홈페이지와 캐릭터를 바꾸고 방문객의 숫자를 세고, 자신의 가치를 선물로 측정하면서 셀 수 없이 많은 시간을 보낸다. 최근에 한 기자는 보도하기를 더 정교한 홈페이지와 더 많이 인기가 있는 친구를 질투한 나머지 사이트 활동을 그만두었다고 한다. 그 결정은 현명한 결정이었다. 젊은이들은 너무 많은 중요한 도전과제 –'실생활'에서 건강한 사회활동을 유지하는 것은 말할 것도 없고 학교나 구직시장에서 많은 것을 성취하는 것–에 직면해 있기 때문에 싸이월드에서 보내는 매 순간은 낭비되는 시간인 것이다.

여 뭐하고 있니?

남 숙제 끝내고 페이스북을 하고 있어요.

<table>
<tr><th>문제와 정답</th><th>스크립트</th><th>해석</th></tr>
</table>

문제와 정답

Q _______________

W _______________

① I hope I can meet Christine someday.

② I think there are better ways to spend your money.

③ Stop worrying so much about how popular you are.

④ It looks like a great way to express yourself.

☑ It's more important to spend time with real people.

① 언젠가 크리스틴을 만나고 싶구나.

② 돈을 더 잘 쓰는 방법이 있을 거야.

③ 네가 얼마나 인기 있는지에 대해 너무 걱정하지 마.

④ 너 자신을 표현하는 좋은 방법인 것 같구나.

⑤ 실제 사람들과 시간을 보내는 것이 더 중요해.

▶ post (정보를) 올리다, 알리다 exchange 교환하다 harmless 해롭지 않은 admit 인정하다 spend time with …와 시간을 보내다

스크립트

W _______________

Q *What is the woman's best response to the man's last words?*

해석

여 페이스북? 거기에 빠져 있는지 몰랐구나. 자신에 관한 정보를 인터넷에 올리는 사이트잖아. 맞지?

남 네. 다른 것도 할 수 있지만요. 현재 사진을 올리고 있고 그 다음에 크리스틴에게 생일선물을 보내야 해요.

여 크리스틴이 누구니?

남 실제로 만나 본 적은 없지만 인터넷에서 만난 소녀에요. 가끔 대화하고 선물 같은 것을 교환하곤 해요. 걱정 마세요, 엄마. 해롭지 않은 놀이에요.

여 재미있어 보이는 건 인정한다. 그렇지만 너무 빠지지는 말도록 해라.

남 무슨 뜻이에요?

여 _______________

Q *남자의 마지막 말에 대한 여자의 대답으로 가장 알맞은 것은?*

04

Astronomers forced science textbooks to be rewritten when they decided in 2006 that Pluto is not really a planet after all. Formerly considered the ninth planet in the solar system, it is now designated a dwarf planet, one of forty-four such objects found in the solar system so far. To be a true planet, a body that orbits the sun must be large enough to "dominate its neighborhood." That is, it must far exceed all surrounding objects in size and thus be large enough to clear away asteroids and other debris in its orbit. Pluto fails this test. It is only twice as big as its moon, Charon, and it moves within a ring of icy debris called the Kuiper Belt.

Q _______________

W Right. _______________.

☑ Pluto's orbit is not clear of debris.

② A true planet has to orbit the sun.

③ Pluto is bigger than everything near it.

④ Dwarf planets have smaller orbits.

⑤ Pluto is not big enough to have a moon.

① 명왕성의 궤도는 파편들로 인해 깨끗하지 않아.

② 진짜 행성은 태양 주위를 공전해야 돼.

③ 명왕성은 주위의 어떤 것보다도 더 커.

④ 왜소행성은 궤도가 작아.

⑤ 명왕성은 위성을 가질 만큼 크지 않아.

▶ planet 행성 solar system 태양계 get it …을 이해하다 Pluto 명왕성 definition 정의 orbit 궤도를 그리며 돌다; 궤도 asteroid 소행성 dwarf planet 왜소행성 gravity 중력 debris 파편

스크립트

M When I was a kid, there were nine planets in the solar system, and now there are only eight. I don't get it. How can scientists say that Pluto's not a planet anymore? Did something happen to it?

W As far as I know, nothing happened to Pluto. It's just that the definition of the word "planet" changed.

M I thought the definition was simple: A planet is a body that orbits a star.

W That's part of the definition, but lots of things, like comets and asteroids, orbit the sun but aren't planets. Pluto is a dwarf planet.

M It's a dwarf planet, huh? So the only difference is size?

W Pretty much. True planets are so big that their own gravity causes them to become sphere-shaped. Plus they destroy everything in their paths, so their orbits are clear.

M I take it that's not the case with Pluto.

W Right. _______________.

Q *What best completes the woman's last words?*

해석

천문학자들은 2006년에 명왕성이 더 이상 행성이 아니라고 결정함으로써 과학책을 다시 쓰게 만들었다. 전에는 공식적으로 태양계의 9번째 행성이었던 명왕성은 이제 지금까지 태양계에서 발견된 44개의 왜소행성 중 하나로 명명되었다. 진정한 행성이 되기 위해서는 태양을 도는 천체가 '주변에게 지배적일' 정도로 충분히 커야 한다. 즉, 크기 면에서 주변의 다른 천체들보다 훨씬 커야 하고 따라서 궤도상에 있는 운석과 다른 파편들을 잡아먹을 수 있을 정도로 커야 하는 것이다. 명왕성은 이 시험에서 떨어졌다. 명왕성은 자체 위성인 카론의 크기의 2배밖에 되지 않고, 주변에 카이퍼 벨트라고 불리는 얼음 파편들 속에서 움직인다.

남 어렸을 때는 태양계에 행성이 아홉 개가 있었거든. 근데 지금은 여덟 개밖에 없어. 이해가 안돼. 어떻게 과학자들은 명왕성이 더 이상 행성이 아니라고 말할 수 있지? 명왕성에 무슨 일 있었어?

여 내가 아는 한, 명왕성에 아무 일도 없었어. 단지 '행성'이라는 말의 정의가 바뀌어서 그래.

남 그 말의 정의는 간단했던 것 같은데. 행성이란 별 주위를 도는 천체이다.

여 그건 정의의 일부야. 혜성이나 운석 같은 다른 많은 것들도 태양 주위를 돌지만 행성은 아니잖아. 명왕성은 왜소행성이야.

남 왜소행성이라고? 그러니까 유일한 차이점이 크기라는 거야?

여 그래. 진짜 행성들은 너무 커서 자신의 중력으로 구형이 돼. 게다가 궤도에 있는 모든 것들을 다 파괴해 버리기 때문에 궤도가 깨끗하지.

남 명왕성에는 해당되지 않는 얘기구나.

여 맞아. _______________

Q *여자의 마지막 말로 가장 적절한 것은?*

05

Teenagers almost inevitably clash with their parents. Some parents respond by trying to strengthen their control over their children by imposing strict rules and punishments for breaking them. But parents should remind themselves that "teenage rebellion" serves a purpose. Young people have to break away from parental authority, at least to some degree, in order to become mature adults. Teenagers are in the process of learning to think for themselves and make their own decisions. This leads to greater self-confidence. They are also forming important relationships with friends outside the family, a necessary step toward psychological independence. As long as rebellion is not taken to extremes, it usually produces a stronger, healthier person.

Q ______

W I know. ______

① From now on, he has to be home by 11:00.
② Maybe we should give him more freedom.
③ He's under a lot of stress.
✔ That shows that he's growing up.
⑤ I'm really worried about him.

① 이제부터 팀은 11시까지 집에 돌아와야 돼.
② 걔한테 더 많은 자유를 주어야 할 것 같아.
③ 걔는 스트레스를 많이 받고 있어.
④ 그건 걔가 성장하고 있다는 걸 보여 주는 거야.
⑤ 난 걔가 정말 걱정돼.

▶ a bunch of 한패   curfew 야간 외출 금지   trust ⋯을 믿다, 신뢰   dress like ⋯처럼 옷을 입다   used to (과거에) ⋯하곤 했었다   grow up 성장하다

M Where's Tim?

W He's not home yet. He went to a concert with John and a bunch of other people.

M It's almost midnight. I don't like this. Maybe it's time we gave him a curfew on weekends.

W I don't know if that's necessary. He did tell me where he was going, and he promised to be home by 12:30. I trust him.

M So do I, but I don't know if I trust all his friends. John seems like trouble to me. He dresses like someone out of a rap video, and now Tim's starting to dress that way, too.

W All the kids dress like that. Remember how our parents used to hate our clothes?

M Good point. What really bothers me is that he doesn't talk to me or listen to me like he used to.

W I know. ______

Q *What best completes the woman's last words?*

10대들은 거의 불가피하게 부모들과 충돌한다. 어떤 부모들은 엄격한 규율을 어겼을 때 벌을 내려 아이들에 대한 통제력을 강화하는 방식으로 대응한다. 그러나 부모들은 '10대의 반항'에는 목적이 있다는 것을 상기해야 한다. 젊은이들은 성숙한 어른이 되기 위해 최소한 어느 정도는 부모의 권위에서 벗어나야 한다. 10대들은 스스로 생각하는 법과 스스로 의사결정을 하는 법을 배우는 과정에 있다. 이것은 자신감으로 이어진다. 또한 가족 외에 친구와도 중요한 인간관계를 형성하고 있는데 이것은 정신적 독립을 위해 꼭 필요한 단계이다. 반항이 극단으로 가지 않는다면 그 과정을 통해 더 튼튼하고 건강한 사람이 된다.

남 팀은 어디 있지?

여 아직 집에 안 왔어. 존과 다른 친구들과 콘서트에 갔어.

남 거의 자정이 다 됐는데. 안되겠어. 아마도 주말에는 야간 외출 금지를 만들 때가 된 것 같아.

여 난 그게 꼭 필요한 건지 잘 모르겠어. 어디 가는지도 얘기했고 12시 반까지 돌아오기로 약속했거든. 난 팀을 믿어.

남 나도 믿어. 하지만 팀의 친구들은 못 믿겠어. 존도 나한테는 문제아로 보이고. 옷도 TV에서 튀어나온 래퍼처럼 입고 다니잖아. 이제는 팀도 그런 식으로 입고 다니기 시작했어.

여 애들은 다 그렇게 입어. 우리 부모님들이 얼마나 우리 옷을 싫어하셨었는지 기억 안나?

남 좋은 지적이야. 나를 정말 속상하게 하는 것은 팀이 옛날처럼 나한테 얘기하거나 내 말을 듣지 않는다는 거야.

여 알아. ______

Q *여자의 마지막 말을 완성하는 가장 알맞은 것은?*

06

Driving while drunk is stupid, dangerous, and wrong. However, are police roadblocks that randomly test drivers a good way to deal with this problem? Many countries have had such testing for quite a while yet have not seen a significant reduction in drunk driving. Some countries have achieved a reduction, but they have also conducted anti-drunk driving education and ad campaigns, which might deserve the real credit. In addition, the police have limited time, manpower, and resources. They should devote them to pursuing criminals rather than harassing a lot of innocent drivers. Finally, different people absorb alcohol at different rates, resulting in unfair readings. The same amount of alcohol might make one person drunk while another remains capable of driving safely.

Q ______
W ______

W Sorry I'm late. There was a police roadblock for random breath tests, and it slowed down traffic a bit. They even got me.

M You're kidding? Well, I guess you must have passed.

W Yes, but what a pain in the neck. I really don't think the police have the right to stop just anyone. There's nothing wrong with the way I was driving.

M It is an annoyance, but it's probably worth it. There are so many people who think they're sober enough to drive when they're not. It's scary.

W Being stopped by the police for no reason is scary, too.

M It makes us safer though. This way, the police catch the drunk drivers before they kill somebody.

W It's not that simple.

M What do you mean?

W ______

Q *What is the woman's best response to the man's last words?*

음주운전은 어리석고, 위험하며 잘못된 것이다. 그러나 경찰들이 도로를 막고 임의적으로 음주단속을 하는 것이 이 문제를 처리하는 좋은 방법일까? 많은 나라에서 오랫동안 그런 단속을 해 왔지만 음주운전이 크게 줄어들지는 않았다. 줄어든 나라도 있지만 그런 나라에서는 동시에 음주음전 예방교육과 광고 캠페인을 시행했고 그것이 더 효과가 컸던 것 같다. 게다가 경찰은 제한된 시간과 인력, 자원을 가지고 있다. 경찰은 많은 멀쩡한 운전자들을 괴롭히는 것보다 범죄자들을 잡는 데 더 신경을 써야 한다. 마지막으로, 사람마다 다른 비율로 알코올을 흡수하기 때문에 결과가 불공평하게 나온다. 같은 양의 술을 마셔도 누구는 완전히 취하고 누구는 안전하게 운전할 수 있을 만큼 멀쩡한 것이다.

여 늦어서 미안해요. 경찰들이 음주 테스트를 해서 차가 좀 밀렸어요. 저한테도 불라고 했어요.

남 정말요? 내 생각엔 무사히 통과했을 것 같아요.

여 네. 그렇지만 정말 불쾌해요. 전 경찰이 아무나 막고 테스트를 할 권리가 없다고 생각해요. 운전할 때 아무 잘못한 거 없었거든요.

① There's not much evidence that it works. ✓

② There aren't enough roadblocks to be effective.

③ Most accidents aren't caused by drinking.

④ Drunk driving is a serious crime.

⑤ We need more education about the problem.

① 그게 효과가 있다는 증거는 많지 않아요.
② 효과가 있을 만큼 충분한 바리케이트가 없어요.
③ 대부분의 사고가 음주 때문에 일어나지는 않아요.
④ 음주운전은 심각한 범죄에요.
⑤ 그 문제에 대해 더 많은 교육을 해야 해요.

▶ roadblock 바리케이트   breath test 음주 측정
a pain in the neck 골칫거리   annoyance 성가심,
불쾌함   sober 맑은 정신의, 술을 마시지 않은   scary
무서운   evidence 증거

남 짜증나는 일이죠. 그렇지만 그만한 가치가 있어요. 너무나 많은 사람들이 사실은 그렇지 않은데 자신은 충분히 운전을 할 만큼 정신이 멀쩡하다고 생각하거든요. 그건 정말 무서운 일이에요.

여 아무 이유 없이 경찰에 저지당하는 것도 무서워요.

남 하지만 그게 우리를 더 안전하게 해줘요. 그렇게 해야 음주운전자가 누군가를 죽이기 전에 경찰이 잡죠.

여 그렇게 간단하지가 않아요.

남 무슨 말이죠?

여 _______________________

Q 남자의 마지막 말에 대한 여자의 가장 적절한 응답은?

07

Millions of people use Internet dating services to find friendship or love. Interestingly, a group of researchers found that users of dating sites in the United States are wealthier, taller, and better-looking than the average person. At least, their ads say they are. Over four percent of users stated their annual income as $200,000 or more, a level achieved by less than one percent of all Internet users. Large majorities of both males and females claimed to be taller than the national average. In looks, 70% of women and 67% of men described themselves as "above-average." Apparently, many online daters are deceitful, conceited, or unaware of what the word "average" means.

Q _______________________
M _______________________

① He could be using a false name.
② Then he's different from most online daters. ✓
③ Be careful. Online dating can be dangerous.
④ Maybe you'll have better luck next time.
⑤ That's typical for an online dater.

① 가짜 이름을 사용하고 있는 것일 수도 있어.
② 그러면 대부분의 인터넷 미팅사이트 가입자들과는 다르구나.
③ 조심해. 인터넷 미팅은 위험할 수 있어.
④ 다음에는 운이 더 좋을 거야.
⑤ 그건 인터넷 미팅사이트 가입자들에겐 전형적인 일이야.

▶ keep a secret 비밀을 지키다   ad 광고
response 답장, 응답   be ashamed of …을
부끄러워하다   modest 겸손한   average-looking
평균적인 외모의   be different from …와는 다르다

W Can you keep a secret?

M Sure, tell me.

W I put a personal ad on this dating website, and I got some interesting responses. I'm meeting one of the guys this Friday.

M Why are you keeping it a secret? I know plenty of people who use those dating sites. It's nothing to be ashamed of.

W I know, but I don't talk about it with my other friends because they think it's a terrible idea. They say these sites are full of married men or people who are just strange.

M I don't think so. You just have to choose carefully. What about the guy you're meeting? Did he post a photo of himself?

W Yes, and I think he looks kind of handsome. He seems modest, too, because he only described himself as average-looking.

M _______________________

Q *What is the man's best response to the woman's last words?*

수백만 명의 사람들이 친구를 사귀거나 애인을 찾기 위해 인터넷 미팅서비스를 이용한다. 흥미롭게도 연구자들은 미국의 미팅사이트 이용자들이 보통 사람보다 더 부유하고 키가 크고 또 잘생겼다는 것을 알았다. 적어도 그들이 올린 광고엔 그렇게 나온다. 사용자들의 4% 이상이 연 소득이 이십만 달러 이상이라고 말했는데, 이는 전 인터넷 사용자의 1% 미만에 해당되는 수준이다. 또한 남녀 모두 대다수가 자신들이 전국 평균 키보다 크다고 주장했다. 외모에서는 70%의 여성과 67%의 남성이 스스로를 '평균 이상'이라고 말했다. 분명 많은 인터넷 미팅사이트 가입자들이 속이는 것이거나 잘난 척 하거나 '평균'이라는 말의 뜻을 모르고 있는 것이 분명하다.

여 비밀 지킬 수 있어?

남 물론이지, 말해봐.

여 이 미팅사이트에 개인광고를 올렸는데 재미있는 답장을 몇 개 받았어. 이번 주 금요일에 그 중 한 명을 만날 거야.

남 왜 그걸 비밀로 하는데? 내가 알기론 그 미팅사이트 이용하는 사람들 많아. 창피한 일 아니야.

여 알아. 그렇지만 다른 친구들과는 얘기 안 해. 왜냐면 끔찍한 생각이라고 보니까. 그들은 그게 다른 애들은 이 사이트가 결혼한 사람들이나 이상한 사람들로 가득하다고 말해.

남 난 그렇게 생각하지 않아. 단지 주의 깊게 선택을 해야 해. 네가 만난다는 그 남자는 어떠니? 자기 사진도 올렸니?

여 응, 내 생각엔 잘생긴 것 같아. 겸손해 보이기도 하는데, 왜냐면 자기 외모가 보통이라고 썼거든.

남 _______________________

Q 여자의 마지막 말에 대한 남자의 가장 적절한 응답은?

08

Particularly in Asia, consumers appreciate the wide variety of pirated movies and TV shows available from street vendors for $5 or less. Most consider this type of intellectual property piracy to be a victimless crime. Why should they care if the giant media companies' profits go down? One reason they should care is that the profits will likely end up in undesirable hands. Links between counterfeit goods and the mafias of various countries are well established. INTERPOL believes that sales of counterfeit DVDs and other pirated goods are becoming an important source of funding for Al-Qaeda and other violent groups as well. Perhaps if more shoppers were aware of these facts, they would think twice before picking up those cheap DVDs.

Q _______________________

M _______________________

① Pirated movies are a lot cheaper.
② The quality of pirated movies is terrible.
③ You can be arrested for buying them.
④ We can save some money that way.
✓ Our money won't go to criminals.

① 해적판 영화가 훨씬 더 싸.
② 해적판 영화의 품질은 너무 안 좋아.
③ 그것을 사면 체포될 수도 있어.
④ 그런 식으로 돈을 아낄 수 있어.
⑤ 우리 돈이 범죄자들에게 가지는 않잖아.

▶ habit 습관 pirate 해적판의 ridiculously 터무니
없이 overcharge (요금이나 비용을) 많이 부과하다
piracy 저작권 침해 director 영화감독 profit 이익,
수익 for free 무료로

W Hey, let's stop and look at some of these DVDs.

M Do you mind if we don't? I'm trying to break myself of the habit of buying pirated movies.

W Why? The ones in stores are ridiculously expensive. If the movie companies are going to overcharge us like that, they deserve piracy.

M I don't know about that. It's still stealing. The people who made the movie have a right to profit from it.

W Technically it's stealing, but really, who's getting hurt? Movie studios, actors, and directors are still making millions of dollars.

M That's true, but if you really want cheap movies, let's see if we can download some for free. That's better than paying for pirated DVDs.

W Free downloads take money away from the moviemakers, too. How is that any better?

M _______________________

Q *What is the man's best response to the woman's last words?*

특히 아시아에서 소비자들은 거리 노점상에서 팔고 있 는 다양한 종류의 해적판 영화와 TV프로를 $5 이하에 감상한다. 대부분 이러한 지적재산권 침해를 피해자 없는 범죄로 여기고 있다. 거대 미디어 기업들의 이윤이 줄어드는 것을 왜 그들이 걱정해야 하겠는가? 그렇지만 우리가 신경 써야 하는 한 가지 이유는 그러한 이윤이 결국에는 나쁜 사람들에게 돌아갈 가능성이 있기 때문이다. 가짜 상품들과 여러 나라의 마피아들 사이에는 연계가 잘 되어 있다. 인터폴은 가짜 DVD와 다른 해적판들이 알카에다와 다른 폭력집단에게 자금을 공급하는 중요한 원천이 되고 있다고 믿고 있다. 아마 더 많은 쇼핑객들이 이러한 사실들을 안다면 그런 저렴한 DVD를 고르기 전에 다시 한 번 생각할 것이다.

여 야, 잠깐 서서 여기 DVD 좀 보자.

남 안 그러면 안 되겠니? 해적판 영화 사는 버릇을 없애려고 노력 중이야.

여 왜? 가게에 있는 DVD는 엄청나게 비싸. 영화사들이 그런 식으로 과도하게 요금을 매기면 해적판이 돌아다니는 것도 그럴만 해.

남 그건 잘 모르겠는데. 그건 훔치는 거잖아. 영화를 만든 사람들은 수익을 낼 권리가 있어.

여 사실 훔치는 건 맞아. 그렇지만 실제로 누가 손해를 볼까? 영화제작사, 배우, 감독 모두 여전히 수백만 달러를 벌고 있어.

남 그건 사실이지만 정말 싸게 영화를 보고 싶으면 무료로 다운로드를 할 수 있는지 알아보자. 해적판 DVD들을 사는 것보다 나을 것 같아.

여 무료 다운로드도 영화제작사의 돈을 뺏는 건 똑 같아. 어떻게 그게 더 나은 방법이 되니?

남 _______________________

Q *여자의 마지막 말에 대한 남자의 가장 적절한 응답은?*

09

Raymond Chandler helped turn crime writing into a true art form. The hero and narrator of his novels, Philip Marlowe, is beloved by millions of readers as a tough, hard-drinking private eye who is irresistible to women and quick with a wisecrack. As he goes about his investigations, Marlowe guides the reader through the criminal world and the wealthy social circles of 1930s Los Angeles, and he finds that the two groups often overlap. Unlike the usual tough guy, he loves chess and classical music, and sometimes shows his sentimental side. He take only those cases that he finds ethically acceptable, and he resorts to violence only in self-defense.

Q _______________________

M Yes. _______________________

M I see you have a lot of mysteries on your shelf. I love a good murder mystery.

W Me, too, especially Agatha Christie. She wrote about eighty books, and I've read them all. I can never guess who the murderer is until the end.

M Me neither, but that's the fun of it. There are a lot of good English mystery writers, but I prefer the American ones. Do you know Raymond Chandler?

W Oh, sure. We read him in my twentieth century fiction class. He's had a big influence on a lot of authors.

M Right now I'm reading his first novel, *The Big Sleep*, for about the fifth time. Have you read that one?

W No, but I think I saw the movie. Humphrey Bogart played Philip Marlowe, right? Marlowe's a great character.

M Yes. _______________________

레이몬드 챈들러는 범죄 추리소설을 진정한 예술로 바꾸는 데 기여했다. 그의 소설의 주인공이자 화자인 필립 말로우는 여자에게 친절하고 재치 있는 말을 잘 하는 터프하고 술 잘 마시는 사설 탐정으로 수백만 명의 독자들에게 사랑을 받았다. 조사에 착수하면서 말로우는 범죄 세계와 1930년대 LA의 부유한 사교계로 독자들을 이끄는데, 그는 두 그룹에 종종 공통점이 있음을 알게 된다. 보통의 터프가이와는 달리, 그는 체스와 클래식 음악을 좋아하고 때때로 자신의 감상적인 면을 보여 준다. 그는 도덕적으로 수용되는 사건만 맡고 오로지 자기 방어로만 폭력을 사용한다.

남 책장에 추리소설이 많구나. 난 훌륭한 살인 추리물을 좋아해.

여 나도. 특히 애거서 크리스티가 좋아. 그녀는 약 80권의 책을 썼는데 모두 다 읽었어. 책을 다 읽을 때까지 살인자가 누구인지 전혀 추측을 못해.

문제와 정답	스크립트	해석

문제와 정답 (왼쪽 열)

① He's one of the greatest mystery writers ever.

② Even though he's a criminal, he's likeable.

③ He's a fairly typical action hero.

✔ He's my favorite fictional detective.

⑤ But I think Raymond Chandler is better.

① 그는 최고의 추리소설 작가 중 한 명이야.

② 그가 비록 범죄자라도 마음에 들어.

③ 그는 아주 전형적인 액션 히어로야.

④ 그는 내가 가장 좋아하는 소설 속의 탐정이야.

⑤ 그렇지만 내 생각엔 레이몬드 챈들러가 더 나아.

▶ mystery 추리소설 murderer 살인자 influence 영향 character 등장 인물 fictional 허구의, 소설 속의 detective 탐정, 형사

스크립트 (가운데 열)

Q *What best completes the man's last words?*

해석 (오른쪽 열)

남 나도 못해. 그렇지만 그 점이 재미있는 거야. 영국 추리소설 작가도 많이 있지만 난 미국 작가가 더 좋아. 레이몬드 챈들러 아니?

여 물론이지. 20세기 소설 수업에서 그 작가의 책을 읽었어. 그는 많은 작가들에게 큰 영향을 끼쳤지.

남 지금 그의 첫 번째 소설 〈The Big Sleep〉을 다섯 번째 읽고 있어. 그 책 읽어봤니?

여 아니, 근데 영화로 본 것 같아. 험프리 보가트가 필립 말로우의 역을 했지, 맞지? 말로우는 훌륭한 캐릭터야.

남 맞아. ____________________

Q *남자의 마지막 말로 알맞은 것은?*

10

With more and more foreigners living and working in Korea every year, the nation should become more hospitable toward non-Koreans. Recently, the United Nations expressed concern about the emphasis that Koreans place on ethnic homogeneity and the associated discrimination against foreigners. It denounced the widespread use of terms such as "pure-blood" and "mixed-blood," which imply racial superiority and are used to denigrate children of interracial marriages. The U.N. report also pointed out that the Korean government is taking steps in the right direction. For example, there is a new national action plan for improving treatment of foreigners, especially migrant workers, who face the worst abuse, and an education plan for children from multicultural families. This is a good start, but Korea still has work to do if it is to become a truly tolerant nation.

Q ____________________

M ____________________

① Yes, the discrimination is terrible.

② I think that attitude is wrong and harmful.

③ It's been hard for me to find work.

✔ That's true, but it's getting better.

⑤ No, the government has solved that problem.

① 네, 차별이 심해요.

② 내 생각엔 태도가 옳지 않고 위험해요.

③ 직장 구하는 게 나한텐 힘들었어요.

④ 맞아요, 그렇지만 점점 나아지고 있어요.

⑤ 아니요, 정부가 그 문제를 해결했어요.

▶ jet lag 시차로 인한 피로 move back to ···로 돌아가다 warn 경고하다 foreigner 외국인

스크립트

M Welcome to Korea! What do you think of it so far?

W Well, I've only been here a few days, so I haven't had time to really think about it yet. I'm still getting over my jet lag. How long have you been teaching here?

M Almost four years now. It's starting to feel like home. I don't plan on moving back to Canada anytime soon.

W What do you like about living here?

M There's a lot to like. The people are lovely, the food is delicious, and I have a great job. Things were kind of rough until I learned the language, but now I don't have too many problems.

W That's good. A few people warned me that life can sometimes be difficult for foreigners here.

M ____________________

Q *What is the man's best response to the woman's last words?*

해석

한국에서 살면서 일하는 외국인들이 매년 점점 많아짐에 따라, 한국은 한국인이 아닌 사람들에게 더 친절해져야 한다. 최근 유엔은 한국인들의 단일민족에 대한 강조와 그에 따른 외국인 차별에 대해 우려를 표명했다. 유엔은 널리 사용되는 '순수혈통'과 '혼혈'이라는 말을 비난했다. 그런 말들은 인종적 우월감을 암시하고 국제결혼으로 태어난 아이들에게 모욕을 주는 데 사용된다. 유엔 보고서는 또한 한국 정부가 제대로 된 방향으로 조치를 취하고 있다고 지적했다. 예를 들면 외국인, 특히 가장 심한 차별을 겪고 있는 이주 노동자에 대한 처우를 개선하는 새로운 국가적인 실천 방안과 다문화 가정의 아이들을 위한 교육 방안이 있다. 시작은 좋지만 한국이 진정 관용적인 나라가 되려면 아직도 할 일이 있다.

남 한국에 오신 걸 환영합니다! 지금까지 어떻게 생각해요?

여 며칠밖에 안 있어서 아직 생각할 시간이 없었어요. 아직 시차가 극복이 안 돼서요. 여기서 얼마 동안 가르치셨죠?

남 이제 거의 4년 됐어요. 집처럼 느껴지기 시작하고 있죠. 당장은 캐나다로 돌아갈 계획이 없어요.

여 여기서 사는 것의 좋은 점이 뭐죠?

남 좋은 점이 많아요. 사람들도 사랑스럽고 음식도 맛있고 일도 마음에 들고요. 한국어를 배울 때까지는 상황이 좀 힘들었는데 지금은 별로 문제가 많지 않아요.

여 그거 좋네요. 몇몇 사람들이 한국에서의 외국인들의 삶이 때로는 어려울 수 있다고 경고했었거든요.

남 ____________________

Q *여자의 마지막 말에 대한 남자의 가장 적절한 응답은?*

유형

14 | 장문 듣기

01-1 ⑤ 01-1 ① 02-1 ① 02-2 ④ 03-1 ④ 03-2 ② 04-1 ④
04-2 ③ 05-1 ④ 05-2 ⑤ 06-1 ③ 06-2 ④ 07-1 ③ 07-2 ④
08-1 ④ 08-2 ② 09-1 ③ 09-2 ③ 10-1 ④ 10-2 ④

문제와 정답	스크립트	해석

01

다음을 듣고, 이어지는 두 개의 질문에 답하시오.

1. What is the main idea of the monologue?

① Psychologists use photos and boxes to study babies' behavior.

② Babies have ideas about beauty that are similar to adults'.

③ Babies stare longer at something when they understand it.

④ Psychologists know very little about how babies think before they can speak.

✔ Psychologists can use babies' behavior to infer things about their minds.

이야기의 주제는 무엇인가?

① 심리학자들은 아기의 행동을 연구하기 위해 사진과 상자를 사용한다.

② 아기들은 아름다움에 대해 어른과 비슷한 생각을 가지고 있다.

③ 아기들은 어떤 것을 이해했을 때 더 오래 응시한다.

④ 심리학자들은 말을 배우기 전 아기들이 무슨 생각을 하는지에 대해서는 거의 알지 못한다.

⑤ 심리학자들은 심리를 추론하기 위해 아기들의 행동을 이용한다.

2. Which of the following is true according to the monologue?

✔ Babies are somewhat aware of gravity.

② Babies stare longer at unattractive faces.

③ Babies' ways of thinking change when they learn to speak.

④ Babies stare longer at things that are moving.

⑤ Babies have no awareness of beauty.

이야기에 따르면, 다음 중 사실인 것은 무엇인가?

① 아기들도 중력을 어느 정도 인식하고 있다.

② 아기들은 못생긴 얼굴을 더 오래 응시한다.

③ 아기들의 사고방식은 말을 배우면서 변화한다.

④ 아기들은 움직이는 것을 더 오래 응시한다.

⑤ 아기들은 미에 대한 개념이 없다.

▶ psychologist 심리학자 infant 유아 inference 추론 be based on …에 바탕을 두다 attractive 매력적인 infer 추론하다 gravity 중력 invisible 보이지 않는 hover 공중을 맴돌다 in midair 공중에 behavior 움직임, 행동 physics 물리학

W Babies cannot talk, and once they learn to talk, they cannot remember what it was like before they learned. This makes it very difficult for psychologists to study infants' minds. Psychologists have developed a method they use to make inferences about how babies think. This technique is based on the fact that when babies get bored, they stop looking at something. When something interests or surprises them, they stare at it. For example, one study involved showing photos of human faces to four-month-old babies. The babies stared longer at some faces than at others. These faces were the same ones that adults consider to be attractive. Scientists inferred that the babies found them more attractive as well. In another study, scientists decided to test whether babies have any understanding of gravity. They attached a box to a thin, invisible string and attached it to the ceiling. The psychologist then pushed the box off the table. Instead of falling to the floor, the box seemed to hover in midair. The babies stared and stared. Obviously, they were surprised by the box's behavior, showing they somewhat understand the laws of physics.

여 아기들은 말을 못한다. 일단 말하는 법을 배우고 나서도 말을 배우기 전에 어땠는지 기억을 할 수 없다. 이 때문에 심리학자들은 유아들의 마음을 연구하기가 매우 어렵다. 그래서 심리학자들은 아기들이 어떻게 사고하는지에 대해 추론을 하기 위해 사용하는 방법을 하나 개발했다. 이 기술은 아기들이 따분해지면 무언가를 쳐다보는 것을 그만둔다는 사실에 기반을 두고 있다. 아기들은 무언가에 흥미를 느끼거나 놀랄 때는 그것을 빤히 쳐다본다. 예를 들면, 한 연구조사에서 4개월짜리 아기에게 사람의 얼굴 사진을 보여 주었다. 아기들은 어떤 얼굴은 다른 얼굴보다 더 뚫어지게 쳐다보았다. 그 얼굴은 어른들도 똑같이 매력적이라고 생각하는 얼굴이었다. 그래서 과학자들은 아기들도 어른들과 똑같이 그들을 매력적이라고 생각한다고 추론했다. 또 다른 연구조사에서는 아기들이 중력에 대해 이해하고 있는지 시험을 해보기로 결정했다. 한 상자에 얇고 보이지 않는 실을 달고 그 실을 천장에 매달았다. 그런 다음 심리학자들은 상자를 테이블 밖으로 밀었다. 상자는 바닥으로 떨어지지 않고 공중에 매달렸다. 아기들은 그것을 계속 쳐다보았다. 분명 아기들은 상자의 움직임에 놀랐고 이것은 아기들이 물리학의 법칙을 어느 정도 이해하고 있다는 것을 보여 준다.

02 대화를 듣고, 이어지는 두 개의 질문에 답하시오..

1. What is the topic of the conversation?

✔ ① How to buy a good used car
② How to find a good mechanic
③ How to decide what kind of car suits you
④ How to decide what you should pay for a car
⑤ How to evaluate a car's condition

대화의 주제는 무엇인가?

① 좋은 중고차를 사는 방법
② 실력 있는 수리공을 찾는 방법
③ 어떤 종류의 차가 적당한지 결정하는 법
④ 차 값을 얼마를 내야 할지 결정하는 법
⑤ 차의 상태를 평가하는 방법

2. What piece of advice does the woman give first?

① Have the car checked by a mechanic.
② Ask for a lower interest rate.
③ Try a different company.
✔ ④ Check the reputation of the company.
⑤ Take the car for a drive.

여자는 제일 먼저 어떤 충고를 주었는가?

① 수리공한테 검사를 받는 것
② 더 낮은 이자율을 요구하는 것
③ 다른 회사를 알아보는 것
④ 회사의 평판을 확인하는 것
⑤ 시운전을 해보는 것

▶ used car 중고차 dealership 판매 대리점 chamber of commerce 상공회의소 reputable 평판이 좋은 complaint 불만, 불평 customer 고객 mechanic 정비공 negotiate 협상하다 payment 결제, 지불 interest rate 이율 suspicious 의심스러운 terms 조건, 조항 contract 계약

W Hey, I hear you're looking for a new car.

M That's right. Well, a new used car to be exact. In fact, I meant to ask you if you had any tips for me since you know so much about cars.

W I'd be happy to help. Do you already have one in mind, or are you just getting started?

M There is one I've got my eye on. It's a two-year old Hyundai Sonata over at a dealership called Uncle Ted's Used Cars.

W I've never heard of Uncle Ted's Used Cars. The first thing I would do is call the chamber of commerce and make sure that it's a reputable company. If there have been any serious complaints against them by customers, you don't want to buy from them.

M Good idea. I'll do that today.

W The next thing you need to do is thoroughly check the car for problems. Take it for a test drive, and have your own mechanic take a look at it. Don't take the dealer's word for it that it's in good condition.

M Yes, I've got a cousin who's a mechanic, and he's offered to check it out for me. What about negotiating the price and the payment plan? They're offering me a really low interest rate, which almost seems too good to be true.

W You're right to be suspicious. You might end up paying more than you thought you would. Get all the terms of the deal in writing, and read the contract very carefully.

여 새 차를 찾고 있다고 들었어요.

남 맞아요. 정확히 말하면 새 중고차요. 사실은, 차에 대해서 많이 아시니까 절 위해 도움말을 주실 수 있는지 물어볼 생각이었어요.

여 기꺼이 도와드리죠. 이미 생각하고 있는 차가 있나요, 아니면 새로 알아보시는 중이세요?

남 눈으로 찍어둔 차가 하나 있어요. 엉클 테드의 중고차 가게라는 곳에 있는 2년 된 현대 소나타에요.

여 그런 가게는 들어 본 적 없는데요. 저라면 제일 먼저 상공회의소에 전화를 걸어서 유명한 회사인지 확인해 볼 겁니다. 손님으로부터 받은 심각한 불만사항이 있다면 거기서 사지 마세요.

남 좋은 생각이에요. 오늘 그렇게 할게요.

여 다음에 할 일은 차에 문제가 없는지 철저하게 확인하는 겁니다. 시험운전도 해 보시고요 직접 정비공에게 차를 한번 봐달라고 하세요. 차의 상태가 좋다는 판매상의 말을 그대로 믿지 마시고요.

남 네. 조카가 자동차 정비공이에요. 그가 절 위해 검사를 해 주겠다고 했어요. 가격 협상과 대금 결제방법은 어떻게 하죠? 가게에서는 정말 낮은 이자율을 제시해서 사실이라고 믿기지가 않아요.

남 의심해 보시는 게 맞습니다. 나중에 생각보다 더 많은 돈을 내게 될 수도 있으니까요. 모든 계약조건을 문서화하고 계약서를 주의 깊게 읽어 보세요.

<table>
<tr><th>문제와 정답</th><th>스크립트</th><th>해석</th></tr>
</table>

03 다음을 듣고, 이어지는 두 개의 질문에 답하시오.

1. What is the topic of the talk?

① Discoveries made through satellite photography

② Privacy problems caused by satellite photography

③ Recent improvements in satellite photography

✓ The possible benefits of satellite photography

⑤ How governments use satellite photography

이야기의 주제는 무엇인가?

① 위성사진을 통한 발견
② 위성사진에 의해 야기되는 사생활 침해 문제
③ 최근 위성사진의 발전
④ 위성사진의 잠재적인 혜택
⑤ 정부가 위성사진을 사용하는 법

2. Which of the following is true according to the speaker?

① Services like Google Earth are not very popular now.

✓ Satellite photos can help prevent environmental damage.

③ There are not enough restrictions on satellite photography.

④ Journalists dislike using satellite photographs.

⑤ The main use of satellite photography will be for entertainment.

화자에 따르면, 다음 중 사실인 것은?

① 구글어스 같은 서비스는 요즘 인기가 없다.
② 위성사진이 환경피해를 예방하는 데 도움이 될 수 있다.
③ 위성사진에 대한 규제가 충분하지 않다.
④ 기자들은 위성사진을 사용하는 것을 싫어한다.
⑤ 위성사진의 주된 용도는 오락이다.

▶ harm 해를 입히다 environment 환경 satellite 위성 connection 접속 Google Earth 구글어스 multiply 증가하다, 늘다 high-resolution 고해상도의 power company 전력회사 harmless 해롭지 않은 blogger 블로거 technology 기술 expose 노출시키다 trend 흐름

M People will probably never stop trying to harm others and the environment for their own personal gain. However, we now have a new weapon: satellite photographs of practically every place on Earth viewable by anyone with an Internet connection. Right now, the popularity of Google Earth has a lot to do with the fun of finding your house or school in a satellite photo. But in the future, services like Google Earth will multiply, and their constantly updated, high-resolution, publicly available photographs will help expose large-scale crimes wherever they occur. No corporation can say that cutting down a forest is no problem when everyone can see the land turning into desert. No power company can say that a dam will be harmless when we can watch as villages are covered in water. Journalists and bloggers are already using this technology to expose the differences between what we are told and what is actually happening in the world's trouble spots. Let's hope that the trend continues. It might lead to a more honest and just world.

남 사람들은 아마도 자신의 사적인 이익을 위해 다른 사람들과 환경에 해를 끼치는 일을 멈추지 않을 것이다. 그러나 이제 우리에겐 새로운 무기가 있다. 지구상의 사실상 거의 모든 곳을 찍은 위성사진인데 인터넷에 접속한 사람이라면 누구나 볼 수 있다. 요즘 구글어스의 인기는 위성사진에서 여러분의 집과 학교를 찾는 재미와 아주 관련이 많다. 그렇지만 미래에는 구글어스 같은 서비스가 늘어날 것이고 끊임없이 업데이트되는 고해상도의 누구나 볼 수 있는 사진으로 인해 대규모 범죄가 어디에서 일어나든 그것에 대해 알 수 있다. 모두가 땅이 사막으로 바뀌고 있는 것을 볼 수 있기 때문에 어떤 회사도 나무를 베어내는 것이 아무 문제도 없다고 말할 수 없다. 마을이 물에 잠기는 것을 보면서 어떤 전력회사도 댐이 해롭지 않다고 말할 수는 없다. 기자들과 블로거들은 이미 이 기술을 사용해서 우리가 듣는 것과 분쟁지역에서 실제로 벌어지고 있는 일들의 차이를 우리에게 알려 준다. 이런 흐름이 계속되기를 희망한다. 그래야 더 정직하고 정의로운 세상이 될 수 있다.

<table>
<tr><th>문제와 정답</th><th>스크립트</th><th>해석</th></tr>
</table>

04 대화를 듣고, 이어지는 두 개의 질문에 답하시오.

1. What is the topic of the conversation?

① The number of people with disabilities
② The poor condition of public buildings
③ How the woman broke her leg
✔④ Public facilities for the disabled
⑤ Discrimination against the disabled

대화의 주제는 무엇인가?

① 장애인의 숫자
② 공공시설물의 열악한 상태
③ 여자의 다리가 부러진 경위
④ 장애인을 위한 공공시설물
⑤ 장애인에 대한 차별

2. Where does the conversation probably take place?

① In a restaurant
② At the movies
✔③ On the subway
④ On a plane
⑤ At a bank

대화는 어디에서 일어나는 것인가?

① 식당에서
② 영화관에서
③ 지하철에서
④ 비행기에서
⑤ 은행에서

▶ bother 귀찮게 하다   crowd 붐비는   crutch 목발
be broken 고장나다   take care of …을 관리하다
disabled 장애의, 불구의   helpful 도움이 되는
public transportation 대중교통   heal 치료되다, 낫다

스크립트

W Excuse me. I'm really sorry to bother you, but would you mind very much if I took your seat? It's just that I've got a broken leg.

M Oh, I'm so sorry. I couldn't see because it's so crowded in here. Please, sit down.

W Thanks very much.

M It must be tough to get around on those crutches.

W Sometimes it is. In fact, the elevator was broken at the station, and the steps and the ramp were covered in ice. So my husband had to carry me down.

M That's terrible! They should take better care of the elevators. A lot of disabled people need them.

W True. Actually, though, I've had fewer problems than I expected. Overall, this city seems to do a pretty good job for people with disabilities.

M Really? It's hard for me to know because I've never had a broken leg or anything.

W It's a new experience for me, too. But I've found that there's almost always a ramp or an elevator wherever I need one. And, more importantly, people are amazingly helpful. Like you, they're always happy to give up the best seats on public transportation for me.

M Well, I'm glad to hear that. Hey, I hope your leg heals soon. This is my stop.

W Okay. It was nice talking to you. Thanks again for the seat.

M My pleasure.

해석

여 실례합니다. 방해해서 죄송합니다만, 자리를 양보해 주시면 안 될까요? 다리가 부러져서요.

남 이런, 죄송해요. 여기가 너무 사람이 많아서 못 봤어요. 앉으시죠.

여 정말 고맙습니다.

남 목발로 다니시려면 힘드시겠어요.

여 가끔은 힘들어요. 사실은, 역 엘리베이터가 고장 났는데 계단과 난간이 눈으로 덮혀 있어서 남편이 절 업고 내려왔어요.

남 끔찍하네요! 엘리베이터 관리를 더 잘해야 해요. 많은 장애인들에게 필요하거든요.

여 맞아요, 그렇지만 실은 생각했던 것보다는 덜 힘들었어요. 대체로 이 도시는 장애를 가진 사람들을 위해 아주 일을 잘하는 것 같아요.

남 정말요? 전 다리가 부러지는 것 같은 일을 안 당해봐서 알기가 어려워요.

여 저에게도 새로운 경험입니다. 그렇지만 필요할 때는 거의 언제나 난간이나 엘리베이터가 있어요. 그리고 더 중요한 것은 사람들이 놀라울 정도로 도움을 많이 줍니다. 당신처럼, 대중교통을 이용할 때 사람들이 절 위해 언제나 기꺼이 좋은 자리를 양보해요.

남 그 말을 들으니 기쁘네요. 다리가 빨리 완쾌되길 바랍니다. 전 여기서 내립니다.

여 네, 대화 즐거웠습니다. 자리 양보해 주신 것 다시 한번 감사 드려요.

남 천만에요.

05 대화를 듣고, 이어지는 두 개의 질문에 답하시오.

1. What is the topic of the conversation?

① Reasons for learning to scuba dive
② The man's scuba diving experience
③ The history of scuba diving
✓ Scuba diving safety
⑤ How scuba equipment works

대화의 주제는 무엇인가?

① 스쿠버다이빙을 배우는 이유
② 남자의 스쿠버다이빙 경험담
③ 스쿠버다이빙의 역사
④ 스쿠버다이빙 안전 수칙
⑤ 스쿠버 장비의 작동 원리

2. Which of the following can be inferred from the conversation?

① The man wants to become a scuba instructor.
② The woman does not want the man to go scuba diving.
③ The woman has never tried scuba diving.
④ The man is nervous about his test.
✓ The woman is afraid of the water.

다음 중 대화에서 추론할 수 있는 것은?

① 남자는 스쿠버다이빙 강사가 되고 싶어한다.
② 여자는 남자가 스쿠버다이빙을 하러 가는 것을 원하지 않는다.
③ 여자는 스쿠버다이빙을 해 본 적이 없다.
④ 남자는 시험 때문에 긴장하고 있다.
⑤ 여자는 물을 무서워한다.

▶ booklet 팸플릿, 작은 책자 get certified 자격을 따다 scary 무서운 underwater 물속에 equipment 장비 as long as …하는 한 instructor 강사 practically 사실상 diver 다이버 bends 공기색전증 nitrogen 질소 pressure 압력 bubble 방울 issue 조직 fizz 거품이 일다 prevent 예방하다 decrease 감소하다 gradually 점진적으로

W What are you reading?

M It's a booklet on scuba diving. I've been taking lessons to get certified, and my test is tomorrow.

W That sounds exciting. Although, I must say that frankly, I find the idea a little scary, too.

M Why's that?

W Well, you're so far underwater, and what if something goes wrong with your equipment?

M As long as you have a good instructor and you don't try anything stupid, it's very safe. The equipment they make nowadays makes it practically impossible for anything to go wrong.

W If you say so.

M I admit, though, that divers still have to watch out for the bends.

W The bends? What's that?

M Well, you know how the air that we breathe is 80% nitrogen?

W I didn't know that, but go on.

M When you're underwater, your body is under pressure. This makes the nitrogen in your body turn into bubbles that get into your blood and tissues.

W And that's bad, I suppose?

M It is if you rise to the surface too fast, which means a sudden change in pressure. Then the bubbles fizz. It's kind of like opening a bottle of champagne. The pain is terrible.

W Ouch! So how do you prevent the bends?

M You just have to make sure that you go slowly back to the surface. That way, the pressure decreases gradually.

W It sounds like you know what you're doing. Good luck on your test tomorrow.

여 뭐 읽고 있니?

남 스쿠버다이빙에 관한 팜플렛이야. 자격증을 따려고 수업을 들었는데, 내일이 시험이야.

여 신나겠다. 그렇지만 솔직히 말하면 약간 무서워.

남 왜 무서워?

여 물속으로 너무 깊이 들어가잖아. 장비에 이상이 생기면 어떡해?

남 좋은 강사가 있고 어리석은 짓만 하지 않으면 매우 안전해. 요즘 나오는 장비들은 이상이 생기는 게 사실상 불가능할 정도야.

여 뭐 그렇게 말한다면야.

남 그렇지만 다이버들은 공기색전증을 조심해야 한다는 건 인정해.

여 공기색전증이라고? 그게 뭐니?

남 우리가 숨쉬는 공기의 80%가 질소라는 건 알지?

여 몰랐지만 계속 말해봐.

남 물 속에 들어가면 몸이 수압을 받게 돼. 그럼 몸 속에 있는 질소가 공기방울로 바뀌어서 혈액과 조직 속으로 들어가게 돼.

여 그럼 안 좋은 거지?

남 물 표면으로 너무 빨리 올라오면 안 좋지. 그건 갑작스런 수압변화를 의미하니까. 그럼 공기방울이 거품이 일게 돼. 마치 샴페인 병을 딸 때처럼 말이야. 통증이 엄청 심해.

여 저런! 공기색전증을 어떻게 예방하지?

남 표면으로 올라올 때 천천히만 올라오면 돼. 그럼 수압이 점진적으로 낮아져.

여 전문가처럼 들린다. 내일 시험 잘 봐.

06 Listen to the talk, and answer the following two questions.

1. What is the topic of the talk?

① 중세 시대의 패션
② 샤넬의 성공 이유
✓③ 미에 대한 관점의 변화
④ 부와 패션의 관계
⑤ 패션 브랜드의 성공 조건

이 이야기의 주제는 무엇인가?

2. Which of the following statements is true according to the talk?

① Beauty standards have changed since the 1860s.
② Suntanned skin is healthier than pale skin.
③ Victorian society valued appearance more than other times.
✓④ Coco Channel was beneficial to the development of image.
⑤ The Industrial Revolution made women thin by forcing them to work hard.

이야기에 따르면, 다음 진술 중 사실인 것은?

① 미의 기준이 1860년대 이후로 바뀌어 왔다.
② 그을린 피부가 창백한 피부보다 더 건강하다.
③ 빅토리아 시대에는 다른 시대보다 외모에 더 가치를 부여했다.
④ 코코 샤넬은 이미지의 발달에 도움이 되었다.
⑤ 산업혁명으로 여성은 일터로 내몰리면서 마르게 되었다.

▶ **standard** 기준 **feminine** 여성의 **depending on** …에 따라 다른 **Restoration Period** 왕정복고 시대 **plum** 포동포동한 **rare** 귀한, 흔하지 않은 **dessert** 후식 **attitude** 태도 **Industrial Revolution** 산업혁명 **amass** 추적하다, 쌓다 **Victorian Age** 빅토리아 시대 **wasp** 말벌 **ideal** 이상적인, 이상의; 이상 **beauty** 미인 **gorgeous** 멋진, 화려한

W New fashion trends come out almost every year. Also, standards of feminine beauty change over time, usually depending on how famous, wealthy people look. In the Restoration Period, for example, plump, pale women were considered beautiful. Women who were heavier were seen as wealthy because they could afford lots of rich foods, especially sugar, which was still rare then. These women enjoyed luxurious desserts and sweets. This attitude gradually changed, however, as the Industrial Revolution allowed men to work in the office and easily amass wealth. Before, a wealthy man showed his wealth by having a plump wife who had too much food. In the Victorian Age, a wealthy man had a thin wife who never left the home. Only he left home and worked. During that century, a wife who had a body "like a wasp" and who was pale and frail was the ideal. This changed again in the 1920s, thanks to a famous designer named Coco Channel. She was tan and thin, and everyone wanted to look like her because she was so wealthy. Recently, there has been a trend toward plumper, larger women. Superstar beauties like Jennifer Lopez and Beyonce Knowles are showing American women that full-figured women can also be gorgeous and successful.

여 매년 새로운 패션 트렌드들이 나오고 있다. 또한 여성의 미의 기준이 시간이 지남에 따라 바뀌는데, 보통은 유명하고 부유한 사람들의 외모에 따라 달라진다. 예를 들면, 왕정복고 시대에는 통통하고 창백한 여성들이 아름답다고 여겨졌다. 몸무게가 많이 나가는 여성들이 부유하다고 여겨졌는데 왜냐하면 그런 여성들은 많은 풍부한 음식, 특히 그 당시까지만 해도 아주 귀했던 설탕을 사먹을 수 있는 여유가 있었기 때문이다. 그런 여성들은 많은 디저트와 단 음식을 즐겼다. 그러나 산업혁명으로 남자들이 사무실에서 일하고 쉽게 부를 쌓을 수 있게 됨에 따라 이러한 태도는 점차 바뀌었다. 전에는, 부유한 남자는 너무 많은 음식을 먹는 통통한 아내를 가짐으로써 자신의 부를 과시했다. 빅토리아 시대에는, 부유한 남자의 아내는 집에만 있는 마른 여자였다. 남자만이 집 밖에서 일을 했다. 그 세기 동안에는, '말벌 같은' 몸매를 가진 창백하고 연약한 아내가 가장 이상적이었다. 이것은 다시 1920년대에 바뀌었는데 코코 샤넬이라는 이름을 가진 한 유명한 디자이너 덕분이었다. 그녀는 피부가 갈색이고 말랐는데 너무나 부유했기 때문에 모두가 그녀처럼 보이고 싶어했다. 최근에는 더 통통하고 더 몸집이 큰 여성을 지향하는 트렌드가 있다. 제니퍼 로페즈와 비욘세 노울즈 같은 슈퍼스타가 된 미인들은 미국 여성들에게 체격이 큰 여성들도 아름다울 수 있고 성공할 수 있다는 것을 보여 주고 있다.

07 Listen to the conversation, and answer the following two questions.

1. What is the topic of the conversation?

① 취미 생활
② 갖고 싶은 물건들
✓ ③ 용돈과 심부름
④ 용돈을 인상하는 방법
⑤ 주말에 할 것들

이 이야기의 주제는 무엇인가?

2. When does the girl go for pizza?

① after washing the dishes
② when she gets her pocket money for the week
③ after she walks the dog
✓ ④ on the weekends when her chores are done
⑤ after eating candy and reading a comic book

소녀는 언제 피자를 먹으러 가는가?

① 설거지한 후에
② 일주일 분의 용돈을 받은 주에
③ 개를 산책시킨 후에
④ 집안일을 다 한 주말에
⑤ 사탕을 먹고 만화책을 읽은 후에

▶ do the chores 집안일을 하다 except …을 제외하고 pocket money 용돈 save 저축하다 a amount of 상당한 rollerblade 롤러블레이드

스크립트
W Hi, Tom. Do you want to play basketball with me?
M Yes, I'd like to. But first I need to take Fido for a walk. I have to do that every day, or my mom won't let me play with my friends.
W I have chores to do as well. I have to wash the dishes after dinner and clean my room.
M I think washing the dishes is no fun. At least taking Fido for a walk is fun, except when I'd rather be playing video games.
W Sometimes, especially on the weekends, my mom takes me for pizza if I did my chores all week.
M Wow, that's great. I should ask my mom to do the same for me.
W Does your mom give you pocket money?
M Yes, she gives me $2 every week. But that's not because I do the chores. It's so that I can buy my own candy and comic books.
W My mom gives me $1.50 every week. She says it's because I always help her around the house.
M I'm saving my money to buy a new bicycle.
W I think you'll be saving for a long time. A bicycle costs a lot of money.
M My dad said that once I've saved a certain amount of money, he'll help me buy the bike.
W Your dad's cool. I'm saving for a new pair of rollerblades, but I have to buy them myself.
M But if you do even more chores around the house, maybe your dad will buy them for you.
W That's a great idea.

해석
여 안녕, 톰. 나랑 농구 할래?
남 그래, 기꺼이. 그런데 먼저 파이도를 산책시켜야 해. 매일 해야 하는 일인데 안 하면 엄마가 친구들과 노는 걸 허락하지 않으실 거야.
여 나도 집안일 할 거 있어. 저녁 먹은 후에 설거지를 하고 방을 청소해야 돼.
남 내 생각에 설거지는 재미없을 것 같아. 적어도 파이도를 산책시키는 것은 재미있어. 비디오 게임 하고 싶을 때만 빼고.
여 가끔, 특히 주말에 엄마가 날 데려가서 피자를 사 주셔. 일주일 내내 집안일을 했다면 말이야.
남 와, 그거 좋은데. 우리 엄마한테도 똑같이 해 달라고 얘기해야겠다.
여 엄마가 용돈 주시니?
남 응, 매주 2달러씩 주셔. 그렇지만 그건 내가 집안일을 하기 때문은 아냐. 내가 먹을 사탕과 만화책을 사기 위한 거야.
여 우리 엄마는 매주 1.5달러씩 주셔. 내가 항상 집안일을 돕기 때문에 주시는 거라고 하시면서.
남 난 새 자전거를 사려고 돈을 모으고 있어.
여 오랫동안 모아야 할 거야. 자전거가 얼마나 비싼데.
남 일단 돈을 어느 정도 모으면 아버지가 자전거 사는 거 도와주시겠다고 말씀하셨어.
여 너네 아빠 멋지다. 난 롤러블레이드를 새로 사려고 돈을 모으고 있는데 내가 직접 사야 해.
남 그렇지만 집안일을 훨씬 더 많이 하면 아마 네 아빠가 사 주실 거야.
여 그거 좋은 생각이다.

08 Listen to the talk, and answer the following two questions.

1. What is the topic of the talk?

① 카이탁 공항의 문제점들
② 첵랍콕 공항의 문제점들
③ 홍콩 최초의 국제공항
✔ 홍콩의 새로운 관문 첵랍콕 공항
⑤ 홍콩의 면적 변화

이야기의 주제는 무엇인가?

2. What amazing fact about the Hong Kong Airport is the speaker's main point?

① Journeys take 23 minutes.
✔ The airport is built on two islands that were joined together.
③ Tung Chung is a historic old town.
④ Hong Kong now has an airport.
⑤ Hong Kong has become an important business center.

홍콩 공항의 어떤 놀라운 사실이 화자의 요점인가?

① 시내까지 가는 데 23분이 걸린다.
② 공항은 서로 연결된 두 섬 위에 지어졌다.
③ 통청은 역사적인 오래된 도시이다.
④ 홍콩에는 이제 공항이 있다.
⑤ 홍콩은 중요한 상업 중심지가 되었다.

▶ international 국제적인 trade 무역 congested 혼잡한 resident 거주인 complain 불평하다 noise nuisance 소음으로 인한 불편함 transport 수송, 운송 facility 시설 artificially 인위적으로 journey 여행 expand 확장되다 land reorganization 토지 재편

M Kai Tak was the first international airport in Hong Kong and became very famous in Asia. But growth in trade and business resulted in Kai Tak becoming very congested. The residents of Hong Kong also complained about the noise nuisance. It was therefore seen as vital that more modern transport facilities be built. The development of the new Chek Lap Kok International Airport began in 1998. The airport was built on an artificially constructed island made by combining the two former islands of Chek Lap Kok and Lam Chau. The two former islands that were leveled make up about a quarter of the surface area of the airport's 12.48 kilometer platform. It is connected to the northern side of Lantau Island near the historic village of Tung Chung, now expanded into a new town. Journeys to the city take twenty-three minutes. Land reorganization for the airport added nearly 1% to the entire area of Hong Kong!

남 카이탁은 홍콩 최초의 국제공항이었고 아시아에서 아주 유명해졌다. 그러나 통상교역이 늘어난 결과 카이탁은 아주 혼잡해졌다. 홍콩 거주민들도 소음공해에 대해 불만을 제기했다. 따라서 더 현대적인 교통시설이 지어져야 한다는 것이 필수적으로 여겨졌다. 새로운 첵랍콕 국제공항의 건설은 1998년에 시작되었다. 그 공항은 첵랍콕과 람차우 두 개의 기존 섬을 연결해서 만든 인공섬에 지어졌다. 그 평평해진 두 개의 예전 섬들은 공항의 12.48km에 달하는 부지 표면적의 4분의 1가량을 차지한다. 공항은 역사적으로 유명한 마을인 통청 근처에 있는 란타우 섬 북부에 연결되어 있는데, 이곳은 지금은 신도시로 확장되었다. 시내까지 가는 데는 23분이 걸린다. 공항건설을 위한 토지 재편으로 홍콩 전체 면적이 거의 1%가량 늘어났다!

09 Listen to the talk, and answer the following two questions.

1. How did the woman cross the border from China to Vietnam?

① She had to take a taxi.
② The passport control official drove her.
✔ ③ She walked across the bridge.
④ She did not cross the border.
⑤ The police took her across.

여자는 어떻게 중국에서 베트남으로 국경을 넘었는가?

① 택시를 타야 했다.
② 여권심사대 직원이 차로 태워 주었다.
③ 걸어서 다리를 건넜다.
④ 국경을 넘지 않았다.
⑤ 경찰이 데려갔다.

2. Which best shows the change in the speaker's emotion?

① happy → sad
② glad → unhappy
✔ ③ nervous → relieved
④ embarrassed → scared
⑤ surprised → angry

화자의 감정변화를 가장 잘 보여 주는 것은?

① 행복한 → 슬픈
② 반가운 → 기분 나쁜
③ 긴장한 → 안심한
④ 당황스러운 → 무서운
⑤ 놀란 → 화난

▶ border 국경 proceed 나아가다 passport control 출입국 심사 nervous 긴장된 stamp 도장 detail 세부사항 repeatedly 반복적으로 half awake 반쯤 깨어 있는 separate 갈라 놓다 process 과정 entry form 입국 서류 customs 세관

W Last year, I traveled from China to Vietnam using the train and bus. I arrived at the Chinese border town around seven o'clock in the morning. The border was already open, so I could proceed through. The first step was the Chinese passport control. They took my passport and started looking though it very carefully. I became very nervous until I realized that they were simply curious. I had been traveling for a long time, and my passport had many stamps from countries such as Australia, Japan, and even Mexico. They checked all my details while repeatedly looking at me. I tried to smile and be friendly even though it was really early in the morning and I was only half awake. After about ten minutes of this, I was allowed to pass through the passport control. A bridge separates Vietnam and China, so I had a short walk across "no-man's land" before entering the Vietnam passport control. It was the same process again but with some difference. First, I completed the entry form, had it checked, and then moved on to the customs official. He was very serious, but, after checking my passport, he waved me through.

여 작년에 나는 기차와 버스를 사용해서 중국에서 베트남까지 여행했다. 아침 7시 정도에 중국의 국경도시에 도착했다. 국경이 이미 열려 있어서 나는 바로 입국심사를 받을 수 있었다. 첫 단계는 중국의 출입국 심사였다. 그들은 내 여권을 가져가서 아주 주의 깊게 살펴보기 시작했다. 나는 매우 긴장됐지만 나중에는 그들이 단순히 호기심으로 그런다는 것을 깨달았다. 오랫동안 여행을 해왔기 때문에 내 여권에는 호주, 일본, 심지어 멕시코 같은 나라의 도장이 많이 있었다. 그들은 자꾸만 나를 보면서 세부사항들을 확인했다. 정말 이른 아침이어서 반쯤 깨어 있는데도 불구하고 나는 미소를 지으며 친절하게 대하려고 노력했다. 약 10분 동안 그런 후에, 출입국 심사를 통과할 수 있었다. 베트남과 중국 사이에는 다리가 하나 있는데 그 '무인지대'를 잠깐 가로질러 걸어서 베트남 출입국 심사대로 들어갔다. 똑같은 과정을 거쳐야 했지만 차이점이 있었다. 먼저, 입국 서류를 다 작성하고 검사를 받은 후 세관원에게로 갔다. 그는 아주 진지했지만, 내 여권을 확인한 후 손을 흔들어 나를 통과시켰다.

10 Listen to the conversation, and answer the following two questions.

1. Why is the man calling?

① He is a client of Jack Collins.
② He has an interview with Jack at 1:00.
③ He needs to cancel an appointment.
✔ ④ He needs to check about the files.
⑤ He has an urgent message for Jack.

남자는 왜 전화를 걸었는가?

① 그는 잭 콜린스의 의뢰인이다.
② 그는 잭과 1시에 인터뷰가 있다.
③ 약속을 취소해야 한다.
④ 파일에 대해 확인할 것이 있다.
⑤ 잭에게 전달할 긴급한 사항이 있다.

2. Which is NOT mentioned in the conversation?

① The man's name
② The name of the man's company
③ The name of the person the man wants to talk to
✔ ④ The man's telephone number
⑤ The man's purpose for calling

대화에서 언급되지 <u>않은</u> 것은?

① 남자의 이름
② 남자 회사의 이름
③ 남자가 통화하고 싶어하는 사람의 이름
④ 남자의 전화번호
⑤ 남자가 전화를 건 목적

▶ **leave a message** 메시지를 남기다 **request** 요구하다, 신청하다 **appreciate** 감사히 여기다

W Good afternoon. The Works Corporation.

M Hello. Can you put me through to Jack Collins, please?

W I'm sorry. He's out for lunch right now.

M Do you know when he'll be back?

W He should be back by 1:00. Would you like to leave a message for him?

M Yes. Could you tell him I sent the files he requested yesterday?

W Certainly. Can I have your name please?

M My name is Teddy Wilson. I'm calling from S&Y Corporations. Could you ask him to call me when he has a moment? I have several things to check about the files.

W Does he have your number?

M Yes, he has my number and my e-mail address.

W All right, Mr. Wilson. I'll have him call you when he has a minute.

M Thanks. I appreciate it. Have a nice day.

W You too.

여 안녕하세요. 웍스 기업입니다.

남 안녕하세요. 잭 콜린스에게 연결해 주시겠습니까?

여 죄송합니다. 지금 점심 식사하러 나가셨는데요.

남 언제 돌아올지 아시나요?

여 1시까지는 돌아오실 겁니다. 메시지를 남겨 드릴까요?

남 네. 어제 그가 부탁한 파일을 보냈다고 전해 주시겠어요?

여 알겠습니다. 성함이 어떻게 되시죠?

남 제 이름은 테디 윌슨입니다. S&Y 기업에서 전화 드리는 거고요. 시간이 되면 전화해 달라고도 말씀해 주시겠어요? 파일들에 대해서 확인할 것들이 좀 있어서요.

여 콜린스 씨가 전화번호를 알고 계신가요?

남 네, 제 전화번호와 이메일 주소를 알고 계십니다.

여 알겠습니다. 윌슨 씨. 시간 나실 때 전화하시도록 하겠습니다

남 고마워요. 정말 고맙습니다. 좋은 하루 되세요.

여 윌슨 씨도요.

실전모의고사 **01**

01 ②	02 ④	03 ③	04 ③	05 ③	06 ②	07 ③	08 ④	09 ③	10 ②
11 ④	12 ③	13 ③	14 ①	15 ③	16 ⑤	17 ④	18 ④	19 ⑤	20 ②
21 ③	22 ⑤	23 ⑤	24 ②	25 ③	26 ④	27 ③	28 ②	29 ③	30 ⑤
31 ④	32 ④	33 ②	34 ④	35 ④	36 ④	37 ⑤	38 ②	39 ⑤	40 ⑤

문제와 정답	스크립트	해석

01

대화를 듣고, 대화의 상황에 알맞은 그림을 고르시오.

① 　② 

③ 　④ 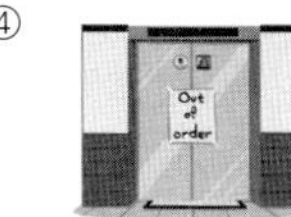

⑤ 

▶ last 버티다, 참다　fire drill 소방 훈련　deputy 대표자, 대리인　assign 지명하다　armband 완장　baton 지휘봉, 배턴　handle 다루다　flight 계단, 비행　ridiculous 우스운, 엉터리 같은　piggyback 등(어깨)에 탄

스크립트

(loud buzzing sound)

M1 Oh boy, that's the fire drill. Anne, Frank, let's take the stairs down and then meet in the lobby.

W You want to walk down twenty floors? My old legs won't last.

M1 Sorry, Anne, but those are the rules. We can't take the elevators during a fire drill.

M2 Dave, isn't there supposed to be a fire deputy? Who's the fire deputy in this department?

M1 Oh my goodness. I was so busy on that day of the seminar that I forgot to assign one. Frank, can you be the fire deputy? Here are the armband and baton.

M2 Okay, the stairs are this way, so please follow me. Walk single file, and everyone stay to the left.

W I'm not walking down those stairs since I'm an old woman. My legs can't handle going down that many flights.

M2 Anne, you can take the elevator on the way up. On the way down, I'll carry you. Why don't you climb on my back right now?

W These blasted fire drills are so ridiculous. Dave, let me stay up here.

M1 Okay, Anne. Frank, let Anne stay here this time. Don't carry her down on your back.

M2 All right, all right. But, Anne, if there's ever a real fire, you had better be prepared to go down the stairs piggyback style.

해석

남1 이런, 소방 훈련이군. 앤, 프랭크, 층계로 내려가서 로비에서 만나자.

여 20층을 걸어 내려가자고? 내 늙은 다리가 못 버틸 거야.

남1 미안 앤, 그게 규칙이야. 소방 훈련 시에는 엘리베이터를 탈 수가 없어.

남2 데이브, 화재 대표자가 있어야 하는 거 아냐? 이 부서 화재 대표자가 누구지?

남1 오 이런. 세미나 날 너무 바빠서 한 사람 정하는 걸 잊고 있었군. 프랭크, 화재 대표자가 되어 줄래? 여기 완장과 지휘봉이 있어.

남2 좋아, 계단은 이쪽이니 나를 따라오세요. 왼편으로 한 줄로 걸으세요.

여 난 나이 많은 여자니까 이 층계로 걸어 내려가지 않을래. 내 다리가 그 많은 층계를 감당 못해.

남1 앤, 올라갈 때는 엘리베이터를 탈 수 있어. 내려갈 때는 내가 도와줄게. 지금 내 등에 업힐래?

여 이런 엉터리 같은 소방 훈련 같으니. 데이브, 나 그냥 여기에 있게 해줘.

남1 알았어, 앤. 프랭크, 이번에는 앤은 여기에 있게 하자. 네 등에 태워 데려가지 마.

남2 알았어, 알았어. 하지만 앤, 만약 진짜 화재가 난다면, 너는 등에 업혀 내려갈 준비를 하는 게 좋아.

02

대화를 듣고 두 사람의 관계로 알맞은 것을 고르시오.

① security guard – traveler
② pilot – traveler
③ airline agent – customs officer
✓ customs officer – traveler
⑤ son – customs officer

① 안전요원 – 여행자
② 비행사 – 여행자
③ 항공사 직원 – 세관원
④ 세관원 – 여행자
⑤ 아들 – 세관원

▶ purpose 목적　declare (세관에) 신고하다　gift 선물, 재능

스크립트

M May I see your passport, please?

W Certainly.

M Where are you coming from?

W I'm coming from Canada.

M What is the purpose of your visit?

W I'll be visiting a friend of mine and doing some sightseeing.

M How long are you planning to stay?

W Probably for two weeks.

M Where will you be staying?

W I'll be staying at my friend's house for a night or two. But I'll stay in Plaza Hotel most of the time.

M Is this your first time in Korea?

해석

남 여권 부탁합니다.

여 여기요.

남 어디서 오신 거죠?

여 지금 캐나다에서 오는 길입니다.

남 방문의 목적이 뭔가요?

여 친구도 방문하고 관광도 하려고요.

남 얼마나 오래 머무를 예정이죠?

여 2주 정도입니다.

남 어디 머무를 예정입니까?

여 하루 이틀은 친구집에 머무를 겁니다. 하지만 대부분은 프라자호텔에 머무를 겁니다.

남 한국은 처음이신가요?

W Yes, it is.	여 네.
M Do you have anything to declare?	남 신고할 품목이 있으세요?
W No, only some gifts I bought in Canada.	여 아뇨. 캐나다에서 산 선물 몇 개가 전부입니다.
M All right. you're fine. Enjoy your stay.	남 좋습니다. 즐거운 체류되세요.

03 다음을 듣고, 화자가 가장 듣기 싫어할 말을 고르시오.

① Baseball players are lazy and arrogant.
② Baseball is a boring sport.
✓③ Are you kidding? Baseball players are athletes!
④ Don't give those guys a room. They're baseball players!
⑤ Baseball is not as exciting as soccer.

① 야구선수들은 게으르고 거만해.
② 야구는 지루한 스포츠다.
③ 농담해? 야구선수들은 운동선수야!
④ 그들에게 방을 주지마. 그들은 야구선수이야!
⑤ 야구는 축구만큼 흥미롭지 않아.

▶ appealing 매력적인, 흥미를 끄는 batter (야구에서의) 타자 fielder 야수 worst of all 최악의 것은 notorious 악명이 높은 out of shape 몸매가 좋지 않은, 건강이 좋지 않은 athlete 운동선수 respond 대답하다, 응답하다

W I'd really like to know why baseball is so popular. To me, it's not nearly as appealing as sports like soccer, basketball, or ice hockey. Generally, the players don't do much of anything in the game until after the seventh inning. Also, even when the batter hits the ball, it usually doesn't result in an exciting play. The ball just rolls to a fielder, who proceeds to toss the ball to first base, which results in an out. Worst of all, baseball players are notorious for being out of shape. After all, most of them stand around on the field doing practically nothing. There's even a famous story about some baseball players who demanded some hotel rooms after they were told there were no rooms available. They said to the desk clerk, "Give us some rooms. Don't you know who we are? We're the Kansas City Royals!" The clerk said, "Oh, I didn't realize you were athletes!" To which one player responded, "Athletes? Are you kidding? We're baseball players!"

여 나는 어째서 야구가 그렇게 인기 있는지 알고 싶습니다. 내게는 축구나 농구, 아이스하키만큼 매력적이지 않거든요. 일반적으로 선수는 일곱 번째 이닝이 지나도록 아무 일도 안 하고, 또 공을 친다고 해도 흥분되는 플레이가 되지도 않습니다. 공은 그저 야수에게 굴러가고, 야수는 일루로 공을 던져서 아웃이 되고 맙니다. 가장 최악의 것은 야구선수들은 몸매가 좋지 않은 것으로 악명이 높다는 것입니다. 결국 그들은 하루 종일 실제 하는 일 없이 그냥 서 있기만 합니다. 호텔에서 만실이라는 얘기를 듣고도 방을 요구하던 어떤 야구선수들의 유명한 일화가 있습니다. 그들은 접수 직원에게 말했습니다. "방을 주시오, 우리가 누군지 모릅니까? 우리는 캔자스 시티 로열스란 말이오." 직원이 대답했죠. "아, 운동선수인 줄 몰랐습니다." 거기에 한 선수가 대답하길 "운동선수라니, 당신 농담하는 거요? 우리는 야구선수들이란 말이오!"

04 대화를 듣고, 내용과 일치하지 않는 것을 고르시오.

① 남자는 마음이 약하고 여자는 그렇지 않다.
② 여자는 스캇의 행동이 마음에 들지 않는다.
✓③ 스캇에 대한 남자의 행동이 여자를 화나게 했다.
④ 남자는 스캇 때문에 마음이 편하지 않다.
⑤ 스캇은 컴퓨터 게임을 좋아한다.

▶ bother 귀찮게 하다 every single day 매일 nuisance 성가심, 귀찮음 softhearted 마음이 약한 hang out with …와 놀러 나가다 annoying 짜증나는 uncomfortable 불편한 pain in the neck 불쾌하게(지겹게) 하는 것(사람)

W Did Scott come over again and bother you again last night?
M Yeah, lately it seems like he comes over to my place every single day.
W It's such a nuisance for that guy to visit you every day. Why don't you tell him to get lost?
M I should do that, but I guess I've been too softhearted.
W But aren't you busy since you're writing a book now? Just tell him that you don't have time to hang out with him.
M I do that if he stays for too long. But usually, if I ignore him, he'll just go home after a while.
W If I were you, I'd tell him to go right away. I wouldn't let people just come over and visit me all the time. What does he do when he's at your place?
M He usually just plays with his Sony PSP since he loves playing video games so much.
W That must be so annoying! Doesn't he try to talk to you?
M Sometimes, but he usually just talks about science and computer things, which are topics that make me feel a little uncomfortable.
W That would drive me crazy. That Scott's a pain in the neck.

여 스캇이 어젯밤에도 와서 널 또 귀찮게 했니?
남 응. 요즘엔 그가 매일 같이 오고 있는 것 같아.
여 그 녀석이 매일 같이 찾아온다니 정말 귀찮겠구나. 그만 오라고 얘기하지 그래?
남 그래야 하는데, 아무래도 내가 마음이 너무 약한 거 같아.
여 하지만 너 지금 책 쓰느라고 바쁘지 않니? 그에게 놀아줄 시간이 없다고 그냥 얘기해.
남 너무 오래 머무르면 얘기하지. 하지만 보통은 내가 그를 무시하면 잠시 후 그냥 집으로 가곤 해.
여 내가 너라면 당장 가라고 얘기할 거야. 난 사람들이 아무 일 없이 그냥 놀러 오게 놔두지 않을 거야. 그가 네 집에 오면 뭘 하는데?
남 그는 비디오 게임하는 걸 굉장히 좋아해서, 보통은 그냥 소니 PSP로 게임을 해.
여 정말 짜증나겠다! 그가 말을 걸지는 않니?
남 가끔은. 하지만 그 앤 보통 과학이나 컴퓨터와 관련된 얘기를 하는데, 그건 내가 별로 좋아하지 않는 주제들이지.
여 나라면 정말 미칠 것 같을 거야. 스캇 녀석은 정말 입안의 가시 같은 지겨운 녀석이야.

<table>
<tr><th>문제와 정답</th><th>스크립트</th><th>해석</th></tr>
</table>

05

다음을 듣고, This가 가리키는 것을 고르시오.

① 온실 가스
② 홍수
✓ 지구 온난화
④ 빙산
⑤ 화석 연료

▶ climatologist 기후학자 be attributable to …때문인, …의 탓인 significantly 두드러지게, 상당히 assert 주장하다, 단언하다 process 작용, 과정 skeptic 회의론자 flood 범람시키다; 홍수 coastal 해안의, 연안의

M This is a common topic featured on the news these days. But is it really a threat that needs to be taken seriously? Most climatologists believe that the earth has warmed by 0.6 degrees Celsius in the last century. They also believe that most warming over the last 50 years is attributable to human activity. In addition, most believe that this will have a negative impact on human society. However, a small number of scientists disagree with the others' opinions. Some people say that the Earth is not warming significantly while others say that the cause of this is unknown. Still others assert that the cause of this is due to natural processes. Finally, some skeptics say that this may actually be good for human society. We'll know if they are right in about one hundred years, when the effects of this may flood many coastal villages around the world.

남 이것은 요즘은 흔한 뉴스거리이다. 하지만 이것이 심각하게 받아들여야 하는 진짜 위협인 걸까? 대부분의 기후학자들은 지구가 지난 세기 동안 섭씨 0.6도만큼 더워졌다고 믿는다. 그들은 또한 지난 50년 동안의 온난화는 대부분 인간의 활동에서 기인했다고 여기고 있다. 또한 대부분은 이것이 인간 사회에 부정적인 영향을 끼칠 것으로 믿는다. 그러나 소수 과학자들은 이러한 의견에 동의하지 않는다. 몇몇에 의하면, 지구는 그렇게 뚜렷하게 온난화가 진행되고 있는 것은 아니다. 또한 어떤 이들은 지구 온난화의 원인이 불확실하다고 말한다. 다른 사람들은 여전히 이것이 자연적인 작용 때문이라고 여긴다. 마지막으로 몇몇 회의론자들은 이것이 사실은 인간 사회에 도움이 될 것이라 말한다. 아마도 우리는 백 년 안에는 그들이 맞는지 알 수 있을 것이다. 이것의 영향으로 지구의 여러 해안 마을들이 홍수로 잠길 수도 있는 그때 말이다.

06

대화를 듣고, 여자의 마지막 말에 이어지는 남자의 응답으로 가장 알맞은 것을 고르시오.

M: ________________

① What time does his plane land?
✓ What does your client look like?
③ What airline is he flying on?
④ When does your meeting begin?
⑤ What is the name of your client?

여자의 질문에 대한 올바른 응답은 무엇인가?

① 그의 비행기 도착 시간이 언제니?
② 너의 고객이 어떻게 생겼니?
③ 무슨 항공편으로 도착하니?
④ 회의는 언제 시작해?
⑤ 네 고객의 이름이 뭐니?

▶ appreciate 감사히 여기다 assistance 도움, 원조 client 고객, 의뢰인 department head 부서장 attend 참석하다 in charge of …에 책임에 있는 land 획득하다; 땅 contract 계약 urgent 급한

W Tom, I've got a problem, and I'd really appreciate it if you could give me some assistance.

M What's going on?

W I've got a client arriving at the airport in a couple of hours. He's from China, and he's never been to the country before, so someone needs to pick him up at the airport.

M Then shouldn't you be heading to the airport to pick him up soon?

W Well, that's the problem. The boss just called a meeting of all department heads. It's going to start in an hour, and I absolutely have to attend since I'm in charge of the Sales Department.

M Oh, I get it. Would you like for me to pick up your client at the airport for you?

W Do you think that you can meet Mr. Chin for me? I'd really appreciate it. He's the head of a large company, and, if I can land a contract with his company, it would really help increase our sales.

M Yeah, I guess I could do that for you. I have some work to do, but there's nothing urgent.

W Great. I knew I could count on you. Here is all of his flight information. Is there anything else you need to know?

M ________________

여 톰, 나 문제가 있어. 네가 도와주면 정말 고맙겠어.

남 무슨 일인데?

여 두 시간 안에 공항에 도착하는 고객이 있어. 중국에서 오는데, 전에 여기에 와 본 적이 없어서 누가 공항에 마중을 가야 해.

남 그럼 공항에 곧 마중가야 하지 않아?

여 그래, 그게 문제야. 사장이 전 부서장들의 회의를 소집했어. 한 시간 안에 시작될 텐데, 판매부를 책임지고 있는 나는 그 미팅을 빠져서는 안 되거든.

남 아, 알았다. 내가 공항에 가서 너 대신 그 고객을 마중하길 바라는 거야?

여 나 대신 친 씨를 마중해 줄래? 정말 고마워. 그는 큰 회사의 수장이야. 내가 그의 회사와 계약을 따내면, 우리 판매를 늘리는 데 정말로 도움이 될 거야.

남 그래, 내가 할 수 있을 거 같아. 일이 있지만 급한 것은 아니야.

여 잘됐다. 너에게 의지하면 될 줄 알았어. 여기 그의 비행 정보가 있어. 더 필요한 정보 있어?

남 ________________

07

대화를 듣고, 교수가 하지 않은 일을 고르시오.

① 수업 안내서를 나누어 준다.
② 수업에 대한 간략한 소개를 한다.
✓ 토지 개혁 예측에 대한 질문에 응답한다.
④ 안내서를 받지 못한 사람에게 안내서를 줄 것을 누군가에게 부탁한다.
⑤ 야외 수업에 대한 변경사항을 설명한다.

▶ geomorphology 지형학 introduction 소개 prerequisite 필수 과목 investigate 조사하다 origin 기원 evolution 발전 landform 토양 형태 numerical 수적인, 수에 관한

W (To class) Attention, everybody. Please take your seats. Everybody, hello, and will you please be quiet. My name is Dr. Healey, and this is Geomorphology 101. (To student) Please take these and pass them to your neighbor. (To class) This is the course outline. We'll just pass these out before I give an introduction to the course. (a few seconds later). Okay, does everybody have one? Good! As I said, this is Geomorphology 101, and I am Dr. Lisa Healey. This course is a prerequisite to the natural sciences research lab. The purpose of this course is to investigate the origin and evolution of landforms. In this class, we

여 (학생들에게) 모두 주목. 자리에 앉으세요. 여러분 제발 조용히 해 주겠어요? 난 힐리 교수이고, 이 수업은 지형학 101이고. (학생에게) 이걸 가져다가 옆 사람들에게 나눠 주세요. (학생에게) 이것은 수업 계획서입니다. 수업에 대한 소개를 하기 전에 이걸 나눠 주겠습니다. (몇 초 후에) 좋아요. 모두 하나씩 받았나요? 좋아요. 내가 말한 것처럼, 이것은 지형학 101이고, 난 리사 힐리라고 합니다. 이 수업은 자연 과학 연구 실습에 대한 필수 과목입니다. 이 수업의 목적은 토양 형태의 기원과 발전에 대해 탐구하는 것입니다. 이 수업에서 우리는 우선 토양 형태 역사와 역동성을 논의할 것이고, 다음 수치 모델링을 통하여 토양 형태 변화에 대한 예측을 공부할 것

문제와 정답	스크립트	해석

field research 야외(현장) 조사   cutback 삭감
cover …에 대해 다루다, 덮다

스크립트:

will first talk about landform history and dynamics, and then we will go on to study the prediction of landform change through numerical modeling. Any questions?

M Do you have any more outlines? I didn't get one.

W Someone pass an outline to that gentleman in the back. Does anyone have a question about the course?

M Will we be doing field research?

W Unfortunately, the field research component of this class has been shelved by the department due to funding cutbacks. We have decided to cover numerical modeling instead.

해석:

입니다. 질문 있나요?

남 계획서 더 있나요? 저 못 받았어요.

여 누가 뒤에 있는 남학생에게 계획서 하나 건네 주세요. 수업에 대해 질문 있는 사람?

남 야외 조사를 하게 됩니까?

여 불행히도, 이 수업의 야외 조사는 부분은 재정 삭감으로 인해, 과에 의해 누락되었습니다. 대신에 수치 모델링을 다루기로 했습니다.

08

다음을 듣고, 이야기를 요약하는 다음 문장에 가장 알맞은 것을 고르시오.

Campers must always be sure to __________.

① bring the proper equipment
② avoid contact with animals
③ cook their own food
✓④ follow certain guidelines
⑤ start campfires properly

야영객들은 항상 __________.

① 적절한 장비를 가져와야 한다
② 동물과의 접촉을 피해야 한다
③ 스스로 음식을 조리해야 한다
④ 특정 지침을 따라야 한다
⑤ 캠프파이어를 적절하게 시작해야 한다

▶ typically 전형적으로   attract 유인하다
extinguish 불을 끄다, 소화하다   tame 길들여진

스크립트:

W Nowadays, more and more people are starting to go camping in the country's numerous national parks. They typically do this in the summer although some may go camping in spring or fall as well. However, it is important to remember some important rules when camping. The first and most important one is to leave everything exactly the way it was when you got there. In other words, you should not litter or leave a mess wherever you decide to camp. Don't leave food scraps either because those can attract animals. Also, campers need to be extremely careful with their campfires. They should be sure to extinguish them completely. After all, numerous forest fires have begun because careless campers forgot to put out their fires. Finally, campers need to remember that the animals in the parks are wild. They aren't tame like cats and dogs are. Some, like snakes and bears, can be dangerous or even deadly. If people remember these guidelines, their camping experience will be both fun and safe.

해석:

여 요즘 점점 더 많은 사람들이 수많은 국립 공원으로 캠핑을 가기 시작하고 있다. 일부는 봄이나 가을에 가기도 하지만, 그들은 일반적으로 여름에 캠핑을 간다. 그러나 캠핑을 할 때는 몇 가지 중요한 규칙을 기억하는 것이 중요하다. 첫째 그리고 가장 중요한 것은 도착했을 때의 모습으로 모든 것을 유지하는 것이다. 즉, 어디로 캠핑을 가든 쓰레기를 남기지 말아야 한다. 음식 쓰레기도 남기지 말아야 한다. 이것들은 동물을 유인하기 때문이다. 또한 야영객들은 캠프파이어에 주의를 기울여야 한다. 완전히 불이 꺼졌는지 확인해야 한다. 결국 많은 산불들이 조심성 없는 야영객이 불을 끄는 걸 잊음으로 인해 발생해 왔다. 마지막으로 야영객은 공원에 있는 동물들이 야생동물이라는 걸 기억해야 한다. 그들은 개나 고양이처럼 길들여진 것이 아니다. 뱀이나 곰 같은 몇몇은 위험하고 또한 치명적일 수 있다. 사람들이 이런 지침들을 기억한다면, 캠프 경험은 즐겁고 안전할 것이다.

09

다음을 듣고, 이것이 어떤 질문에 대한 대답인지 고르시오.

① Are some monster waves now able to reach 200 meters?
② What was the reason for most of shipwrecks in the Bermuda Triangle?
✓③ Do monster waves really exist?
④ Are monster waves dangerous?
⑤ What is the most disastrous phenomenon of nature?

① 거대 파도는 200미터에 이를 수 있는가?
② 버뮤다 삼각지에서의 선박 난파의 원인은 무엇인가?
③ 거대 파도는 실제로 존재하는가?
④ 거대 파도는 위험한가?
⑤ 자연의 가장 위험한 현상은 무엇인가?

▶ myth 신화   belief 믿음   satellite 위성
strategically 전략적으로   buoy 부표   susceptible 취약한   shipwreck 선박의 난파   predict 예측하다
ferocity 사나움   phenomenon 현상

스크립트:

M Until recently, most scientists had thought that monster waves were a myth and never really existed. No one believed that an ocean wave could even reach over fifty meters. That belief was proven wrong recently. Researchers have used satellite imaging and have also used strategically placed buoys to identify waves that are up to 200 meters in length from trough to valley. The waters near Madagascar, Indonesia, and the Bermuda Triangle are particularly susceptible to these monsters. This could help to explain the long history of shipwrecks in these waters. Now scientists are working on technology that will be able to predict these waves to avoid occurrences such as the *Norwegian Dawn* incident, where a cruise ship was struck by a seven-story killer wave. There were no injuries from that wave, but it demonstrated the ferocity of this phenomenon of nature.

해석:

남 최근까지, 대부분의 과학자들은 거대 파도가 전설 속에만 존재한다고 생각했다. 어느 누구도 파도가 50미터 이상에 이를 거라고는 믿지 않았다. 최근에 그 믿음이 틀렸다는 것이 증명되었다. 연구가들은 파도의 골과 골 사이가 200미터에 이르는 큰 파도를 찾아내기 위해서 인공 위성 이미지와 전략적으로 위치된 부표들을 이용해 왔다. 마다가스카르, 인도네시아, 버뮤다 삼각지 인근 해역이 특히 이 거대한 파도에 취약하다. 이것이 바로 이 해역에서 오랜 기간 동안 발생해 온 배의 난파를 설명해 준다. 이제 과학자들은, 7층 높이의 거대 파도에 의해 여객선이 격침을 당한 〈노르웨이지언 던호〉 사건 같은 일들을 피하기 위해, 이 파도들을 예측하는 기술을 개발하고 있다. 비록 파도로 인한 부상자는 없었지만, 그 사건은 이 자연 현상의 사나움을 잘 보여 주었다.

10

다음을 듣고, 내용과 일치하지 <u>않는</u> 것을 고르시오.

	Driving Areas	Color
①	Britain	
✔	New Zealand	
③	Hong Kong	
④	Mainland China	
⑤	Thailand	

Left-Hand Side Driving Countries: ▇
Right-Hand Side Driving Countries: ▇

▶ motorist 운전자 opposite 반대 collision 충돌 medieval 중세의 self defense 자기 방어 nuisance 성가심, 귀찮음 mainland 본토

W Most countries require their motorists to drive on the right-hand side of the road. However, there are some countries where the opposite is true. Brits, New Zealanders, Australians, and Thais are left-hand-side drivers. Of course, drivers must be consistent in the side of the road on which they drive in order to prevent collisions. But why do some countries choose to have their motorists drive on the left-hand side instead of on the right? Historians are not sure of the roots of this practice. Some believe that it may have its roots in medieval Britain, when horse riders needed to keep their sword arm, which was their right arm, free for self defense. Whatever the reason, it's a nuisance to drivers in Hong Kong, who usually drive on the left but must switch to driving on the right when they cross the border to travel in mainland China.

여 대부분의 국가들은 운전자들이 길 오른쪽으로 운전하도록 요구한다. 그러나 반대의 경우인 국가들이 몇 있다. 영국인들, 뉴질랜드인들, 호주인들, 태국인들이 왼쪽으로 주행을 한다. 물론 운전자들은 충돌을 방지하기 위해서 일관되게 어느 한 쪽으로 주행해야 한다. 그러나 왜 몇몇 국가들은 오른쪽이 아닌 왼쪽으로 주행을 하는 것일까? 역사가들은 이 관습의 근원에 대해 확실한 답을 갖고 있지 않다. 어떤 사람들은 그 뿌리가 중세 영국에서 기인할지도 모른다고 말한다. 그 당시 말 타는 사람들은 자기 방어를 위해 칼을 쓰는 오른팔을 자유롭게 유지해야 했다. 이유가 무엇이든 간에, 그것은 홍콩 사람들에게 불편한 일이다. 그들은 보통 왼쪽으로 운전을 하지만, 중국 본토를 여행하기 위해 국경을 넘을 때는 오른쪽 운전으로 바꾸어야 한다.

11

대화를 듣고, 남자의 마지막 말에 대한 여자의 응답으로 가장 알맞은 것을 고르시오.

W: ____________________

① Let's speak softer.
② I always get thirsty when I talk this much.
③ I'm not really sure who you are.
✔ May I introduce you?
⑤ I've heard so much about you.

① 더 작게 말하자.
② 이렇게 많이 얘기하면 항상 목마르더라.
③ 네가 누군지 확신이 안 선다.
④ 서로 소개해 줄까?
⑤ 너에 대해 많이 들었어.

▶ be stuck at …빠져 움직이지 못 하다 drag (…을) 끌고 데려오다 sense of humor 유머 감각

W I can't believe we're stuck at another work-related party this week. They're so boring.

M I know. I tried to get my girlfriend to come with me, but she laughed at me and said there was no way she was going to go.

W I dragged my husband along even though he didn't feel like coming.

M Oh, he's here? Where is he?

W He's standing in the corner over there by the bookstand. He's the tall guy with the dark blue jacket on.

M I'd love to meet him. At least I'll have someone interesting to talk to.

W My husband will have you laughing in no time. He has a great sense of humor.

M I guess you two have a lot in common.

W Yeah, I guess that's why we decided to get married.

M What sort of work does he do?

W He works as a business consultant for a British company. That's why he's always flying to London.

M Oh, it looks as if he's coming over here right now.

여 우리가 이번 주에도 일과 관련된 파티에 참가해야 하다니 믿을 수 없어. 정말 지루한데.

남 알아. 내 여자친구와 같이 오려 했는데, 나를 비웃으면서 절대 안 온다고 하더라.

여 난 남편이 싫어하는데도 끌고 왔어.

남 그가 여기 있어? 어디 있는데?

여 저 쪽에 책장 옆에 서 있어. 짙은 파란색 웃옷을 입고 있는 키 큰 남자야.

남 만나고 싶어. 적어도 얘기할 재미있는 누군가가 생길 테니까.

여 내 남편은 널 즉시 웃게 만들 걸. 그는 유머 감각이 탁월하거든.

남 너희 둘은 공통점이 많은 거 같다.

여 그래, 그게 바로 우리가 결혼한 이유일 거야.

남 그는 무슨 일을 해?

여 영국 회사에서 사업 컨설턴트로 일해. 그래서 항상 런던으로 비행을 하지.

남 오, 그가 지금 이리로 오는 거 같은데.

12

다음을 듣고, 화자의 요지가 가장 잘 나타난 문장을 고르시오.

① There are many ways to keep in touch with friends.
② People hardly ever write letters to their friends.
✔ It is important to try to keep in touch with friends.
④ E-mail has made keeping in touch with people very easy.
⑤ Many people prefer to speak on the telephone.

① 친구와 연락하고 지내는 많은 방법이 있다.
② 사람들은 친구에게 편지를 잘 쓰지 않는다.

M Friends are an important part of people's lives. We can have friends, and we can have acquaintances. Friends are people we have known since we were children or since school or university. Some people have many friends, but most people have just three or four really close friends even if they don't see them or speak to them every day. Acquaintances are people we meet at work or socially. Sometimes we spend time hanging out with them. But people are generally not as close to their acquaintances as they are to their old friends. It's important to make time to speak with your friends. There are no more excuses for not making an effort. E-mail has made keeping in touch with

남 친구는 사람들의 인생에서 중요한 부분이다. 우리는 친구 혹은 지인이 있다. 친구란 우리가 어릴 때부터 혹은 학교 다닐 때부터 알게 된 사람들이다. 몇몇 많은 친구가 있지만, 대부분은 비록 그들과 매일 보거나 말하지는 않아도 서너 명의 정말로 친한 친구가 있다. 지인은 직장에서 혹은 사회적으로 알고 지내는 사람이다. 때때로 우리는 그들과 시간을 같이 보낸다. 하지만 사람들은 일반적으로 오랜 친구처럼 지인들과 친하지는 않다. 친구들과 대화하는 시간을 갖는 것은 중요하다. 노력을 하지 않는 것에 대해 더 이상은 변명할 여지가 없다. 많은 사람들이 전화로 말하는 것을 선호하기는 하지만, 이메일이 연락을 주고 받는 것을 쉽게 만들어 주었다. 사실 사람들은 이제는 거의 편지를 쓰지 않는다. 편지는 도착하

③ 친구와 연락하고 지내는 것은 중요하다.
④ 이메일이 연락하는 것을 쉽게 만들었다.
⑤ 많은 사람들이 전화로 얘기하는 것을 선호한다.

▶ acquaintance 아는 사람, 지인 socially 사회적으로 hang out with ~와 놀다, 사귀다 make an effort 노력하다 destination 목적지

people very easy even though many people still prefer to speak on the telephone. In fact, people hardly ever write letters anymore. Letters take too long to reach their destination, especially if they are being sent to another country.

는 데 시간이 걸리는데, 특히 다른 나라로 보내는 경우 더욱 그렇다.

---

13 대화를 듣고, 여자가 사과하는 이유를 고르시오.

① She does not have a reservation.
② She is starving.
✓ Her umbrella is making a mess in the restaurant.
④ Her table is not ready yet.
⑤ The man is taking her jacket.

① 그녀는 예약을 안 했다.
② 그녀는 배가 고프다.
③ 그녀의 우산이 식당을 지저분하게 만들고 있다.
④ 그녀의 테이블이 아직 준비되지 않았다.
⑤ 남자가 그 여자의 옷옷을 가져갔다.

▶ have a reservation 예약하다 cancellation 취소 absolutely 반드시, 절대적으로 take a seat 자리에 앉다

W Good evening. Do you have a table for two, please?
M Do you have a reservation with us for this evening?
W No, I'm afraid we didn't have time to make one. I hope that won't be too much of a problem.
M Well, you're in luck. We normally don't take people without reservations, but we've just had a cancellation.
W Oh, that's good news for us. We're really starving and absolutely love eating here.
M May I take your jackets for you?
W Sure. Do you mind if I leave my umbrella here as well? I'm really sorry about all that water that's dripping on the floor.
M That's quite all right. I'll take it for you. Please take a seat over there while we get your table prepared.
W May we order some drinks while we wait?
M Yes, you may. I'll send someone over to take your order in just a second.
W How long do we have to wait?
M Your table should be ready in about ten minutes. This young man will call you when it's ready for you to sit down at.
W Thanks for your trouble.

여 안녕하세요. 두 사람을 위한 테이블이 있나요?
남 오늘 저녁 저희 쪽으로 예약을 하셨나요?
여 아뇨. 그럴 시간이 없었어요. 그게 큰 문제가 되지 않길 바래요.
남 운이 좋으시군요. 저희는 대개 예약 없이 손님을 받지 않지만, 방금 취소 손님이 있었거든요.
여 좋은 소식이군요. 우린 정말 배가 고프고 여기서 꼭 식사하고 싶어요.
남 웃옷을 받아 드릴까요?
여 네. 우산도 여기 놔도 될까요? 바닥에 온통 물이 떨어져서 죄송해요.
남 괜찮습니다. 제가 받아 두죠. 자리를 준비하는 동안 저쪽 의자에 앉아 주세요.
여 기다리는 동안 음료를 주문해도 될까요?
남 그럼요. 바로 주문 받을 사람을 보내 드릴게요.
여 얼마나 기다려야 하나요?
남 10분 안에 준비될 겁니다. 앉을 준비가 되면 이 젊은 이가 손님을 부를 겁니다.
여 신경 써 주셔서 감사합니다.

---

14 다음을 듣고, 이 스포츠에 대해 사실이 <u>아닌</u> 것을 고르시오.

✓ It is most often played in rural environments.
② Players must pass obstacles as quickly as they can.
③ The sport is somewhat dangerous to its players.
④ It was invented by the French.
⑤ The sport's leaders encourage people to play safely.

① 시골에서 주로 행해진다.
② 선수들은 가능한 빨리 장애물을 통과해야 한다.
③ 선수에게 다소 위험한 종목이다.
④ 프랑스인들에 의해 개발된 스포츠이다.
⑤ 스포츠의 지도자들은 사람들이 안전하게 이 경기를 행할 것을 권한다.

▶ take credit for …에 책임이 있다 exotic 이국적인 objective 목적 obstacle 장애물 urban 도시의 handrail 난간, 손잡이 compare 비교하다 surrounding 환경 promote 홍보하다 injury 부상 occasionally 종종

W The French take credit for the invention of an exotic new sport. Parkour means "the art of moving" in English. The objective of this new sport is to pass obstacles in the quickest way possible. It's mostly played in urban environments where many handrails, steps, and low buildings can be found. Some fans of the sport compare it to the movie stunts that Jackie Chan often performs. Others associate Parkour with having freedom over one's surroundings. This sport is not without risk though. One man in Great Britain fell to his death from the roof of a parking lot while he was participating in the sport. It is therefore no wonder that leading figures in the sport regularly promote safety. They often point out that Parkour is about "movement" and not "stunts." Nevertheless, there are still times when the game's dangerous nature causes injuries and even, occasionally, death.

여 프랑스인들이 이국적인 새로운 스포츠를 발명해냈다. 파쿠르는 영어로 '움직임의 예술'이라는 의미이다. 이 스포츠의 목적은 가능한 최고 빠른 방법으로 장애물을 통과하는 것이다. 이 스포츠는 많은 난간, 계단, 낮은 건물들이 위치한 도시 환경에서 주로 실행된다. 몇몇 팬들은 이 스포츠를 성룡의 영화 스턴트 동작과 비교한다. 다른 이들은 파쿠르를 환경으로부터의 자유로 연관 짓는다. 그러나 이 스포츠가 위험하지 않은 것은 아니다. 영국에서 한 남자가 이 스포츠 도중 주차장 지붕에서 추락하여 사망했다. 이 스포츠의 지도자들이 안전을 정기적으로 홍보하는 것은 놀라운 일이 아니다. 그들은 파쿠르는 '움직임'에 관한 것이지 '스턴트'에 관한 것이 아니라고 지적한다. 그럼에도 불구하고, 게임의 위험스러운 성격으로 인해 부상이 발생하는데, 종종 사망에 이르는 경우도 있다.

15 대화를 듣고, 고객이 대여한 차와 지불 금액이 알맞게 연결된 것을 고르시오.

	대여차량	금액
①	Hyundai Sorrento	150 dollars
②	Hyundai Sorrento	195 dollars
✔	Honda Accord	150 dollars
④	Honda Accord	195 dollars
⑤	Honda Accord	500 dollars

▶ vehicle 탈것, 교통 수단 driver's license 운전
면허 insurance 보험 liability 책임 deductible
공제할 수 있는 collision 충돌 with a full tank
(연료를) 가득 채워서

W Is it possible for me to rent a Hyundai Sorrento here?

M I'm very sorry, ma'am, but all of our Sorrentos are rented now. How about renting a Honda Accord instead?

W That would be fine so long as it has a CD player in it.

M I'm certain that the car does since it comes standard in all our vehicles.

W Okay, then how much is it for three days?

M The cost of renting the car runs to $50 per day. Do you have a credit card and a valid driver's license?

W Yes, I have them right here.

M Do you have auto insurance that covers liability? If you buy it from us, it only costs $45 per week.

W I won't need that because my credit card has auto insurance.

M Some cards have a $500 deductible and don't cover collision. Are you sure that yours does?

W Yes, I'm positive about that.

M Very well. Your Honda Accord will be ready for you to drive in about twenty minutes. We'll bring it out front when everything is prepared. And, by the way, please return it with a full tank of gas when you bring it back.

W Okay, thanks.

여 여기서 현대 소렌토를 빌릴 수 있을까요?

남 죄송합니다, 손님. 저희 소렌토는 현재 모두 대여중입니다. 대신 혼다 어코드는 어떤가요?

여 안에 CD 플레이어가 있기만 하면 괜찮아요.

남 물론 있을 겁니다. 저희 모든 차에는 기본이니까요.

여 좋아요. 그럼 3일 동안에 얼마죠?

남 대여비는 하루에 50달러입니다. 신용카드와 면허증이 있나요?

여 네, 여기 있어요.

남 책임을 보상해 주는 자동차 보험이 있나요? 저희 쪽에서 하시면 주당 겨우 45달러에요.

여 내 신용카드가 자동차 보험이 되니까 필요 없을 것 같아요.

남 어떤 카드들은 500달러를 공제해 주지만 충돌 사고는 보상하지 않아요. 손님 카드는 확실히 보상하나요?

여 네, 확신해요.

남 알겠습니다. 손님의 혼다 어코드가 20분 안에 준비될 겁니다. 준비가 되면 이 앞으로 가지고 나오게 할게요. 참, 반납해 주실 때는 연료를 가득 채워 주시기 바랍니다.

여 알겠어요. 감사합니다.

---

16 대화를 듣고, 제임스 박사에 대해 올바른 것을 고르시오.
① 그는 여자의 고용인 중 한 명이다.
② 그는 논의된 회사의 회계 관리를 책임지고 있다.
③ 그는 아시아 금융 위기가 다시 올 가능성은 전혀 없다고 생각한다.
④ 그는 내일 아시아 금융 위기가 올 거라고 생각한다.
✔ 그는 회사 금융 관리에 대해 여성에게 조언하고 있다.

▶ financial crisis 금융 위기 repeat 반복하다
definite 분명한 financial asset 금융 자산 invest
투자하다 respectively 각각 bond 채권 cash
deposit 현금 예금 currency 통화 loss 손실

W Nice to meet you, Dr. James. I have heard you are an expert on the Asian Financial Crisis.

M Nice to meet you, too.

W Doctor, do you believe the Asian Financial Crisis could repeat itself? What are the chances?

M Well, I'd say there's a slim possibility, about 5%, that it could happen in the next five to six years. Still, it is a definite possibility.

W What would you advise we do about this now?

M Well, right now, I'd take a look at your mix of financial assets. How heavily, in rough figures, have you invested in Thailand, Indonesia, and the Philippines?

W We have about 10, 10, and 15%, respectively, in our Asian asset portfolio.

M Well, how much of that is stocks, and how much of that is bonds?

W I'd say it's mostly bonds as well as some cash deposits.

M My advice would be to put more of your assets into corporate stocks. They are sheltered from currency crisis. Bonds pay a fixed amount in cash.

W What should we do in the short term? What if there was a crisis tomorrow.

M If there were a currency crisis tomorrow, you'd have about 30 minutes to save your investments, or they would lose about 20~30% of their value. It would all happen very fast. Of course, as I say, there's only a 5% chance of it happening.

여 제임스 박사님, 만나게 돼서 반가워요. 당신이 아시아 금융 위기 전문가라고 들었습니다.

남 저도 만나서 반갑습니다.

여 박사님, 아시아 금융 위기가 반복될 수 있다고 생각하시나요? 그 가능성은 얼마나 될까요?

남 글쎄요, 미약한 가능성이 있다고 말하고 싶네요. 향후 5~6년 안에 일어날 확률은 약 5퍼센트 정도 될 겁니다. 여전히 확실히 가능성은 있는 거지요.

여 이에 관해 당신이 조언해 주실 수 있는 것은 무언가요?

남 글쎄요, 당장은 당신의 금융 자산의 구성을 검토해 보겠습니다. 태국, 인도네시아, 필리핀에 대략 얼마나 많이 투자를 했나요?

여 우리의 아시아 투자 중에서 각각 10, 10 그리고 15퍼센트씩입니다.

남 그 중 주식과 채권이 어느 정도씩인가요?

여 대부분은 채권입니다. 약간의 현금 예금하구요.

남 조언을 하자면 더 많은, 자산 비중을 회사 주식으로 돌리라는 겁니다. 그것들은 화폐 위기로부터 안전하지요. 채권은 고정 이율로 현금으로 지급합니다.

여 단기적으로는 어떻게 해야 하나요? 만약 내일 위기가 있다면 말이죠.

남 만약 내일 위기가 닥친다면, 당신은 투자금을 보존하기 위해 30분 정도의 시간을 가질 겁니다. 그렇지 않으면 투자금 가치의 20~30퍼센트가 날아갑니다. 이 일은 아주 빨리 일어날 겁니다. 물론 내가 말한 것처럼, 그 일이 일어날 확률은 5퍼센트 정도입니다.

W That short! That would be a disaster. Thank you, Dr. James.

M You're welcome.

여 그렇게나 빨리! 그건 정말 재난이겠군요. 제임스 박사님 감사합니다.

남 천만에요.

---

17 다음을 듣고, 이야기의 전개 방식을 고르시오.

① comparison
② contrast
③ analogy
✔ example
⑤ analysis

① 비교
② 대조
③ 유추
④ 예시
⑤ 분석

▶ carnivorous plant 육식 식물 soil 토양, 흙 trap …을 잡다, …에 덫을 놓다 Venus flytrap 비너스 파리잡이 풀 resurrection fern 착생 양치류 drought 가뭄 revive 재생하다 tropical rainforest 열대 우림 seed 씨앗 snake 뱀처럼 나아가다; 뱀 strangle 질식 시키다

M There are many strange and amazing plants. There are even some carnivorous plants that eat animals. They usually live in poor soil and are forced to trap insects. One well-known carnivorous plant is the Venus flytrap. Another weird plant is one that rises from the dead. It is called the resurrection fern. It lives in dry climates. When there is a drought, it curls up and looks dead, but, when it rains, the plant is revived. Even stranger is a plant that strangles other trees. The strangler tree grows in tropical rainforest. Birds and bats drop the seeds of the plant in their droppings, and the plant begins to grow high up in the branches of a rainforest tree. Its roots snake downward. They wrap around the trunk of the tree, eventually strangling it. Additionally, living stones can be found in South Africa and Namibia. They look like stones even though they are definitely plants.

남 이상하고 놀라운 식물들이 많이 있다. 심지어 동물을 먹는 육식 식물도 존재한다. 그들은 주로 좋지 않은 토양에서 자라기 때문에 곤충을 잡을 수밖에 없다. 잘 알려진 육식 식물의 하나는 비너스 파리잡이 풀이다. 또 다른 이상한 식물은 죽었다가 생겨난다. 그것은 착생 양치류라고 불린다. 이 식물은 건조한 기후에서 산다. 가뭄이 있을 때, 이 식물은 돌돌 말려서 죽은 것처럼 보이지만 비가 내리면 다시 살아난다. 더 이상한 식물은 다른 식물을 조르는 것이다. 교살 나무는 열대 우림에서 자란다. 새나 박쥐가 이 식물의 씨앗을 배설물로 떨어뜨리고, 그러면 그 식물은 열대 우림 나무의 가지 안에서 위로 성장해 나간다. 그 뿌리는 아래로 뱀처럼 내려간다. 이 식물은 나무의 줄기를 감싸고 마침내 나무를 질식시킨다. 추가적으로, 살아 있는 돌들이 남아프리카와 나미비아에서 발견된다. 그것들은 돌처럼 보이지만 명백히 식물이다.

---

18 대화를 듣고, 돈을 받을 사람, 계좌번호, 받을 금액이 알맞게 연결된 것을 고르시오.

	Recipient	Account Number	Amount of Money
①	Tio Mcappper	0170303	5,000,000 won
②	Tio Mcappper	01550	5,861 dollars
③	Scott Gardiner	0170303	5,000,000 won
✔	Scott Gardiner	0170303	5,861 dollars
⑤	Scott Gardiner	01550	5,000,000 won

▶ wire 전송하다 transfer 송금하다 swift code 은행 코드 recipient 수령인 account number 계좌번호 automatically 자동적으로

M Good afternoon. If you aren't busy right now, then I'd like to wire some money to Canada.

W That won't be a problem at all. How much would you like to transfer?

M Oh, I guess 5,000,000 won should be enough for today.

W Before I can transfer your money for you, I'm going to need the swift code for your bank. Could you please let me know it?

M It's T-I-O-M-C-A-P-P-P-E-R.

W And could you please give me the name of the recipient of the transfer?

M It's Scott Gardener. That's S-C-O-T-T. Then G-A-R-D-E-N-E-R.

W And would you please let me know the account number to which you'll be sending the money?

M The account number is 0170303, and the transit number is 01550. Oh, hold on for a second please. I just want to check on something. Will that money automatically transfer into Canadian dollars?

W Yes, it will. The rate is 853.

M Is that the rate for Korean won to the dollar?

W That's correct, sir. So, by transferring 5,000,000 won to the bank abroad, the recipient of the funds will receive $5,861 dollars.

남 안녕하세요, 지금 바쁘지 않으시면, 제가 캐나다로 돈을 보내고 싶거든요.

여 물론 괜찮습니다. 얼마나 보내려고 하시나요?

남 음, 오늘은 5백만 원 정도면 될 것 같네요.

여 돈을 송금해 드리기 전에, 손님의 은행코드가 필요합니다. 알려 주시겠어요?

남 T-I-O-M-C-A-P-P-P-E-R입니다.

여 송금을 받으실 분의 성함을 알려 주시겠어요?

남 스캇 가드너입니다. S-C-O-T-T, G-A-R-D-E-N-E-R.

여 돈을 보내실 계좌번호를 알려 주시겠어요?

남 계좌번호는 0170303이구요. 트랜지트 넘버는 01550입니다. 잠깐만요, 확인 좀 할게요. 캐나다 달러로 자동으로 바뀌는 건가요?

여 네. 환율은 853입니다.

남 한국 원화 대비해서인가요?

여 맞습니다. 그래서 5백만 원을 해외 은행으로 보내면 받으시는 분은 5,861달러를 받게 되시죠.

19

다음을 듣고, 마지막에 이어질 말로 알맞은 것을 고르시오.

> One unanswered question is; _______________

① Can warfare exist without new advances in technology?
② What is the most powerful wartime technology?
③ Has technology been a part of warfare since the earliest times?
④ Can technology save lives even during times of war?
✔ Does technology save lives or cause more death and destruction?

한 가지 풀리지 않는 의문은 _______________ 이다.

① 새로운 기술 발전 없이 전쟁이 존재할 수 있는가?
② 가장 강력한 전쟁 기술은 무엇인가?
③ 기술이 초창기부터 전쟁의 일부분이었는가?
④ 기술이 전쟁 중에도 사람의 목숨을 구할 수 있는가?
⑤ 기술은 사람의 목숨을 구하는가 아니면 죽음과 파괴를 불러오는가?

▶ **warfare** 전쟁 **millennia** 수 천년 **caveman** 동굴 거주자 **spear** 창 **conflict** 대립, 전쟁 **fellowman** 인간, 동포 **determine** 결정하다 **sophisticated** 정교한 **military tactics** 군사 전술 **bomb** 폭탄 **satellite** 위성 **pinpoint** (위치를) 정확히 알아내다 **function** 기능 **landmine** 지뢰 **deactivate** 해제하다, 비활성화시키다 **scope out** 조사하다, 바라보다

W The marriage of warfare with technology has existed for centuries or perhaps even millennia. Since some cavemen invented the first fire-hardened spear, technology has played an integral part in man's conflicts with his fellowman. In fact, the winners in many wars are often determined by which side has the most advanced technology. Nowadays, highly sophisticated technology plays a very important role in military tactics for most of the world's armies. One example of their importance can be seen in the use of "smart" bombs. Smart bombs use satellite navigation systems to pinpoint their targets with deadly accuracy. In fact, they can accurately hit targets that are just a meter or two long. Electromagnetic bombs, or E-bombs, are designed for the purpose of destroying the electrical functions of an enemy's weapons system. Military robots detect landmines, deactivate unexploded bombs, and scope out hostile buildings. One unanswered question is; _______________.

여 전쟁과 기술의 결합은 수세기 또는 수천년 동안 존재해 왔다. 동굴 부족민들이 불로 강화 시킨 창을 처음 발명한 이래로, 기술은 인간들끼리의 갈등에 있어서 중요한 역할을 해왔다. 사실 많은 전쟁에서의 승자는 어느 쪽이 가장 발달한 기술을 보유했는가에 의해 곧잘 결정되었다. 요즘 극도로 고도화된 기술이 세계 각국 군대의 군사 전술에서 중요한 역할을 한다. 그 중요성의 한 예를 '스마트'탄의 사용에서 찾아볼 수 있다. 스마트탄은 목표물을 아주 정확하게 찾아내기 위해서 위성항법 시스템을 이용한다. 사실, 그것들은 겨우 1~2미터 길이의 있는 목표물도 정확히 맞힐 수 있다. 전자기 폭탄인 'E-폭탄'은 적의 무기 체계의 전기적 기능을 파괴시킬 목적으로 고안되었다. 군사 로봇은 지뢰를 탐지하고, 불발탄을 해체하고, 적대적 건물을 탐지한다. 한 가지 풀리지 않은 의문은 _______________ 이다.

20

다음을 듣고, 화자의 요점을 가장 잘 나타낸 것을 고르시오.

① 투자자들은 주식 구입 전에 주식 중개인과 상담해야 한다.
✔ 단기 거래자들은 구매하는 주식에 대해 주의를 기울여야 한다.
③ 모든 종류의 단기 투자에 연관되는 걸 피해야 한다.
④ 장기 투자가 단기 투자보다 안전하다.
⑤ 단기 투자로 수익을 내는 것은 거의 불가능하다.

▶ **day trading** 단기 거래 **make profits** 이익을 내다 **bankrupt** 파산의, 빈털터리의; 파산자 **investor** 투자자 **purchase** 매입; 구매하다 **research** 조사

M Now that trading stocks over the Internet has become both simple and cheap, a large number of people have begun engaging in day trading. In other words, they buy and sell stocks all day long. These day traders aren't interested at all in holding onto stocks for the long term. Instead, they are looking to make profits just as fast as they can. While some day traders have made large sums of money in just a short period of time, this isn't the case for the majority of day traders. In fact, some of them have wound up quickly going bankrupt because the stocks they purchased suddenly lost most of their value. The problem is that these investors didn't do enough research on the stocks they were buying. Investors, and especially day traders, should never make large purchases of stocks unless they have thoroughly researched the company whose stock they are buying. This will help keep them from making poor investments and thus losing large amounts of money.

남 인터넷을 통한 주식 거래가 쉽고 저렴해지고 있는 지금, 많은 사람들이 단기 투자에 참여하기 시작했다. 다시 말해, 하루 종일 주식을 사고 파는 것이다. 요즘 주식 거래자들은 주식을 오래 갖고 있는 것에 관심이 없다. 대신에 그들은 가능한 빨리 수익을 얻고자 한다. 몇몇 단기 거래자들이 단기간에 엄청난 수익을 얻지만, 대부분의 사람들에게는 해당 사항이 아니다. 사실 그들 중 일부는 그들이 구매한 주식이 급격히 하락하기 때문에 단숨에 파산에 이르게 된다. 문제는 이런 투자자들은 구매하는 주식에 대해 충분한 조사를 하지 않았다는 것이다. 투자자들 특히 단기 거래자들은 사고자 하는 주식의 회사에 대해 철저히 조사하지 않는 한 절대로 대량 구매를 하지 말아야 한다. 이것이 잘못된 투자로 인해 많은 돈을 잃는 걸 방지해 줄 것이다.

21

대화를 듣고, 남자가 마지막 말을 한 이유를 고르시오.

① 집을 사는 데 너무 많은 시간이 걸릴 것이기 때문에
② 일년 동안 형과 함께 살며 돈을 모아야 하기 때문에
③ ✓ 여자가 집을 너무 쉽게 구했기 때문에
④ 그는 복권에 당첨된 적이 없기 때문에
⑤ 여자가 좋은 집에 살기 때문에

▶ uncomfortable 불편한 maintenance 유지, 보수
관리 mortgage insurance 저당 보험 undertaking
일, 업무 bungalow 방갈로 lottery 복권

스크립트

W Are you still living with your brother? How is that situation?

M Yes, I'm still with my brother. It's very uncomfortable really. He smokes and is always cooking smelly food.

W So when are you going to move out?

M As soon as I can save enough money to afford a place of my own.

W You don't want to rent? Well, you can get a condo. They're cheap, but you have to pay maintenance fees every month. They can get pretty expensive.

M I know. That's why I want to save for a house. So I guess I'll be staying at my brother's for another year or so.

W Try to save at least 25% of the price of a house. That way the bank won't charge you for mortgage insurance.

M But it will take me a long time to save that much. In the meantime, I have to stay at my brother's, and the price of housing will probably increase even more.

W Well, nobody said life was fair. Buying a home is a major undertaking for most people.

M How did you manage to buy the place you're living in now? You've got a pretty nice four-bedroom bungalow.

W Oh, I won it from a lottery ticket at the supermarket. It was the luckiest day of my life.

M So you know all about life being unfair.

해석

여 너 아직 형이랑 살아? 어떻게 된 거야?

남 그래, 나 아직 형과 살고 있어. 정말 불편해. 형은 담배도 피우고, 늘 이상한 냄새가 나는 음식만 만들어.

여 그래서 언제 이사 나올 건데?

남 내 집을 살 만큼 충분한 돈이 모이는 대로 바로.

여 빌리는 건 싫지? 음, 아파트를 얻을 수도 있겠지. 싸긴 하지만, 관리비도 내야하고 그러면 꽤 비싸져.

남 알고 있어, 그래서 내가 집 살 돈을 모으고 싶은 거야. 그래서 형과 일 년 이상은 더 살아야 할 것 같아.

여 최소한 집 값의 25% 정도만 모아봐. 그러면 은행이 저당 보험은 부과하지 않을 거야.

남 그렇지만 그 정도 모으는 데는 꽤 오래 걸려. 그러는 동안 나는 형과 지내야 하고 집 값은 아마 그보다 훨씬 더 오를 걸.

여 음, 인생이 공평하다고는 안 그러더라. 집 사는 건 대부분의 사람들에게 매우 중요한 할 일이니까.

남 네가 지금 사는 집은 어떻게 샀니? 넌 꽤 괜찮은 침실이 네 개나 되는 방갈로가 있잖아.

여 아, 난 슈퍼마켓의 복권에 당첨됐어. 내 인생에서 가장 운이 좋은 날이었지.

남 그래서 네가 인생은 공평하지 않다는 것을 아는 거구나.

22

대화를 듣고, 여자가 해야 하는 동작이 <u>아닌</u> 것을 고르시오.

① 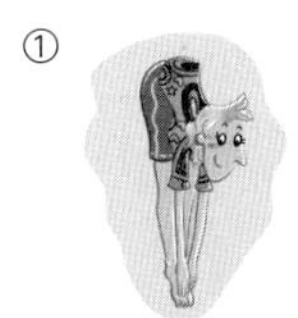 ② 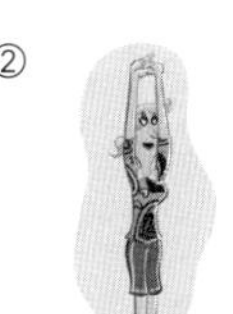

③ 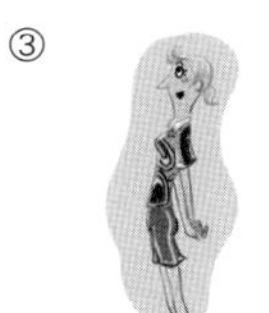 ④ 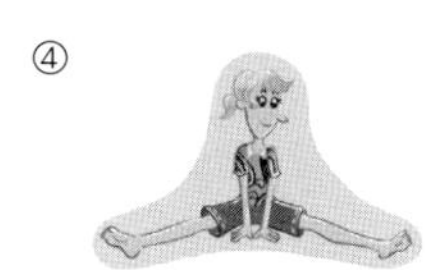

✓ 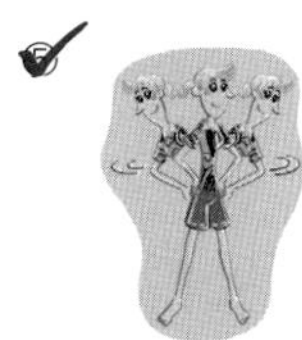

▶ warm up 준비 운동을 하다 basic 기본적인
stretch 스트레치 the splits 다리를 쫙 벌리고 앉는
동작 be all ears 들을 준비가 되어 있다 lift 들어
올리다 muscle 근육 waist 허리

스크립트

M Now you need to warm up before you do any exercises. So let's go over a few basic moves that you can do to get ready.

W All right. Well, I know about touching my fingers to my toes. All I have to do is lean over, keep my knees straight, and touch as far down as possible.

M Yes, that's correct. What other stretches do you happen to know?

W I can also do the splits, but I can't stretch my legs out too far to the side. That kind of hurts sometimes.

M In that case, we'll go slowly with doing the splits. Let me tell you about a couple more warm-up exercises.

W Great. I'm all ears.

M You can stand up and lift your hands above your head. Be sure to keep your hands straight and stretch as far as you can.

W Oh, I can feel my muscles stretching when I do that.

M Now, hold your hands behind your back and pull downward. Your hands should be below your waist. Can you feel it pulling?

W Yes, these are some really good stretches. Thanks for your help. Now that I know these, I should be able to warm up easily in the future.

해석

남 이제 운동하기 전에 몸을 풀 필요가 있어. 그러니 준비 운동으로 할 만한 몇 가지 기본적인 동작을 해 보자.

여 좋아. 손가락으로 발가락을 건드리는 동작은 알고 있어. 내가 해야 하는 건, 몸을 굽히고, 무릎을 똑바로 펴고, 가능한 멀리 닿는 거지.

남 그래 맞아. 알고 있는 다른 동작이 있어?

여 스플릿도 할 수 있어. 하지만 내 다리를 충분히 옆으로 벌리지는 못해. 때론 정말 아프더라.

남 그 경우에, 스플릿을 천천히 진행하는 거야. 몸풀기 동작을 두어 개 더 알려 줄게.

여 좋아. 준비됐어.

남 똑바로 서서 손을 머리 위로 올려. 손을 똑바로 펴고 가능한 멀리 뻗는 거야.

여 내 근육이 당겨지는 게 느껴진다.

남 이제 네 손을 등뒤에서 잡고서 아래로 당겨봐. 네 손이 허리 아래로 가야 해. 당겨지는 게 느껴지니?

여 그래. 정말 좋은 스트레칭 동작들이구나. 도와줘서 고마워. 이제 아니까, 앞으로는 쉽게 준비 운동을 할 수 있겠다.

23 다음을 듣고, 물품과 행사 내용이 <u>잘못</u> 연결된 것을 고르시오.

① Italian pasta – If you buy two bags of spaghetti, you'll get another one for free.
② Imported chocolates – You'll get a 50% discount.
③ Apples – They sell for $2 a kilogram.
④ Bananas – They cost 50 cents per kilogram.
✓ Soft drinks – They cost 50 cents apiece.

① 이탈리안 파스타 – 두 팩의 스파게티를 사면 하나가 공짜
② 수입 초콜릿 – 50% 할인
③ 사과 – 킬로당 2달러에 판매
④ 바나나 – 킬로당 50센트
⑤ 음료수 – 개당 50센트

▶ customer 고객 fresh produce 신선 식품 ripe 잘 익은 imported food 수입 식품 sweets 단것 slash 대폭적으로 인하하다 stocks 재고품, 저장, 주식

M Good morning, and welcome all shoppers! Thank you for shopping at the Family Store. As always, we're glad to be of service. Today, we want to make sure that every customer walks away with only the best deals. In our fresh produce department, we're selling fresh apples at only $2 a kilogram. That's right, only $2 a kilogram. Our bananas are soft and ripe, and they're selling for only 50 cents a kilogram. Shoppers, be sure to make your way to our imported foods section. We have a special offer on Italian pasta only for today. If you buy two bags of spaghetti, you'll get another one absolutely free. Yes, you heard me: absolutely free! And if none of this appeals to you, have a look at our sweets department, where we've slashed the price of imported chocolates by 50%. But this offer is only for today. Hurry to those departments now while stocks last!

남 좋은 아침입니다. 고객 여러분 환영합니다! 패밀리 스토어에서 쇼핑을 해주셔서 감사를 드립니다. 늘 그렇듯이, 여러분에게 서비스를 제공하게 돼서 기쁘게 생각 합니다. 오늘 우리는 모든 고객들이 최고의 거래를 한 상태로 돌아갈 수 있기를 바랍니다. 신선 식품 코너에서는 신선한 사과를 킬로당 2달러에 판매합니다. 맞습니다. 킬로당 겨우 2달러입니다. 우리 바나나는 부드럽고 잘 익었고, 킬로당 딱 50센트에 모십니다. 고객 여러분, 수입품 코너로 꼭 가보십시오. 오늘만 이탈리안 파스타 특별 할인을 합니다. 두 팩의 스파게티를 사시면, 하나를 공짜로 드립니다. 예, 바로 들으신 겁니다. 완전 공짜입니다! 만약, 이 어느 것도 당신에게 구미가 당기지 않으신다면 당과류 코너로 가보시기 바랍니다. 수입 초콜릿 가격을 50% 할인하고 있습니다. 오직 오늘만입니다. 재고가 남아있는 동안 서두르십시오!

24 대화를 듣고, 여자의 설명에 따라 취해야 할 행동이 바르게 나열된 것을 고르시오.

ⓐ Take a left at the traffic light.
ⓑ Drive for about three or four minutes.
ⓒ Go right at the stop sign.
ⓓ Go straight for three blocks.
ⓔ Go straight for one block.

ⓐ 신호등에서 왼쪽으로 돈다.
ⓑ 3~4분을 운전한다.
ⓒ 정지 표지판에서 오른쪽으로 간다.
ⓓ 세 블록을 직진한다.
ⓔ 한 블록을 직진한다.

① ⓑ - ⓐ - ⓓ - ⓒ - ⓔ
✓ ⓓ - ⓐ - ⓔ - ⓒ - ⓑ
③ ⓓ - ⓐ - ⓔ - ⓐ - ⓑ
④ ⓔ - ⓐ - ⓑ - ⓒ - ⓓ
⑤ ⓔ - ⓒ - ⓑ - ⓐ - ⓓ

▶ direction 방향 go straight 직진하다 traffic light 신호등

M I've got to visit the local library this afternoon to look for some books that I'm doing a report on. I'll be spending the entire day there.

W Well, you'd better hurry up and get there. It closes at seven on the weekend.

M That's kind of the problem. You see, I'm not exactly sure where the library is located. You don't happen to know where it is, do you?

W I do know exactly how to get to the library from here. Okay, do you have a pen so that you can write these directions down?

M Yeah, I'm ready. What's the first thing to do?

W You need to go straight down this street for three blocks. When you get to the traffic light, take a left.

M All right. That's on Oak Street, right?

W I believe so. Then you want to go straight for just one block. When you see the stop sign, you have to be sure to take a right.

M Hmm, it sounds like we're getting pretty close to the library.

W We are. All you have to do after that is drive on that road for about three or four minutes. You should see the library on your right.

남 관련 리포트를 쓰고 있는 몇 가지 책을 보러 오늘 오후에 지역 도서관에 갈 거야. 거기서 하루 종일 있을 거고.

여 그럼 서둘러 가는 편이 낫겠다. 주말에는 7시에 문을 닫거든.

남 그게 문제야. 난 도서관이 어디 있는지 확실히 모르거든. 혹시 너는 어디 있는지 아니?

여 여기서 어떻게 가는지 정확히 알고 있어. 좋아, 방향을 받아 적을 펜이 있니?

남 그래 준비 됐어. 첫 번째로 할 일이 뭐야?

여 이 도로를 따라 세 블록을 직진해. 신호등에 도착하면, 왼쪽으로 가.

남 좋아. 오크 스트리트에서 말이지?

여 그럴 거야. 그 다음 한 블록 직진을 해. 정지 표시를 보면 오른쪽으로 가고.

남 음, 도서관에 가까워지는 것처럼 들리는구나.

여 맞아. 그 다음 할 것은 그 도로를 따라 3~4분 운전하는 거야. 오른쪽에 도서관이 있어.

25 대화를 듣고, 화자들이 무엇에 대해 이야기하고 있는지 고르시오.

① What the man had for lunch
② The woman's current occupation
✓ The reason why the man declined the woman's offer
④ The demerits of the man's current job
⑤ What the speakers will do after the conversation

W Can I interest you in some chocolate cake? Why don't you have a bit?

M No, thanks. I'd really love to, but I couldn't possibly eat another bite.

W But you hardly ate a thing.

M I had a really large plate of pasta, and don't forget that I also had a salad to start with.

W And you had a large soda, too. I guess that was a lot of food, but men usually eat a lot more than women do.

여 초콜릿 케이크 먹고 싶지 않니? 조금 먹어 보지 그래?

남 아니, 괜찮아. 진짜 먹고 싶긴 한데, 더 이상은 한입도 못 먹겠어.

여 하지만 넌 거의 먹지 않았잖아.

남 나 굉장히 많은 파스타를 먹었어. 내가 샐러드로 시작했다는 것도 잊지 마.

여 큰 음료수도 마셨고. 많이 먹기는 했지만 남자들은 대개 여자들보다 더 많이 먹잖아.

① 남자가 점심에 먹은 것
② 여자의 현재 직업
③ 남자가 여자의 제안을 거절한 이유
④ 남자의 현 직업의 안 좋은 점
⑤ 두 사람이 대화 후 할 일

▶ have a bit 한입 먹다   pasta 파스타   deserve to
…할 자격이 있다

M True, but you know that at my job I sit at a desk all day. I hardly ever get a chance to walk around at all when I'm busy, so I need to be careful about what I eat and keep to my diet.

W Well, at my job, I'm always running up and down. My office is on the third floor, but I'm always running up the stairs to go to my boss's office on the fourth floor.

M I think you deserve to have that piece of chocolate cake more than me. Go ahead and eat up.

남 맞아. 하지만 너 내가 직장에서 하루 종일 책상에 앉아 있다는 거 알지. 바쁠 때는 산책을 할 기회도 없어. 그래서 식이요법을 위해 음식을 신경 쓸 필요가 있어.

여 음, 난 일할 때 항상 뛰어 다니는데. 내 사무실이 삼 층이라 난 항상 상사의 사무실이 있는 사층까지 층계로 달려 올라가.

남 내 생각에 네가 나보다 초콜릿 케이크를 먹을 자격이 있는 거 같다. 좀 더 먹어.

26

다음을 듣고, 표의 내용과 일치하는 것을 고르시오.

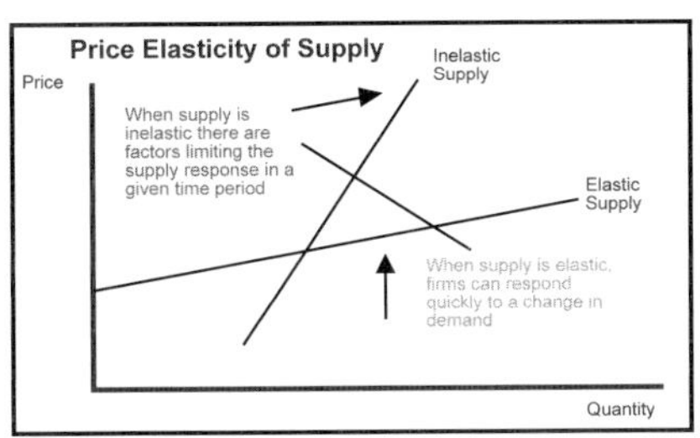

① 제조업자들이 청바지를 더 생산할 수 없으면, 공급 곡선은 탄력적이 될 것이다.
② 공급이 비탄력적이면, 가격 증가는 제조업자들이 더 많은 청바지를 생산한다는 걸 의미한다.
③ 비탄력적 공급은 가격 상승 시 생산자들이 더 많은 청바지를 생산할 수 있음으로써 야기된다.
✓ 비탄력적인 공급 곡선은 탄력적 공급 곡선보다 기울기가 크다.
⑤ 물품의 가격은 그 물품의 공급이 탄력적인지 아닌지를 결정한다.

▶ elasticity 탄력성   supply 공급   flexible 유연한
sloping 경사진, 비스듬한   manufacturer 제조업자
inelasticity 비탄력성, 비융통성   steeply 가파르게

M The elasticity of supply happens when companies produce a lot of goods whenever the price rises by just a small amount. In other words, the supply of goods is flexible, or elastic. This is characterized by a gently sloping supply line on the price/quantity graph. Imagine a small rise in prices for blue jeans. Also, imagine that the blue jean factories are able to increase their production of blue jeans as much as they like. Logically, all blue jeans manufacturers will respond by flooding clothing stores with jeans in a short period of time. Now consider the opposite: the inelasticity of supply. In this situation, because of factors that limit production, companies will be unable to increase their production of blue jeans even if there is a large increase in prices. The supply curve in this scenario is characterized by a steeply sloping supply curve. So we can summarize by stating that companies may have elastic or inelastic supply curves and the slopes of these curves indicate the amount of elasticity.

남 공급의 탄력성은 소폭이라도 가격의 상승이 있을 때 회사들이 많은 상품을 생산할 때 발생한다. 다시 말해서, 제품의 공급은 유연하거나 탄력적이다. 이것은 가격과 양의 그래프에서 완만한 경사의 공급 선으로 나타난다. 청바지의 가격이 소폭으로 상승한다고 가정해 보라. 또한 청바지 공장들이 그들이 원하는 만큼 청바지 생산을 늘릴 수 있다고 가정해 보라. 논리적으로, 모든 청바지 생산자들은 짧은 시간 안에 옷 가게에 청바지로 가득 채울 것이다. 이번에는 반대로 공급의 비탄력성을 생각해 보자. 이런 상황에서는 생산을 한정시키는 요소들 때문에 회사들은 가격이 대폭 상승하더라도 청바지의 생산을 늘릴 수 없게 된다. 이 각본에서는 공급 곡선은 급한 경사의 공급 곡선으로 나타난다. 그래서, 회사들은 탄력적이거나 비탄력적인 공급 곡선을 가지며 이러한 곡선의 경사들은 탄력성의 정도를 나타낸다고 요약할 수 있다.

27

대화를 듣고, 대화 도중 거울의 가격 변화를 알맞게 나타낸 것을 고르시오.

① $99 – $60 – $75 – $70
② $99 – $75 – $60 – $70
✓ $99 – $75 – $70
④ $99 – $70 – $60
⑤ $99 – $75 – $65 – $75

▶ purchase 구입하다   on sale 세일 중인   finish
마무리   product 제품   afford 지불하다

M I can see how much you love that mirror. You ought to purchase it since it's on sale for only $99 today.

W Yes, it's beautiful. But $99 is a little higher that what I want to pay. Will you accept $60?

M Take a good look at the mirror again, and notice the perfect finish and very high quality wood. I couldn't possibly accept less than $75.

W I agree that it's a great product, but I can't afford $75. Why don't you take $60 for it?

M I'd like to sell you the mirror, but I can't change my final price.

W I can't go higher than $60. I didn't come here to do any shopping, so I don't have much cash with me. I'm sure that $70 is too high anyway. I noticed the same mirror in the store down the road, and it was selling for $65 at that place.

M But the wood they use is very low quality. You should probably pay only $45 if you buy a mirror from them.

W Okay, look, I'll give you $60 for the mirror. What do you say?

M I'm sorry, but I can't accept anything less than $70.

남 손님이 그 거울을 얼마나 좋아하는지 알 것 같군요. 오늘 99달러로 세일하니 사시는 게 좋겠어요.

여 네, 정말 예뻐요. 하지만 99달러는 제가 생각한 것보다 높아요. 60달러는 안 되나요?

남 거울을 다시 잘 보세요. 그리고 완벽한 마무리와 높은 품질의 나무에 주목하세요. 75달러 이하로는 안 돼요.

여 좋은 물건이라는 건 동의해요. 하지만 75달러의 여유가 없어요. 60달러만 받으시면 안 돼요?

남 나도 손님에게 팔고 싶어요. 하지만 최종 가격은 바꿀 수 없어요.

여 60달러 이상은 안 돼요. 쇼핑을 하러 온 것이 아니라 현금이 많지 않거든요. 확실히 70달러는 너무 높아요. 거리 아래에 있는 가게에서 같은 거울을 봤어요. 거기서는 65달러에 팔더라구요.

남 하지만 그들이 사용한 나무는 품질이 낮은 거예요. 거기서 거울을 산다면 45달러면 충분해요.

여 좋아요. 거울에 60달러 지불할게요. 어때요?

남 미안하지만 70달러 이하는 안 됩니다.

<table>
<tr><th>문제와 정답</th><th>스크립트</th><th>해석</th></tr>
</table>

28 대화를 듣고, 월트 디즈니에 대해서 **잘못 표기된** 것을 고르시오.

① 1901 – Was born
✓ 1928 – Made screen debut
③ In the late 1920s – Introduced technicolor to animation
④ 1932 – Won an Oscar
⑤ 1955 – Opened Disneyland Park

① 1901 – 출생
② 1928 – 스크린 데뷔
③ 1920년대 후반 – 애니메이션에 테크니컬러 도입
④ 1932 – 오스카 상 수상
⑤ 1955 – 디즈니랜드 개장

▶ creator 창시자 legend 전설 pursue 추구하다, 쫓다 commercial 상업의 experiment 실험 synchronized 동시적인 technicolor 테크니컬러 nurture 키우다, 양성하다 amusement park 놀이공원

W Walt Disney, the creator of the cartoon character Mickey Mouse, is one of the twentieth century's legends. Walter Elias Disney was born on December 5, 1901, in Chicago, Illinois. Walt had a very early interest in drawing and art. He wanted to pursue a career in commercial art, which soon lead to his experiments in animation. He began producing short animated films for local businesses. Mickey Mouse made his screen debut in *Steamboat Willie*, the world's first synchronized sound cartoon, on November 18, 1928. Technicolor was introduced to animation in the late 1920s. Walt Disney held the patent for Technicolor for two years, which allowed him to make the only color cartoons. He went on to win an Oscar in 1932 for his work. Walt Disney also nurtured a dream of opening a clean and organized amusement park. This dream came true when the giant amusement and theme park known as Disneyland Park opened in 1955.

여 미키마우스 만화 캐릭터의 창조자인 월트 디즈니는 20세기의 전설 중 한 명입니다. 월트 디즈니는 일리노이주 시카고에서 1901년 12월 5일에 태어났습니다. 월트는 아주 어릴 때부터 미술과 예술에 흥미를 가지고 있었습니다. 그는 상업 미술 분야에서 일하고 싶어했으며, 곧 애니메이션으로 실험을 하게 됩니다. 그는 지역 기업들을 위해서 단편 만화 영화들을 제작하기 시작했습니다. 미키마우스는 1928년 12월 18일 세계 최초의 동시 유성 애니메이션 〈증기선 윌리〉에서 처음 등장합니다. 테크니컬러는 1920년대 후반에 애니메이션에 소개되었습니다. 월트 디즈니는 테크니컬러에 대한 특허를 2년 동안 보유했으며, 이로 인해 디즈니만이 컬러 애니메이션을 만들 수 있었습니다. 그는 1932년에 그의 영화로 오스카 상을 타게 됩니다. 월트 디즈니는 또한 깨끗하고 체계적인 놀이 공원에 대한 꿈을 키웠습니다. 이 꿈은 1955년 디즈니랜드로 알려진 거대한 놀이공원이 개장되었을 때 실현되었습니다.

---

29 대화를 듣고, 여자가 학교에서 할 특별 활동을 모두 고르시오.

ⓐ become a member of the math club
ⓑ join the basketball team
ⓒ sign up for the school band
ⓓ write for the school newspaper
ⓔ learn to play the piano

ⓐ 수학 클럽의 회원이 된다
ⓑ 농구부에 가입한다
ⓒ 학교 밴드부에 가입한다
ⓓ 학교 신문에 기고한다
ⓔ 피아노 연주를 배운다

① ⓐ, ⓓ
② ⓐ, ⓑ, ⓓ
✓ ⓑ, ⓓ
④ ⓑ, ⓒ, ⓓ
⑤ ⓒ, ⓓ, ⓔ

▶ extracurricular activity 특별 활동 teenager 10대 publish 발간하다, 출간하다

M Now that school is starting, have you thought about the extracurricular activities you're going to do?
W Actually, I've given it some thought. First, I think I'm going to join the school band. Some of my friends are playing in it, so I thought it might be fun.
M But you already take piano lessons at home. Don't you think you could do some kind of different activity?
W Well, maybe you're right. I was really only going to sign up since two of my friends are doing it. But I'm definitely trying out for the basketball team.
M Great, teenagers need as much exercise as they can get. How about joining some group like the math club?
W Are you kidding me? That would be really boring. Instead, I'm considering writing for my school's newspaper. They only publish issues once a month, so it's not that much work, but it would be a good experience.
M It sounds like you've already thought of everything.
W Well, I know I need to do lots of different activities to help me get accepted to college.
M You're right, which is why I still think you should join the math club.
W Um, maybe I'll consider doing that next year.

남 학교가 이제 시작했는데, 특별 활동 뭐 할지 생각해 봤어?
여 사실, 생각이 좀 있어. 우선 학교 밴드부에 들 거야. 몇몇 친구들이 거기서 연주하거든. 그래서 재미 있을 것 같아.
남 하지만 이미 집에서 피아노 수업을 듣잖아. 다른 활동하는 게 어때?
여 음, 네 말이 맞을지 몰라. 난 그냥 내 친구 두 명이 있어서 가입하려 한 거니까. 하지만 농구팀은 꼭 한 번 시도해 보려고 해.
남 좋아. 10대들은 할 수 있는 한 운동을 많이 할 필요가 있어. 수학 클럽 같은 것에 가입하는 건 어때?
여 농담해? 정말 지루할 거야. 대신에, 학교 신문에 기고할까 해. 한 달에 한 번만 발행하니까, 그리 큰 일도 아닐 것 같고. 하지만 좋은 경험이 될 거야.
남 이미 모든 걸 생각해 둔 것처럼 들린다.
여 대학에 입학하는 데 도움이 되려면 많은 활동을 할 필요가 있어.
남 맞아. 그게 내가 너는 수학 클럽에 가입해야 한다고 생각하는 이유야.
여 음, 난 내년에 생각해 볼까봐.

---

30 대화를 듣고, 남자의 마지막 말을 완성하는 가장 알맞은 것을 고르시오..

M: The only solution is ___________

① asking people to sell their cars
② getting people to walk everywhere even if they are late

W Thank you for agreeing to speak on our program, Mr. Mayor. I think every citizen who is out there listening to this program this morning will be excited to hear your plans for the city.
M It's my duty to speak on programs like yours, Ms. Smith, in order to inform the citizens about what we are doing. I truly regret that I have been too busy to speak to you until this time.

여 시장님, 저희 프로그램에서 연설해 주기로 하신 데 감사를 드립니다. 오늘 아침 우리 프로그램을 듣는 모든 시민들이 시장님의 도시 계획을 기쁘게 들을 것입니다.
남 스미스 씨, 당신의 프로그램 같은 곳에서 저희가 어떤 일들을 하는지 알리기 위해 말하는 것이 제 의무이죠. 이때까지 바빠서 시간을 내지 못한 것이 유감입니다.

<table>
<tr><th>문제와 정답</th><th>스크립트</th><th>해석</th></tr>
</table>

문제와 정답	스크립트	해석
③ asking people not to work in the city ④ asking people to run to where they need to be ✔ encouraging people to use public transportation 남: 유일한 해결책은 ___________ _______________________ ① 사람들에게 자동차를 팔라고 요구하는 것입니다. ② 사람들이 늦더라도 걸어서 다니게 하는 것입니다. ③ 사람들이 도시에서 일하지 않도록 하는 것입니다. ④ 사람들이 필요하면 뛰어 다니도록 하는 것입니다. ⑤ 사람들이 대중교통을 이용하도록 장려하는 것입니다. ▶ inform 알리다 regret 유감으로 생각하다. 후회하다 air pollution 대기 오염 solution 해결책	W That's not a problem. We're just happy that you're with us today. So, why don't you tell us a little bit about the state of our city this year, Mr. Mayor? M I see big things happening in our city this year. We are finally getting started on our cleanup program, so we expect there to be less littering and cleaner streets. The next step is to cut down on the number of cars being used in the city on a daily basis. You know how much this adds to the city's air pollution. It also causes traffic problems. W I know what you mean. I get stuck in traffic every morning! M The only solution is ___________.	여 괜찮습니다. 시장님께서 오늘 우리와 함께 해 주셔서 기쁠 뿐입니다. 시장님, 올해 우리 도시의 상태에 대해서 말해 주세요. 남 올해 우리 도시에서 큰 일들이 일어날 것으로 생각합니다. 정화 프로그램이 마침내 시작 중이고, 더 적은 쓰레기와 더 깨끗한 도시를 기대하고 있습니다. 다음 단계는 매일 도시에서 사용되는 자동차의 수를 줄이는 것입니다. 이것이 공기 오염에 얼마나 안 좋은지는 알고 있겠죠. 또한 교통 문제도 야기하고요. 여 무슨 말씀이신지 압니다. 저도 아침마다 교통 정체에 시달리고 있어요! 남 유일한 해결책은 ___________.
31 [모두 듣기] **Which of the following is correct according to the conversation?** ① The woman started her paper on Thursday. ② The man will ask the professor for help. ③ The man has never written such a long paper before. ✔ The woman wants to hand her paper in on Monday. ⑤ The woman has already handed her paper in. **다음 중 대화의 내용과 일치하는 것은 무엇인가?** ① 여자는 숙제를 목요일에 시작했다. ② 남자는 교수에게 도움을 요청할 것이다. ③ 남자는 이전에 그렇게 긴 숙제를 써 본 적이 없다. ④ 여자는 숙제를 월요일에 제출하고자 한다. ⑤ 여자는 이미 그녀의 숙제를 제출했다. ▶ due 기일이 된, 마감일의 on time 시간에 맞춰 stay up all night 밤을 새다	M How much have you done on that paper for our history class? W Would you believe that I'm not even half done with it yet? And it's due on Thursday, isn't it? M Yes, it is, and I'm a little worried that I won't finish it on time. I only started working on it last night. W But you shouldn't have any problem finishing. After all, you've done longer papers before. M True, but I usually start preparing to write the paper weeks ahead of the deadline. I've been very lazy about it this time. W Why don't you try to ask the professor if you can hand the paper in some time after the deadline has passed? M I can't do that. He might think that I'm lazy. I'll stay up all night if that's what I have to do to in order to finish the paper on time. W You take these things too seriously. I'm planning to ask him if I can give my paper to him after the weekend so that I can have a couple more days to work on it. You ought to do the same thing, too.	남 역사 수업 숙제는 얼마나 진행됐어? 여 아직 절반도 못했다고 하면 믿을 수 있겠니? 목요일이 마감이지? 남 맞아. 제 시간에 못 끝낼까 봐 걱정이야. 난 지난밤에야 시작했거든. 여 그렇지만 너는 끝마치는 데 문제가 없을 거야. 넌 전에 더 긴 것도 해봤잖아. 남 그래, 하지만 난 대개 마감 몇 주 전에 시작을 하곤 했어. 이번에는 아주 게을렀거든. 여 마감일 이후에 제출해도 되는지 교수님께 물어 보지 그래? 남 그럴 수 없어. 그는 내가 게으르다고 생각할 거야. 제 시간에 숙제를 끝내기 위해서라면 밤을 새라도 할 거야. 여 숙제를 너무 심각하게 생각하는구나. 난 주말 이후에 제출 가능한지 그에게 물어볼까 해. 그러면 이틀 정도 더 시간을 얻을 수 있을 테니까. 너도 그렇게 해야 해.
32 [모두 듣기] **Where is this conversation taking place?** ① At a garage ② At a car selling agency ③ At a car rental agency ✔ At a gas station ⑤ At a car insurance agency **이 대화는 어디에서 일어나고 있는가?** ① 자동차 정비소 ② 자동차 판매 대리점 ③ 렌터카 대리점 ④ 주유소 ⑤ 자동차 보험 대리점	W Fill it up, please. M Would you prefer to have premium or unleaded? W Unleaded gas, please. M Right away, ma'am. Do you want for me to clean your windows as well? W That would be fine, and I'd also like for you to check the oil. M Ma'am, the oil is dirty. Do you see the dipstick? When was the last time you changed the oil? W I have never done that. I didn't know that you were supposed to change the oil. M How long have you owned this car? W I bought this car new about three years ago. M You should change the oil once a year or about every 8,000 kilometers. We can change your oil for $29.95. It will help to increase the life of your car.	여 가득 채워 주세요. 남 프리미엄으로요? 아니면 무연으로요? 여 무연으로 부탁합니다. 남 바로 처리하죠, 손님. 창문도 청소해 드릴까요? 여 그거 좋겠군요. 그리고 오일도 봐주세요. 남 손님, 오일이 더럽네요. 이 계량봉 보이세요? 마지막으로 오일을 간 것이 언제죠? 여 간 적이 없는데요. 갈아야 하는지 몰랐어요. 남 차를 얼마 동안 소유하셨죠? 여 약 3년 전에 신차로 구입했어요. 남 일년에 한 번, 혹은 8천 킬로마다 오일을 갈아 주어야 합니다. 29.95 달러에 오일을 교환해 드릴 수 있어요. 차의 수명을 늘려 줄 겁니다. 여 시간이 얼마나 걸리죠? 남 약 한 시간 정도입니다.

문제와 정답	스크립트	해석
▶ fill up 채우다 prefer to …을 선호하다 unleaded 무연의 dipstick (차의 기름을 재는) 계량봉 procedure 절차, 과정 owe 값이 …이다	W How long will it take? M The entire process should take about an hour. W Well, all right. But I'm going to go home while you're making the change. Can you call me when it is done? M No problem. It's a simple procedure. Oh! You owe us $45.67 for the gas.	여 그럼 좋습니다. 하지만 오일을 가는 동안 집에 가야 겠네요. 끝나면 전화 주실래요? 남 그럼요. 간단한 절차입니다. 기름값은 45.67달러입니다.

33 (모두 듣기) **What is the man mainly doing in the conversation?**

① Giving the woman a job interview
✓ Asking the woman about a potential employee
③ Finding out how the woman works with other people
④ Describing a new job opening to the woman
⑤ Helping the woman hire Frank Barker

남자가 대화에서 하고 있는 일은?

① 여자에 대한 구직 인터뷰 하기
② 여자에게 직원 후보에 관해 물어 보기
③ 여자가 다른 사람들과 어떻게 일하는지 알아 보기
④ 새로운 일자리에 대해 여자에게 설명하기
⑤ 여자가 프랭크 바커를 고용하는 것을 돕기

▶ employee 고용인 apply for …에 지원하다 make an effort 노력하다 get along with …와 잘 지내다 personality 성격, 인품 shy 부끄러워하는 outgoing 외향적인 confident 확신에 찬, 자신만만한 respect 존경하다

M Thanks for meeting me. I need to ask you a few questions about an employee of yours.

W That's not a problem at all. I'm just glad that I can help you.

M We're considering whether or not to hire Frank Barker. But the job he's applied for is a very senior position, so we need a good work reference.

W Frank Barker is an excellent worker. He really makes a lot of effort at every project he works on.

M That's good to hear. How does he get along with the people in the office? It's very important to us that our employees have good personalities.

W Honestly, Frank is a very serious person, and he's also very shy. He doesn't speak to the rest of the office very much, but he's easy to get along with.

M He's very quiet?

W Well, he's not very outgoing. He's quite confident, and most people respect him though.

M He doesn't sound like the kind of person we have in mind for the job. We might need to ask him to attend a second interview.

남 만나 주셔서 감사합니다. 이전 고용인에 대해 몇 가지 질문을 드리고자 합니다.

여 문제 없습니다. 도움을 드리게 되어 기쁘군요.

남 우리는 프랭크 바커 씨를 고용해야 할지 고민하고 있습니다. 그가 지원한 일이 아주 고위직이므로 좋은 추천서가 필요합니다.

여 프랭크 바커 씨는 뛰어난 사람입니다. 그는 그가 맡는 모든 일에 정말로 엄청난 노력을 쏟습니다.

남 좋은 소식이군요. 사무실에서 사람들과는 어떻게 지내나요? 직원이 좋은 성격을 지니는 것은 우리에겐 중요한 문제입니다.

여 정직하게 말하면, 프랭크는 아주 진지한 사람입니다. 또한 아주 부끄러움이 많은 사람이죠. 그는 사무실의 다른 사람들에게 많은 말을 하지 않아요. 하지만 같이 지내기에 편안한 사람이에요.

남 그가 아주 조용한 편인가요?

여 그가 아주 활발한 사람은 아니에요. 하지만, 그는 아주 자신감이 넘치고 대부분의 사람들은 그를 존경합니다.

남 그는 우리가 그 직위로 마음에 두고 있던 사람은 아닌 것 같군요. 그에게 두 번째 인터뷰를 요청해야 할 것 같아요.

34 (모두 듣기) **What is true about the conversation?**

① The man enjoys eating candy.
② The woman pays a lot to get her kids' teeth fixed.
③ The man needs to buy a new suit.
✓ The man tends to wait too long to see the dentist.
⑤ The woman wants to help the man buy a new suit.

대화에 대해 사실인 것은?

① 남자는 사탕 먹는 걸 좋아한다.
② 여자는 그녀 아이의 치아를 치료하는 데 많은 돈을 들인다.
③ 남자는 새로운 옷을 살 필요가 있다.
④ 남자는 의사의 진찰을 받기까지 너무 오래 시간을 끄는 경향이 있다.
⑤ 여자는 남자가 새 옷을 사는 걸 돕고자 한다.

▶ toothache 치통 see the dentist 치과에 가다 suit 정장, 양복 handle 감당하다, 다루다

M I have a terrible toothache. I think I need to see the dentist today. I don't feel like I can wait any longer.

W Didn't you have a bad toothache last month as well?

M Yes, I did. My dentist told me I don't take very good care of my teeth.

W He's probably right about that. You don't seem to worry too much about your teeth until they start hurting. That's probably not the best way to take care of them.

M I know. It's getting really expensive to keep visiting the dentist. I could have bought myself a new suit with all the money I've been spending on getting my teeth fixed.

W I try to tell my kids the same thing, but they love candy and sweet things too much. When they're older, I guess they're going to have the same problems that you have now.

M You may be right about that. I remember eating a lot of candy when I was a kid, but I had to stop as I got older. My teeth just couldn't handle it any more.

남 치통이 심합니다. 오늘 치과의사를 봐야 할 것 같네요. 더 이상 기다릴 수가 없어요.

여 지난 달에도 심한 치통이 있지 않았나요?

남 네. 내 치과의사가 말하길, 내가 치아 관리를 잘 하지 못한다고 하네요.

여 그가 아마 맞을 거예요. 아프기 전까지는 치아에 대해 많은 걱정을 하지 않는 거 같네요. 그건 치아 관리를 하는 좋은 방법은 아닐 거예요.

남 알아요. 치과의사를 정기적으로 방문하는 것은 정말 비용이 많이 들어요. 내 치아를 치료하는 데 쓴 돈으로 새 양복을 살 수 있었을 겁니다.

여 내 아이에게도 똑 같은 걸 말하려고 해요. 그러나 아이들은 사탕이나 달콤한 것들을 너무 좋아하죠. 나이가 들었을 때, 그 아이들이 당신이 지금 가진 것과 같은 문제들을 갖게될 것 같아요.

남 그럴 수 있죠. 나도 어렸을 때 사탕을 많이 먹었던 게 기억나요. 나이가 들면서 중단해야 했지만 말이죠. 내 치아가 더 이상 감당할 수 없게 됐어요.

35

다음을 듣고, 이어지는 영어 질문에 알맞은 답을 고르시오.

① 5
② 6
③ 7
✔ 8
⑤ 9

▶ northern 북쪽의 southern 남쪽의 eastern 동쪽의 western 서쪽의

W Every day, Mr. Jenkins has to wash all twenty-five of the windows on a building. The northern and southern sides of the building have the same number of windows. However, the eastern side of the building has six windows while the western side has only three.

M *How many windows are on the northern and southern sides?*

여 매일 젠킨스 씨는 빌딩에 있는 총 25개의 창문을 닦아야 한다. 빌딩 북쪽과 남쪽에는 같은 수의 창문이 있다. 하지만 동쪽에는 6개의 창문이, 서쪽에는 3개의 창문만 있다.

남 북쪽과 남쪽에는 몇 개의 창문이 있나?

36

주어진 시간 동안 아래 지문을 주의 깊게 읽고, 대화를 들은 후 질문에 답하시오. 〔1분〕

Many parents in Korea these days are opting to send their children to boarding schools abroad instead of enrolling them in domestic private or public schools. They believe their children will receive a better education and will have more opportunities available to them in the long run if they attend schools in countries other than Korea. However, parents fail to weigh the costs of sending their children away from them, which means that the families will have limited contact with their children. Children that are sent abroad have no family role models to look to for support and guidance. Rather, they are surrounded by peers and emotionally uninvolved instructors or staff members at the boarding school. I think parents need to reevaluate what is really important in their children's lives.

Q: _______________________

① American schools are too expensive.
② Korean schools are getting better these days.
③ Our son would love to go to America.
✔ Who will take care of him in America?
⑤ We should find a friend to go with him.

① 미국 학교들은 너무 비싸.
② 한국 학교들이 요즘 좋아지고 있어.
③ 우리 아들이 미국 가는 걸 좋아할 것이야.
④ 누가 미국에서 그를 돌봐 주겠어?
⑤ 우리는 그와 같이 갈 친구를 찾아야 해.

▶ equate 적절한, 충분한 practically 실제로 report card 성적표 consider 고려하다 individual 개별적인 attention 관심, 주의 benefit 이익이 되다; 이익

W Honey, I've been thinking lately, and I don't think Minsu is getting an adequate education at his current school.

M Are you kidding? He's doing great in school. He practically received straight A's on his last report card, so he must be doing a good job at school.

W I know, dear, but just because he gets good grades does not necessarily mean that he's learning.

M So what exactly are you saying to me?

W I'm saying that I think we need to consider sending Minsu to America so that he can attend a school there.

M That's nonsense. We can't afford that. Besides, what makes you think the education that he gets at an American school will be any better than the one that he is getting right now?

W Well, for one thing, American schools have smaller class sizes. So that means he'll get more individual attention from all of his teachers in his classes.

M I agree that attending an American school may benefit our son, but you need to think about some other things, too. For example, _______________________.

Q *Which best completes the man's last words?*

요즘 한국의 많은 부모들은 자식들을 국내의 사립 · 공립 학교보다는 외국의 기숙 학교로 보내기를 선택한다. 그들은 한국보다 외국의 학교에 다닌다면 자식들이 더 좋은 교육을 받고, 장기적으로 더 나은 기회를 가질 것이라고 믿는다. 그러나 부모들은 아이들을 가족 간의 접촉이 제한된 곳으로 보내는 것에 대한 비용에 대해 따져 보지 못하고 있다. 해외로 보내진 자식들에게는 돌보고 지도해 줄 가족의 역할 모델이 없다. 대신 그들 주위에는 친구들과 정서적으로 연관성이 적은 기숙 학교 교사나 직원만이 있을 뿐이다. 난 부모들이 자식들의 삶에서 무엇이 정말로 중요한 것인지를 다시 따져 봐야 한다고 생각한다.

여 여보, 내가 계속 생각해 봤는데, 민수가 현재 학교에서 적절한 교육을 받고 있다고 생각하지 않아요.

남 농담해? 그는 학교에서 잘하고 있어. 그는 지난 성적표에서 거의 모든 과목에서 A를 받았어. 그러니 학교에서 잘 하고 있는 게 틀림없다고.

여 알아요. 하지만 그가 좋은 성적을 얻는 다는 것이 그가 배움을 얻고 있다는 걸 의미하지는 않아요.

남 그래서 무슨 말을 하는 거야?

여 민수를 미국으로 보내 그쪽 학교에 다니게 하는 것을 생각해 볼 필요가 있다는 거예요.

남 말도 안 돼. 우린 그럴 여유가 없어. 게다가, 미국 학교에서 받는 교육이 지금 받고 있는 것보다 더 좋을 것이라고 생각하는 이유가 뭐지?

여 한 가지는, 미국 학교들은 더 작은 학급 규모를 가지고 있어요. 그건 민수가 수업 선생님들에게서 더 많은 개인적인 관심을 받을 거라는 뜻이죠.

남 나도 미국 학교들이 우리 아들에게 도움이 될지도 모른다고 생각해. 하지만 다른 것들도 생각해 봐야만 해. 예를 들어, _______________________.

Q *남자가 마지막에 할 말로 가장 알맞은 것은 무엇인가?*

37 Which of the following is NOT true about the conversation?

① The man is taking his family on a trip.

② One of the man's children gets seasick.

③ The woman has had a difficult week at work.

④ The man's family will leave on Saturday.

✓⑤ The woman did not take the harbor cruise.

다음 중 대화에 대해 사실이 <u>아닌</u> 것은?

① 남자는 여행에 가족을 데려간다.

② 남자의 아이 하나가 뱃멀미를 한다.

③ 여자는 직장에서 힘든 한 주를 보냈다.

④ 남자의 가족은 토요일에 떠난다.

⑤ 여자는 크루즈 선을 타지 않았다.

38 Why has it been a long time since the man has traveled with his family?

① He has not been able to afford it.

✓② His job has kept him too busy.

③ The weather has not been good.

④ The traffic is too bad to drive in.

⑤ The man's child has been sick lately.

남자가 가족과 여행한 지 오래된 이유는?

① 그럴 경제적 여유가 없었다.

② 일 때문에 너무 바빴다.

③ 날씨가 좋지 않았다.

④ 운전하기에 교통 상황이 좋지 않았다.

⑤ 남자의 아이가 최근에 아팠다.

▶ look forward to …을 진심으로 고대하다 beat traffic 교통 정체를 피하다 hang out 즐기다, 놀다 seasick 뱃멀미 breeze 미풍, 산들바람 be eager to 간절히 …하고 싶어하다

(37~38)

M I am really looking forward to the end of this week.

W Yeah, I couldn't agree with you more. This has been one of the longest weeks of work that I can remember.

M That's true, but I also can't wait for the weekend to come for another reason. I've got a special weekend all planned for my family. Thanks to this job, it seems like forever since we've gone somewhere together, but that's going to change this weekend.

W Oh, really? What are you all going to do?

M On Saturday morning, we're driving down to the beach. If we leave early enough, we can beat traffic, so it should only take us a couple of hours to get there. We're just going to hang out at the beach, do some swimming, and have a picnic.

W That sounds really great. I was just at the beach myself a while ago. You ought to be sure to take the harbor cruise while you're there.

M I'd love to do that, but my youngest child gets seasick, so we'll have to pass on the cruise.

W That's too bad. It was really amazing to be out on the ocean and enjoy the breeze. You might even get to see some dolphins.

M Yeah, that would be nice. Anyway, we're definitely going to have fun since we're spending the entire weekend there. We'll be coming back late on Sunday night.

W Wow. No wonder you're eager to start the weekend.

(37~38)

남 이번 주말이 너무 기대 돼.

여 그래 나도 마찬가지야. 이번 주는 내가 기억하는 한 가장 긴 주였던 것 같아.

남 맞아. 하지만 내가 주말을 기다리는 이유는 하나 더 있어. 우리 가족을 위해 특별한 계획이 있거든. 이 일 때문에 같이 어디 가 본 지 너무 오래됐어. 하지만 이번 주말에 바뀔 거야.

여 정말? 다 같이 뭘 할 건데?

남 토요일 아침, 해변으로 드라이브를 갈 거야. 충분히 일찍 떠나면, 교통 정체를 피할 수 있겠지. 그러면 도착하는 데 두 시간 정도 걸리겠고. 우리는 그냥 해변에서 시간을 보내고, 수영도 하고, 소풍도 갈 거야.

여 멋지다. 나도 얼마 전에 혼자 해변에 갔었는데. 도착하면 크루즈 선도 타봐.

남 그러고 싶지만 막내 아이가 뱃멀미를 해. 그래서 그건 포기해야 해.

여 안됐구나. 바다에 나가서 바람을 맞는 것이 정말 좋았는데. 돌고래를 볼 수도 있고.

남 그래. 정말 좋겠다. 어쨌든, 거기서 주말 내내 보내니까 재미있을 거야. 일요일 밤 늦게 돌아올 거거든.

여 와. 네가 주말을 기다리는 게 당연하구나.

39 Where is this conversaiton taking place?

① 병원 응급실
② 병원 진료실
③ 의대 강의실
④ 병원 수술실
✔ 병원 원장실

이 대화는 어디에서 일어나고 있는가?

40 Which is NOT true about Dr. Smith?

① 남자는 수련의 기간 중 오진이 딱 한 번 있었다.
② 남자는 3년의 수련의 기간을 거쳤다.
③ 남자는 일과 여가 생활을 병행하기 힘들다고 믿는다.
④ 남자의 전공 분야는 외상이다.
✔ 남자는 너무 스트레스를 받아 이전 병원을 그만두었다.

스미스 박사에 대해 사실이 <u>아닌</u> 것은?

▶ be qualified for …의 자격이 있다, …에 적합하다
specialize 전공하다   trauma 외상, 정신적 충격
residency 수련의 기간 outpatient ward 외래병동
handle 처리하다   deal with 다루다   misdiagnosis
오진   triage (치료 우선 순위의) 선별, 구분   smith
fracture 스미스 골절

(39~40)

W Good morning, Dr. Smith. Please, sit down. Now tell me what makes you feel you are qualified for this position?

M Well, apart from specializing in trauma, I have done a three-year residency at Mt. Sinai Hospital.

W Good. And how would you describe your experience doing the residency?

M It was really like getting thrown into the fire. I was working double shifts, and I really got to understand the outpatient ward.

W What was the most difficult situation you faced in your residency, and how did you handle the situation?

M At one point, a severe head trauma case arrived at a time when the ward was overcrowded. I had to make a decision to clear the ward of all nonemergency cases.

W Did you find this situation highly stressful? How did you deal with the stress?

M Yes, it was stressful, so I had to learn to cope. I also had to make changes in my personal life and focus on my job.

W What sort of changes?

M Well, I had to give up hang gliding, and my social life became much less active.

W I understand. Can you tell me about a time when you made a misdiagnosis during triage?

M Yes, once I misdiagnosed a smith fracture as a broken wrist. It's true that I misdiagnosed the fracture, but the patient was all right once the X-rays were developed.

W Were there any other incidents when you made a mistake during your residency?

M No, that was the only time. I calculate that during those three years, I handled about 500 emergency cases.

(39~40)

여 안녕하세요. 스미스 박사님. 앉으세요. 당신이 왜 이 자리에 적합하다고 생각하는지 이야기해 주세요.

남 외상을 전공한 것 외에도, 세인트 시나이 병원에서 3년 간 수련의 생활을 했습니다.

여 좋네요. 당신의 수련의 경험을 어떻게 말할 수 있나요?

남 그것은 정말로 어려운 경험이었습니다. 저는 2교대로 일을 했고, 외래 병동도 알고 있어야 했습니다.

여 수련의 기간 동안 겪었던 가장 어려웠던 상황은 어땠고, 당신은 그 상황을 어떻게 처리했죠?

남 한 번은 병동이 몹시 붐빌 때 심한 두부 외상 환자가 도착했습니다. 저는 병동에서 비응급 건을 가려내기 위해서 결정을 해야만 했죠.

여 당신은 이런 상황에서 크게 스트레스를 받았나요? 어떻게 그 스트레스에 대처했습니까?

남 네, 엄청난 스트레스였습니다. 그래서 그것에 대처하는 법을 배워야 했죠. 그리고 개인적인 생활에도 변화를 주어야 했고 일에 좀 더 집중해야 했습니다.

여 어떤 변화였나요?

남 음, 취미인 행글라이딩을 포기해야 했고, 대인관계도 훨씬 덜 활발해졌습니다.

여 이해합니다. 치료자를 선별하던 중 오진했던 것에 대해 얘기를 좀 해 주시겠어요?

남 네, 스미스 골절을 손목 골절로 오진 한 적이 한 번 있습니다. 골절을 오진했었습니다만, 엑스레이가 현상된 걸 보니 환자는 괜찮았습니다.

여 수련의 기간 동안 당신이 실수해서 사고가 난 적이 또 있었나요?

남 아니오, 그때뿐이었습니다. 저는 3년 동안 약 500건 정도의 응급 사건을 처리한 것으로 추산합니다.

실전모의고사 02

01 ② 02 ① 03 ③ 04 ② 05 ④ 06 ④ 07 ③ 08 ⑤ 09 ③ 10 ③
11 ⑤ 12 ④ 13 ② 14 ① 15 ④ 16 ② 17 ③ 18 ① 19 ① 20 ①
21 ③ 22 ④ 23 ④ 24 ② 25 ③ 26 ② 27 ② 28 ② 29 ③ 30 ④
31 ③ 32 ③ 33 ③ 34 ① 35 ④ 36 ④ 37 ③ 38 ④ 39 ④ 40 ①

문제와 정답	스크립트	해석

01

대화를 듣고, 여자의 아침 식사를 가장 잘 나타낸 그림을 고르시오.

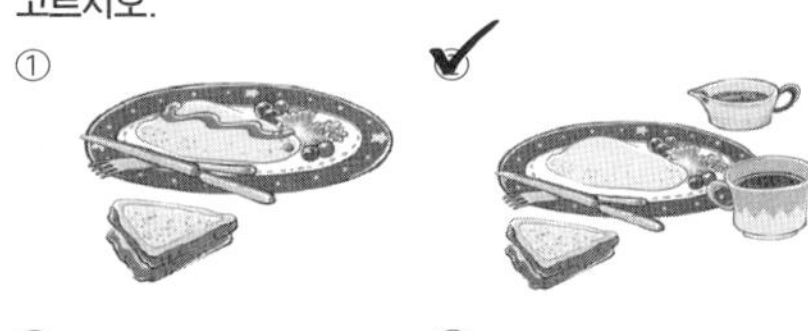

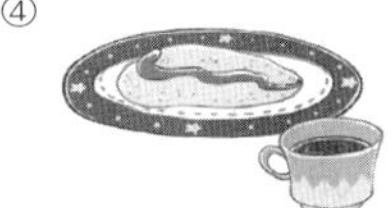

▶ strong (커피가) 진한 omelet 오믈렛 chili sauce 칠리 소스

스크립트

M Good morning. Did you sleep well last night, ma'am?

W Yes, I slept very well. Thank you for asking.

M Shall I bring you some coffee to drink?

W Yes, please. Can you make it black and very strong?

M Certainly.

W I have a busy day ahead of me, so I need a lot of energy.

M What about something to eat? Would you like to have the same as yesterday?

W No, I think I'll try something different today. Let me try the omelet with toast. And I'd like some chili sauce, please, but no fried tomato.

M Would you like the chili sauce on the omelet or on the side?

W On the side please.

M The omelet comes with two pieces of toast. Would you like two extra slices?

W Goodness, no. That would be far too much for me to eat!

M Yes, I think so, too. So, you just want the omelet and the toast? And, of course, strong, black coffee.

W Could you bring the coffee when the omelet is ready? Thank you.

해석

남 좋은 아침입니다. 지난밤에는 잘 주무셨나요, 손님?

여 네, 잘 잤어요. 물어봐 줘서 고마워요.

남 커피 좀 가져다 드릴까요?

여 네, 그래요. 블랙으로 진하게 부탁해요.

남 알겠습니다.

여 오늘은 바쁜 하루가 기다리고 있어요. 그래서 에너지가 필요하죠.

남 식사는 어떻게 하시겠어요? 어제와 같은 거 어떠세요?

여 아뇨, 오늘은 다른 것으로 하죠. 토스트와 오믈렛으로 할게요. 칠리소스도 부탁해요. 튀긴 감자는 말고요.

남 칠리소스를 오믈렛 위에 얹을까요? 아님 옆에 따로 드릴까요?

여 옆에요.

남 오믈렛은 토스트 두 조각이 나와요. 두 개 더 추가할까요?

여 이런, 아뇨. 제가 먹기엔 너무 많을 것 같네요!

남 네. 저도 그렇게 생각되네요. 그럼 오믈렛과 토스트만 하시겠어요? 물론 진한 블랙커피랑요.

여 오믈렛이 준비되면 커피를 가져다 주실래요? 고마워요.

02

다음을 듣고, 이 이야기의 제목으로 가장 알맞은 것을 고르시오.

① Wind Power as a Renewable Energy Source
② Investing in Developing Sources of Renewable Energy
③ Why Wind Power Is a Reliable Source of Electricity
④ Where Wind Power Comes From
⑤ Why Oil Prices Began Rising

① 재생에너지로서의 풍력
② 재생에너지 개발에 대한 투자
③ 풍력이 믿음직스런 전기 자원인 이유
④ 풍력의 근원
⑤ 유가가 오르기 시작한 이유

스크립트

W The search for renewable energy sources such as wind and solar energy is ongoing. This is good because research shows that if countries invest in developing sources of renewable energy now, then they will save money in the future. It will also take some of the strain off the environment. Recent technological advances are beginning to offer hope that wind power will come to be accepted as a reliable and important source of electricity. There have been significant successes in California, in particular, where wind farms now have a capacity of 1,500 megawatts and produce 1.5 percent of the state's electricity. Windmills may cost more to build, but they do not require the purchase of fuel like coal- and gas-fired plants do. The future costs

해석

여 바람과 태양 에너지와 같은 재생에너지를 찾는 일이 계속되고 있다. 이건 좋은 현상인데, 왜냐하면 국가들이 재생에너지 개발에 지금 투자를 하면, 미래에 돈을 절약할 수 있다는 것이 연구로 드러났기 때문이다. 또한 환경에도 부담을 덜어줄 것이다. 최근의 기술 발전들은 풍력이 믿음직스럽고 의미 있는 전기 자원으로 받아들여질 것이라는 희망을 주기 시작했다. 특히, 캘리포니아에서는 의미 있는 성공이 이루어졌다. 캘리포니아의 풍력 농장들은 현재 1500메가와트 용량, 주 전체 전기의 1.5퍼센트를 생산하고 있다. 풍차는 만드는 데 돈이 더 들 수는 있지만 석탄이나 가스 연료를 사용하는 발전소처럼 연료 구입을 할 필요가 없다. 향후 화석 연료 구입 비용은 풍력 발전의 초기 투자 비용을 압도하는데 그것은 연

<table>
<tr><th>문제와 정답</th><th>스크립트</th><th>해석</th></tr>
</table>

문제와 정답	스크립트	해석
▶ renewable energy 재생 에너지 solar energy 태양 에너지 ongoing 진행 중인 wind power 풍력 strain 부담, 피로 reliable 믿을 만한 electricity 전기 windmill 풍차 fuel 연료 gas fired 가스 연료를 사용하는 outweigh …보다 무게가 더 나가다 benefit 이익이 되다 consumer 소비자 in the long run 장기적으로 보면, 결국에는	of these fuels outweigh the initial extra cost of investing since the fuel, wind, is free. Wind power will actually benefit consumers in the long run.	로인 바람이 공짜이기 때문이다. 풍력은 실제로 장기적으로는 소비자들에게 이익을 가져다 줄 것이다.

03 대화를 듣고, 여자의 요지를 가장 잘 나타낸 문장을 고르시오.

① Her sister was tough on her, and now she is the same.
② Her sister was a tyrant while she was growing up.
✔ Her sister was very tough, but she learned some useful skills growing up.
④ She is a very good sales representative.
⑤ She was punished often while growing up.

① 그녀의 언니가 그녀에게 심하게 굴었고 그녀도 지금 똑같이 하고 있다.
② 그녀의 언니는 어릴 때 독재자였다.
③ 그녀의 언니는 아주 심하게 굴었지만 그녀는 자라면서 유용한 기술들을 배웠다.
④ 그녀는 아주 뛰어난 판매원이다.
⑤ 그녀는 자랄 때 벌을 자주 받았다.

▶ put up with …을 참다, 견디다 sales representative 외판원 remind 상기시키다 childhood 어린 시절 stand up for 참다, 견디다 get one's way 자기 길을 가다 convince 설득하다 as tough as nails (성격이) 냉혹한 punish 벌을 주다 misbehaving 못된 행동 tyrant 독재자, 폭군

M I don't know how you can put up with being a sales representative.
W Actually, that's the part I enjoy the most. It reminds me of my childhood.
M How's that?
W Well, I had an older sister, so I quickly learned to stand up for myself and not to give in to everything she wanted.
M But what does that have to do with being a sales representative?
W Well, in order to get my way, I had to convince her that my way was right. It took a lot of effort, too. Since she was older, she usually thought she knew better.
M I've heard that older brothers and sisters can be pretty bossy. I wouldn't know since I was an only child.
W My sister was as tough as nails. She never let me get away with anything. She even used to punish me for misbehaving.
M She sounds like a real tyrant.
W Yes, but it really helped me. I learned the skills I use now when I deal with my toughest customers. They almost always have a soft side.

남 네가 어떻게 외판원 일을 견디는지 모르겠어.
여 사실 그게 내가 가장 즐기는 거야. 내 어린 시절을 떠올리게 하거든.
남 어째서?
여 언니가 있었는데, 그 덕분에 내 자신을 위해 참는 것과 그녀가 원하는 모든 것에 굴복하지 않는 법을 빨리 배웠지.
남 하지만 그게 판매원이 되는 것과 무슨 관계가 있지?
여 여기까지 오기 위해서, 난 그녀에게 내 길이 옳다는 걸 설득시켜야 했어. 많은 노력이 들었지. 언니는 더 나이가 많기 때문에 자기가 더 잘 안다고 생각했거든.
남 형이나 언니가 윗사람 노릇을 한다는 얘기는 들어 봤어. 난 외아들이라 결코 알지 못하겠지만.
여 우리 언니는 정말 까다롭게 굴었어. 무슨 일이든 그냥 넘어가지 않았거든. 잘못하면 날 벌주기도 했고.
남 진짜 독재자였던 것 같구나.
여 맞아. 하지만 나에게는 도움이 되었어. 지금 힘든 고객들을 상대할 때 사용하는 기술을 그때 터득했거든. 그들은 항상 부드러운 면도 갖고 있는 법이야.

04 대화를 듣고, 내용과 일치하지 <u>않는</u> 것을 고르시오.

① 남자는 첫 출근을 했다.
✔ 여자도 오늘 지각을 했다.
③ 남자는 자동차 때문에 지각을 했다.
④ 이 회사는 지각에 매우 엄격하다.
⑤ 지각하는 사람들이 드문 것은 아니다.

▶ fax machine 팩스기 bother 귀찮게 하다 get fired 해고 당하다 strict 엄격한 first impression 첫인상 deduct 삭감하다

M Hi, my name is Peter, and this is my first day here. Do you think that you could show me where the fax machine is?
W Sure, I can do that for you. My name's Joan. Welcome to the company.
M Thanks so much. I'm really sorry to bother you, but I'm a little lost.
W Don't worry about it. How has your day been so far?
M Not so good, I'm afraid. I was late this morning, so I thought that I might get fired.
W Why were you late on your first day of work?
M Believe it or not, but my car wouldn't start this morning. I wound up having to take the subway here, but I was already late by then.
W You have to be more careful. They're pretty strict around here about that kind of thing.
M I know. My boss wasn't too happy with me, so I'm sure I didn't make a good first impression.
W But everyone here has been late before. Tomorrow, someone else will be late, and they'll forget all about you.
M Except for the fact that they've already deducted money from my salary for being late.

남 안녕하세요. 저는 피터인데요, 오늘이 여기 첫날이에요. 팩스기가 어디 있는지 알려 줄 수 있나요?
여 그럼요. 내 이름은 조안입니다. 이 회사에 온 걸 환영해요.
남 감사합니다. 귀찮게 해서 죄송해요, 하지만 좀 당황해서요.
여 괜찮아요. 오늘 어땠나요?
남 그리 좋지는 않은 거 같아요. 오늘 아침에 지각을 해서 해고 당할까봐 두려워요.
여 출근 첫날 왜 늦었죠?
남 믿기지 않겠지만 오늘 아침 차가 작동하지 않더군요. 결국 여기까지 지하철을 타야 했는데, 그땐 이미 늦었죠.
여 더 주의를 기울여야 해요. 그런 일에 이 회사가 엄격하거든요.
남 알아요. 상사가 그 일에 기분 좋아하지 않더군요. 그래서 좋은 인상을 주지 못했다는 걸 알았죠.
여 하지만 이곳의 모두가 지각한 경험이 있어요. 내일은 다른 누군가가 지각을 할 거고 다들 당신에 대해 잊어버릴 거에요.
남 그들이 이미 지각한 것에 대해 내 월급을 삭감한 사실을 제외하고 말이죠.

05

대화를 듣고, 남자의 마지막 말에 이어질 내용으로 가장 알맞은 것을 고르시오.

> M: Actually, there's something I've been meaning to ask you. ____________

① Will you come on vacation with us?
② Did you get a haircut?
③ Is that a new suit you're wearing?
✓ Will you do the presentation for me?
⑤ Don't you think the boss is crazy?

> 남: 사실 내가 너에게 부탁하고 싶은 것이 있어. ________

① 우리랑 휴가 같이 갈래?
② 머리 잘랐니?
③ 네가 입고 있는 옷, 새로 산 거니?
④ 나 대신 프레젠테이션을 해 줄래?
⑤ 상사가 제정신이 아닌 것 같지?

▶ be in a good mood 기분이 좋다 give a presentation 프리젠테이션을 하다

스크립트
M How are you doing today? If you don't mind my saying, you look really great.
W Thank you very much. I'm fine. Why are you being so friendly today?
M I'm always friendly, but today I'm in a really good mood.
W Why? What has happened to you?
M I'm going on vacation for three weeks starting tomorrow. I can't wait to get out of here.
W Are you going out of town for your vacation?
M Yes, my family and I are going to Jeju Island to spend a week there.
W You're so lucky.
M Yeah, but listen to what just happened. The boss asked me to come in for one day next week to give a presentation on our new project.
W Are you saying that he wants you to work during your vacation?
M Yes, that's exactly what he wants me to do. He said that I have to find someone to do my presentation, or he won't let me go on vacation.
W Have you found someone yet?
M Actually, there's something I've been meaning to ask you.

해석

남 오늘 어때? 내 말이 어떨지 모르지만, 너 오늘 좋아 보인다.

여 고마워, 괜찮아. 오늘 왜 이렇게 친절한 거야?

남 난 항상 친절했는데, 하지만 오늘 내 기분이 아주 좋아.

여 왜? 무슨 일이 있었는데?

남 내일부터 3주 동안 휴가를 갈 거거든. 여기서 빨리 나가고 싶어.

여 휴가 때 시내를 떠날 거야?

남 그래, 가족과 함께 제주도에서 일주일을 보낼 거야.

여 너 정말 운 좋구나.

남 응. 그런데 방금 무슨 일이 일어났는지 들어봐. 상사가 나한테 다음 주에 하루 나와서 신규 프로젝트에 관해 프레젠테이션을 하라잖아.

여 휴가 때 나와서 일하라고 했단 말이야?

남 그래, 그것이 바로 그가 원하는 것이야. 그가 말하길, 내가 프레젠테이션을 할 누군가를 찾지 못하면 휴가를 안 보내겠대.

여 누구 찾았니?

남 사실 내가 너에게 부탁하고 싶은 것이 있어. ________

06

대화를 듣고, 남자가 지배인에게 말하려고 했던 것이 무엇인지 고르시오.

① 여자가 케이크 두 조각을 원한다는 것
② 초콜릿 케이크가 인기 상품이라는 것
③ 가게에 남은 케이크가 없다는 것
✓ 커피가 너무 진하다는 것
⑤ 여자가 커피 리필을 원한다는 것

▶ refill 리필, 다시 채운 것 to go (음식을) 포장해 가다 sweet 단것 go on a diet 다이어트를 하다

스크립트
W Excuse me, but could I have a refill, please?
M Certainly. That was black coffee you were drinking, wasn't it?
W Yes, but can I have some fresh milk with it this time? The coffee is very strong.
M Is it too strong for you? If it's a problem, then I can let the manager know.
W It's not too strong. No. Don't bother your manager.
M Would you like anything else with that?
W I think I'll have a slice of that chocolate cake. From where I'm sitting, it looks delicious.
M It's the best we have. It's everyone's favorite.
W In that case, I'll also take one slice to go. I'm sure that my husband will enjoy it.
M No problem. I'll put it in a small box for you.
W Actually, don't worry about getting me a slice of cake for my husband. He doesn't really like sweet things. I'll probably end up eating the cake myself.
M No harm in that. It's delicious.
W Then I'll have to go on a diet. I'd rather not do that.

해석

여 실례하지만, 리필 좀 해 주실래요?

남 네. 블랙커피 마시고 계셨죠?

여 네, 하지만 이번에는 신선한 우유 좀 주실래요? 커피가 너무 진하군요.

남 너무 진한가요? 그게 문제라면 매니저에게 알리겠습니다.

여 너무 진한 건 아닙니다. 매니저를 귀찮게 하진 말아 주세요.

남 다른 필요하신 건 없나요?

여 저 초콜릿 케이크 한 조각이요. 여기서 보니 맛있어 보이네요.

남 우리 가게 최고죠. 모두가 좋아한답니다.

여 그렇다면 한 조각은 포장을 하죠. 남편도 좋아할 거에요.

남 네. 작은 상자에 넣어 드릴게요.

여 사실 남편 케이크는 신경 쓰지 마세요. 단 걸 좋아하지 않아서요. 아마 내가 먹게 될 거예요.

남 나쁠 거 없죠. 맛있으니까요.

여 그럼 다이어트를 해야 할 거예요. 그러고 싶지 않지만요.

07

대화를 듣고, 여자의 마지막 말 중 "I get the point."가 내포하고 있는 의미를 가장 잘 나타낸 것을 고르시오.

① 그녀는 남자가 앙코르와트에 관해 더 말해줘야 한다고 생각한다.
② 그녀는 남자가 즐거운 휴가를 보냈다고 생각한다.
✓ 그녀는 남자가 그녀의 실수에 대해 그만 말하기를 원한다.

스크립트
W How was the vacation that you just went on?
M My family and I took a trip to Cambodia, and we all had a really great time.
W That actually sounds pretty boring. Are there even any beaches there? What did you do all the time while you were there?

해석

여 얼마전 갔던 휴가 어땠어?

남 가족과 캄보디아로 여행을 갔어. 모두 정말 좋은 시간을 보냈지.

여 사실 지루하게 들리는데. 거기 해변이라도 있니? 거기서 내내 뭐했는데?

<table>
<tr><th>문제와 정답</th><th>스크립트</th><th>해석</th></tr>
<tr><td>

④ 그녀는 앙코르와트가 캄보디아에 있다는 걸 마침내 깨달았다.
⑤ 그녀는 앙코르와트가 베트남에 있지 않다는 걸 마침내 깨달았다.

▶ fascinating 환상적인 research 조사, 연구
I get the point. 알아들었어.

</td><td>

M I don't think you know anything about Cambodia. It's a fascinating country. There are beaches in the south, but that's not the main reason why people go there. Have you ever heard of Angkor Wat?

W Oh, how embarrassing. Of course I've heard of Angkor Wat. But I thought that Angkor Wat is in Vietnam. I don't know much about Southeast Asia even though I'd really love to travel there one day.

M Well, if you ask for my opinion, I'd say that you should do some research before you do that.

W I get the point. So, anyway, how was your vacation?

</td><td>

남 캄보디아에 대해 아무것도 모르나 보구나. 환상적인 나라야. 남쪽에 해변이 있는데 그게 거기 가는 주된 이유는 아니야. 앙코르와트에 대해 들어 봤어?

여 이런 날 당황하게 하는군. 물론 들어 봤지. 하지만 앙코르와트가 베트남에 있다고 생각했는데. 난 동남아시아에 대해 잘 몰라. 언젠가는 여행을 가고 싶기는 하지만.

남 내 의견을 물어본다면, 가기 전에 공부 좀 하라고 말하고 싶구나.

여 알아들었어. 그래서 휴가가 어땠는데?

</td></tr>
<tr><td>

08 대화를 듣고, 화자들이 어떤 사진에 대해 이야기하고 있는지 고르시오.

①    ② 

③    ④ 

✓ 

▶ I bet 나는 …을 확신하다 stand out 눈에 띄다, 두드러지다 photographer 사진가 virtually 실제로, 사실 outstanding 뛰어난 incredible 놀라운, (믿기 어려울 만큼) 훌륭한 inspiring 영감을 주는 be on horseback 말에 올라탄 awesome 근사한

</td><td>

W I bet he had a really great time. So, were there any pictures that stood out? I recall David being something of an amateur photographer.

M Oh, virtually all of them were outstanding. But, yeah, there was one picture he took that was simply incredible.

W Well, tell me about it. I'd love to hear what it looked like.

M It was a picture David took of his family at the beach. The sun was setting, so it was low over the water. It was such an inspiring scene.

W Ah, that must have looked great.

M That's not all though. David's wife and his two daughters were all wearing shorts and T-shirts. But that wasn't the best part.

W You're keeping me in suspense. Hurry up and let me know what was so special about it.

M They were all on horseback. You see, the hotel where they stayed let the guests ride their horses, so that's what they were doing. That's totally awesome, isn't it?

W It sure is. I'm going to have to get David to invite me over to check out his pictures sometime soon.

</td><td>

여 그는 분명 멋진 시간을 가졌을 거야. 눈에 띄는 사진이라도 있었어? 내 기억에 데이비드는 아마추어 사진가 쯤은 되던데.

남 아, 사실 모두 다 뛰어나. 하지만 그가 찍은 한 사진이 정말 뛰어나지.

여 좀 더 말해 봐. 어떤 사진인지 듣고 싶다.

남 해변에서 데이비드가 가족을 찍은 거야. 해가 지고 있고, 그래서 물 위에 낮게 떠 있었지. 정말 영감을 주는 장면이야.

여 오, 정말 멋졌겠다.

남 그게 끝이 아니야. 그의 아내와 두 딸이 모두 티셔츠와 반바지를 입고 있어. 하지만 그게 최고 부분은 아니야.

여 너, 나를 계속 궁금하게 만드는구나. 어서 뭐가 그렇게 특별한 건지 말해 줘.

남 그들 모두가 말을 타고 있어. 그들이 머문 호텔이 손님들이 말을 타게 해 주거든. 그래서 그러고 있는 거야. 정말 멋지지 않니?

여 그래, 조만간 데이비드한테 나를 초대해서 사진 좀 보여 달라고 말해야겠다.

</td></tr>
<tr><td>

09 다음을 듣고, 화자의 심경 변화를 가장 잘 나타낸 것을 고르시오.

① melancholic → content → happy
② pessimistic → optimistic → satisfied
✓ sad → happy → worried
④ happy → bored → depressed
⑤ pleased → unhappy → disappointed

① 울적한 → 만족한 → 행복한
② 비관적인 → 낙관적인 → 만족한
③ 슬픈 → 행복한 → 걱정하는
④ 행복한 → 지루한 → 우울한
⑤ 기쁜 → 불행한 → 실망한

▶ musician 음악가 make fun of …을 놀리다 pay attention to …에 주목하다 graduate from …을 졸업하다

</td><td>

M Hello, my name is Lyle. I am a musician. When I was a teenager, a lot of kids at school used to make fun of the way that I looked. The girls at school didn't pay any attention to me. I used to be very sad. But then I started playing the guitar and singing. I could sing about my troubles and my dreams, and people would listen and smile. This made me feel better. Later, after I graduated from my university, I made my first album. I quickly became successful and famous, and everyone started to like me. I became really happy. I have money and a family, and all my dreams have come true. But because I am so happy, I don't have any troubles to sing about. I haven't made an album in several years now. I just live on my farm in Texas and don't write songs anymore. I'm afraid people will forget about me.

</td><td>

남 안녕. 내 이름은 라일이야. 난 음악가야. 내가 10대 때 학교의 많은 아이들이 내 외모를 보고 놀려댔지. 학교의 여자 아이들은 나에겐 관심도 없었고. 난 그게 좀 슬펐어. 하지만 그래서 나는 기타를 치고 노래를 부르기 시작했어. 내 어려움과 꿈에 관해 노래를 부르자 사람들은 귀 기울여 듣고 웃음을 지었어. 이게 나를 기분 좋게 만들었지. 나중에 대학을 졸업하고서, 내 첫 앨범을 제작했어. 난 빠르게 성공해서 유명해졌고, 모든 이들이 나를 좋아하기 시작했어. 난 정말 행복해졌어. 난 부자가 됐고 가족도 생겼고 모든 꿈이 실현되었어. 하지만 행복해지고 나니, 노래 부를 어려움이 없어진 거야. 몇 년 동안 앨범을 만들지 못했어. 난 텍사스에 있는 내 농장에서 살고 있는데 더 이상 노래를 만들지 않고 있어. 난 사람들이 나를 잊을까봐 걱정돼.

</td></tr>
</table>

10

대화를 듣고, 대화가 이루어지는 장소를 고르시오.

① At the man's home
② At a holiday resort
✓③ At a real estate agency
④ At a restaurant
⑤ At a bank

① 남자의 집
② 휴가지 리조트
③ 부동산 사무실
④ 식당
⑤ 은행

▶ be interested in …에 관심이 있다 property 부동산 for the time being 지금으로서는, 당분간은 ground floor 1층 be willing to 기꺼이 …하다 contract 계약 facility 시설 resort 리조트, 휴양지 afterward 이후에

스크립트

M I'm sorry, but do you work here?

W Yes, I do. Are you interested in renting or buying a property?

M I'm only considering renting for the time being.

W All right, and what exactly are you interested in?

M I'm looking for a place on the ground floor to move in to as soon as possible.

W This is just for you, right?

M Yes, I'm moving here next week to start a new job.

W And for how long are you thinking of staying there?

M If I'm happy with the place, I'd be willing to sign a one-year contract.

W Fantastic. I think I have just the place for you. It's on the third floor of a modern apartment building. The facilities are as good as a modern resort, and it is right near lots of restaurants and other places of business as well.

M Okay, but I have to insist on a first-floor place. My father will be visiting me, and he's really old. He can't walk up any stairs at all.

W Well, this place has an elevator, so you won't need to worry too much about him.

M Okay, then why don't we go and check it out? We can talk about the price afterwards.

해석

남 죄송합니다. 여기서 일하세요?

여 네, 그렇습니다. 부동산 구입이나 임대에 관심이 있으신가요?

남 지금으로서는 임대하는 것만 생각하고 있습니다.

여 그래요. 정확히 어떤 것에 관심이 있나요?

남 가능한 빨리 이사할 수 있는 1층 공간이 필요해요.

여 혼자 사실 거죠?

남 네. 일 때문에 다음 주에 이곳으로 이사합니다.

여 얼마나 오래 머무를 거죠?

남 집이 괜찮다면, 기꺼이 일년 계약을 할 겁니다.

여 좋군요. 당신에게 딱 맞는 곳이 있습니다. 최신 아파트 건물의 3층입니다. 최신 리조트처럼 시설이 잘 되어 있고, 상가들뿐만 아니라 식당들과도 가까이 있습니다.

남 그래요, 하지만 난 1층을 원하는데요. 아버님이 방문할 텐데 연세가 드셔서 계단을 잘 오르시지 못합니다.

여 여긴 엘리베이터가 있어요. 그래서 걱정할 필요가 없어요.

남 좋아요. 그럼 가서 한번 볼까요? 가격에 대해서는 나중에 얘기하고요.

11

다음을 듣고, 데이비드 카퍼필드에 대한 내용으로 잘못된 것을 고르시오.

① 12살에 마술을 시작했다.
② 자유의 여신상을 생방송 중에 사라지게 했다.
③ 환상과 이야기 전개의 조합으로 잘 알려져 있다.
④ 미국 마술 협회에 가입한 최연소 회원이 되었다.
✓⑤ 실제로 중국의 만리장성을 관통하여 걸었다.

▶ magician 마술사 illusionist 요술사, 환상을 쓰는 사람 illusion 환각, 환상 Great Wall of China 만리장성 magic trick 마술 captivate 사로잡다 memorable 기억할 만한 achieve 이루다, 성취하다 explanation 설명 satisfactory 만족할 만한 audience 관객

스크립트

W David Copperfield is an American magician and illusionist who is best known for his combination of illusions and storytelling. His most famous illusions include making the Statue of Liberty "disappear," "flying," and "walking through" the Great Wall of China. Copperfield began practicing magic at the age of twelve, and he became the youngest person ever admitted to the Society of American Magicians. Ever since he got started as a magician, he dreamed of doing magic tricks and illusions that would captivate millions of people. Making the Statue of Liberty appear to disappear on live television in 1983 was one of his most memorable tricks. Many people have tried to explain how he achieved these illusions, but their explanations are not all satisfactory. It is enough that both audiences and his fellow magicians consider his tricks and illusions to be the finest in the world.

해석

여 데이비드 카퍼필드는 환상과 이야기 전개의 조합으로 잘 알려진 마술사이자 요술사이다. 그의 가장 유명한 환각에는 자유의 여신상 '사라지게 하기', '날기', 중국 만리장성 '통과하기' 등이 있다. 카퍼필드는 12살에 마술 연습을 시작했다. 그리고 미국 마술 협회에 가입된 최연소 회원이 되었다. 마술을 시작한 이래, 그는 수백만 명을 사로 잡을 마술과 환각을 행하는 꿈을 꾸었다. 1983년 생방송 중에 자유의 여신상을 사라지게 만드는 것은 가장 기억할 만한 묘기 중 하나이다. 많은 사람들이 그가 어떻게 이 마술을 성공시켰는지 설명하려 하였지만, 그들의 설명은 만족스럽지 못했다. 그것은 관중들이나 동료 마술사들이 그의 묘기와 환각을 세계 최고로 여기기에 충분하다.

<table>
<tr><td align="center">문제와 정답</td><td align="center">스크립트</td><td align="center">해석</td></tr>
</table>

12 대화를 듣고, 남자가 티켓 값으로 얼마를 낼지 고르시오.

① $8
② $10
③ $16
✔ $18
⑤ $20

▶ purchase 구입하다 a couple of 두 개의 hold on a second. 잠시만요. special price 특별 가격 service charge 수수료, 서비스료 box office 매표소

W Hi, this is Sherry speaking. How may I help you?

M Yes, uh, do you still have tickets for the August 4 Wharton Tiers show?

W How many tickets would you like to purchase?

M I only need a couple of tickets, one for my friend and me.

W Hold on a second, and let me check on that… Yes, we have two tickets left. The tickets cost $10.00 each.

M Is there a special price for students?

W Yes, anyone who has a valid student ID card will receive 20% off, which would make the tickets cost only $8.00 each in your case.

M Okay, that's good. I'm a student at the local university.

W How would you like to pay for your tickets?

M Can I pay with my credit card?

W Sure… Oh, I forgot to tell you something. There is also a service charge of $1.00 per ticket. Is that all right?

M It's per ticket? Well, I suppose there's nothing I can do about it. And can you hold the tickets for me at the box office?

W Yes, we can do that for you.

여 쉐리입니다. 무엇을 도와드릴까요?

남 네, 8월 4일 워튼 티어스 쇼 표가 아직 있나요?

여 몇 장이나 구입하실 거죠?

남 두 장만요. 저와 친구 겁니다.

여 잠시만요, 점검해 볼게요… 네 두 장 남아 있네요. 각각 10달러 입니다.

남 학생 특별 가격이 있나요?

여 네, 학생증이 있으면 20퍼센트 할인됩니다. 각각 8달러가 되겠네요.

남 네, 좋군요. 이 지역의 대학생이거든요.

여 어떻게 지불하실 건가요?

남 카드 되나요?

여 그럼요. 이런 제가 잊은 것이 있군요. 표당 1달러씩 서비스료가 붙습니다. 괜찮나요?

남 표마다요? 어쩔 수 없을 거 같군요. 표를 매표소에서 찾아갈 수 있도록 보관해 주시나요?

여 네, 그럼요.

---

13 다음을 듣고, 이야기를 요약하는 다음 문장을 완성하기 위해 들어갈 알맞은 말을 고르시오.

Modern-day libraries have learned to ______________.

① spend more money on buying books
✔ make changes in their services
③ purchase fewer books for patrons
④ teach people how to use computers
⑤ work with colleges on history projects

현대 도서관들은 ______________ 을 알게 되었다.

① 책 구입에 더 많은 돈을 사용하는 것
② 서비스에 변화를 주는 법
③ 후원자를 위해 더 적은 책 구입하는 것
④ 컴퓨터 사용법을 사람들에게 가르치는 것
⑤ 역사 프로젝트에 있어서 대학과 협력하는 것

▶ public library 공공 도서관 crucial 중요한 function 기능 disposable 마음대로 쓸 수 있는 income 수입 provide 제공하다 resource 자원 check out （도서관에서 책을) 대출하다 slightly 조금, 약간 proliferation 급증, 확산 community 지역 사회 custodian 보호자, 관리인 free of charge 무료로 aid 도움을 주다

M In the past, due to the high cost of books, public libraries served crucial functions in the United States. Since most people lacked the disposable income required to purchase books yet were still interested in reading, libraries provided them with the resources they needed. Libraries' collections of books, magazines, and newspapers were frequently checked out and read. But, these days, libraries are finding their functions changing slightly. While people still check out books from libraries, this is happening less frequently because of the proliferation of bookstores and since books have become relatively cheap. Rather than borrow the library's books, people are instead purchasing their own collections. Still, libraries are learning to adapt. Local libraries often become meeting places for members of their communities. They also typically serve as the custodians of their city's or town's history. These are important functions because they serve to unite the local communities in many ways. Additionally, many libraries provide Internet service free of charge, proving there are still many ways libraries can aid the public.

남 과거에, 비싼 책값 때문에 미국에서 공공 도서관들은 중요한 역할을 수행했다. 책 읽는 것에 관심이 있는 사람들이 책 구입에 마음껏 쓸 만큼의 수입이 되지 않았기 때문에, 도서관들은 그들에게 필요한 자원을 제공했다. 도서관의 책, 잡지, 신문들은 자주 대출되고 읽혀졌다. 그러나 요즘 도서관들은 기능이 조금 변하고 있다는 것을 알게 됐다. 사람들은 여전히 도서관에서 책을 대출하고 있지만, 현저히 그 추세가 줄고 있다. 서점이 급증하고 책값이 상대적으로 저렴해졌기 때문이다. 도서관에서 책들을 빌리는 대신에, 사람들은 자신만의 컬렉션을 구입하고 있다. 그래도 도서관들은 적응하는 법을 배우고 있다. 지역 도서관들은 종종 지역민들의 만남의 장소가 된다. 그들은 또한 도시나 마을 역사의 보호자 역할을 한다. 이것은 지역 도서관이 여러 방법으로 지역 공동체를 단결시키기 때문에 중요한 역할이다. 또한 많은 도서관들이 무료로 인터넷 서비스를 제공함으로써 도서관이 여전히 대중에게 도움을 줄 수 있는 방법이 있음을 증명하고 있다.

<table>
<tr><th>문제와 정답</th><th>스크립트</th><th>해석</th></tr>
<tr><td>

14 대화를 듣고, 남자에 관한 내용으로 **잘못된** 것을 고르시오.

✓① 남자는 프로젝트가 끝나면 팀장이 될 것이다.
② 남자는 감기에 걸렸다.
③ 남자는 자신의 일을 너무 진지하게 받아들인다.
④ 남자는 업무가 굉장히 많다.
⑤ 남자는 열심히 일해야 한다고 생각한다.

▶ shake (병을) 떨어버리다　take sick leave 병가를 얻다　upset 화난, 당황한　as soon as …하자마자　deadline 마감 시간　pressure 압박감, 압력　seriously 심각하게

</td><td>

W　You look really run down, John. Why are you still here at work?

M　I've felt horrible ever since I came down with this cold last week. I thought I'd get better soon, but I've been so busy at work that it's actually gotten worse. I just can't seem to shake it.

W　Aren't you going to take sick leave? What you need is to stay home and get some rest.

M　Are you kidding? If I took any time off from work right now, my boss would be really upset. After all, we have to finish that big report by tomorrow.

W　Well, since you'll be finished tomorrow, you ought to take the rest of the day off as soon as you turn it in.

M　I'd love to do that, but it's impossible. After tomorrow, we have another project with an upcoming deadline. It seems like the pressure to get things done here never ends.

W　The problem with you is that you take your job too seriously. Your boss knows this, so he lets you do most of the work.

M　When I'm the boss someday, I'll take it easy. Until then, I know I have to work twice as hard as my boss does.

</td><td>

여　너 정말 피곤해 보여, 존. 왜 아직 회사에 있는 거야?

남　지난주 감기에 걸린 이후로 최악이야. 곧 나을 거라 생각했는데, 일이 바빠서 더 나빠졌어. 나을 것 같지가 않아.

여　병가를 얻지 그래? 네게 필요한 것은 집에서 좀 쉬는 거야.

남　농담해? 지금 일을 쉬면, 내 상관이 엄청 화낼 거야. 결국, 내일까지 큰 보고서를 끝내야 하거든.

여　내일 끝내니까, 제출하자마자 하루 쉬는 것이 나을 거야.

남　나도 그러고 싶지만 불가능해. 내일 이후에 마감이 다가오는 다른 프로젝트가 있거든. 뭔가를 마무리해야 한다는 압박이 이곳에서는 끊이지 않는 거 같아.

여　네 문제는 네가 일을 너무 심각히 여긴다는 거야. 너의 상관은 이걸 알고 있기 때문에, 너에게 대부분의 일을 시키는 거야.

남　내가 나중에 상관이 되면, 여유 있게 생각할 거야. 그때까지는 내 상관보다 두 배는 열심히 일해야 한다는 걸 알아.

</td></tr>
<tr><td>

15 다음을 듣고, 화자의 의견과 일치하는 진술을 고르시오.

① Mark: Schools ought to get rid of all of their vending machines.
② Scott: School cafeterias need to start charging lower prices.
③ Neil: School cafeterias should hire people who can cook tastier food.
✓④ Lucy: School cafeterias need to improve the selection of their meals.
⑤ Stephanie: There should be only vegetarian meals offered in cafeterias.

① 마크: 학교는 모든 자판기를 제거해야 한다.
② 스캇: 학교 식당은 가격을 낮출 필요가 있다.
③ 닐: 학교 식당은 음식 조리를 잘하는 사람을 고용해야 한다.
④ 루시: 학교 식당은 음식 선택을 개선할 필요가 있다.
⑤ 스테파니: 학교 식당은 오직 야채류만을 제공해야 한다.

▶ school cafeteria 학교 식당　feed 먹을 것을 주다　unhealthy 건강에 좋지 않은　dominate 점유하다, 지배하다　vending machine 자판기　obese 지나치게 살찐　alternative 대체품　vegetarian 야채의, 채식주의자　improve 향상시키다　nutritional 영양상의　mentally 정신적으로　physically 육체적으로

</td><td>

W　The food that many school cafeterias are feeding the young children in many of our cities is completely unhealthy and needs to be changed. The majority of the foods offered are either low-quality or high in fat and calories. Pizza, hamburgers, sodas, and other fast foods dominate the menus each and every day. Not only that, but various chocolates and candies are also available in the cafeteria vending machines. This has simply got to stop. The result of the cafeterias serving this substandard food is that our children are too obese and are extremely out of shape. Instead of serving fast food, school cafeterias should be offering healthy alternatives. These would include salads, pastas, fish, and various vegetarian meals. One result of these low-fat and low-calorie meals would be to improve the health of our children. Additionally, by increasing the nutritional value of the meals served, schools can help their students improve themselves. After all, that's the point of students attending school: to make themselves better both mentally and physically.

</td><td>

여　우리 지역의 많은 학교 식당들이 학생들에게 먹이고 있는 음식은 너무나 건강에 좋지 않으므로 바꿀 필요가 있다. 제공되는 대부분의 음식은 질이 낮거나 지방과 칼로리가 높다. 피자, 햄버거, 탄산음료, 그리고 다른 패스트푸드가 매일같이 식단을 차지하고 있다. 그뿐만 아니라 다양한 초콜릿과 사탕이 식당 자판기에서 팔리고 있다. 이건 무조건 중단되어야 한다. 학교 식당들이 이런 안 좋은 음식을 제공하면 우리 아이들이 너무 비만해지고, 몸이 망가지는 결과를 가져온다. 패스트푸드 대신에 학교 식당은 건강한 대안 음식을 제공해야 한다. 바로 샐러드, 파스타, 생선, 다양한 채식 요리이다. 이런 저지방 저칼로리 식사의 결과는 우리 아이들 건강을 향상시키는 것이다. 게다가 제공되는 음식의 영양 가치를 높임으로써, 학교는 학생들이 스스로를 개선시키는 것을 도울 수 있다. 결국, 학교를 다니는 학생들의 목적은 육체적으로 정신적으로 자신을 증진시키는 것이다.

</td></tr>
</table>

<table>
<tr><th>문제와 정답</th><th>스크립트</th><th>해석</th></tr>
</table>

16 대화를 듣고, 여자가 처한 상황에 어울리는 속담을 고르시오.

① A rolling stone gathers no moss.
② Old habits die hard. ✓
③ New brooms sweep clean.
④ Don't count your chickens before they are hatched.
⑤ A stitch in time saves nine.

① 구르는 돌에는 이끼가 끼지 않는다.
② 오래된 습관은 없애기 힘들다.
③ 새 걸레가 잘 닦인다.
④ 부화 전에는 닭의 수를 세지 마라.
⑤ 한 땀의 바느질이 아홉을 절약한다.

▶ previous 이전의   break 휴식   used to (과거에) …하곤 했었다   difference 차이, 차이점   drop … off …을 (차에서) 내려 주다   adjust 조절하다, 조정하다   habit 습관

W Ever since I started my new job, I can't seem to wake up on time in the morning.

M You never had problems while you were at your previous job, did you?

W Never. I don't know what the problem is.

M Maybe you need a holiday. Perhaps you're just really tired.

W I don't think so. I had a break just before I started this job.

M In that case, I wonder why you're having this trouble.

W I do start work a lot earlier than before. I used to go to work at 9 a.m., but now I start at 7:15 a.m.

M That's a big difference.

W But I always used to wake up early so I could take my daughter to school.

M But you didn't have to rush around. Now you have less time in the morning.

W That's true. By the time I get to the office after dropping her off at school, I feel tired.

M You should probably go to sleep earlier as well.

W You're right. I go to sleep at my usual time, but I suppose that I should adjust my habits.

여 내가 새 일을 시작한 뒤로는, 아침에 제 시간에 일어날 수가 없는 거 같아.

남 이전 직장에서는 문제가 없었잖아, 그렇지?

여 없었어. 문제가 뭔지 모르겠어.

남 아마 휴일이 필요한 거야. 아마 정말 피곤한 거겠지.

여 그런 것 같지 않아. 이 일을 시작하기 전에 휴식을 취했거든.

남 그럼, 이 문제의 원인이 궁금하구나.

여 이전보다 일찍 일을 시작하긴 해. 예전에는 오전 9시에 일하러 갔었는데, 지금은 7시 15분에 시작해.

남 차이가 크구나.

여 하지만 항상 일찍 일어났었거든. 그래서 내 딸을 학교에 데려다 줄 수 있었어.

남 하지만 서두를 필요는 없었잖아. 지금은 아침에 시간이 덜 있는 거고.

여 사실이야. 딸을 학교에 데려다 주고 사무실에 도착할 때쯤이면 피곤하거든.

남 좀 일찍 잠자리에 들어야 할 것 같다.

여 맞아. 평상시대로 잠을 자고 있는데, 습관을 바꾸어야 할 거 같아.

---

17 대화를 듣고, 남자와 여자가 만나기로 한 곳을 지도에서 고르시오.

▶ head into …로 향하다   show up 나타나다   opposite 반대의, 정반대의   park 주차하다

M Hello, this is Min speaking.

W Hi, Min. It's Hannah. Where are you right now?

M I'm here in the city. I'm standing on the corner of 2nd Avenue and Main Street. Where are you?

W I'm heading into the city as we speak. In fact, I'm going to be there pretty soon. Have you heard anything from Luke about where he is?

M Yes, he called and said he was going to be a few minutes late in getting here. He said that he had some work to finish at the office. Do you think that we should wait for him before we start to eat?

W Well, why don't we get some coffee first and wait for him to show up. Isn't there a coffee shop somewhere on Main Street?

M Yes, there's a really good one that is opposite the bookshop.

W Why don't we meet there in about ten minutes or so?

M That sounds like a really good idea. You can park on the corner of Main Street and 3rd Avenue and walk down and meet me here.

W Great. I'll see you there.

남 여보세요. 민인데요.

여 안녕, 민. 한나야. 지금 어디니?

남 난 지금 시내에 있어. 2번가와 메인스트리트의 코너에 있어. 넌 어디니?

여 난 통화하면서 시내로 가고 있어. 사실, 곧 거기에 도착할 거야. 루크가 어디 있는지 들은 거 있니?

남 응, 그가 전화해서 여기 오는 데 몇 분 걸릴 거라고 말하더라. 사무실에서 끝낼 일이 있었대. 먹기 전에 그를 기다려야 할까?

여 음, 우선 커피를 마시고 그가 나타나기를 기다리면 어떨까? 메인 스트리트 근처에 커피숍이 있던가?

남 응, 서점 반대편에 좋은 게 하나 있어.

여 그럼 십 분쯤 후에 거기서 볼까?

남 좋은 생각이야. 메인스트리트와 3번가 코너에 차를 주차할 수 있어. 걸어 내려와서 나를 만나면 돼.

여 좋아, 거기서 보자.

<table>
<tr><th>문제와 정답</th><th>스크립트</th><th>해석</th></tr>
</table>

18 대화를 듣고, 화자들이 여행에 가져갈 물건들을 모두 고르시오.

ⓐ visa   ⓑ camera
ⓒ suntan lotion   ⓓ passport
ⓔ T-shirts   ⓕ shorts
ⓖ bathing suit   ⓗ cash
ⓘ traveler's checks

ⓐ 비자   ⓑ 카메라
ⓒ 선탠로션   ⓓ 여권
ⓔ 티셔츠   ⓕ 반바지
ⓖ 수영복   ⓗ 현금
ⓘ 여행자수표

✔ ⓑ, ⓓ, ⓔ, ⓕ, ⓘ
② ⓐ, ⓑ, ⓒ, ⓓ, ⓔ
③ ⓐ, ⓒ, ⓓ, ⓔ, ⓕ
④ ⓑ, ⓒ, ⓓ, ⓔ, ⓕ
⑤ ⓑ, ⓓ, ⓕ, ⓖ, ⓘ

▶ passport 여권   traveler's check 여행자 수표 cash 현금   bathing suit 수영복   suitcase 여행 가방   go on one's trip 여행가다

스크립트 (18)

W Have you gotten everything ready for our trip tomorrow? I really haven't had a chance to prepare much.

M I know you've been busy, so I've been working to get everything ready. Let's see… I've got our passports. We can't go anywhere without them.

W Great. What about a visa? We need one for where we're going, right?

M Actually, we don't, so that's nothing to worry about. I've got some traveler's checks since I dislike carrying cash when I'm in another country.

W That's good thinking. I remembered to bring my camera, so we'll be able to take lots of pictures while we're gone.

M Excellent. I was going to remind you about that. Oh, don't forget to bring a couple of bathing suits since we'll be doing a lot of swimming.

W Actually, I'm going to buy that and stuff like suntan lotion when I get there. I don't want my suitcase to be too heavy.

M That's not a bad idea. But I'm going to bring a lot of shorts and T-shirts with me since I'm not sure how expensive they're going to be.

W Oh, right. I hadn't considered that.

M Well, it looks like we're pretty much ready to go on our trip.

해석 (18)

여 내일 여행에 가져갈 거 다 챙겼어? 난 준비할 시간이 많이 없었어.

남 네가 바쁜 거 나도 알고 있어. 그래서 내가 준비해왔지. 보자. 여권은 챙겼고. 그게 없으면 어디도 못 가거든.

여 좋아. 비자는? 우리가 가는 곳은 비자가 필요하지?

남 사실, 필요 없어. 그래서 걱정할 필요가 없어. 다른 나라 갈 때 현금 가져가는 게 싫어서 여행자 수표를 준비했어.

여 좋은 생각이야. 내 카메라 가져가야 하는 게 생각났어. 그럼 그럼 사진을 많이 찍을 수 있을 거야.

남 좋아. 나도 그걸 말하려고 했는데. 수영을 할 거니까 수영복 두 개 가져가는 거 잊지 마.

여 사실 난 그거랑 선탠 로션 같은 건 거기 가서 살 거야. 가방이 너무 무거워지는 게 싫어.

남 나쁜 생각은 아니네. 하지만 얼마나 비쌀지 모르니 반바지랑 티셔츠는 많이 가져가야겠다.

여 맞아. 그건 생각 못했어.

남 이제 여행 갈 준비가 된 것 같구나.

---

19 대화를 듣고, 여자의 이동 순서를 가장 잘 나타낸 것을 고르시오.

✔ Canada – Australia – Korea – Japan
② Australia – Canada – Japan – Korea
③ Korea – Japan – Australia – Canada
④ Canada – Australia – Japan – Korea
⑤ Japan – Korea – Canada – Australia

▶ purpose 목적   a couple of 두 개의   declare (세관에) 신고하다   gift 선물, 재능

스크립트 (19)

M Welcome to the Incheon International Airport. May I see your passport, please?

W Yes, of course. Here it is.

M Where are you coming from?

W I'm coming from Australia right now. I'm from Canada, but I was visiting my friends in Australia for a couple of weeks.

M What is the purpose of your visit?

W My son is a teacher in Busan. I'm visiting him for one month. We might also go to Japan together. I haven't seen him in about a year.

M How long are you planning to stay here?

W Probably for three weeks if we go to Japan. But, otherwise, I'll be here for four weeks.

M Where will you be staying?

W I'll be staying at his apartment most of the time. But I will be in Seoul for a night or two. When I'm there, I will stay at a hotel.

M Is this your first time in Korea?

W Yes, it is.

M Do you have anything to declare?

W No, all I have are some gifts I bought in Australia.

M All right, you're fine. Enjoy your stay here in Korea.

해석 (19)

남 인천국제공항에 온 것을 환영합니다. 여권 좀 보여주실래요?

여 네, 물론이죠. 여기 있습니다.

남 어디서 오신 거죠?

여 지금 호주에서 오는 길입니다. 캐나다 출신이지만 2주 동안 호주에 있는 친구를 방문했어요.

남 방문의 목적이 뭔가요?

여 내 아들이 부산에서 교사로 있습니다. 한달 동안 방문 예정이고요. 같이 일본에 갈지도 모릅니다. 1년 동안 그를 보지 못했어요.

남 얼마나 머무를 예정이죠?

여 일본에 간다면 아마도 3주 정도, 아니면 4주입니다.

남 어디 머무를 예정입니까?

여 대부분 아들 아파트에 머무를 겁니다. 하루나 이틀 서울에 있게 될 텐데, 거기서는 호텔에 머무를 겁니다.

남 한국에 처음인가요?

여 네.

남 신고할 품목이 있나요?

여 아뇨. 호주에서 산 선물 몇 개가 전부입니다.

남 좋습니다. 한국에서 즐거운 시간 보내세요.

20 대화를 듣고, 여자의 마지막 질문에 대한 남자의 응답으로 알맞은 것을 고르시오.

M: ＿＿＿＿＿＿＿＿＿＿＿＿ .

✔① I should be able to get it done in that case.
② I'm still working on Mr. Jenkins's project.
③ I'm not going to be here tomorrow.
④ Have those employees report to my office.
⑤ The report still needs a lot of work.

① 그 경우에는 마칠 수 있을 거야.
② 여전히 젠킨스 씨의 프로젝트를 하고 있어.
③ 난 내일 여기에 없을 거야.
④ 그 직원들을 내 사무실에 보고하게 해줘.
⑤ 그 보고서는 여전히 많은 작업이 필요해.

▶ put together 합치다, 함께 하다　exclusively 오로지, 독점적으로　intend to …할 생각이다, …할 의도이다　order 명령하다, 주문하다　be good at …을 잘하다

W Larry, have you finished putting together the report? We're having the sales meeting tomorrow morning, and that report has to be done by then.

M I haven't had a chance to finish it yet because I've been doing something else.

W What? I thought you were going to work exclusively on my project.

M I had intended to do that, but Mr. Jenkins ordered me to work on something else. Since he's the president, I didn't really have much of a choice.

W Oh, I see. Well, have you finished his work?

M Yes, I just got done a few minutes ago, so now I'm getting back to work on your report. But I must say it's going to be impossible for me to finish by tomorrow morning. Even if I stay up here all night, I don't think it'll get done.

W Is there anything I can do to help you get your work finished faster?

M I'd really love it if you could lend me a couple of other people to assist me with the graphics and charts. I'm not particularly good at working with computers.

W All right. So, what do you think? If I do that, do you think you can finish by tomorrow morning?

M ＿＿＿＿＿＿＿＿＿＿＿＿

여 래리, 보고서 취합하는 거 끝냈니? 내일 판매 모임이 있을 거야. 보고서는 그때까지 끝내야 해.

남 아직 끝내지 못했어. 다른 걸 하고 있었거든.

여 뭐라고? 난 네가 내 프로젝트만 하고 있는 줄 알았는데.

남 그럴 작정이었는데, 젠킨스 씨가 다른 걸 하라고 시켜서 말이야. 그가 사장이니 어쩔 수 없잖아.

여 그래 알았어. 그의 일은 끝냈니?

남 응, 몇 분 전에 끝냈어. 그래서 이제 네 보고서를 다시 하려고. 하지만 내일 아침까지 끝내는 건 불가능할 거야. 여기서 밤을 새더라도 끝날 것 같지 않아.

여 더 빨리 끝내도록 내가 도와줄 일 없어?

남 그래픽과 차트를 도와줄 두 사람을 보내 주면 좋겠다. 내가 컴퓨터에는 약하거든.

여 좋아. 그럼 어때? 내가 도와주면 내일 아침까지 끝낼 거 같아?

남 ＿＿＿＿＿＿＿＿＿＿＿＿

---

21 대화를 듣고, 표에서 잘못 표시된 것을 고르시오.

출발 시간	도착 시간	등급	지불 수단	비용
① 16:45	② the next day 10:25	✔③ Business Class	④ Cash	⑤ $400

▶ fight 항공편, 비행　conference 회의　available 이용할 수 있는, 구할 수 있는　depart 출발하다　economy (비행기의) 이코노미석　business (비행기의) 비즈니스석　first-class (비행기의) 1등석　pay in cash 현금으로 지불하다　reserve 예약하다　book 예약하다

M Windy Airways, good afternoon. May I help you?

W Hello. Do you have any flights to London tomorrow? I've got to get there as soon as possible to attend a conference for my company. Please tell me that I'll be able to get on a flight tomorrow.

M One moment, please. (Pause) Okay, there is nothing for you to worry about. We have two flights to London tomorrow that have seats available. There are a flight leaving at 4:45 p.m. and one departing at 6:00 p.m.

W The earlier flight sounds like it will be better for me.

M Do you want an economy, business, or first-class ticket?

W A first-class ticket is too expensive for me, so I think that I'll travel economy.

M Sure. The total cost of the ticket is going to be $400.

W I don't have a credit card. Can I pay in cash when I pick up the ticket?

M Sure, that will be fine. I'll reserve the 4:45 p.m. flight in that case. Could I have your name, please?

W It's Amanda Smith.

M Your flight has been booked, Ms. Smith. The flight leaves at 4:45, and you will arrive in London the next day at 10:25 a.m.

남 안녕하세요, 윈디 항공입니다. 뭘 도와드릴까요?

여 안녕하세요. 내일 런던으로 가는 비행기가 있나요? 회사 회의를 위해 가능한 빨리 그곳에 도착해야 해요. 내일 비행이 가능한 지 알려 주세요.

여 잠시만요. 네, 걱정하실 필요가 없네요. 내일 런던으로 두 개의 비행기가 있고 좌석도 있습니다. 하나는 오후 4시 45분, 다른 하나는 오후 6시에 떠납니다.

여 저에게는 빠른 비행기가 더 나은 거 같군요.

남 이코노미석, 비즈니스석, 일등석 중 어떤 걸 원하시나요?

여 일등석은 너무 비싸니 이코노미로 하죠.

남 네. 티켓값은 4백 달러입니다.

여 카드가 없네요. 표를 찾을 때 현금으로 계산해도 되나요?

남 네, 괜찮습니다. 그러면 4시 45분 비행기를 예약해 드리죠. 성함이 어떻게 되시죠?

여 아만다 스미스입니다.

남 항공편이 예약되었습니다, 스미스 씨. 비행기는 4시 45분에 떠나서, 런던에 다음날 아침 10시 25분에 도착할 겁니다.

22 대화를 듣고, 여자가 당황한 이유를 고르시오.

① She thinks the jeans will be too expensive.
② She has asked for the wrong color jeans.
③ She thinks the man is getting impatient.
✔ She is concerned about her weight.
⑤ She does not know her size.

① 청바지가 너무 비쌀 거라 생각해서
② 잘못된 색깔의 청바지를 요청해서
③ 남자가 참을성이 없어진다고 생각해서
④ 자신의 체중에 대한 걱정 때문에
⑤ 자신의 신체 사이즈를 몰라서

▶ **perfect fit** 딱 들어맞는 것 **in that case** 그렇다면 **definitely** 반드시 **plain** 완전한 **embarrassed** 당황스러운 **enormous** 거대한, 막대한

M Good afternoon. Can I help you find anything?

W I want to buy a pair of jeans, but they have to be a perfect fit. I don't mind if they're expensive so long as they fit nicely.

M In that case, it shouldn't be a problem. I'll show you the colors we have.

W Oh, I forgot to mention that I definitely want black jeans.

M Well, we have stonewashed or plain black.

W Let me see the difference between the two.

M The dark jeans are less casual. I don't know if that's the look you want.

W Ah, that's exactly what I'm looking for.

M Let's try to figure out your size.

W I'm so embarrassed. I'm enormous.

M Nonsense. You're just fine. Why don't you try these two pairs on?

W Great. How much is this one?

M It's $35 dollars.

W What? You're not serious, are you? That's a great price.

M We have more expensive jeans in the next aisle if you're interested.

W Don't be silly. Why should I pay more when these are so good? Let me try them on and see how I look.

남 안녕하세요. 찾는 것을 도와드릴까요?

여 청바지를 찾고 있어요. 아주 잘 맞는 걸로요. 잘 맞기만 하다면 가격은 상관 없어요.

남 그렇다면 문제 없습니다. 저희가 가진 상품 색상을 보여 드리죠.

여 오. 색상이 꼭 검정이어야 한다는 걸 잊었네요.

남 물 빠진 것과 완전한 검정이 있습니다.

여 두 개의 차이를 보여 주세요.

남 진한 청바지는 덜 캐주얼하죠. 그게 원하시는 건지 모르겠지만요.

여 아, 그게 제가 원하는 겁니다.

남 사이즈를 좀 보겠습니다.

여 당황스럽군요. 제가 덩치가 커서요.

남 말도 안 돼요. 손님은 딱 괜찮습니다. 이것으로 한번 입어 보실래요?

여 좋아요. 이건 얼마죠?

남 35달러입니다.

여 뭐라고요? 농담하는 거죠? 훌륭한 가격이군요.

남 관심 있으시다면 다음 통로에 더 비싼 것도 있습니다.

여 말도 안 돼요. 이것도 이렇게 좋은데 왜 돈을 더 써야 하죠? 입어 보고 어떤지 보죠.

---

23 대화를 듣고, 남자가 설명하는 과정의 순서가 알맞게 나열된 것을 고르시오.

ⓐ Get one's picture taken
ⓑ Take the written test
ⓒ Fill out some papers
ⓓ Take the driving test

ⓐ 사진 찍기
ⓑ 필기 시험 보기
ⓒ 서류 기입하기
ⓓ 운전 시험 보기

① ⓐ - ⓒ - ⓑ - ⓓ
② ⓒ - ⓐ - ⓑ - ⓓ
③ ⓒ - ⓑ - ⓐ - ⓓ
✔ ⓒ - ⓑ - ⓓ - ⓐ
⑤ ⓓ - ⓑ - ⓒ - ⓐ

▶ **apply for** …에 지원하다 **driver's license** 운전 면허 **nervous** 긴장되는 **process** 절차, 과정 **fill out** (서류 양식을) 기입하다, 채우다 **turn in** …을 제출하다 **written test** 필기 시험 **on the spot** 현장에서 **just about** (강조하며) 정말로, 아주

W I'm applying for my driver's license tomorrow, but I'm really nervous because I've never done it before.

M There's no need for you to worry. It's a really simple process.

W You've already gotten your license, right? Can you let me know what to do so that I'll be prepared? That would really make me feel better.

M Sure, I can do that. You've got to fill out a lot of forms first. That's going to take a few minutes to do.

W All right, that sounds pretty easy. Once I turn in my forms, I have to take the driving test, right?

M Yes, but you don't take that test first. You actually take the written test before it. Then, assuming you pass the test, you get to take the driving test.

W Oh, they grade the test right there on the spot? I didn't know that. What happens if I fail?

M I'm sure that's not going to happen to you. Just about anyone can pass that test.

W So, let's assume I pass both of the tests. What do I do after that?

M Well, you get your picture taken, and that's it. Your license will be mailed to you a couple of weeks later.

여 내일 운전 면허증을 신청할 거야, 하지만 전에 해 본 적이 없어서 긴장돼.

남 걱정할 필요 없어. 아주 간단한 과정이야.

여 너 이미 면허증 있지? 내가 어떻게 준비해야 하는지 알려 줄래? 기분이 좀 나아질 거 같아.

남 그래, 내가 해 줄게. 우선 많은 서류를 기입해야 해. 몇 분 걸릴 거야.

여 좋아. 그건 쉬운 것 같다. 일단 서류를 제출하면, 운전 시험을 보는 거지?

남 그래, 하지만 먼저 시험을 보는 게 아냐. 그 전에 필기 시험을 먼저 봐야 해. 그 다음, 시험에 통과한다면, 운전 시험을 보는 거야.

여 아, 바로 그 장소에서 채점을 하니? 그건 몰랐어. 내가 떨어지면 어떻게 되는 거야?

남 그런 일은 안 일어날 거야. 정말 누구나 그 시험을 통과할 수 있거든.

여 그래서 내가 두 시험 다 통과한다고 치자. 그 다음 뭘 해야 해?

남 네 사진을 찍는데, 그게 다야. 네 면허증은 몇 주 후에 우편으로 발송될 거야.

24 다음을 듣고, 화자가 말하고자 하는 요지를 가장 잘 나타낸 것을 고르시오.

① At least one parent should stay home with the children.

✓ It is bad for children to be coming home to an empty house.

③ Children should not be able to use computers unsupervised.

④ Fast-food diets are not meals that children should be eating.

⑤ It is unfortunate that both parents need to work at the same time.

① 적어도 한 명의 부모는 아이들과 머물러야 한다.
② 아이들이 빈 집에 귀가하는 것은 좋지 않다.
③ 아이들은 관리 받지 않은 상태로 컴퓨터를 사용해서는 안 된다.
④ 패스트푸드는 아이들이 먹어야 하는 음식이 아니다.
⑤ 양 부모들이 동시에 일해야 하는 것은 불행한 것이다.

▶ unsupervised 감독을 받지 않는 get up to …에 연관되다, …에 이르다 surf the Web 웹사이트를 서핑하다 whatever the case 어떤 경우라도 properly 적절하게 junk food 정크푸드 unhealthy 건강에 좋지 않은 maintain 유지하다 a standard of living 생활 수준 suffer 고생하다

W Many children are coming home from school to empty homes these days. The reason is that both of their parents are working and neither gets off work until at least a couple of hours after their children return home from school. The result is that too many children are left unsupervised for too long. This has, naturally, led to a number of problems. Without a parent to guide them or look after them, children are often getting up to no good. Instead of doing their homework, they sit in front of the television and watch various shows. Or perhaps they simply turn on their computers and surf the Web or just play computer games. Whatever the case, they're not using their time wisely. Nor are they eating properly. Rather than enjoying healthy, home-cooked meals, they are eating junk food or ordering pizzas or other unhealthy foods. While most families need both of the incomes the parents earn in order to maintain a good standard of living, their children are suffering.

여 요즘 많은 아이들이 빈 집으로 귀가하고 있다. 그 이유는 부모가 모두 일을 하고, 아이들이 집에 도착한 후 적어도 두 시간이 지나야 집에 도착하기 때문이다. 그로 인한 결과는 너무 많은 아이들이 오래 동안 감독 받지 않는 상태로 남겨진다는 것이다. 이것은 당연히 많은 문제를 일으켰다. 부모들이 아이들을 보살피거나 이끌지 않으면, 아이들은 종종 좋지 않은 일에 연관된다. 숙제를 하는 대신에, 그들은 텔레비전 앞에 앉아서 다양한 프로그램을 볼 것이다. 또는 아마도 컴퓨터를 켜고 인터넷 서핑을 하거나 컴퓨터 게임을 할 것이다. 어떤 경우이든, 시간을 현명하게 쓰지 않는 것이다. 또한 음식을 적절하게 섭취하지도 않는다. 건강에 좋은 집에서 만든 음식을 즐기는 대신에, 그들은 정크푸드를 먹거나 피자나 다른 건강에 나쁜 음식을 주문한다. 대부분의 가족들이 높은 생활 수준을 유지하기 위해서 부모들이 모두 돈을 벌어야 하지만, 아이들은 고생을 하고 있다.

---

25 대화를 듣고, 남자의 현재 상태를 가장 잘 나타낸 것을 고르시오.

① Very happy because he is a hard worker

② Very relaxed because he does not want the job

✓ Nervous because he did not get along with his boss

④ Happy because he has a new job

⑤ Excited because he has a new job

① 열심히 일하는 사람이어서 행복하다.
② 그 일을 원하지 않으므로 아주 편안하다.
③ 상관과 잘 지내지 못했으므로 긴장된다.
④ 새로운 일이 있으므로 행복하다.
⑤ 새로운 일이 있으므로 흥분된다.

▶ take a seat 자리에 앉다 make oneself comfortable 편안히 하다 resign from …에서 사임하다 unemployed 실직의 quit 그만두다 replace 대신하다 stressful 스트레스를 주는 deal with …을 다루다 inform 알려 주다 get along with …와 잘 지내다

W Thank you for coming. Please take a seat and make yourself comfortable.

M Thank you. I'm so glad to meet you.

W So you've applied for the manager's job at our company, right?

M Yes, that is correct.

W Who do you work for right now?

M Actually, I resigned from Cuban's Department Store one month ago, so I am currently unemployed.

W So you quit your job even before you found another one to replace it. Why did you resign from Cuban's?

M The job was causing me too much stress, and I was very unhappy there.

W Being a manager is very stressful as well, so how do you intend to deal with that if you get the job here?

M I enjoy a little stress and feel that it makes me a better worker, but at Cuban's, it seemed like the stress never ended.

W I see. May I call your manager there to ask him what kind of worker you were?

M Um, I suppose. But I should inform you that we didn't get along very well.

W That doesn't matter. I just want to know if you're a hard worker or not.

여 와 주셔서 감사합니다. 자리에 편히 앉으세요.

남 감사합니다. 만나서 반갑습니다.

여 우리 회사의 매니저 일에 지원했죠?

남 네, 맞습니다.

여 현재 어디서 일하시죠?

남 사실, 한 달 전에 쿠반스 백화점에서 사직했어요. 그래서 현재 무직입니다.

여 그래서 다른 일을 찾기도 전에 그만둔 거군요. 왜 그만둔 거죠?

남 일이 나에게 너무 스트레스가 심했어요. 그리고 거기서 그리 행복하지 못했고요.

여 매니저가 되는 것 또한 스트레스가 많습니다. 여기 일을 얻으면 스트레스를 어떻게 다룰 건가요?

남 저는 약간의 스트레스는 좋아하고 그것이 저를 더 좋은 노동자가 되게 만든다고 느낍니다. 하지만 쿠반스에서는 스트레스가 결코 끝이 날 것 같지 않았죠.

여 알겠습니다. 당신이 어떤 직원이었는지 알아보기 위해 거기 매니저에게 전화해도 될까요?

남 음, 네. 하지만 그와 잘 지내지 못했다는 걸 말하고 싶군요.

여 그건 문제가 안 됩니다. 당신이 성실한 직원인지 아닌지만 알고 싶습니다.

26 다음을 듣고, 한국과 서양의 전통 상차림의 차이를 가장 잘 나타낸 것을 고르시오.

① 한국 상차림은 매우 세심하게 차려진다.
✔ 서양 식사는 세 가지 코스로 서비스되는 반면 한국 요리는 보통 동시에 서비스된다.
③ 서양 상차림의 기본 반찬은 3가지이다.
④ 한국 상차림은 요리에 따라 달라진다.
⑤ 이전의 한국 상차림은 왕족을 고려해야 했다.

▶ feature 특징 table setting 상차림 dish 요리, 접시 at the same time 동시에 tradition 전통 lower class 낮은 계급 royal family 왕족 depending on …에 따라 달라지는, …에 의존하는 separately 따로, 독립적으로 consist of …로 구성되다 starter 전채 main course 메인 요리 dessert 후식

M The feature of a Korean table setting that you will notice first is that all dishes are served at the same time. Years ago, tradition required the number of side dishes for the lower classes to be three while it was twelve for royal family members. Table arrangements can vary depending on whether a noodle dish or meat is served. Formal rules have now developed for table setting. It shows that people are paying close attention to food and dining. Compared to neighboring China and Japan, a spoon is used more often in Korea, especially when soups are served. In the Western tradition, different courses are served separately, hence the use of the term "three-course meal." It consists of a starter, the main course, and dessert.

여 가장 먼저 주목하게 되는 한국 상차림의 특징은 모든 음식들이 동시에 제공되는 것이다. 예전에, 전통에 따르면 낮은 계급의 반찬은 세 가지였다. 반면에 왕족은 열두 가지였다. 상차림 구성은 면이나 고기가 제공되느냐에 따라서 달라질 수 있다. 지금은 공식적인 규칙들이 식탁 구성을 위해 만들어졌다. 그것은 사람들이 음식과 식사에 많은 관심을 기울이고 있음을 보여 준다. 인접한 일본이나 중국과는 달리 한국에서는 수저가 더 자주 사용되는데, 특히 국이 제공될 때는 더욱 그러하다. 서양 전통에서는 서로 다른 코스들이 개별적으로 제공되기 때문에 '세 가지 코스 식사'라는 용어가 사용된다. 그것은 전채, 메인, 후식으로 구성된다.

---

27 대화를 듣고, 다니엘에 대해 사실이 아닌 것을 고르시오.

① He works for the same company as the speakers.
✔ He works as a part-timer in the company.
③ One of his children is sick.
④ He's burning the candle at both ends.
⑤ He doesn't have enough time to rest.

① 그는 화자들과 같은 회사에서 일한다.
② 그는 회사에서 파트타이머로서 일한다.
③ 그의 아이들 중 한 명이 아프다.
④ 그는 무리를 하고 있다.
⑤ 그는 쉴 시간이 충분하지 않다.

▶ beat down 녹초가 된 be supposed to …하기로 되어 있다, …할 의무가 있다 operation 외과수술 medical insurance 의료보험 physically 신체적으로 mentally 정신적으로

M Have you seen Daniel lately? He looks beat down.

W Yeah, I noticed that about him. What's going on? Does he have some kind of family problem or something else bothering him?

M No, it's not that. It's just that he never gets a chance to relax anymore. He's always so busy doing some kind of work.

W What are you talking about? He doesn't work any more than we do. I see him come here in the morning at nine and leave at six everyday. That's not working too much.

M Well, I wasn't supposed to tell you this, but Daniel's got a second job. But do me a favor, and don't let him know I told you this, okay? I don't think he wants anyone to know.

W Okay, I won't say anything to him. But why's he doing that?

M One of his kids needs an operation, but his medical insurance won't pay for everything. So he's been working really hard to earn enough money.

W Aha. So that's why he's tired all the time. He's not getting any rest.

M Bingo. He's even working on the weekend.

W That's too bad. He needs to be careful, or he's going to get physically and mentally exhausted.

남 최근에 다니엘 본 적 있어? 녹초가 된 것처럼 보이던데.

여 맞아, 나도 그런 것 같다고 생각했어. 무슨 일인 거지? 무슨 집안 문제나 그를 괴롭히는 다른 문제가 있나?

남 아니, 그런 게 아니야. 문제는 그가 더 이상 쉴 기회가 없다는 거야. 뭔가 일을 하느라고 늘 바쁘거든.

여 무슨 얘길 하는 거야? 그는 우리가 하는 것보다 더 많은 일을 하는 게 아니야. 내가 보기에 그는 매일 아침 아홉 시에 출근해서는 여섯 시에 집에 가는 것 같아. 그건 그렇게 일을 많이 하는 건 아니지.

남 음, 너에게 이걸 말해선 안 되긴 한데, 다니엘은 다른 일을 가지고 있어. 근데 제발 그에게 내가 너에게 이 얘기를 했다는 거 알리지 말아 줘. 알았지? 그는 다른 사람이 알기를 원하지 않을 거야.

여 알았어. 그에게 아무 말 안 할게. 그런데 왜 그가 그렇게 하는 건데?

남 그의 아이들 중 하나가 수술을 해야 하는데, 그의 의료보험이 비용을 다 내주지 않아. 그래서 그는 충분한 돈을 벌기 위해 정말로 열심히 일해 왔어.

여 아하. 그래서 그가 늘 피곤한 거구나. 쉬질 못하는 거였어.

남 바로 그거야. 그는 주말에도 일을 해.

여 그건 정말 안됐구나. 조심할 필요가 있어. 그렇지 않으면 그는 신체적, 정신적으로 완전히 지쳐버릴 거야.

---

28 대화를 듣고, 마지막에 여자가 남자에게 할 말로 알맞은 것을 고르시오.

W: Oh, no. I don't mind. ___________

① It's probably going to rain on Saturday.
✔ It's better than sitting at home on Saturday.
③ Maybe we can go on Sunday?
④ I'll go with you next time.
⑤ You could sell me your ticket.

여: 아니야. 괜찮아. ___________

M What are you going to do this weekend?

W I don't know yet. It will probably be another boring weekend for me just sitting at home watching TV or reading a book.

M When was the last time that you did something exciting or different?

W It's been a long time. During the week, I have no energy to plan anything, so on the weekends, I usually get stuck sitting around at home watching television.

M I'm planning to go to a concert in the park on Saturday evening. Why don't you join me? It should be a really great time.

W Are you going alone?

남 이번 주말에 뭐 할 거야?

여 아직 모르겠어. 아마 집에서 텔레비전을 보거나 책을 읽는 또 한 번의 지루한 주말이 될 것 같아.

남 뭔가 흥미롭거나 색다른 일을 마지막으로 한 게 언제니?

여 정말 오래 됐어. 주중에는 뭔가를 계획할 에너지가 없어. 그래서 주말에는 그냥 집에 눌러 앉아서 텔레비전을 보면서 쉬지.

남 난 토요일 저녁에 공원에서 열리는 콘서트에 갈 예정이야. 함께 가는 게 어때? 정말 좋은 시간이 될 거야.

여 혼자 가니?

문제와 정답	스크립트	해석

① 아마도 토요일에 비가 올 거야.
② 토요일에 집에 앉아 있는 것보다는 나아.
③ 아마 일요일에 갈 수 있지 않을까?
④ 내가 다음에 너랑 갈게.
⑤ 네 표를 나한테 팔아.

▶ make it 시간을 내다   company 동료, 회사   out of curiosity 호기심에서 그러는데   to be honest 솔직히 말하면

M Probably. I bought two tickets, but my best friend can't make it. I don't mind going alone, but it would be nice to have some company.

W Well, I'd love to go with you. Out of curiosity, what kind of music is it?

M It's jazz. I know that not everybody enjoys that kind of music, so if you want to say no…

W Um, actually, to be honest, I can't stand that kind of music.

M Oh, okay. Then don't worry about going to the concert.

W Oh, no. I don't mind. ___________ .

남 아마도. 표를 두 장 샀는데, 내 친구가 같이 못 가. 혼자 가는 것도 상관은 없지만 동행이 있으면 더 좋을 것 같아.

여 나도 같이 가고 싶어. 궁금해서 그러는데, 무슨 음악이야?

남 재즈야. 모든 사람이 그런 음악을 즐기는 건 아니라는 거 알아. 만약 싫다면…

여 사실 솔직히 말하면, 그런 음악을 안 좋아해.

남 오, 알았어. 그러면 콘서트 가는 거 신경 쓰지 마.

여 아냐. 괜찮아. ___________
____

29

다음을 듣고, 이어지는 영어 질문에 대한 알맞은 답을 고르시오.

① 1
② 7
✔ 11
④ 15
⑤ 16

▶ even 짝수의   divisible 나뉠 수 있는   additionally 또한, 부가적으로   vacancy 빈방, 빈자리

W Larry just purchased an apartment in a seventeen-story building. His apartment is not on an even numbered floor, nor is it on a floor with a number divisible by three. Larry doesn't like living on the bottom floor, and he's afraid of heights, so he won't live on the top floor either. Additionally, floors five, six, seven, twelve, thirteen, and fourteen had no vacancies.

M *On which floor is the apartment that Larry purchased?*

여 래리는 방금 17층 건물에 있는 아파트를 구입했다. 그의 아파트는 짝수 층에 있지도 않고, 3으로 나눌 수 있는 숫자의 층에 있지도 않다. 래리는 맨 아래 층에 사는 것을 좋아하지 않는다. 또한, 높은 걸 싫어하므로 꼭대기 층도 싫어한다. 게다가, 5, 6, 7, 12, 13, 14 층은 빈방이 없었다.

남 *래리가 구입한 아파트는 몇 층인가?*

30

대화를 듣고, 여자가 운동을 하려는 이유를 고르시오.

① To lose weight
② To be healthy
③ To be skinny
✔ To get into shape
⑤ To get married

여자는 왜 운동을 하는가?

① 살을 빼기 위해서
② 건강해지기 위해서
③ 마른 몸을 갖기 위해서
④ 몸을 탄탄하게 만들기 위해서
⑤ 결혼하기 위해서

▶ spare 여분의   get into shape 몸매를 가꾸다   ceremony 의식   skinny 몸이 마른   healthy 건강에 좋은   lose weight 체중을 줄이다   similar 유사한, 비슷한   weightlifting 역기, 역도   improve 향상시키다, 개선하다   sign up 등록하다

W Hi, do you have a spare moment or two? I'd like to ask you a few questions about getting into shape.

M Sure, I'd be glad to answer your questions. What would you like to know about?

W I need to get in shape before the end of the year. I'm getting married, and I have to look great before the ceremony.

M We can certainly help you, but you already look very skinny. Have you been doing any exercise lately?

W No, but I try to eat healthy food as often as I can.

M So you don't need to lose weight, but you want to be fit. Okay, I can help you with that. Which types of exercises do you enjoy doing?

W I'd like the new aerobics everyone keeps speaking about. I'm talking about the one that's similar to dancing.

M That's good. You might have to do some weightlifting though if you really want to improve yourself.

W How often will I need to work out?

M I'd say two or three times a week would be good.

W Where do I sign up?

여 안녕하세요, 잠시 시간이 있으세요? 몸매 가꾸기에 대해 질문을 했으면 합니다.

남 네. 기꺼이 질문에 답하죠. 뭘 알고 싶죠?

여 올해 말까지 몸매를 가꾸어야 해요. 결혼을 하는데, 결혼식 전에 좋아 보이게 하고 싶어요.

남 저희가 확실히 도울 수 있어요, 하지만 당신은 이미 날씬해 보이네요. 최근에 어떤 운동을 한 적이 있나요?

여 아뇨, 하지만 가능한 자주 몸에 좋은 음식을 섭취하려고 노력해요.

남 그래서 몸무게를 줄일 필요는 없지만, 몸매는 가꾸고 싶다는 거군요. 좋아요, 도와드리죠. 어떤 운동하는 걸 좋아하나요?

여 모든 사람들이 말하고 있는 새로운 에어로빅을 하고 싶어요. 춤하고 비슷한 거 말이에요.

남 좋군요. 정말 향상시키고 싶으면 역기도 좀 들어야 합니다.

여 얼마나 자주 운동을 해야 하죠?

남 일주일에 두세 번이면 괜찮을 겁니다.

여 어디서 등록하죠?

31

대화를 듣고, 여자가 원하는 신용카드를 고르시오.

① a high credit limit and high interest
② a no credit limit and low interest
✔ a small credit limit and low interest
④ a no credit limit and no interest
⑤ a small credit limit and no interest

M Good morning. Please have a seat. What can I do for you today?

W Well, I'm interested in getting a credit card, but I would like some information first.

M I'd be happy to answer any questions you have. What would you like to know?

남 안녕하세요. 자리에 앉으세요. 무엇을 도와드릴까요?

여 신용카드를 만들고 싶어서요. 하지만 우선 정보를 얻고 싶군요.

남 어떤 질문이든 답해 드리죠. 뭘 알고 싶으죠?

여 우선, 낮은 신용 한도와 낮은 이자의 카드로 시작하고 싶어요. 그게 가능한가요?

여자는 어떤 신용카드를 원하는가?

① 높은 신용 한도와 높은 이자
② 신용 한도 무제한과 낮은 이자
③ 낮은 신용 한도와 낮은 이자
④ 신용 한도 무제한과 이자 무료
⑤ 낮은 신용 한도와 이자 무료

▶ be interested in …에 관심이 있다 credit limit 신용 한도 interest 이자, 이율 prefer 선호하다 purchase 구입하다; 구입 convenient 편리한 totally 정말로, 완전히 competitive 경쟁력 있는 interest rate 이자율 apply for 신청하다

W Well, firstly, I'd like to start with a small credit limit and low interest. Is that possible?

M That's possible although most people prefer a high limit or no limit at all. Do you plan to purchase something special, or will you use the card for traveling?

W I often shop on the Internet. It's more convenient to have a credit card.

M Yes, you're totally right about that. We can offer you a competitive interest rate. But remember, the first 60 days after you buy something on your card are an interest-free period anyway.

W Great. I never knew that.

M Do you have any questions about what I just told you?

W No, I don't. I'd like to apply for the credit card immediately.

M Good, let me get the documents for you, and then we can get started.

남 가능합니다. 비록 대부분의 사람들이 높은 한도 또는 한도 무제한을 원하지만요. 뭔가 특별한 것을 구입하실 계획인가요? 아니면 여행에 카드를 사용하실 건가요?

여 인터넷에서 종종 쇼핑을 해요. 카드가 있으면 더 편리하죠.

남 네, 정말 그렇죠. 우리는 고객님에게 좋은 이자율을 제공할 수 있습니다. 하지만 기억하세요. 카드로 뭔가를 구입한 뒤 첫 60일은 이자 면제 기간입니다.

여 와. 전혀 몰랐네요.

남 제가 말씀 드린 것에 대해 질문 있으세요?

여 없습니다. 즉시 신청하고 싶어요.

남 좋습니다. 서류를 가져다 드릴게요. 그리고서 시작하도록 하죠.

---

32 [모두 듣기] What does the woman probably say next?

W: For goodness sake, ___________

① I'd like to have the family value meal.
② I'd like to have the value meal.
✔ I'd like to have two large cheeseburgers, two large fries, and a chocolate milkshake.
④ I'd like two small sodas.
⑤ I'd like two large cheeseburgers.

여자가 다음에 말할 내용은 무엇인가?

여: 오, 제발요. ___________

① 패밀리 밸류 밀을 먹고 싶어요
② 밸류 밀을 먹고 싶어요.
③ 두 개의 라지 치즈버거, 두 개의 라지 감자튀김, 그리고 초콜릿 밀크세이크를 먹고 싶어요.
④ 두 개의 작은 탄산 음료를 원해요.
⑤ 두 개의 라지 치즈버거를 원해요.

▶ option 선택 for goodness sake 제발

M Welcome to Fast Food Palace. Could I take a minute of your time to tell you about our specials today?

W No, thank you. I'm in a hurry. All I want is two large cheeseburgers, two large fries, and a chocolate milkshake.

M Well, if you choose our special family value meal, you can save some money on your lunch.

W What's the family value meal? I've never heard of that before.

M It's two hamburgers with medium fries, two pieces of fried chicken, and a small portion of onion rings. Oh, and it comes with two small sodas.

W But I don't want hamburgers. I want cheeseburgers. And I'd also like a milkshake.

M But that will cost more than the value meal.

W My daughter doesn't eat chicken, and I don't like onion rings. I'd really prefer to have what I ordered just a second ago.

M Maybe the super value meal is a better option for you. You get two cheeseburgers with small fries and two sodas. What do you think about ordering that instead?

W For goodness sake, ___________

남 패스트푸드 팰리스에 오신 걸 환영합니다. 오늘의 특별 상품을 설명해 드릴까요?

여 아뇨, 감사합니다. 지금 바빠서요. 내가 원하는 건 두 개의 라지 치즈버거, 라지 감자튀김 두 개, 초콜릿 밀크세이크입니다.

남 만약 저희 특별 패밀리 밸류 밀을 선택하시면, 점심 값을 아낄 수 있을 겁니다.

여 패밀리 밸류 밀이 뭐죠? 그건 들어 본 적이 없네요.

남 햄버거 두 개, 중간 사이즈 감자튀김, 치킨 두 조각, 그리고 양파링 조금입니다. 탄산 음료 스몰 사이즈 두 개도 포함되고요.

여 하지만, 난 햄버거가 싫어요. 치즈버거를 원합니다. 그리고 밀크세이크가 좋고요.

남 밸류 밀보다 돈이 더 들텐데요.

여 내 딸은 치킨을 먹지 않아요. 그리고 난 양파링도 안 좋아하고요. 내가 좀 전에 주문한 걸 주세요.

남 아마 수퍼 밸류 밀이 손님께는 더 좋을 겁니다. 치즈버거 두 개, 스몰 사이즈 감자튀김, 탄산 음료 두 개를 받으니까요. 이걸 대신 주문하는 게 어떠세요?

여 오, 제발요. ___________

---

33 [모두 듣기] According to the talk, which of the following is the new trend with restaurants in the West?

① The restaurants that sell Asian food have gradually increased.
② Restaurants try to pay attention to hygiene.
✔ Some restaurants sell food on the sidewalk.
④ Restaurants try to serve cheap food.
⑤ Restaurants try to serve delicious food at very cheap prices.

M A new trend from Asia is getting popular in Western countries these days. In Asia, it is very common to see restaurants on the sidewalk. When you step out of a building, you do not have to look far for a place to eat lunch or dinner. In Western countries, this is a relatively new concept. The closest you get to this is a coffee shop with tables and chairs outside or a guy selling hotdogs or popcorn to people passing by. It must be hard work to produce delicious food even in bad

남 아시아에서 온 새로운 유행이 요즘 서양 국가들에서 인기를 얻고 있다. 아시아에서는 인도에서 음식을 파는 것이 흔한 일이다. 건물 밖으로 나오면, 점심이나 저녁을 먹기 위해 멀리 찾아 볼 필요가 없다. 서양 국가에서는 이것이 비교적 새로운 개념이다. 이와 가장 흡사한 것은 야외에 테이블과 의자를 내놓은 커피숍이나 지나가는 사람들에게 핫도그나 팝콘을 파는 사람이다. 눈과 비가 내리는 안 좋은 날씨에 좋은 음식을 제공하는 것은 분명 힘들 것이다. 대부분의 거리 식당들은 뜨거운 물이 없고, 또한 전력도

이야기에 따르면, 서양 레스토랑들의 새로운 유행은 무엇인가?

① 아시아 음식을 파는 레스토랑들이 점차 늘었다.
② 레스토랑들은 위생에 신경을 쓰고자 한다.
③ 몇몇 레스토랑들은 인도에서 음식을 판다.
④ 레스토랑들은 싼 음식을 제공하려고 한다.
⑤ 레스토랑들은 낮은 가격에 맛있는 음식을 제공하고자 한다.

▶ sidewalk 인도, 보도 relatively 상대적으로
concept 개념 unhygienic 비위생적인

weather conditions like snow or rain. Most of the street restaurants do not have hot water, and they also have limited electricity. Some people wonder whether this means that the restaurants are unhygienic. However, in spite of such criticism, it is worth trying the food at one of these restaurants at least once. They serve delicious food and usually at very cheap prices as well.

제한되어 있다. 몇몇 사람들은 이로 인해 거리 식당들이 비위생적인 건지 궁금해 한다. 그러나 그런 비판에도 불구하고, 적어도 한번은 이런 식당들 중 한 곳에서 음식을 먹어 볼 가치가 있다. 그 식당들은 맛있는 음식을 제공하고 대개 가격도 매우 저렴하다.

34

〔모두 듣기〕 **What does "Mr. Fix-it" mean in the conversation?**

☑ ① Their boss is good at handling problems.
② Their boss is good at fixing things.
③ Their boss repairs cars well.
④ Their boss spends too much money.
⑤ Their boss likes to help other people.

대화에서 "Mr. Fix-it"이 의미하는 것은 무엇인가?

① 그들의 사장이 문제를 다루는 데 익숙하다.
② 그들의 사장이 물건들을 고치는 데 능숙하다.
③ 그들의 사장은 차를 잘 고친다.
④ 그들의 사장은 너무 많은 돈을 쓴다.
⑤ 그들의 사장은 다른 사람을 돕는 걸 좋아한다.

▶ relaxing 여유로운 be behind schedule 뒤처지다 budget 예산 fix 해결하다 beneficial 도움이 되는, 이로운 meet a deadline 마감일을 맞추다 overtime 초과의 for once 이번만은

W Hi, Eric. How was your weekend?
M It was so good and relaxing. I spent the weekend playing golf at the local country club. Oh, did you hear that the boss got back from London last night?
W Why did he come back so soon? I thought that he was going to come back next week.
M There are some problems with the next project that we're going to be working on, so that's why he came back earlier than he had expected.
W That's bad news.
M The project is behind schedule. That means we might not have enough money in the budget to finish the work.
W I'm sure he'll fix whatever the problem is. His nickname is "Mr. Fix-it" after all.
M Well, the good news is that we'll have more people working on the project starting next week.
W The extra help will really be beneficial. We might actually meet our deadline without having to work so many overtime hours.
M I guess for once we can be glad that the boss is around.

여 에릭, 안녕. 주말 어땠어?
남 정말 여유롭고 좋았어. 지방 컨트리 클럽에서 골프를 치면서 주말을 보냈어. 아, 너 지난밤에 사장이 런던에서 돌아온 거 알고 있어?
여 왜 그렇게 빨리 돌아왔지? 다음 주에 돌아올 거라 생각했는데.
남 우리가 작업할 다음 프로젝트에 문제가 있어서 그가 예정보다 일찍 돌아온 거야.
여 안 좋은 소식이군.
남 프로젝트가 뒤처졌어. 그 말은 그 일을 끝마칠 충분한 예산이 없을 수도 있다는 거야.
야: 문제가 뭐든 그가 해결할 거라 확신해. 그의 별명이 '해결사'잖아.
남 좋은 소식은 다음 주에 시작하는 프로젝트에 더 많은 사람들이 참여한다는 거야.
여 추가적인 도움은 정말 도움이 될 거야. 그럼 야근을 많이 하지 않고 마감을 맞출 수도 있겠네.
남 이번만은 사장이 주위에 있다는 것이 기쁜 것 같아.

35

〔모두 듣기〕 **Which of the following is correct?**

① The first movie starts at 9:30 and ends at 11:30.
② The first movie ends at 9:30.
③ The first movie begins at 7:15, and the second one starts at 9:00.
☑ ④ The first movie begins at 7:15, and the second one starts at 9:30.
⑤ The second movie ends at 9:00.

다음 중 옳은 것은 무엇인가?

① 첫 영화는 9시 30분에 시작해서 11시 30분에 끝난다.
② 첫 영화는 9시 30분에 끝난다.
③ 첫 영화는 7시 15분에 시작하고, 두 번째 영화는 9시에 시작한다.
④ 첫 영화는 7시 15분에 시작하고, 두 번째 영화는 9시 30분에 시작한다.
⑤ 두 번째 영화는 9시에 끝난다.

▶ specialty 전문 star (영화에) 출연하다 legendary 전설적인 refreshment 가벼운 음식물, 다과 feature …을 주요 프로로 삼다, 특집으로 하다

W Hello, and thank you for calling Golden Cinema. Our specialty is movies from the good old days. We are pleased to bring you all your old favorites. Tonight, we are going to be showing two movies. The first is *Casablanca*, which stars Humphrey Bogart and Ingrid Bergman. It starts at 7:15 and ends at 9:00. Our second feature is *Breakfast at Tiffany's*, which stars the legendary Audrey Hepburn. It starts at 9:30 and ends at 11:30. The admission price for members is $5.00 and $7.50 for nonmembers. Our doors open at 6:45. That is thirty minutes before the first movie starts. Refreshments will be on sale both before and after the show. We will feature two different movies tomorrow night. For more information, please call us any time after 10 a.m. tomorrow. Thank you, and enjoy the show.

여 안녕하세요. 골든 시네마에 전화 주셔서 감사합니다. 저희의 전문 분야는 고전 영화입니다. 여러분들이 좋아하는 고전 작품을 선보이게 되어 기쁩니다. 오늘밤, 저희는 두 개의 영화를 상영합니다. 첫 번째는 〈카사블랑카〉입니다. 이 영화는 험프리 보가트와 잉그리트 버그만이 출연합니다. 7시 15분에 시작해서 9시에 끝납니다. 두 번째 영화는 〈티파니에서 아침을〉입니다. 전설적인 오드리 햅번이 출연하죠. 9시 30분에 시작해서 11시 30분에 끝이 납니다. 회원은 입장료가 5달러이고 비회원은 7달러 50센트입니다. 저희는 6시 45분에 문을 엽니다. 첫 영화가 시작하기 삼십 분 전이죠. 음료 및 과자는 영화 상영 전후에 판매합니다. 내일 밤에는 두 편의 다른 영화를 상영합니다. 더 많은 정보를 위해서는 내일 오전 10시 이후에 아무때나 전화 주십시오. 감사합니다. 즐거운 관람 되십시오.

36 주어긴 시간 동안 아래 지문을 주의 깊게 읽고, 대화를 들은 후 질문에 답하시오. 〔1분〕

The decision to climb Mount Everest is not one that should be taken lightly by anyone, no matter how good a climber that person is. Perhaps the first consideration is your health; you must be in excellent cardiovascular condition and free of high blood pressure even to consider climbing the mountain. Moreover, it is essential to train by taking mountaineering courses in which you learn about equipment, proper techniques, and safety measures. No less important is your financial capability. Even the most frugal trip to the peak will cost an individual at least $25,000, and guided package trips typically cost more than twice that amount. Finally, consider the timing of your trip and the red tape that is involved. Climbers who wish to take advantage of the relatively mild spring weather on the mountain must apply for their permits no later than the previous autumn.

Q: ___________________________

① it's not as difficult as people think
② I don't think it's worth all that trouble
③ you have no mountain climbing experience
✓ I'm not sure I can afford it
⑤ I'm concerned about your health

① 그게 사람들이 생각하는 것만큼 어렵지 않다는 거야
② 그것이 그렇게 고생할 가치가 있지 않다는 거야
③ 네가 산악 등반 경험이 없다는 거야
④ 내가 그 비용을 댈 수 있을지 확실하지 않다는 거야
⑤ 네 건강이 신경 쓰인다는 거야

▶ imagine 상상하다   exhilaration 유쾌한 기분, 흥분   peak 산꼭대기, 절정

W So, have you changed your mind about our Mount Everest trip yet?

M No, I haven't. I still think that next spring is not the right time for us to go.

W But we've both got the skills, we're in the best shape of our lives, and we've got two months off. I can't think of a better time to do it.

M I won't try to stop you, but you'll have to go without me.

W Come on. It wouldn't be half as much fun without you. And it's something you've wanted to do since you were a kid. Just imagine the exhilaration of standing on that peak.

M I know, but there are other things to think about.

W Like what?

M For one thing, _______________________.

Q **Which best completes the man's last words?**

에베레스트산 등반을 결정하는 것은 그 사람이 얼마나 훌륭한 등반가인지에 상관 없이 누구도 가볍게 여길 수 없는 것이다. 아마도 첫 번째 고려사항은 당신의 건강일 것이다. 산을 오르는 걸 고려하려면, 고혈압이 없어야 하고 뛰어난 심혈관 상태를 가져야 한다. 더욱이 산악 등반 코스에 참여해서 장비, 적절한 기술, 안전 조치 등에 관해 배워야 한다. 경제 능력도 중요하다. 정상에 오르는 데는 가장 저렴한 경우에도 개인당 2만 5천 달러가 들고, 가이드가 참여한 여행은 그 두 배 이상이 든다. 마지막으로, 여행의 시점과 필요한 수속들을 고려해라. 비교적 부드러운 산의 봄 날씨의 이점을 원하는 사람은 늦어도 이전 가을에는 허가증을 신청해야 한다.

여 에베레스트산 등반에 대한 네 생각은 아직 변함 없니?

남 응, 아직. 여전히 다음 봄이 가기에 적절한 시기가 아니라고 생각해.

여 하지만 우리 모두 기술이 있고, 인생에서 최고의 몸 상태에 있고, 또한 두 달의 휴식 기간이 있어. 등반하기에 더 나은 시점을 생각할 수 없어.

남 너를 그만두게 하려는 건 아냐, 하지만 나 없이 가야 할 거야.

여 이봐. 너 없이는 재미가 반도 안 될 거야. 네가 어릴 때부터 원했던 거잖아. 정상에 서서 느낄 감정을 생각해 봐.

남 알아, 하지만 생각해 볼 다른 것들이 있어.

여 어떤 것들?

남 한 가지는, ___________________________.

Q **남자가 마지막에 할 말로 가장 알맞은 것은 무엇인가?**

---

37 다음 중 미국 미스터 도넛에 비해 일본 미스터 도넛이 나은 점이 아닌 것은?

① 매장이 깨끗하다.
② 매장이 밝은 분위기이다.
✓ 종업원들이 화려하다.
④ 커피값이 싸다.
⑤ 종업원들이 깔끔하다.

(37~38)

M T.R. Reid is back in Tokyo just in time to celebrate the opening of the one thousandth Mister Donut shop.

W Mister Donut has just taken Japan by storm, and there's a very good reason for this. Do you know what it is? Mister Donut in Japan is vastly better than any Mister Donut shop in America.

M And why is that?

W Well, you know, you go to the Mister Donut near my house in America, and you wait around for a while. Then some guy with a greasy apron comes out and gives you a donut on a piece of wax paper. After that, he sloshes some coffee in a cup, you know, a paper cup. But, here in Japan, these stores are absolutely clean. They're bright, they're beautiful, and there are six people wearing perfect

(37~38)

남 라이드 씨가 천 번째 미스터 도넛 가게 개점을 축하하기 위해 제시간에 도쿄로 돌아와 주었습니다.

여 미스터 도넛은 마치 폭풍처럼 일본을 휩쓸었는데요, 이것에는 적절한 이유가 있어요. 그게 뭔지 알아요? 일본에 있는 미스터 도넛은 미국에 있는 어느 미스터 도넛보다 뛰어납니다.

남 왜 그렇죠?

여 미국에 집 근처 미스터 도넛에 가서, 잠시 기다려 보세요. 기름기 범벅인 앞치마를 두른 누군가가 나와서는 왁스 페이퍼 위에 도넛을 주죠. 그 후, 그가 컵에 커피를 따라 주죠. 종이컵에요. 하지만 여기 일본에서는, 이 가게들이 정말 깨끗합니다. 조명도 밝고, 화려하고, 여섯 명의 직원이 유니폼에 흰 모자와 나비 넥타이를 메고 있죠. 하지만 일본에서 한 일 중 가장 대단한 것은 그들이 커피를 한 컵에 250엔에 판다는 겁니다. 일본에서의 커피 가격으로는 엄청

38 일본 미스터 도넛의 문제점은 무엇인가?

① 도넛 가격이 너무 비싸다.
② 도넛 종류가 다양하지 않다.
③ 특정 도넛을 만들지 못하고 있다.
✔ 도넛 맛이 뛰어나지 않다.
⑤ 도넛이 신선하지 않다.

▶ **celebrate** 축하하다 **vastly** 대단히, 방대하게 **greasy** 기름기의 **wax paper** 왁스 페이퍼, 납종이 **slosh** (물 등을) 따르다 **incredibly** 놀랍게도, 믿을 수 있게도 **invention** 발명 **free refill** 무료 리필

uniforms with a little white cap and a bow tie. But the greatest thing they ever did here in Japan is that they sell you a cup of coffee for 250 yen, which is incredibly cheap for coffee in Japan. And then they have this great invention: the free refill.

M This is new there…

W This is the only place in Japan that gives you a free refill on coffee. But, there are just a couple of things they've done wrong.

M Oh, okay. Then what are they?

W They can't make a donut.

M [laughs]

W I mean, it's beautiful, it's clean, and the people are bowing to you in their perfect uniforms, but the donuts just don't taste like donuts.

싼 가격이죠. 또한 위대한 발명을 해냈죠. 공짜로 리필을 해 준다는 거 말이죠.

남 이것이 거기서는 새로운 거군요.

여 커피에 무료 리필을 제공하는 곳은 일본에서 여기뿐입니다. 하지만, 잘 못하고 있는 것도 두 가지 있죠.

남 아. 그게 뭐죠?

여 그들이 도넛을 잘 만들지 못하는 거죠.

남 [웃음]

여 내 말은 가게가 아름답고, 깨끗하고, 직원들이 완벽한 유니폼을 입고 인사를 하지만, 도넛이 도넛 맛이 아니라는 거예요.

---

39 Which of the following is true about the conversation?

① The man is going to attend graduate school.
② The woman found a job doing economics.
③ The woman got hired for her job last semester.
✔ The man has not started applying for jobs yet.
⑤ The man is going to move to another city soon.

다음 중 대화에 대해 사실인 것은?

① 남자는 대학원에 다닐 것이다.
② 여자는 경제학 관련 일을 구했다.
③ 여자는 지난 학기에 직장에 고용됐다.
④ 남자는 아직 취업 지원을 시작하지 않았다.
⑤ 남자는 곧 다른 도시로 이주할 것이다.

40 According to the woman, what is she going to do right after she graduates?

✔ She will move to another city.
② She will relax for a while.
③ She will start her new job.
④ She will apply for some jobs.
⑤ She will take a trip abroad.

여자의 말에 의하면, 대학을 졸업하자마자 그녀는 무엇을 할 것인가?

① 여자는 다른 도시로 이주할 것이다.
② 여자는 잠시 쉴 것이다.
③ 여자는 새로운 일을 시작할 것이다.
④ 몇몇 일자리에 지원할 것이다.
⑤ 해외로 여행을 할 것이다.

▶ **land a job** 직장을 얻다 **expense** 비용 **resume** 이력서 **graduate school** 대학원

(39~40)

M Mary, what are you doing after we graduate from college? There are only a couple of months left until then.

W Actually, I've already found a job, so I'm taking a month or so to get some rest and do some traveling around the country. Then I'll start my new job. I'm really looking forward to it even though it's in another city, so I'll have to move first.

M I suppose we won't see too much of each other anymore. What kind of work will you be doing?

W Well, as you know, my major is economics, but I landed a job with a consulting company. They really wanted to hire me, so they're even paying for my moving expenses. Isn't that great?

M It sounds like you've got the perfect setup. Congratulations.

W Thanks a whole lot. So, what are you going to do, Eric?

M Hmm… That's a good question because I'm not really sure. I guess that I'll probably try to get a job sometime soon.

W Do you mean that you haven't even sent out any resumes yet? I started doing that last semester. How can you be so unprepared?

M Well, I was considering attending graduate school, but those plans fell through at the last moment. I just decided not to go last week, so I'm a little late getting started searching for jobs. I'm sure that something will come up though. Things always seem to have a way of working out for me.

W I sure hope so. Well, best of luck, okay.

(39~40)

남 메리, 대학 졸업 후 뭐 할 거야? 그때까지 겨우 두 달 남았어.

여 사실은 벌써 일을 찾았어. 그래서 지금 한 달 가량 휴식을 취하고 있어. 전국을 좀 여행하면서 말이야. 그 다음 새로운 일을 시작할 거야. 다른 도시에서 일해야 하지만 정말 기대하고 있어. 물론 먼저 이사를 해야겠지만.

남 앞으로는 많이 못 보겠구나. 어떤 종류의 일을 하게 되니?

여 너도 알다시피, 전공이 경제학이지만 컨설팅 회사에 일을 얻었어. 나를 꼭 고용하고 싶어했거든. 그래서 회사에서 이사 비용도 준다고 했고. 괜찮지 않아?

남 제대로 시작하는 거 같다. 축하해.

여 정말 고마워. 그래서 에릭, 넌 뭐 할 거니?

남 음, 좋은 질문이야. 왜냐면 아직 모르겠거든. 아마 곧 일자리를 찾아야겠지.

여 아직 이력서도 보내지 않았다는 거야? 난 지난 학기에 시작했어. 어떻게 그렇게 준비를 안 할 수가 있지?

남 음, 난 대학원에 가는 걸 고려 중이었지만 이 계획이 마지막에 무너졌어. 지난주에 가지 않기로 결정해서 일자리를 찾는 게 약간 늦어진 거야. 그래도 뭔가 나타날 거야. 항상 일이 잘 풀려 왔거든.

여 그렇게 됐으면 좋겠다. 행운을 빌게.

실전모의고사 **03**

01 ③	02 ④	03 ⑤	04 ⑤	05 ③	06 ⑤	07 ③	08 ④	09 ②	10 ②
11 ③	12 ⑤	13 ③	14 ①	15 ④	16 ⑤	17 ②	18 ②	19 ⑤	20 ③
21 ⑤	22 ④	23 ③	24 ③	25 ①	26 ③	27 ④	28 ④	29 ②	30 ③
31 ⑤	32 ③	33 ⑤	34 ①	35 ②	36 ③	37 ①	38 ⑤	39 ①	40 ④

문제와 정답	스크립트	해석

01

대화를 듣고, 소년이 크리스마스에 받게 될 선물을 고르시오.

① 
② 
③ 
④ 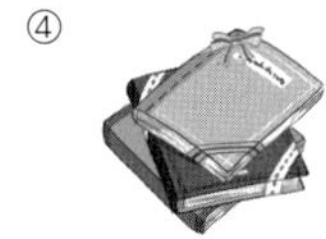
⑤ 

▶ in that case 그렇다면 gift 선물 chimney 굴뚝 behave 행동하다 pocket money 용돈

스크립트

W Christmas is almost here. Have you thought about what you want to get from Santa Claus this year?

M Well, let me think about that for a moment. I'd definitely like a new bike and maybe a toy car.

W Really? But what's wrong with your old one?

M It's too small for me, and it doesn't look good anymore. I would really love it if you bought me a new one for Christmas.

W Well, in that case, maybe Santa Claus will have a surprise for you.

M I'm so excited about this coming holiday. How does Santa bring us our gifts, Mom?

W He comes down the chimney to put all of the presents by the Christmas tree.

M I think we should leave him some cookies and some chocolate. I'm sure he'll be hungry from working so hard on Christmas Day.

W That's a great idea. But you know that you have to behave very well so that Santa thinks you're a good boy.

해석

여 크리스마스가 곧 다가오는구나. 올해는 산타클로스로부터 뭘 받고 싶은지 생각해 봤니?

남 잠시 생각해 볼게요. 새 자전거랑 장난감 차를 받고 싶어요.

여 정말? 지금 자전거에 뭔가 문제라도 있니?

남 나한테 너무 작고, 더 이상 좋아 보이지도 않아요. 엄마가 크리스마스에 새 자전거를 사 주시면 정말 좋을 거 같아요.

여 흠, 그렇다면 산타클로스가 너를 깜짝 놀라게 해 줄지도 모르겠구나.

남 다가오는 휴일이 너무 신나요. 엄마, 산타는 우리 선물을 어떻게 가져 오죠?

여 크리스마스 트리 옆에 선물을 놓기 위해서 굴뚝을 타고 내려 오지.

남 그를 위해 쿠키랑 초콜릿을 놓아 두어야겠어요. 크리스마스에 일하느라 배가 많이 고플 거에요.

여 좋은 생각이야. 하지만 네가 행동을 잘해서 산타클로스가 너를 착한 소년이라고 생각해야 한다는 거 너도 알지.

02

대화를 듣고, 내용이 일치하지 <u>않는</u> 것을 고르시오.

1. From: ⓐ Michael Hong
   (White's Project Managers)
2. To: ⓑ Steve Owens
3. Message:
   1) ⓒ Call back when he has a minute.
   2) ⓓ Mr. Hong wonders if the project outline and budget are finished.
   3) ⓔ It's not urgent.

1. 송신: ⓐ 마이클 홍 (화이츠 프로젝트 매니저스)
2. 수신: ⓑ 스티브 오웬스
3. 내용: 1) ⓒ 시간 있을 때 전화 줄 것
   2) ⓓ 미스터 홍은 프로젝트 개요와 예산안이 끝났는지 궁금함
   3) ⓔ 급한 것은 아님

① ⓐ ② ⓑ ③ ⓒ ✔ⓓ ⑤ ⓔ

▶ client 고객, 의뢰인 leave a message 메시지를 남기다 budget 예산 detail 세부사항, 자세한 것 urgent 급한 용무의 appreciate 감사히 여기다

스크립트

W Good afternoon, this is the Works Corporation.

M Hello. Can you put me through to Steve Owens, please?

W I'm sorry, but he's in a meeting with a client at this time.

M Do you know when he'll be back?

W He should be back by 1:00. Would you like to leave a message for him?

M Yes. Could you tell him the project outline and budget are finished?

W Certainly. Can I have your name, please?

M My name is Michael Hong. I'm calling from White's Project Managers. Could you ask him to call me when he has a moment? I need to discuss some details with him.

W Mr. Owns already has your telephone number, doesn't he?

M Yes, he has my number and my e-mail address. If he has no time to call me, he can send me an email. It's not too urgent.

W All right, Mr. Hong. I'll have him call you back once he gets in the office and has a minute.

M Thanks. I appreciate it. Have a nice day.

해석

여 안녕하세요. 웍스 코퍼레이션입니다.

남 안녕하세요. 스티브 오웬스와 전화 연결해 주실래요?

여 죄송합니다만, 현재 고객과 미팅 중입니다.

남 언제 돌아올지 아시나요?

여 1시까지는 돌아올 겁니다. 메시지를 남기시겠어요?

남 네. 프로젝트 개요와 예산안이 마무리되었다고 전해 줄래요?

여 네. 성함을 여쭤도 될까요?

남 마이클 홍입니다. 화이츠 프로젝트 매너저스 소속입니다. 시간 있을 때 전화 달라고 해주시겠어요? 그와 세부 사항을 논의해야 해요.

여 오웬스 씨가 이미 당신 전화번호를 가지고 있죠?

남 네, 그가 내 전화 번호와 이메일 주소를 알고 있어요. 만약 그가 전화할 시간이 없으면, 이메일 보내라고 해주세요. 급한 건 아닙니다.

남 네, 홍 선생님. 그가 사무실에 돌아와서 시간 날 때 전화하라고 할게요.

여 감사합니다. 좋은 하루 보내세요.

03

대화를 듣고, 남자가 소포를 보내기 위해 얼마가 필요한지 고르시오.

① $3
② $5
③ $15
④ $25
☑ $40

▶ package 소포 destination 목적지 as soon as possible 가능한 빨리 send … by air …을 항공편으로 보내다 ordinary mail 일반 우편 shipping cost 운송료 insurance 보험 damage 손상시키다

M Good morning. I'd like to send this package to Canada, please.

W Sure. How soon do you want it to get there?

M I hope it will arrive at its destination as soon as possible. It's a birthday gift for a friend of mine, so it has to be there by a certain time.

W If you send it by air, it will be very expensive. It's $3 per kilogram.

M How soon will he receive it?

W He should get it in about ten days' time. The package is really heavy. It weighs 5 kilograms. You might want to send it by ordinary mail to save on the shipping costs.

M But will it take longer than ten days?

W It will take two to three months to get there.

M That's a big difference. I'd rather pay the extra cost.

W Do you need insurance? If the gift has a high value, you should really buy insurance in case it gets lost or damaged.

M This is not so expensive, but I'll take it. How much will that cost?

W The insurance will cost you $5 per kilogram.

남 안녕하세요. 이 소포를 캐나다로 보내고 싶습니다.

여 알겠습니다. 얼마나 빨리 도착하길 원하시죠?

남 가능한 빨리 도착했으면 합니다. 친구 생일 선물이라서 그 전에 도착해야 해요.

여 항공으로 보내면, 아주 비쌉니다. 킬로그램당 3달러입니다.

남 얼마나 빨리 도착하죠?

여 10일 안에는 받으실 겁니다. 꾸러미가 무겁군요. 5킬로그램입니다. 요금을 절약하기 위해 일반 우편으로 보낼 수도 있고요.

남 하지만 10일 이상 걸리겠죠?

여 도착하는 데 2~3개월 걸릴 겁니다.

남 차이가 크네요. 추가 비용을 내는 편이 낫겠어요.

여 보험이 필요하세요? 선물이 높은 가격이면, 분실이나 파손에 대비해 보험을 구입하셔야 합니다.

남 이건 그렇게 비싸지 않지만 들겠어요. 비용이 얼마죠?

여 보험은 킬로그램당 5달러입니다.

04

대화를 듣고, 남자가 찾아가는 곳을 고르시오.

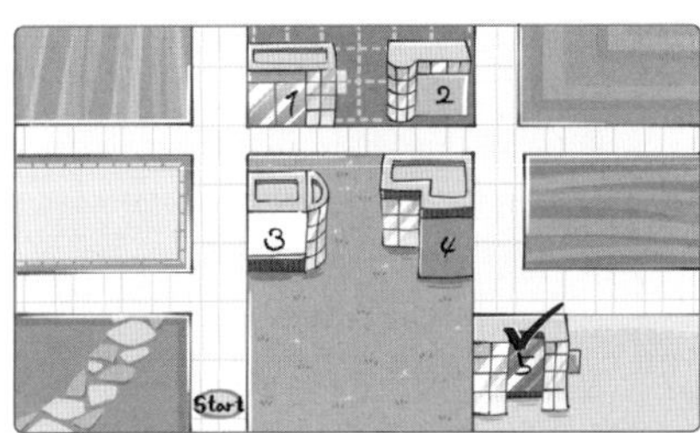

▶ be stuck …에 갇히다, 길을 잃다 turn right 우회전 하다 get to …에 도착하다 follow one's directions …가 가르쳐 준 대로 따라가다

M Excuse me, but I'm stuck. Could you help me out for a minute, please?

W Sure, I can do that. What's the matter?

M I need to meet my friend at this address, but I can't seem to find it.

W Oh, you're not too far away from it. Let me think of what the easiest way is for you to get there. Okay, go up this street and then turn to the right.

M Is that where the bakery is?

W Yes, that's correct.

M Okay, then what do I do next?

W Walk straight for about ten minutes until you see a bookstore. Turn right as soon as you get to the bookstore, and then walk for another five minutes or so. You should be right outside the building you're looking for. It looks like you're going to an apartment building. That's right, isn't it?

M I think so. I'm helping one of my friends choose a new apartment.

W Good luck with that. Follow my directions, and you should be there within fifteen minutes or so.

남 실례합니다. 길을 잃어요. 잠시 도와주실래요?

여 네, 그러죠. 무슨 일이죠?

남 이 주소에서 내 친구를 만나야 하는데, 찾지를 못하겠네요.

여 아, 그리 멀지 않아요. 그곳에 가는 가장 쉬운 방법을 생각해 볼게요. 좋아요, 이 도로를 따라 올라가서 오른쪽으로 도세요.

남 빵집이 거기 있나요?

여 네, 맞아요.

남 그 다음은요?

여 서점이 보일 때까지 10분 가량 쭉 가세요. 서점이 닿으면 바로 오른쪽으로 틀고, 다시 5분 가량 직진합니다. 그럼 바로 찾고자 하는 빌딩 앞에 있을 겁니다. 아파트로 가고 있는 거 맞죠?

남 그럴 거에요. 새 아파트를 찾고 있는 친구를 돕고 있어요.

여 행운을 빌어요. 내가 알려준 대로 하면, 15분 안에 거기 갈 수 있을 겁니다.

05

다음을 듣고, 관광객들이 크라비의 남쪽 섬을 방문하는 이유로 알맞은 것을 고르시오.

① To enjoy fishing
② To enjoy swimming
✔ To enjoy diving there
④ To see the tsunamis
⑤ To see the damage caused by the tsunamis

① 낚시를 하기 위해
② 수영을 하기 위해
③ 다이빙을 하기 위해
④ 쓰나미를 보기 위해
⑤ 쓰나미에 의한 피해를 보기 위해

▶ destroy 파괴하다 tsunamis 쓰나미 fishing boat 낚싯배, 어선 be orphaned 고아가 되다 be affected by …의 영향을 받다 rebuild 재건하다 be attracted to …에 매료되다

W In December 2004, the southern islands of Krabi in Thailand were destroyed by tall waves known as tsunamis. The center of the island of Phi Phi Don in Thailand was destroyed by two waves, one of which was three meters in height and the other which was five and a half meters in height. Around 70% of the buildings, including the local school, were destroyed, and over 2,000 people were killed. In Ko Lanta, several people died, and numerous fishing boats were destroyed. In Ko Jum, no one died, but many children with fathers working on Ko Phi Phi, were orphaned. The northern parts of Phi Phi Don, Phi Phi Leh, and Bamboo Island were not affected by the tsunami. The beach resorts on these islands have now been rebuilt, and a new school was opened a year after the tsunami. Tourists, who have always been attracted to the islands for diving, have started returning. After two years, the islands look the same as before the events of December 2004.

여 2004년 12월, 태국 크라비 남쪽 섬들은 쓰나미라고 불리는 높은 파도에 의해 파괴되었다. 태국 피피돈 섬의 중심부는 두 개의 파도에 의해 피해를 입었는데, 그 중 하나는 높이가 3미터였고 다른 하나는 5.5미터였다. 지역 학교를 포함하여 건물의 70퍼센트가 파괴되었으며 2천 명 이상이 사망하였다. 코란타에서는 여러 명이 죽었고 수 많은 낚시배들이 파괴되었다. 코줌에서는 그 누구도 죽지 않았지만, 코피피에서 일하던 아빠들의 자녀들은 고아가 되었다. 피피돈섬의 북부 지역인 피피레와 밤부섬은 쓰나미에 의한 영향을 받지 않았다. 이 섬들의 해변리조트들은 현재 재건설되었으며, 쓰나미 이후 1년이 지나 새로운 학교가 개원하였다. 다이빙을 위해 그 섬들을 방문하던 여행객들은 다시 돌아오고 있다. 2년 후, 섬들은 2004년 12월 사건 이전의 모습으로 돌아왔다.

06

대화를 듣고, 남자의 마지막 말에 대한 여자의 응답으로 알맞은 것을 고르시오.

W: _______________

① Here's the shop list.
② That should take you a couple of hours.
③ Don't forget to pick up the medicine.
④ I'll see you as soon as you get back.
✔ Those are the only things that I need.

① 가게 목록이 여기 있어.
② 두 시간 걸릴 거야.
③ 약 챙기는 것 잊지 마.
④ 네가 돌아오자마자 바로 보자.
⑤ 내가 필요한 건 그게 다야.

▶ grab 움켜쥐다, 물건을 사다 pharmacy 약국 prescription 처방 it takes only a few minutes 몇 분이면 될 거야

M I've got to visit the supermarket for a while. Is there anything you'd like for me to pick up?

W Yes, I've got quite a long list of things I need. Do you mind if I write them all down and give you the list?

M No, I suppose it's all right. I was just going to run in to grab some bread and milk, but I guess I've got enough time to do your shopping for you.

W Thanks. I really appreciate it. I'd love to go there with you, but the kids are coming home soon, so I need to be here when they arrive.

M That's not a problem. Why don't you get me that list?

W Okay, I think I've got it written down somewhere already... Ah, yes, here it is.

M Great. I'll be back in about an hour or so. Is there anything else you need?

W There's nothing I can think of... Oh, wait a minute. Would you mind running to the pharmacy to pick up this prescription? It will only take a few minutes. And the car needs gas, too.

M Um, I guess I have enough time to do everything. Are you sure there isn't anything else you need?

W _______________

남 잠시 수퍼마켓에 가야 해. 내가 뭐 구해다 줄 거 없어?

여 응, 필요한 것 리스트가 좀 많이 있어. 내가 적어서 목록을 줘도 될까?

남 응, 괜찮을 거야. 얼른 가서 빵하고 우유를 좀 사려고 했는데, 네 걸 살 충분한 시간은 있을 거야.

여 고마워. 너랑 정말 가고 싶지만 아이들이 곧 집에 오거든. 아이들이 오면 여기 있어야 해.

남 그거 문제 안 돼. 목록을 줄래?

여 좋아, 이미 어딘가 적어 놓았는 데… 아, 여기 있다.

남 좋아. 한 시간쯤 안에 돌아올 거야. 더 필요한 거 없어?

여 생각나는 게 없어, 아, 잠깐만. 약국 가서 이 처방대로 약 좀 가져다 줄래? 몇 분이면 될 거야. 차에 기름도 넣어야 하고.

남 음, 다 할 수 있을 거 같아. 정말 더 필요한 건 없어?

여 _______________

07

다음을 듣고, 태국에 대한 그래프 중 <u>잘못된</u> 부분을 고르시오.

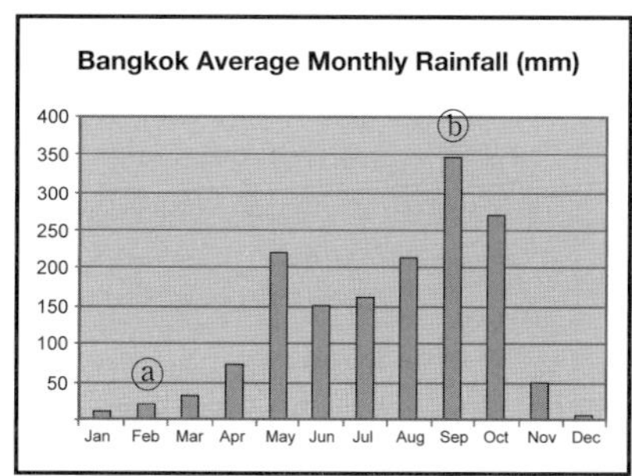

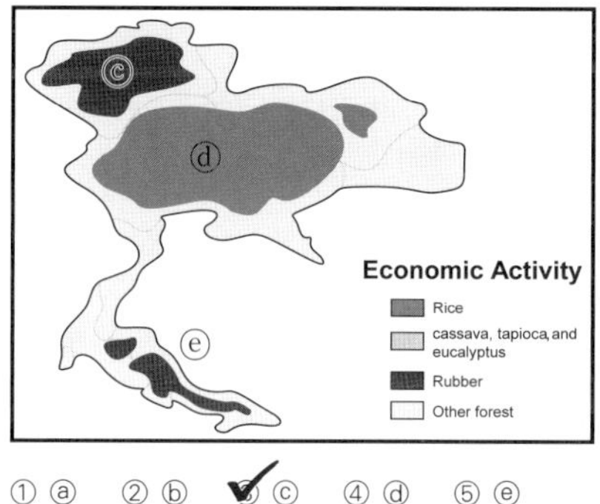

① ⓐ ② ⓑ ✓③ ⓒ ④ ⓓ ⑤ ⓔ

▶ monsoon climate 몬순, 계절풍 make up …을 구성하다 rainy season 우기 significant 많은, 중요한 vegetation 식물 agriculture 농사 play a role 역할을 하다 economy 경제 population 인구 rice paddy (쌀을 재배하는) 논 cash crop 상품 작물 plantation 플랜테이션, 농원 commercial 상업의

M Thailand has a tropical monsoon climate. Most of the rain is blown in from the Indian Ocean by the southwest monsoon, which happens between the months of May to October. These months make up Thailand's rainy season. The cooler and drier season is from November to February. This weather is brought in by the northeast monsoon coming down from China. Due to the significant amounts of rain the country gets and also because of its vegetation, agriculture plays a big role in Thailand's economy. About 46% of the Thai population earns a living from the land. Rice paddies are a common sight in central Thailand. In the northwest, cassava, tapioca, and eucalyptus are grown. Most of these are grown as cash crops. In the south, rubber plantations are run for commercial use.

남 태국은 전형적인 몬순 기후를 가지고 있다. 대부분의 비는 5월과 10월 사이에 생기는 남서 계절풍에 의해 인도양에서 불어 온다. 이 시기가 태국의 우기이다. 보다 시원하고 건조한 시기는 11월부터 2월 사이이다. 이때의 날씨는 중국에서 불어오는 북동 계절풍에 의한 것이다. 엄청난 양의 비와 태국에서 자라는 초목 때문에 농업이 태국 경제에서 큰 역할을 한다. 태국 인구의 46%가 농업으로 생계를 꾸려나간다. 태국의 중부지역에서는 쌀을 재배하는 논을 흔히 볼 수 있다. 북서지방에서는 카사바, 타피오카, 유칼립투스 나무가 재배된다. 이들 중 대부분은 상품 작물로 재배된다. 남쪽지방에서는 상업적인 용도로 고무 플랜테이션이 운영된다.

08

대화를 듣고, 이 레스토랑에 관한 내용 중 일치하지 <u>않는</u> 것을 고르시오.

① The restaurant serves a variety of food.
② People wearing jeans are not allowed in.
③ It is a good place for a small party.
✓④ The prices for main courses range from $13 to $69.
⑤ It is located opposite the new Living in Style Shopping Mall.

① 이 레스토랑은 다양한 음식을 제공한다.
② 청바지를 입은 사람은 출입할 수 없다.
③ 소규모 파티를 하기에 좋은 장소이다.
④ 메인 코스의 가격대는 13~69달러이다.
⑤ 새로 생긴 리빙 인 스타일 쇼핑몰 건너편에 위치하고 있다.

▶ be located in …에 위치하다 opposite 맞은편의, 반대의 a variety of 다양한 price range 가격대 main course 메인 요리 suitable 적당한 make a reservation 예약하다 confirm 확실히 하다

W Hi, I'm looking for a place where my son can have his birthday party. Can I ask you a few questions?

M Certainly. We are used to having small parties at this restaurant.

W When are you open?

M We're only open for dinner, but on Sundays, we're also open for lunch.

W Where are you located?

M We're located opposite the new Living in Style Shopping Mall.

W What kind of food do you serve?

M We have a variety of styles, including Italian and even Greek food.

W That sounds interesting. What is the price range?

M Our main courses range from $13 to $25. We also have set menus that cost $69 per person.

W I see. What is the dress code in your restaurant?

M Men should wear ties, and women should dress in a smart casual style. I'm afraid that jeans are not suitable for the restaurant.

W This all sounds exactly what I'm looking for. I'll call you later today to make a reservation. We'll be a party of fifteen people, but I'll confirm the number with you later.

여 안녕하세요, 아들이 생일파티를 할 만한 장소를 찾고 있어요. 몇 가지 물어봐도 되나요?

남 물론이죠. 저희는 이 식당에서 작은 파티를 여는 것에 익숙합니다.

여 언제 문을 여는데요?

남 저녁에만 문을 열어요. 그렇지만 일요일에는 점심시간에도 문을 엽니다.

여 위치는 어디죠?

남 새로 문을 연 리빙 인 스타일 쇼핑몰 건너편에 있습니다.

여 음식 종류로는 어떤 것들이 있나요?

남 이탈리아 음식에서 심지어 그리스 음식까지 다양한 종류가 있습니다.

여 괜찮네요. 가격대는 어떻게 되죠?

남 메인 요리는 13~25달러이고요. 한 사람당 69달러의 세트메뉴도 있습니다.

여 알겠어요. 드레스 코드는 어떻게 되죠?

남 남자분들은 넥타이를 매시고, 여자분들은 단정한 캐주얼 스타일로 입으셔야 합니다. 죄송하지만 청바지는 저희 식당에 적절한 옷이 아닙니다.

여 정확히 제가 찾던 식당이네요. 나중에 예약 전화 드리겠습니다. 모두 15명이 갈 건데 정확한 숫자는 나중에 확실히 알려 드리죠.

09

대화를 듣고, 두 사람의 관계로 가장 적절한 것을 고르시오.

① pharmacist – customer
✓ strangers
③ neighbors
④ co-workers
⑤ husband – wife

① 약사 – 손님
② 모르는 사람
③ 이웃
④ 같은 회사 직원
⑤ 남편 – 아내

▶ pharmacy 약국 dizzy 어지러운, 현기증이 나는 faint 기절하다, 졸도하다 spin 회전하다 affect 영향을 주다, (병이) 침범하다

스크립트

M Excuse me, but can you help me?

W Sure. What can I do for you?

M How do I get to the nearest pharmacy from here?

W Go straight along Oak Street, and then turn left.

M Thank you very much for your help. I'm so dizzy that I feel as if I might faint any minute.

W Let me help you. I'll stop this taxi, and he'll take us there immediately.

M It's not really necessary. I'll be fine. It sounds as if the pharmacy is very close.

W But if you don't feel well, we should find help as quickly as we can.

M Actually, my head is starting to spin again. Perhaps it would be better if you found a taxi to take me straight to the pharmacy. I don't want to take up any more of your time.

W It's no problem. I'm on my lunch break from work, so I have enough time to go with you.

M I had a cold last week. I think it's affected my head.

W Here's a taxi. Let's go together.

해석

남 죄송하지만, 저를 도와주시겠어요?

여 물론이죠. 무엇을 도와드릴까요?

남 여기서 제일 가까운 약국에 어떻게 가죠?

여 오크 스트리트를 따라서 쭉 간 다음에 왼쪽으로 도세요.

남 도와주셔서 감사합니다. 너무 어지러워서 금방이라도 쓰러질 것 같아요.

여 도와드릴게요. 택시를 잡으면, 기사가 금방 거기까지 데려다 줄 거예요.

남 그럴 필요까지는 없어요. 전 괜찮을 겁니다. 약국이 아주 가까운 것 같네요.

여 하지만 컨디션이 안 좋으시면 가능한 한 빨리 도움을 받아야 합니다.

남 사실은, 머리가 다시 빙빙 돌기 시작해요. 아마도 택시를 잡아서 약국으로 곧장 가는 게 나을 것 같아요. 그쪽 시간을 더 이상 잡아먹고 싶지 않네요.

여 그건 괜찮아요. 회사 점심시간이라서 당신과 함께 갈 시간은 충분해요.

남 지난 주에 감기에 걸렸어요. 그래서 머리가 아픈 것 같아요.

여 택시가 왔네요. 같이 가요.

10

대화를 듣고, 두 사람이 공통적으로 가지고 있는 문제점을 고르시오.

① 그들은 우산을 자주 잃어버린다.
✓ 그들은 뭔가를 기억하는 데 문제가 있다.
③ 친구가 그들에게 물건을 빌리고 돌려주지 않는다.
④ 다른 사람들의 이름을 기억하지 못한다.
⑤ 그들은 우산 사는 것을 좋아한다.

▶ have a trouble …에 어려움을 겪다 Don't feel bad. 마음 상해 하지 마. memory 기억, 기억력 embarrassing 당황스러운 appointment 약속 get old 나이를 먹다, 늙다

스크립트

W I have to run to the store, but it's been raining all morning.

M Yes, there's quite a big storm going on out there.

W And the real problem is that I don't have an umbrella. I forgot my umbrella on the subway this morning. I can't believe that I did that again.

M Isn't that the third one you've lost this winter?

W Yes, it is. And the one I lost this morning belongs to my friend Jill. I suppose that I'll have to buy her a new one.

M It sounds as if you have trouble remembering things.

W Sometimes I do. For example, I can never remember where I left my keys.

M Don't feel bad. All of us have problems with our memories. I have a problem remembering people's names. Sometimes that's a little embarrassing, especially if the person is really important. Or, other times, I forget that I have an appointment to meet someone, and I only remember when that person calls to remind me.

W It's because we have so many things to remember.

M Or maybe we're getting old.

해석

여 빨리 가게에 가야 하는데 아침 내내 비가 내리네.

남 그래. 밖에는 큰 폭풍이 불고 있어.

여 문제는 내가 우산이 없다는 거야. 오늘 아침 지하철에서 우산을 잃어버렸어. 또 그랬다는 게 믿기지가 않아.

남 이번 겨울에 벌써 세 개째 잃어버린 거 아니니?

여 맞아. 근데 오늘 아침에 잃어버린 것은 내 친구 질의 우산이야. 질에게 새 우산을 사줘야 할 것 같아.

남 뭔가를 기억하는 데 문제가 있는 것 같구나.

여 가끔 그래. 예를 들면, 열쇠를 어디에 두었는지 절대 기억을 못해.

남 마음 상해 하지 마. 누구나 기억을 잘 못해. 난 사람들의 이름을 잘 기억하지 못해. 가끔 그것 때문에 약간 당황스러워. 특히 중요한 사람일 때는 말이야. 아니면 어떤 때는 어떤 사람을 만나기로 한 약속을 잊어버려. 그 사람에게서 전화가 오면 그때서야 기억하지.

여 기억해야 할 것들이 너무 많아서 그럴 거야.

남 아니면 우리가 나이를 먹어가고 있기 때문이거나.

11

대화를 듣고, 여자의 마지막 말에 대한 남자의 응답으로 알맞은 것을 고르시오.

M: ____________________

① No, I don't know who he is.
② I don't want any trouble.
✓ I'm sorry, but he must be mistaken.
④ Stop shouting at me.
⑤ You're embarrassing yourself.

스크립트

W Excuse me, but are you the guy who drives the silver motorbike?

M Yes, I have a silver motorbike. Why do you ask?

W I eat lunch here every day. Yesterday, someone scratched my car while I was eating. The waiter says it was done by a person who was driving a silver motorbike.

M I'm sorry, but I think there must be some kind of a mistake.

W I don't think so. He was standing outside the restaurant, and he saw it happen.

해석

여 죄송하지만 당신이 은색 오토바이를 모는 사람인가요?

남 네, 은색 오토바이 제 건데요. 왜 그러시죠?

여 전 여기서 매일 점심을 먹는데요. 어제 제가 점심을 먹는 동안 누군가가 제 차를 긁어 놓았습니다. 웨이터가 그러는데 은색 오토바이를 모는 사람이 그랬다고 하더군요.

남 죄송하지만 뭔가 착오가 있었던 것 같은데요.

여 아니요. 웨이터는 식당 밖에 서 있었고, 그 일을 직접 보았습니다.

문제와 정답	스크립트	해석
① 아니요, 난 그가 누구인지 몰라요. ② 난 문제가 일어나는 걸 원치 않아요. ③ 미안하지만 그가 실수한 게 틀림 없어요. ④ 나에게 소리 지르지 마요. ⑤ 당황스럽게 하시는군요. ▶ motorbike 오토바이 scratch …을 긁다 apologize 사과하다 pay for damage 손해에 보상하다 be in the neighborhood 근처에 있다 deny 부인하다 outrageous 괘씸한, 난폭한 tell the truth 사실을 말하다	M Now, look here. I think you're mistaken. I can understand that you're angry, and I would be angry too if someone scratched my car. W I'm getting really angry. Why don't you apologize and pay for the damage that you caused to my car? M If you'll give me a moment to explain…You see, I didn't eat lunch here yesterday. I wasn't even in this neighborhood. W Don't try to deny what you did. That's outrageous. M I'm telling the truth. W No, you're not. The waiter saw everything and told me exactly what happened. M _______________	남 이봐요. 당신 지금 실수하시는 거예요. 화가 나신 건 이해합니다. 누군가 제차를 긁었다면 저도 화가 났을 테니까요. 여 정말로 화가 나네요. 제 차에 입힌 피해에 대해 사과를 하시고 피해보상을 하시죠. 남 설명할 시간을 주세요… 전 어제 여기서 점심을 먹지 않았습니다. 이 동네에 있지도 않았고요. 여 당신이 한 일을 부인하지 마세요. 너무하시네요. 남 사실을 말씀드리는 겁니다. 여 아니에요. 웨이터가 다 보고 저한테 정확히 무슨 일이 있었는지 얘기해 주었다고요. 남 _______________
12 대화를 듣고, 소녀가 오늘 한 일이 <u>아닌</u> 것을 고르시오. ① She drew pictures of her families in class. ② She played computer games at home. ③ She rode a bike down the street. ④ She read a couple of books. ✓⑤ She learned something new in science class. ① 수업 시간에 가족의 그림을 그렸다. ② 집에서 컴퓨터 게임을 했다. ③ 거리에 자전거를 타고 갔다. ④ 책을 몇 권 읽었다. ⑤ 과학 시간에 새로운 것을 배웠다. ▶ unusual 평범하지 않은, 독특한 ride …을 타다 rest 휴식을 취하다, 휴식	W Hi, Dad. M Hi, Lisa. How was school today? W It was a lot of fun, Dad. M That's good to hear. What did you do? W We drew pictures of our families. Look, here is one that I drew that has you and Mom in it. M That's really beautiful. W My teacher said that my picture was one of the most unusual ones she had ever seen. M I'm sure it was. Your Mom has a big green nose. W Oh, Dad, that's because there were no other colors left. M And what else did you do at school? W We read a couple of new books, and I learned something new in my math class. M It really sounds like you had a busy day. So, then what did you do after school? W I came home and played computer games with Mom and Jack. I rode my bike down the street, but then it started raining, so I had to come inside. M Maybe it's time to rest now. It sounds like you've had a very busy day.	여 안녕, 아빠. 남 안녕, 리사. 오늘 학교 어땠니? 여 재미있었어요, 아빠. 남 잘됐구나. 뭘 했는데? 여 가족들을 그렸어요. 보세요, 여기 제가 그린 엄마 아빠가 있어요. 남 잘 그렸구나. 여 선생님이 그러시는데 제 그림이 선생님이 보신 가장 특이한 그림들 중 하나래요. 남 그런 것 같다. 엄마 코가 크고 녹색이구나. 여 아빠, 그건 다른 색이 남지 않았기 때문이에요. 남 그밖에 또 학교에서 뭘 했니? 여 새 책을 몇 권 읽었고, 수학 시간에 새로운 것을 배웠어요. 남 바쁜 하루를 보낸 것 같구나. 그럼 방과후엔 뭘 했니? 여 집에 와서 엄마랑 잭이랑 컴퓨터 게임을 했어요. 길에서 자전거도 탔는데 비가 오기 시작해서 집에 들어와야 했어요. 남 이제 쉴 시간인 것 같구나. 무척 바쁜 하루를 보낸 것 같다.
13 다음을 듣고, 이야기의 제목으로 알맞은 것을 고르시오. ① How Often the Olympics Are Held ② Similarities Between the Summer and Winter Olympics ✓③ The History of the Olympics ④ Women's Participation in the Olympics ⑤ When the Olympics Were First Held ① 올림픽은 얼마나 자주 열리는가 ② 하계 올림픽과 동계 올림픽의 유사점들 ③ 올림픽의 역사 ④ 여성의 올림픽 참가 ⑤ 올림픽이 언제 최초로 열렸는가 ▶ take part in …에 참가하다 forbid 금지하다 attend the games 게임을 관람하다 athlete 체육 선수 apart from …을 제외하고, …은 별도로 하고 take place 발생하다 previous 이전의	W The first modern Olympic Games were held in Athens in 1896, and, four years later, in Paris, women began to take part. When the Olympics were first held almost 3,000 years ago, women could not take part in them and were forbidden even to attend the games. The winter Olympics did not begin until 1924. Once every four years, athletes from most of the world's countries meet on the friendly fields of amateur sport. Apart from the Second World War period, the Winter Olympics were held every four years just a few months before the Summer Olympics. But, in 1986, the International Olympic Committee changed the schedule so that the summer and winter games would be held in different years. Thus, for the only time in history, the Norway Games took place just two years after the previous Winter Olympics, which were held in Albertville, France.	여 최초의 근대 올림픽 경기는 1896년 아테네에서 개최되었습니다. 그리고 4년 후 파리 경기에서는 여성이 참가하기 시작했습니다. 거의 3000년 전에 올림픽이 처음으로 열렸을 때, 여성들은 경기에 참가할 수 없었고 심지어 관람도 금지되었습니다. 동계 올림픽은 1924년이 되어서야 시작되었습니다. 4년마다 한번씩 세계 각국의 대부분의 나라에서 온 선수들이 아마추어 스포츠의 친선을 위한 경기장에서 만납니다. 2차 세계대전 기간을 제외하고 동계 올림픽은 하계 올림픽이 개최되기 몇 달 전에 4년마다 개최되었습니다. 그러나 1986년에 국제올림픽위원회는 하계 올림픽과 동계올림픽이 서로 다른 해에 개최되도록 일정을 변경했습니다. 그래서 역사상 유일하게 노르웨이 올림픽 경기는 프랑스 알베르빌에서 열렸던 그 전 동계올림픽 2년 후에 열렸습니다.

14

대화를 듣고, 여자가 남자에게 사과한 이유를 고르시오.

① **She insulted him.** ✓
② She told him he was fat.
③ She gave him the wrong shirt.
④ He misunderstood what she said.
⑤ They did not have the shirt in his size.

① 그녀는 남자에게 모욕감을 주었다.
② 그녀는 남자에게 뚱뚱하다고 말했다.
③ 그녀는 남자에게 잘못된 셔츠를 줬다.
④ 남자가 여자의 말을 오해했다.
⑤ 남자에게 맞는 사이즈의 셔츠가 없었다.

▶ fit (옷이) 꼭 맞다, 어울리다, 적합하다
My apologies. 죄송합니다. customer 고객
exchange 교환하다 item 물건, 상품 save trouble
수고를 덜어 주다 offend 기분을 상하게 하다,
공격하다

M Excuse me, but do you have this shirt in blue?

W Yes, we do have that shirt, but we only have it in large.

M That's fine. May I see the shirt?

W I don't think the size will fit you, sir. If you don't mind my saying so, perhaps that green shirt in extra large will fit you better.

M Look, the shirt is not for me. It's for my nephew.

W My apologies. It's just that we have so many customers who buy the wrong size and then have to come back a second time to exchange their items for ones that fit. I wanted to save you the trouble.

M Well, you should be more careful. It sounded as if you were saying I'm too fat to wear the shirt.

W Oh, I'm sorry if I offended you.

M It's fine. I understand that you were just doing your job.

W It's a good shirt. I'm sure your nephew will like it.

M He has his first job interview coming up, and I promised I'd buy him something to wear to the interview.

남 죄송합니다만 이 티셔츠 파란색으로 있나요?

여 네, 있습니다만 라지 사이즈밖에 없는데요.

남 괜찮습니다. 셔츠를 볼 수 있을까요?

여 사이즈가 맞을 것 같지 않은데요, 손님. 죄송한 말씀이지만 엑스트라 라지 사이즈의 저 녹색 셔츠가 더 잘 맞을 것 같습니다.

남 이것 보세요, 제 셔츠가 아니라 조카 셔츠를 고르고 있거든요.

여 죄송합니다. 너무나 많은 손님들이 사이즈를 잘못 사가신 후 다시 와서 맞는 걸로 교환해 가시거든요. 그런 수고를 덜어드리고 싶었습니다.

남 좀 더 조심하셔야겠군요. 그 셔츠를 입기엔 제가 너무 뚱뚱하다는 소리로 들렸습니다.

여 기분 상하셨다면 죄송합니다.

남 괜찮아요. 그게 당신 일이란 거 이해해요.

여 좋은 셔츠입니다. 조카 분이 좋아하실 거예요.

남 조카가 처음으로 면접을 보거든요. 면접 볼 때 입을 옷을 사 주겠다고 약속했었습니다.

15

다음을 듣고, 이야기를 요약하는 다음 문장의 빈칸에 들어갈 알맞은 것을 고르시오.

People should always be sure to __________
__________________________________ .

① see a dentist twice a year
② avoid eating junk food
③ brush their teeth twice a day
④ **take good care of their teeth** ✓
⑤ floss after every meal they eat

사람들은 언제나 __________________________
__________________________ 주의해야 한다.

① 일년에 두 번 치과의사의 진찰을 받는 것을
② 불량식품을 피하는 것을
③ 하루에 두 번 양치질 하는 것을
④ 치아를 잘 관리해야 하는 것을
⑤ 매 식사 후 치실을 사용해야 하는 것을

▶ dentist 치과의사 oral 구강의 hygiene 위생
brush one's teeth 양치질하다 ideal 이상적인
floss 치실로 닦아내다 remove 제거하다 particle
찌꺼기, 파편 rot 썩다, 부패하다 cavity 충치
junk food 정크푸드 sugar content 당분

M Many dentists these days are complaining that the patients they see have poor oral hygiene. This is, they say, especially true for young children, who have some of the worst teeth of all their patients. Fortunately, dentists say that there are several easy things people can do to ensure that they have white, healthy, and strong teeth. The first is that people need to be sure to brush their teeth at least three times a day. They should do this after every meal, and even brushing after snacks is advised as well. Most dentists say that brushing for around three minutes is the ideal time. Additionally, people should floss their teeth at least once a day. This will help remove particles of food from between the teeth and therefore keep them from rotting or getting cavities. Finally, people need to cut down on the amount of junk food that they eat. Because of its high sugar content, junk food can quickly cause cavities, particularly in young people's teeth.

남 요즘 많은 치과의사들이 자신들이 보는 환자들의 구강 위생 상태가 안 좋다고 불평하고 있습니다. 의사들은 말하기를 특히 환자들 중에서도 가장 최악의 치아를 몇 개 가지고 있는 어린 아이들이 그렇다고 합니다. 다행히 의사들은 하얗고 건강하고 튼튼한 이를 갖기 위해 사람들이 할 수 있는 몇 가지 쉬운 방법이 있다고 말합니다. 첫 번째는 반드시 하루에 적어도 세 번 이를 닦아야 할 필요가 있다고 합니다. 매번 식사를 한 후 해야 하는데, 심지어 간식을 먹은 후에도 이를 닦아야 한다고 충고하고 있습니다. 대부분의 의사들은 약 3분 동안 이를 닦는 것이 가장 이상적이라고 말합니다. 또한 적어도 하루에 한번은 치실을 사용해야 합니다. 이것은 이 사이에 낀 음식물 찌꺼기를 제거하는 데 도움이 되고 따라서 이가 썩거나 충치가 생기는 것을 예방합니다. 마지막으로 사람들은 그들이 먹는 정크푸드의 양을 줄여야 합니다. 다량의 당분 때문에 정크푸드는 특히 어린이의 이에 쉽게 충치를 유발시킬 수 있습니다.

16

대화를 듣고, 남자가 여자에게 애완견을 맡기면서 알려준 사항과 다른 것을 고르시오.

① He sometimes barks, but he is quiet at night.
② Feed him a half a can of dog food in the morning.

M How's it going?

W Oh, fine. I'm just busy all of the time.

M My family and I are going out of town this weekend, and we were wondering if you could take care of our dog while we're gone.

남 잘 지내니?

여 잘 지내. 항상 좀 바쁘긴 하지만.

남 가족이랑 이번 주말에 시외로 나갈 예정인데 우리가 없는 동안 강아지를 돌봐 줄 수 있는지 궁금해서.

여 기꺼이 커들스를 돌봐 줄게. 너무 예쁘고 귀여워.

③ Take him for a walk for around ten minutes. ④ Make sure he has plenty of water. ✔ Feed him twice a day. ① 개가 때때로 짖지만, 밤에는 조용하다. ② 아침에 개 사료용 캔의 절반을 먹여라. ③ 10분 정도 산책을 데리고 가라. ④ 물이 충분히 있는지 확인하라. ⑤ 하루에 두 번 먹이를 주어라. ▶ all the time 항상 take care of 돌보다, 보살피다 playful 장난을 잘 치는 feed 먹을 것을 주다 once a day 하루에 한 번 enjoy holiday 휴가를 즐기다	W I'd love to take care of Cuddles. He's so beautiful and cute. M Yes, he really is playful, isn't he? W Sometimes I hear him barking outside. Does he do that at night as well? M No, don't worry. He's fine at night since he usually just sleeps quietly. W What does he eat? M Just feed him a half a can of dog food once a day in the morning. The rest of the time, make sure he has plenty of water in his dish. We usually take him for a walk in the evenings. But he doesn't walk for a long time. We're only outside for about ten minutes or so. W I guess he needs his exercise. M Absolutely. W It should be fun taking care of him. M Thank you so much for doing this. Now we can enjoy our holiday without worrying that Cuddles is going to be miserable.	남 정말 장난꾸러기지, 안 그래? 여 가끔 밖에서 짖는 소리가 들려. 밤에도 그러니? 남 아니. 걱정하지 마. 밤에는 그냥 조용히 자기 때문에 괜찮아. 여 먹는 것은 어때? 남 아침에 하루에 한 번 사료 반 캔만 주면 돼. 나머지 시간에는 접시에 물이 충분히 있는지만 확인해 줘. 우리는 보통 저녁에 산책을 시켜. 그렇지만 산책은 오래 안 해. 한 10분 정도만 밖에 나가지. 여 운동이 필요할 것 같구나. 남 정말로 그래. 여 돌봐주는 거 재미있을 것 같아. 남 이 일을 해 줘서 고마워. 커들스가 불쌍한 신세가 되는 것을 걱정하지 않고 휴가를 마음껏 즐길 수 있게 됐어.
17 대화를 듣고, 여자의 마지막 말에 이어질 알맞은 속담을 고르시오. W: You know what they say ____________ ____________________ ① If the shoe fits, wear it. ✔ The grass is always greener on the other side. ③ A watched pot never boils. ④ A rolling stone gathers no moss. ⑤ Once bitten, twice shy. 여: 너도 알다시피 ____________ ____________ 라고 하잖아. ① 신이 맞는다면, 신어라. ② 다른 쪽 잔디가 늘 더 푸르러 보인다. ③ 지켜보고 있는 주전자는 끓지 않는다. ④ 구르는 돌에는 이끼가 끼지 않는다. ⑤ 한 번 물리면, 다가가기 쉽지 않다. ▶ get hired 고용되다 get a job 취직하다 call for …을 요구하다 deserve to …할 만하다 adjust 적응하다 opportunity 기회 get promoted 승진하다	M Congratulations on your new job. You must be very pleased about getting hired. W I am so happy to have gotten chosen for this position. I must say that I never thought I'd get the job. M Why not? You're perfect for the job since you have the right experience and skills that the job calls for. W But this is a job that requires a lot of traveling, and I have a family, so I was sure that they weren't going to hire me. M Well, you deserved to get hired. But what will your family do when you're away? W My husband works at home sometimes. He'll take care of our daughter and take her to school in the morning. M You're going to have to adjust to some of these changes. W You're right. But my husband is very excited about this opportunity. M I wish I were you. I feel as if I'm stuck in my job and won't ever get promoted. W Don't worry. I'm sure in a few months I'll wish I were back in my old job with less stress. You know what they say…	남 취직한 것 축하해. 굉장히 기쁘겠구나. 여 이 일을 맡게 되어서 너무 기분 좋아. 취직이 되리라고는 생각도 못했어. 남 왜 안 되겠어? 그 일에 필요한 경험과 실력을 갖고 있기 때문에 네가 딱 적임자야. 여 그런데 이 일은 여행을 많이 해야 하는 일인데 난 가족이 있잖아. 그래서 날 고용하지 않을 거라고 확신했어. 남 넌 고용될만 해. 그런데 네가 집을 떠나 있을 때 가족들은 뭘 하지? 여 남편은 가끔 집에서 일해. 남편이 딸을 돌봐 주고 아침에 학교까지 데려다 줄 거야. 남 생활이 바뀌는 것에 적응을 해야 할 거야. 여 네 말이 맞아. 그렇지만 남편도 이 기회를 아주 달가워해. 남 내가 너라면 좋겠다. 난 내 일에 처박혀서 승진도 못 할 것 같아. 여 걱정하지 마. 난 몇 달 안에 스트레스가 덜했던 옛날 일을 그리워하게 될 거야. 너도 알다시피…
18 다음을 듣고, 일을 하는 학생들이 좋은 점수를 얻는 것에 대한 화자의 의견으로 알맞은 것을 고르시오. ① He thinks they are very clever. ✔ He thinks they are highly motivated. ③ He thinks they study harder than students without jobs. ④ He thinks that there is a mistake with the research done.	M In the United States, it is fairly common for high school students to have part-time jobs. This is partly because they want job experience and partly because it's a good way for them to earn pocket money. Researchers and parents disagree on whether having a part-time job after school or on weekends affects students' grades. There have been one or two studies which show that having	남 미국에서는 고등학생들이 아르바이트를 하는 일이 꽤 흔하다. 이것은 그들이 직장 경험을 해보고 싶어 하기 때문이기도 하고 어느 정도로는 용돈을 벌기 좋은 방법이기 때문이기도 하다. 방과 후나 주말에 아르바이트를 하는 것이 학생들의 성적에 영향을 미치는지에 대해서는 학자들과 학부모들 간에 이견이 있다. 아르바이트를 하는 것이 학교에서 학생들의 성적을 향상시킬 수 있다는 사실을 보여주는 한두

⑤ He thinks that teenagers are not capable of doing two things at once.

① 그는 그들이 매우 똑똑하다고 생각한다.
② 그는 그들이 매우 동기부여가 잘 되어 있다고 생각한다.
③ 그는 그들이 직업이 없는 학생들보다 더 열심히 공부한다고 생각한다.
④ 그는 조사 과정에 실수가 있었다고 생각한다.
⑤ 그는 고등학생들이 한꺼번에 두 가지 일을 할 수 없다고 생각한다.

▶ fairly 꽤 pocket money 용돈 disagree 의견 차이를 보이다 affect 영향을 끼치다 grade 성적, 등급 improve 향상시키다 motivate 동기를 부여하다 divide 나누다 achieve 성취하다 average 평균의 result from …의 결과이다 combination 결합, 조합 environment 환경

a part-time job can actually improve a student's performance at school. If you believe these findings, a likely explanation is that these students are more motivated than others. They are able to divide their energy between work and school because both are equally important to them. While they may have less time to study, they are still able to achieve the same levels of success as students who do not have jobs. So perhaps their good grades result from a combination of good study methods, a good family environment, and hard work.

가지 연구결과가 있다. 그런 연구결과가 사실이라면 아르바이트를 하는 학생들이 다른 학생들보다 더 동기부여가 되어 있다는 설명이 가능하다. 이들은 일과 학교 공부가 똑같이 중요하기 때문에 에너지를 그 둘에 나누어 쓸 수 있다. 공부할 시간이 부족함에도, 일을 안 하는 학생들과 똑같은 수준의 성과를 낼 수 있는 것이다. 아마도 그들의 성적이 좋은 것은 좋은 공부 방법, 좋은 가정 환경, 그리고 열심히 일한 것의 결과이다.

19

대화를 듣고, 남자가 여행을 위해 가져가는 것이 <u>아닌</u> 것을 고르시오.

① a good pair of shoes
② a nice suit
③ a few casual shirts
④ some jeans
✓⑤ a heavy coat

① 좋은 신발 한 켤레
② 멋진 정장
③ 캐주얼 셔츠 몇 장
④ 청바지 몇 벌
⑤ 두꺼운 코트

▶ depart 떠나다 fickle 변덕스러운 deal with 대처하다, 다루다 go on holiday 휴가를 떠나다 totally 완전히, 정말 pack 짐을 싸다

W Are you ready to go on your trip?
M Well, I'm sort of ready, but I still have to buy some clothes before I depart.
W How's the weather where you're going?
M It's fall there right now, but the weather there in the fall is really fickle.
W That might be difficult to deal with.
M I'm going to buy some jeans and a few casual shirts and sweaters.
W Won't you need some warm clothes while you're there, too?
M Well, it snows in the mountains, so I'm going to buy a warm jumper. But I don't have enough space in my bag for a heavy coat.
W So that's all you're taking with you?
M No, not at all. I want to be prepared just in case it rains. Once I went on holiday, and it was totally ruined because I wasn't prepared for the weather there. So I'm going to take a good pair of shoes with me as well.
W Don't you think that you ought to bring a suit with you just in case you need it?
M Well, you never know when you might need something nice to wear, so I think I'll pack one of those and take it with me.

여 여행갈 준비 됐니?
남 대충 됐는데, 떠나기 전에 옷을 좀 사야 돼.
여 네가 가는 곳은 날씨가 어때?
남 지금 그곳은 가을이야. 그런데 가을의 그곳 날씨는 정말 변덕스러워.
여 그럼 대처하기 어렵겠다.
남 청바지랑 셔츠 몇 개 그리고 스웨터를 살 예정이야.
여 거기 있는 동안 따뜻한 옷들이 좀 필요하지 않을까?
남 산에는 눈이 와. 그러니 따뜻한 점퍼를 살 거야. 하지만 가방에 무거운 코트를 넣을 충분한 공간은 없어.
여 가져가는 게 그게 전부야?
남 아니. 천만에. 비가 올 경우에 대비하고 싶어. 예전에 휴가를 갔었는데 날씨에 맞게 준비를 못해서 완전히 휴가를 망쳤어. 좋은 신발도 가져가야겠어.
여 필요할 경우에 대비해서 정장도 한 벌 가져가야겠다고 생각하지 않니?
남 멋진 옷을 입어야 할 경우가 생길지도 모르니까 이것들 중 하나를 싸서 가져가야겠어.

20

대화를 듣고, 여자가 전화를 건 목적을 고르시오.

① To sell a computer
② To invite him to her party tomorrow
✓③ To sell books
④ To have dinner together
⑤ To make an appointment

① 컴퓨터를 팔기 위해
② 내일 파티에 남자를 초대하기 위해
③ 책을 팔기 위해
④ 함께 저녁을 먹기 위해
⑤ 약속 시간을 잡기 위해

M Good evening.
W Good evening, sir. Is this Mr. Raymond Smith?
M Yes, it is.
W Mr. Smith, I'm calling to tell you about our great new product and to offer you a special discount on it.
M I'm in the middle of dinner. Could you call back another time?
W I'm so sorry, but I'll only take up five minutes of your time. I'd like to offer you a set of books for only $20. Usually each book would cost you $20.
M I'm sorry, but I'm not interested.

남 안녕하세요.
여 안녕하세요, 레이몬드 스미스 씨 맞습니까?
남 네, 맞습니다.
여 스미스 씨, 저희 훌륭한 신상품에 대해 말씀 드리고 특별할인을 제공해 드리려고 전화 드렸습니다.
남 저녁식사 중입니다. 다른 때에 다시 전화해 주시겠습니까?
여 죄송하지만 5분밖에 안 걸립니다. 책 한 세트를 겨우 20달러에 드리려고 합니다. 원래는 책 한 권이 20달러였습니다.
남 미안하지만 관심 없습니다.

<table>
<tr><th>문제와 정답</th><th>스크립트</th><th>해석</th></tr>
<tr>
<td>

▶ product 제품, 상품 offer 제공하다 discount 할인 in the middle of …도중에 once-in-a-lifetime 평생에 한 번 있는 representative 판매인, 대표자

</td>
<td>

W Do you have children? These books are full of information which children of all ages could use for their school projects.

M We have the Internet at home, so I don't think we need such books.

W Well, this is a once-in-a-lifetime offer. I'll call you back tomorrow evening.

M No, thank you. I'm really not interested in your offer, and I will definitely be busy tomorrow evening.

W Perhaps one of our other representatives will give you a call.

M I'd like to get back to my dinner. Please don't call again.

W Have a nice evening, Mr. Smith.

</td>
<td>

여 자녀가 있으십니까? 이 책들에는 전 연령의 아이들이 학교숙제를 할 때 활용할 수 있는 정보들이 가득합니다.

남 집에 인터넷이 있어서 그런 책이 필요하지 않습니다.

여 이것은 평생에 한 번 있는 기회입니다. 내일 저녁에 다시 전화 드리겠습니다.

남 고맙지만 됐습니다. 전 당신 제안에는 정말 관심 없어요. 그리고 내일 저녁에는 분명히 바쁠 겁니다.

여 아마 다른 판매원이 전화를 드릴 겁니다.

남 다시 저녁을 먹고 싶군요. 제발 또 전화하지 마세요.

여 멋진 저녁 되세요, 스미스 씨.

</td>
</tr>
<tr>
<td>

21 대화를 듣고, 내용과 일치하지 <u>않는</u> 것을 고르시오.

① 남자의 여동생은 과학을 잘 한다.
② 남자는 참치 샌드위치를 먹을 것이다.
③ 남자는 과학 숙제를 하기 위해 컴퓨터가 필요하다.
④ 남자는 예상보다 더 빨리 집에 왔다.
✔⑤ 남자는 부산에서 열리는 과학 박람회에 갈 것이다.

▶ cancel 취소하다 tuna 참치 information 정보 be good at …을 잘하다 science fair 과학 박람회

</td>
<td>

W Hello, Mike. Are you already back from school? You're early.

M Soccer practice was cancelled because of the rain. That's why I'm home so early.

W Do you want something to eat or drink?

M Yes, I'd like some chocolate milk and cookies, please.

W How about a nice tuna sandwich? That's healthier.

M Sure, Mom. It's not as delicious, but it will do. Is Michelle using the computer? I need to look for something on the Internet tonight. I have a big science project that's due on Thursday. The Internet at school is very slow, so I couldn't find the information today.

W No, I don't think Michelle is using the computer. But you could ask her to help you with your project. You know she's really good at science.

M Maybe I will. I really need a good grade on this project. Those students with the highest grades get to go to the science fair in Busan and stay there for two days.

W That sounds really good. Anyway, here are your sandwich and milk. I'll see where your sister is.

M Thanks, Mom.

</td>
<td>

여 안녕, 마이크. 벌써 학교에서 돌아온 거니? 일찍 왔구나.

남 비 때문에 축구 연습이 취소됐어요. 그래서 이렇게 일찍 집에 온 거예요.

여 먹을 거나 마실 것 줄까?

남 네, 초콜릿 우유랑 과자 좀 주세요.

여 맛있는 참치 샌드위치는 어떠니? 그게 더 건강에 좋아.

남 좋아요, 엄마. 맛은 좀 덜하지만 그게 좋겠네요. 미셸이 컴퓨터 쓰고 있는 중인가요? 오늘밤 인터넷으로 찾아볼 게 있는데. 화요일까지 내야 하는 중요한 과학 숙제가 있어요. 학교 인터넷은 너무 느려서 오늘 자료를 찾을 수가 없었어요.

여 아니. 미셸이 컴퓨터 안 쓰는 것 같은데. 미셸한테 숙제 도와달라고 말해봐. 정말 과학을 잘하잖니.

남 그러려고요. 이번 숙제 점수 잘 받아야 해요. 가장 높은 점수를 받은 학생들은 부산에서 열리는 과학 박람회에 가서 이틀 동안 머무를 거예요.

여 재미있겠구나. 아무튼 여기 샌드위치랑 우유야. 동생이 어디 있는지 봐야겠다.

남 고마워요, 엄마.

</td>
</tr>
<tr>
<td>

22 다음을 듣고, 멕시코와 그리스의 공통점으로 알맞은 것을 고르시오.

① They are both popular places for New Year's Eve celebrations.
② They both have big fireworks shows every year.
③ They both have many visitors each year.
✔④ New Year's Eve is always a public holiday there.
⑤ Neither of them celebrates New Year's Eve.

① 둘 다 새해 전야제로 유명한 곳들이다.
② 둘 다 매년 성대한 불꽃놀이 쇼를 한다.
③ 둘 다 매년 많은 관광객들이 찾는다.
④ 두 곳에서는 새해 전날이 언제나 공휴일이다.
⑤ 두 곳 모두 새해 전날을 축하하지 않는다.

</td>
<td>

W New Year's Eve is on December 31, is the day before New Year's Day, and also is the final day of the year in the Gregorian calendar. It is a modern practice in Western countries to celebrate New Year's Eve with big parties until midnight. New Year's Day is usually a separate celebration. People commonly use fireworks as a part of their celebrations. Many cities have become famous for their fireworks shows, including Sydney, London, and Tokyo. In countries such as Argentina, Brazil, Mexico, Greece, Venezuela, and the Philippines, New Year's Eve is a public holiday. In most countries, it is not, so people still have to go to work on that day. Rio de Janeiro in Brazil and Sydney in Australia have the world's biggest

</td>
<td>

여 섣달 그믐날은 12월 31일이고 새해 전날이자 그레고리오 달력상 그 해의 마지막 날입니다. 자정까지 큰 파티를 열면서 새해 전날을 축하하는 것은 서방 국가들에서의 현대적 관습입니다. 새해는 보통 새해 전날과는 다르게 축하합니다. 사람들은 흔히 축하행사로 불꽃놀이를 합니다. 시드니, 런던, 도쿄를 포함한 많은 도시들이 불꽃놀이쇼로 유명해졌습니다. 아르헨티나, 브라질, 멕시코, 그리스, 베네수엘라, 필리핀 같은 나라에서는 새해 전날이 공휴일입니다. 대부분의 나라에서는 공휴일이 아니어서 사람들은 그 날도 회사에 가야 합니다. 브라질의 리우데 자네이로와 호주의 시드니에서는 세계에서 가장 큰 축하행사가 열려서 많은 사람들이 몰려듭니다. 뉴욕과 런던도 사람들이 새해를 맞이하고 싶어하는 인기있는 도시입니다.

</td>
</tr>
</table>

▶ New Year's Eve 섣달 그믐날, 12월 31일 Gregorian calendar 그레고리오 달력 celebrate 축하하다, 기념하다 midnight 자정 firework 불꽃놀이 public holiday 공휴일 attract 끌어들이다 welcome …을 맞이하다, …을 환영하다

celebrations, both of which attract millions of people. New York and London are popular cities from which people often like to welcome the new year as well.

23

대화를 듣고, 대화가 이루어지고 있는 장소를 고르시오.

① 서점
② 약국
✔ 도서관
④ 커피숍
⑤ 레스토랑

▶ assignment 과제, 숙제 recommend 추천하다 urgent 급한 copy (책이나 잡지의) 권, 부 relevant 관련된 return 반납하다 be not allowed to …하는 것이 금지되다

M Can I help you with anything?

W My professor has given us an assignment, but I can't seem to find the book that he recommended to us.

M That shouldn't be too much of a problem. It's probably around here somewhere.

W It's a very urgent assignment, and it's due tomorrow.

M I understand. We'll find it. What's the title, and who's the author?

W It's *The Theory of Light* by Alexander Smith.

M Oh, yes, I remember now. There were a number of students looking for the book yesterday.

W Are there any copies left?

M Your professor asked that the relevant chapters of the book be copied and placed in the reserved section. You may take it out for about five hours, but then you have to return it.

W But I need to take it home to work on my assignment.

M You'll have to make your own copies if that is what you want to do. You are just not allowed to take it out of the library.

W Thanks so much for your help.

M Good luck with your assignment.

남 도와드릴까요?

여 교수님이 과제를 내셨는데 교수님이 추천하신 책을 못 찾겠어요.

남 큰 문제는 아니네요. 여기 어딘가 있을 거예요.

여 급한 과제예요. 내일까지 내야 하는.

남 알겠습니다. 찾아 드릴게요. 제목은 뭐고, 저자는 누구죠?

여 알렉산더 스미스가 지은 〈빛의 이론〉이라는 책이에요.

남 아, 네, 이제 기억나네요. 어제 그 책을 찾는 학생들이 몇 명 있었어요.

여 남은 책이 있나요?

남 교수님이 책의 관련 부분을 복사하고 전용공간에 놓아두라고 부탁하셨어요. 약 5시간 동안 가져갔다가 반납해야 합니다.

여 그렇지만 과제를 하려면 집에 가져가야 해요.

남 그러려면 복사를 해야 합니다. 책을 도서관 밖으로 가지고 나가시면 안 됩니다.

여 도와주셔서 감사합니다.

남 과제 잘하세요.

24

대화를 듣고, 여자가 급하게 통화를 원하는 이유를 고르시오.

① 여자는 남자에게 새 휴대폰을 팔고 싶어 한다.
② 베이커 씨는 급하게 새 휴대폰이 필요하다.
✔ 여자는 베이커 씨의 휴대폰을 주문하기 전에 더 많은 정보를 원한다.
④ 여자는 베이커 씨를 화나게 만들고 싶지 않다.
⑤ 베이커 씨는 휴대폰을 받지 못하면 화를 낼 것이다.

▶ disturb 방해하다 urgently 급히 junior staff 하급 사원, 부하 직원 private call 사적인 전화 order 주문하다 keep in mind 명심하다 contact 연락을 취하다, 접촉하다 otherwise 그렇지 않으면 be forced to 어쩔 수 없이 …하다 cancel 취소하다

W Good morning, I need to speak to Mr. Baker, please.

M Good morning. Would you please stay on the line for a moment while I go and check to see if he is in his office?

W Yes, I don't mind holding on at all.

M Um, I've just been informed that he has asked not to be disturbed this morning. He's got some important work to attend to right now.

W Oh, but I need to speak to him very urgently.

M Is there anything that I can help you with? Or perhaps you could speak with one of his junior staff members?

W I'm sorry, but this is a private call. He ordered a new cell phone with my company recently, but we need some information from him before we can place his order.

M Let me take your name and number, and I will ask him to return your call just as soon as he can.

W Okay, but please keep in mind that I need the information before lunchtime.

M I'll do my best to make sure he contacts you before then.

W Yes, please do that. Otherwise, we may be forced to cancel his order.

여 좋은 아침입니다. 베이커 씨와 통화하고 싶은데요.

남 좋은 아침입니다. 제가 가서 베이커 씨가 사무실에 있는지 알아보고 올 동안 잠시 기다려 주시겠습니까?

여 네, 물론 기다리겠습니다.

남 오늘 아침에는 방해 받고 싶지 않다고 부탁하셨다는 것을 방금 알았습니다. 지금 처리해야 할 중요한 일이 있다고 합니다.

여 그렇지만 아주 긴급하게 전할 말이 있습니다.

남 제가 도와드릴 일 있습니까? 아니면 그분의 부하직원과 얘기하실 수도 있습니다.

여 죄송하지만 사적인 전화입니다. 최근에 저희 회사에 새 휴대폰을 주문하셨는데 주문이 들어가기 전에 몇 가지 정보를 알아볼 게 있어서요.

남 이름과 전화번호를 남겨 주시면 가능한 한 빨리 전화 드리도록 말씀 드리겠습니다.

여 알겠습니다. 그렇지만 꼭 점심시간 전까지 정보가 필요하다는 사실을 잊지 말아 주세요.

남 그 전까지 꼭 연락이 되도록 최선을 다하겠습니다.

여 네, 그렇게 해 주세요. 안 그러면 어쩔 수 없이 주문을 취소해야 할 겁니다.

문제와 정답	스크립트	해석

25 다음을 듣고, 화자의 의견에 동의하는 진술을 고르시오.

✔ ① Jessica: I am going to register to vote as soon as I can.
② Angie: I voted last year but will not vote next year.
③ Lisa: I cannot stand listening to our politicians speak.
④ Nancy: I do not really pay attention to politics at all.
⑤ Tina: I have voted in every election except for one.

① 제시카: 난 가능한 빨리 투표를 하기 위해 등록할 예정이야.
② 앤지: 나는 작년에는 투표를 했지만 내년에는 하지 않을 거야.
③ 리사: 난 정치가들이 하는 얘기를 듣고 있을 수가 없어.
④ 낸시: 난 정치에는 전혀 관심을 기울이지 않아.
⑤ 티나: 나는 한 번만 빼놓고 매 선거에서 투표를 했어.

▶ democracy 민주주의 eligible 자격이 있는, 적합한 vote 투표하다 typically 전형적으로 right 권리 cast a ballot 투표하다 to begin with 우선 on many occasions 많은 경우 complain 불평하다 official 관료, 공무원; 공무의, 공식의

스크립트 (25):

M A large number of the world's countries are democracies. Yet, curiously, many people eligible to vote choose not to do so. There is typically a pattern to people's voting habits. As soon as people gain the right to vote, a huge percentage of eligible voters cast their ballots in the elections. Often, as many as eighty or ninety percent of all eligible voters choose to do so. However, over time, the percentage of people voting in each election decreases. In countries where democracy has been practiced for a long time, fewer than fifty percent of eligible voters cast ballots. This problem must be changed. To begin with, voting is a right which all people should take seriously. On many occasions, the people who don't vote are the ones who complain the loudest about their elected officials. By not voting, these people really have no right to complain. In democracies, power comes from the people, so they should be sure to exercise their power, or else it could, in the future, be taken from them.

해석 (25):

남 세계의 많은 나라가 민주주의 국가이다. 그러나 이상하게도 투표 자격이 있는 많은 사람들이 투표를 하지 않기를 선택한다. 사람들의 투표 습관에는 전형적인 패턴이 있다. 사람들이 일단 투표권을 얻으면 많은 투표자들이 선거에서 표를 던진다. 때로는 투표자의 80~90%가 표를 던진다. 그러나 시간이 지나면서 각각의 선거에서 투표를 하는 사람들의 비율이 감소한다. 오랜 민주주의 국가에서는 50%도 안 되는 투표자들이 표를 던진다. 이러한 문제점은 바뀌어야 한다. 우선, 투표는 모든 사람들이 진지하게 행사해야 하는 권리이다. 많은 경우에 있어서, 투표를 하지 않는 사람들이 선출된 관료에 대해 가장 큰 목소리로 불평하는 사람들이다. 투표를 하지 않기 때문에 이러한 사람들은 불평을 할 권리가 없다. 민주주의 국가에서 권력은 국민들로부터 나오기 때문에 국민들이 반드시 그 권력을 행사해야 한다. 그렇지 안으면 미래에 그 권력을 빼앗길 수도 있다.

---

26 다음을 듣고, 싱가포르가 여행하기 좋은 이유가 <u>아닌</u> 것을 고르시오.

① 쇼핑하기에 좋은 곳이다.
② 많은 문화가 섞여 있다.
✔ ③ 영국의 식민지로 세워졌다.
④ 말레이시아와 다리로 연결되어 있다.
⑤ 음식이 맛있다.

▶ be connected by …로 연결되어 있다 found 설립하다, 세우다 location 위치 trading port 무역항 independence 독립 skyscraper 초고층빌딩, 마천루 efficient 효율적인 tropical 열대의 combine 섞다, 조합하다 glamorous 매혹적인

스크립트 (26):

W Singapore is an island-state located in Southeast Asia. It is connected by bridges to the country of Malaysia. Singapore was founded as a British colony in 1819. Due to its location, it became an important trading port. Since achieving independence, it has become one of the fastest developing countries in the world. Its port is one of the busiest in the world. It is a very modern city dominated by skyscrapers and also has a very efficient subway system. Its climate is tropical, which adds to the relaxed feel of the city. It combines many cultures very successfully. The Chinese, Indian, and Malay influences are clear. Many people choose Singapore as a good place for shopping and tasty food. Singapore is a great place to begin a trip through the rest of Southeast Asia or to enjoy life in a glamorous, big city.

해석 (26):

여 싱가포르는 동남아시아에 위치한 섬나라다. 싱가포르는 말레이시아와 다리로 연결되어 있다. 싱가포르는 1819년에 영국 식민지로 창건되었다. 그 지정학적 위치로 인해 중요한 무역항이 되었다. 독립을 이루면서, 싱가포르는 세계에서 가장 빠르게 발전하는 나라 중의 하나가 되었다. 싱가포르의 항구는 세계에서 가장 분주한 항구 중의 하나이다. 고층건물들이 많은 현대적인 도시이고 아주 효율적인 지하철이 있는 나라이기도 하다. 기후는 열대성이어서 도시에 여유로운 느낌을 부여한다. 싱가포르는 여러 나라의 문화가 잘 섞여 있다. 중국, 인도, 말레이반도의 영향을 많이 받은 것이 명백하다. 많은 사람들이 쇼핑과 맛있는 음식을 먹기 위해 싱가포르를 찾는다. 싱가포르는 동남아시아 여행을 시작하기에 좋은 장소이자 매혹적인 대도시의 생활을 즐길 수 있는 곳이다.

---

27 대화를 듣고, 여자가 공부하려는 것이 무엇인지 고르시오.

① Car engines
② The environment
③ Her own country
✔ ④ The history of modern transportation
⑤ Leaders in history

① 자동차 엔진
② 환경
③ 그녀의 모국
④ 근대 교통의 역사
⑤ 역사의 지도자들

스크립트 (27):

M You look a little confused. Is there something that I can help you find?

W I'm trying to find these two books on history, but I'm lost and have no idea where to locate them.

M Oh, you're on the wrong floor if you're looking for books in that subject. You need to ask at the main desk on the fifth floor, and someone there will show you exactly where to go.

W How silly of me. I've been wandering around all afternoon and didn't think to ask anyone for help.

M You need to take the stairs up right now. They're repairing the elevators, so you can't take one of them.

해석 (27):

남 문제가 있는 것 같군요. 제가 찾는 것을 도와드릴까요?

여 두 권의 역사책을 찾고 있습니다만 길을 잃어서 어디서 찾아야 하는지 전혀 모르겠어요.

남 그 주제에 관한 책을 찾고 계시다면 다른 층에 있습니다. 5층에 있는 프론트에 물어 보시면 거기에 있는 사람이 어디로 가야 할지 정확히 알려 드릴 겁니다.

여 제가 바보같이 느껴지네요. 오후 내내 헤매 다녔지만 다른 사람에게 도움을 요청할 생각은 못했습니다.

남 지금 바로 계단을 올라가세요. 엘리베이터가 수리 중이라 탈 수 없습니다.

여 운이 없네요!

문제와 정답	스크립트	해석

<table>
<tr><td>

▶ **confused** 당황스러운 **locate** (물건의 위치를) 알아내다 **subject** 주제 **How silly of me.** 제가 어리석었군요. **wander** 헤매다, 배회하다 **repair** 수리하다 **Just my luck!** 운이 없군요! **invention** 발명

</td><td>

W Just my luck!

M Let me call the person on the fifth floor and ask whether or not that section has what you are looking for.

W Would you do that for me? I'd appreciate knowing that the books are there before I walk up several flights of stairs.

M What's the first book's title?

W It's called *The Invention of the Automobile*.

M Okay, and what about the title of the second one?

W The title of that work is *The World's First Subway*.

M Okay, hold on just a second, and let me call the upstairs desk. I'll let you know whether it's worth your time to go up all those steps.

</td><td>

남 5층에 전화를 해서 찾고 계신 것이 거기에 있는지 물어볼게요.

여 그래 주시겠어요? 많은 계단을 올라가기 전에 책이 거기 있는지 알 수 있다면 정말 고맙겠어요.

남 첫번째 책의 제목이 뭐죠?

여 〈자동차의 발명〉이라는 책입니다.

남 좋아요, 두번째 책의 제목은요?

여 그 작품의 제목은 〈세계 최초의 지하철〉이에요.

남 좋아요, 잠깐 기다리세요. 위층 프론트로 전화해 볼게요. 그 많은 계단을 올라갈 만한지 알려 드릴게요.

</td></tr>
<tr><td>

28 대화를 듣고, 아이스크림 만드는 순서가 올바르게 나열된 것을 고르시오.

ⓐ Add some heavy cream.
ⓑ Crush some fruit into juice.
ⓒ Pour the liquid into a plastic container.
ⓓ Mix the juice with the powdered sugar.
ⓔ Stir the mixture until it is done.

ⓐ 유지방 크림을 넣는다.
ⓑ 과일을 갈아 주스로 만든다.
ⓒ 플라스틱 통에 액체를 붓는다.
ⓓ 가루 설탕과 주스를 섞는다.
ⓔ 완성될 때까지 혼합물을 젓는다.

① ⓐ - ⓑ - ⓓ - ⓔ - ⓒ
② ⓐ - ⓒ - ⓑ - ⓓ - ⓔ
③ ⓑ - ⓐ - ⓔ - ⓓ - ⓒ
✔④ ⓑ - ⓓ - ⓐ - ⓔ - ⓒ
⑤ ⓑ - ⓓ - ⓒ - ⓐ - ⓔ

▶ **homemade** 집에서 만든 **complicated** 복잡한 **recipe** 요리법 **ingredient** 재료, 성분 **heavy cream** 유지방이 많은 크림 **blend** 섞다 **pour** 붓다, 따르다 **stir** 휘젓다 **container** 용기, 그릇 **freezer** 냉동실

</td><td>

M Are you sure this was homemade ice cream you served me? It tasted so delicious.

W Thanks a lot.

M I didn't know you were into making ice cream.

W Actually, I've been cooking a lot lately. Even though it takes time to make some meals, it's quite relaxing.

M So, tell me about this ice cream. It must have been really complicated to make it.

W On the contrary, the recipe is fairly simple, and it doesn't even require too many ingredients. All you need is some fruit, powdered sugar, and heavy cream.

M Well, okay, if that's all you need, then let me know exactly how to make it.

W Sure thing. Just get about a cup of fruit juice by crushing whatever fruit you want to use in your ice cream. I put strawberries in this. Then mix the juice with a cup and a half of powdered sugar until they're completely blended.

M That's not hard. What's the next step?

W Pour two cups of heavy cream into the mix, and then keep stirring it for about ten minutes. Pour it into a plastic container, put it in the freezer, and, after four hours, you've got ice cream.

</td><td>

남 나한테 준 이 아이스크림 집에서 직접 만든 거 확실해? 정말 맛있다.

여 고마워.

남 난 네가 아이스크림 만드는 데 빠져 있는지 몰랐어.

여 사실은, 요즘에 요리를 많이 해. 요리하는 데 시간이 많이 걸리긴 하지만 피곤이 확 풀려.

남 이 아이스크림 얘기 좀 해봐. 만드는 데 정말 복잡했을 것 같아.

여 반대로 요리법이 아주 간단해. 재료도 많이 필요 없고. 필요한 것은 과일, 가루설탕, 유지방이 많은 크림뿐이야.

남 그렇구나. 필요한 게 그게 다라면 만드는 법 좀 정확히 알려줘.

여 그래. 아이스크림에 넣고 싶은 과일을 으깨서 과일 주스 한 컵을 만들어. 난 딸기를 넣지. 그 주스를 가루설탕 한 컵 반이랑 완전히 섞일 때까지 섞어.

남 어렵지 않네. 다음 단계는 뭐야?

여 유지방 크림 두 컵을 혼합한 것에 넣고 10분 동안 계속 저어. 플라스틱 용기에 담아서 냉동실에 넣고 4시간이 지나면 아이스크림이 되는 거지.

</td></tr>
<tr><td>

29 다음을 듣고, 화자의 요지를 고르시오.

① Everyone should stop spending so much money on holidays.
✔② People do not celebrate modern holidays for the right reasons.
③ It is all right for some people to get depressed on major holidays.
④ Many people feel pressure to act properly on various holidays.
⑤ Without holidays, people would not be able to express certain feelings.

① 모두가 명절에 그렇게 큰 돈을 쓰는 것을 그만두어야 한다.
② 사람들은 현대의 명절을 올바른 이유로 축하하지 않는다.

</td><td>

W I often get really depressed when there's a major holiday coming up. This is especially true from November to February, when there are holidays like Thanksgiving, Christmas, New Year's, and Valentine's Day. The reason I get this way is that people seem to have forgotten the true meanings of these holidays. Instead of taking the time to consider what we're celebrating and why we're celebrating, people just look to have as much fun as possible. Indeed, one of the major reasons for this is that these holidays have become too commercialized. Companies are so intent upon selling certain products that they've helped change the way people look at these holidays.

</td><td>

여 중요한 명절이 다가오면 나는 종종 우울해진다. 추수감사절, 크리스마스, 설날, 발렌타인데이가 있는 11월에서 2월 동안에는 특히 더 그렇다. 내가 이렇게 되는 이유는 사람들이 이러한 명절들의 진정한 의미를 잊어버린 것 같기 때문이다. 시간을 내서 우리가 무엇을 축하하고 있고 왜 축하하는지를 생각해 보는 대신에 사람들은 가능한 한 재미있게 지낼 생각만 한다. 정말로 사람들이 그렇게 하는 가장 큰 이유 중의 하나는 이러한 명절들이 너무 상업화되었기 때문이다. 기업들이 물건을 파는 데만 정신이 팔려서 사람들이 명절을 대하는 방식의 변화에 일조해 왔다. 발렌타인 데이를 예로 들어보자. 과거에는 연인들이 서로에 대한 자신의 감정을 표현할 수 있는 멋진 날이었다. 지금은 남녀 모두 사회적 압박으로

</td></tr>
</table>

문제와 정답	스크립트	해석

③ 주요 명절에 어떤 사람들이 우울해지는 것은 괜찮다.
④ 많은 사람들이 다양한 명절에 적절하게 행동하는 것에 중압감을 느낀다.
⑤ 명절이 없으면 사람들은 특정 감정을 표현할 수 없을 것이다.

▶ **meaning** 의미　**consider** 생각하다, 고려하다　**commercialize** 상업화하다　**intent** …에 여념이 없는, 열심인　**product** 상품, 제품　**express** 표현하다　**feel obligated** 강제적인 기분을 느끼다　**pressure** 압박, 압력　**look forward to** …을 몹시 기대하다

Take Valentine's Day, for example. It used to be a nice holiday where couples could express their feelings for one another. Now, both the men and women feel obligated to spend huge amounts of money due to societal pressure. So a lot of people, like myself, don't even look forward to these holidays but are happy when they finally end.

인해 강제적으로 엄청난 돈을 써야 하는 기분을 느낀다. 그래서 나와 같은 많은 사람들은 심지어 이러한 명절들이 오기를 고대하지도 않고 명절이 마침내 끝나면 기분이 좋아진다.

30

대화를 듣고, 여자가 수강하려고 하는 과목을 모두 고르시오.

ⓐ history	ⓑ international relations
ⓒ philosophy	ⓓ math
ⓔ German	ⓕ astronomy
ⓖ economics	ⓗ biology
ⓘ writing	

ⓐ 역사	ⓑ 국제관계
ⓒ 철학	ⓓ 수학
ⓔ 독일어	ⓕ 천문학
ⓖ 경제학	ⓗ 생물학
ⓘ 작문	

① ⓐ, ⓒ, ⓓ, ⓕ, ⓖ
② ⓑ, ⓒ, ⓔ, ⓗ, ⓘ
③ ⓑ, ⓔ, ⓖ, ⓗ, ⓘ ✓
④ ⓒ, ⓓ, ⓕ, ⓖ, ⓘ
⑤ ⓓ, ⓔ, ⓖ, ⓗ, ⓘ

▶ **decide** 결정하다　**semester** 학기　**astronomy** 천문학　**requirement** 필수과목, 필수조건　**biology** 생물학　**introduction** 입문, 소개　**economics** 경제학　**international relations** 국제관계　**philosophy** 철학

M　You look like you're thinking hard about something.

W　I'm trying to decide which classes to sign up for next semester. There are so many good ones listed in this course catalog, so I'm not sure what I should take.

M　I'm having the same problem as you. I have, however, settled on taking math and astronomy so that I can get some of my requirements done.

W　That's a good idea, but I really dislike astronomy, so I think I'll take biology instead. And I guess I need a writing class, too. Okay, I can sign up for those two.

M　Why don't you take a history class with me? I'm taking one on European history.

W　You must be joking. I can never remember all those facts. Sorry, but I'll pass on that. Instead, I'm going to take an introduction to economics class.

M　Hey, that's a good choice. Maybe I'll take that with you.

W　Okay, I've got two more classes to choose. How about this international relations class with Professor Johnson?

M　I wouldn't. I've heard he's a really hard grader. Take a philosophy class instead.

W　I'm not worried about that. I think I'll take Professor Johnson's class and a German class. There, it looks like I'm all done.

남　뭔가를 심각하게 생각하는 것 같구나.

여　다음 학기에 무슨 과목을 들을지 결정하고 있는 중이야. 과목 일람표에 좋은 과목이 너무 많아서 어떤 걸 들어야 할지 모르겠어.

남　나도 똑같이 고민이야. 그런데 나는 필수과목을 끝낼 수 있도록 수학과 천문학을 듣기로 결정했어.

여　좋은 생각이다. 근데 난 천문학을 싫어하니까 대신에 생물학을 들어야겠다. 작문수업도 들을 필요가 있어. 좋아, 이 두 과목을 신청해야지.

남　나랑 역사 수업 같이 들을래? 유럽 역사에 관한 수업을 들으려고.

여　농담하니? 그 모든 역사적 사실들을 나는 다 외울 수 없어. 미안하지만 그건 그냥 넘어가야겠어. 대신에 난 경제학 입문 수업을 들을 거야.

남　오, 좋은 생각이다. 나도 너랑 같이 들을까 봐.

여　좋아. 두 과목 더 골라야 해. 존슨 교수님의 국제관계 수업은 언제?

남　난 안 들래. 점수가 짜다는 소문이 있어. 대신 철학 수업을 들어.

여　난 그런 걱정 안 해. 존슨 교수님의 수업과 독일어 수업을 들어야겠다. 자, 이제 다 된 것 같네.

31

다음을 듣고 이어지는 영어 질문에 대한 알맞은 답을 고르시오.

① 40 minutes
② 50 minutes
③ 2 hours
④ 2 hours 20 minutes
⑤ 2 hours 40 minutes ✓

▶ **construction** 건설, 공사　**average** 평균적인;평균　**remainder** 나머지　**per hour** 시간당

W　Lisa and Julie get in their car at their home to drive to the city, which is 100 miles away from them. For the first two hours, there is a lot of road construction, so they only average thirty miles per hour. However, for the remainder of the trip, they average sixty miles per hour.

M　*How long does it take Lisa and Julie to get from their home to the city?*

여　리사와 줄리는 100마일 떨어진 도시로 운전해서 가기 위해 집에서 차를 탔다. 처음 두시간 동안에는 도로 공사를 하는 구간이 많아서 시간당 평균 30마일로 운전했지만 나머지 시간 동안에는 시간당 평균 60마일로 달렸다.

남　*리사와 줄리가 집에서 도시에 가는 데 시간이 얼마나 걸리는가?*

32 〔모두 듣기〕 **What do the man and woman have in common?**

① They are both unhappy at their companies.
② They both want to work at the same company.
③ They both used to work at the same company. ✓
④ They are both looking for new jobs.
⑤ They are both hard workers.

남자와 여자의 공통점은 무엇인가?

① 둘 다 지금의 회사에 만족하지 못하고 있다.
② 둘 다 같은 회사에서 일하기를 원한다.
③ 둘 다 같은 회사에서 일했었다.
④ 둘 다 새 직장을 알아보고 있다.
⑤ 둘 다 열심히 일하는 사람들이다.

▶ advertisement 광고 vacancy 빈자리, 결원 terribly 매우, 정말 apply for 지원하다 finance 금융, 재무 available 이용할 수 있는 resume 이력서 work experience 경력 asset 자산, 재산

W Hello, this is Ms. Anderson. How can I help you?

M Oh, yes, um…good afternoon. My name is Mike Smith. I saw an advertisement for a vacancy at your company, so I'm calling to ask whether or not it's been filled.

W I'm terribly sorry, but we filled that vacancy yesterday.

M That's too bad. I was really hoping to apply for that job.

W If you don't mind my asking, where do you work now?

M I work at Andersen's in the Finance Department.

W That's interesting. I used to work at Andersen's myself. I only started working here about a year ago.

M You're lucky you got away.

W What do you mean? I really enjoyed working over there, but it was time for me to move on when I left.

M Maybe it's the same for me.

W Look, we will have a few positions available soon. Why don't you send me your resume, and we'll take a look at your work experience? Maybe one of the new jobs will be the perfect fit for you.

M Great. I'll do that right away. I'm a hard worker, so I'm sure I would be an asset to your company.

여 여보세요, 앤더슨입니다. 무엇을 도와드릴까요?

남 네, 음… 안녕하세요. 제 이름은 마이크 스미스입니다. 귀사에서 사람을 구한다는 광고를 보았습니다. 그래서 벌써 구하셨는지 아직 안 구하셨는지 물어보러 전화 드렸습니다.

여 정말 죄송합니다만 어제 사람을 구했습니다.

남 유감이군요. 정말 그 일에 지원하고 싶었거든요.

여 이런 걸 물어도 실례가 안 된다면 지금 어디서 일하시죠?

남 앤더슨 사의 재무부에서 일하고 있습니다.

여 그것 참 흥미롭군요. 저도 앤더슨 사에서 일했었거든요. 겨우 1년 전부터 이 회사에서 일하기 시작했어요.

남 여기서 나가셨다니 운이 좋으시군요.

여 무슨 뜻이죠? 전 앤더슨 사에서도 재미있게 일했어요. 그만둘 때는 제가 이직을 해야 할 때였습니다.

남 저도 마찬가지입니다.

여 곧 몇 자리가 빌 예정입니다. 우리가 경력을 살펴볼 수 있도록 이력서를 보내 주시면 어떨까요? 아마 새로 비는 일자리 중 하나가 당신에게 딱 맞는 일일 거예요.

남 좋아요. 지금 바로 보내 드리죠. 전 열심히 일하는 사람입니다. 귀사에 큰 자산이 될 것을 확신합니다.

---

33 〔모두 듣기〕 **What mistake did the man and woman make?**

① They are driving in circles.
② They did not read the map correctly.
③ They did not meet their friends.
④ They drove too fast.
⑤ They made a wrong turn. ✓

남자와 여자는 어떤 실수를 저질렀는가?

① 그들은 차로 빙글빙글 돌고 있다.
② 그들은 지도를 올바르게 읽지 못했다.
③ 그들은 친구들을 만나지 않았다.
④ 그들은 차를 너무 빨리 몰았다.
⑤ 그들은 잘못된 곳에서 턴을 했다.

▶ hopelessly 절망적으로 direction 방향 embarrassing 당황스러운 by mistake 실수로 be positive that …을 확신하다 calm down 진정하다, 마음을 가라앉히다 irritated 짜증나는

M We've been driving around for ages. I'm afraid that we're hopelessly lost.

W I told you we should have called them before we left and gotten exact directions.

M I didn't hear you say that.

W It's too late now. They're probably waiting for us outside the restaurant. This is so embarrassing.

M It can't be very far from where we are right now. Perhaps we turned off somewhere that we shouldn't have.

W Yes, we must have done that by mistake. Are you sure you don't have the map of this area with you? I was positive that you put it in the car before we left.

M I'm sure I didn't bring it. I've looked already. It must be at home.

W We can't keep driving around in circles. We've got to do something quickly.

M Calm down. We'll find the restaurant in just a few minutes.

W I don't know why you're not irritated. Don't you find what we're doing to be frustrating?

M Of course I do, but it won't help if we don't stay calm and try to find the correct road.

남 우린 한참을 운전했어. 완전히 길을 잃은 것 같아.

여 떠나기 전에 그들에게 전화해서 정확한 길을 알았어야 했다고 말했잖아.

남 그런 말 못 들었는데.

여 지금은 너무 늦었어. 그들이 틀림없이 식당 밖에서 우리를 기다리고 있을 거야. 너무 당황스럽다.

남 지금 우리가 있는 곳에서 그렇게 멀 리가 없어. 아마도 턴을 해서는 안 될 곳에서 옆길로 빠진 것 같아.

여 그래, 실수로 그랬음에 틀림없어. 이 지역 지도 안 가지고 있는 게 확실해? 떠나기 전에 차에 분명히 넣은 것 같은데.

남 안 가져온 게 확실해. 벌써 살펴봤는데 집에 있는 게 틀림없어.

여 같은 곳을 계속 돌 수는 없어. 빨리 무슨 조치를 취해야 해.

남 진정해. 곧 식당을 찾을 거야.

여 너는 왜 짜증을 안 내는지 모르겠다. 우리가 지금 헤매는 게 절망적이지 않니?

남 물론 그래. 그렇지만 진정하고 제대로 된 길을 찾으려고 노력하지 않으면 도움이 안 돼.

34

[모두 듣기] **Why does the woman say, "I'm more of a lunch person myself"?**

✔ She doesn't need the room with breakfast included.
② She likes to eat a really big lunch everyday.
③ She enjoys a delicious lunch.
④ She does not want the room if she is forced to eat breakfast.
⑤ She prefers to pay less for the room.

여자는 왜 "I'm more of a lunch person myself."라고 말했는가?

① 그녀는 조식이 포함된 방이 필요 없다.
② 그녀는 매일 성대한 점심을 먹는 것을 좋아한다.
③ 그녀는 맛있는 점심을 즐긴다.
④ 그녀는 아침을 꼭 먹어야 한다면 그 방을 원하지 않는다.
⑤ 그녀는 방 값을 깎기를 원한다.

▶ available 이용할 수 있는 air conditioner 에어컨디셔너, 에어컨 fan 선풍기 difference 차이 make one's decision 결정을 내리다

M Good evening. Have you been helped yet?

W No, I haven't. I need to get a room for the night.

M Please step over here, and I'll see what we have for you.

W I just need a single room.

M I see. Yes, we have two rooms available. One room has an air conditioner, and the other has a fan.

W How much do the rooms costs?

M The first one is $24.50, and the other is $17.

W That's quite a big difference. Can I look at the rooms before I make my decision?

M The two rooms look exactly the same. They're even the same size. The only difference is that one has an air conditioner and the other doesn't.

W Is breakfast included in the price?

M Only the room with the air conditioner comes with breakfast included in the price.

W Well, I suppose that I'll take the room with the fan. I'm more of a lunch person myself.

남 안녕하세요. 도와드릴까요?

여 네. 오늘밤 묵을 방이 필요한데요.

남 이쪽으로 오세요. 방이 있는지 알아 볼게요.

여 싱글룸 하나가 필요해요.

남 알겠습니다. 비어 있는 방이 두 개가 있군요. 하나는 에어컨이 있고 다른 하나에는 선풍기가 있습니다.

여 비용이 얼마죠?

남 에어컨이 있는 방은 24.50달러이고, 다른 방은 17달러입니다.

여 차이가 많이 나네요. 결정하기 전에 방을 좀 볼 수 있을까요?

남 방은 두 개가 똑같습니다. 크기도 똑같죠. 유일한 차이점은 하나는 에어컨이 있고 다른 하나는 없다는 거죠.

여 가격에 조식이 포함되어 있나요?

남 에어컨이 있는 방만 가격에 조식이 포함되어 있습니다.

여 선풍기가 있는 방으로 할까봐요. 저는 아침을 안 먹거든요.

35

[모두 듣기] **Which of the following is the man's opinion of smoking?**

① Secondhand smoking is bad for people's health.
✔ Smoking makes people feel better.
③ Smoking ought to be banned.
④ All smokers should not smoke outside.
⑤ Nonsmokers can sit far away from smokers.

다음 중 흡연에 대한 남자의 의견은 어떤 것인가?

① 간접 흡연은 사람들의 건강에 해롭다.
② 흡연은 사람들의 기분을 좋게 한다.
③ 흡연은 금지되어야 한다.
④ 모든 흡연자들은 밖에서 담배를 피워서는 안 된다.
⑤ 비흡연자들은 흡연자들로부터 멀리 떨어져서 앉으면 된다.

▶ affect 영향을 주다 ban 금지하다 disgusting 역겨운, 혐오스러운 quit 그만두다 bother 괴롭히다, 성가시게 하다 wind up …한 결말을 짓다 harm 해를 입히다 in the long run 결국에는, 긴 안목으로 보면

W What are you watching on television right now?

M I'm not watching anything special. It's a new talk show on TV. It's about how smoking affects our health.

W I think smoking should be banned. It's such a disgusting habit.

M Really? I smoke, and it's difficult to give up no matter how much you may want to.

W Sure. But you don't have to smoke if you don't want to. You should force yourself to quit.

M I always smoke outside, so I don't bother anyone.

W That's fine. And if you do bother someone, that person can sit somewhere else. But what about your own health?

M Smoking is part of how I live. I often feel better after I've had a cigarette.

W Okay, but what will your health be like in ten years' time?

M I don't know, but right now I enjoy smoking.

W I think you should reconsider whether it really is worth it. It might wind up harming you a lot in the long run.

여 지금 TV로 뭘 보고 있니?

남 특별한 거 없어. 새로운 토크쇼를 하는데 흡연이 우리 건강에 미치는 영향에 관한 프로야.

여 내 생각에 흡연은 금지되어야 해. 정말 역겨운 습관이야.

남 정말? 나 담배 피는데. 아무리 네가 원해도 끊기가 어려워.

여 물론이지. 그렇지만 원하지 않으면 피울 필요 없잖아. 강제로라도 끊어야 돼.

남 난 항상 밖에서 피워. 그래서 누구에게도 폐 끼치지 않아.

여 그건 좋아. 혹시라도 폐를 끼치게 된다면 그 사람이 다른 곳에 앉으면 되지. 그렇지만 네 자신의 건강은 어떡하지?

남 흡연은 나의 생활방식의 일부야. 담배 한대 피우고 나면 기분이 더 나아져.

여 좋아. 그런데 10년 후에 너의 건강은 어떻게 될까?

남 모르겠어, 그렇지만 지금은 난 담배 피는 게 좋아.

여 그게 정말 가치가 있는 일이지 다시 한번 생각해봐야 할 것 같아. 결국에는 너에게 많은 해를 끼치게 될 수도 있어.

36 주어진 시간 동안 아래 지문을 주의 깊게 읽고, 대화를 들은 후 이어지는 질문에 답하시오. 〔1분〕

Many climate experts believe that the average global temperature will increase by roughly 2 degrees Celsius during this century. Such an apparently tiny change can have hugely magnified effects. For example, researchers estimate that the temperature rise could result in 2,000 more deaths from heat per year in the United Kingdom alone. However, the same report predicts that deaths from cold in the U.K., which are much more common at present than heat deaths, might decrease by 20,000. That would be a net of 18,000 lives saved. Studies also suggest that the number of heat deaths will eventually fall due to both the human ability to adapt to warmer temperatures and wider access to air conditioning.

Q: _______________________

① We should do more to stop climate change.
② I don't think that will happen in the U.K.
✓③ Less people will die from the cold in the future.
④ The evidence for climate change isn't strong enough.
⑤ Heat is more dangerous than cold.

① 우리는 기후 변화를 멈추기 위해 더 노력해야 해.
② 난 그게 영국에 일어날 거라고 생각하지 않아.
③ 미래에는 추위로 사망하는 사람들이 줄어들 거야.
④ 기후 변화의 증거는 충분히 타당하지 않아.
⑤ 더위는 추위보다 더 위험해.

▶ hysterical 신경질적인 global warming 지구 온난화 skeptic 회의론자 evidence 증거 climate 기후 prediction 예측, 전망 exaggerate 과장하다 temperature 기온 unmitigated 순전한, 완전한 disaster 재앙 bright side 긍정적인 면

W I'm so tired of all this hysterical talk about global warming.

M Oh, no. Don't tell me you're one of those skeptics who think the scientists are all wrong. You know that there's plenty of evidence for it, right?

W I'm not saying that climate change isn't real. I'm just saying that all these predictions of doom and gloom are exaggerated. No one can see into the future.

M No, but global warming is happening right now. The temperature has gone up a lot in the last 150 years, and it shows no sign of stopping.

W True, but does that necessarily mean that it will be an unmitigated disaster? We should do what we can to stop it, but maybe we should also try to look on the bright side.

M There is no bright side to global warming.

W I'm not so sure about that. _______________

___________________________________ .

Q: *Which best completes the woman's last words?*

많은 기후 전문가들은 이번 세기 동안에 지구의 평균 온도가 대략 섭씨 2도 정도 증가할 것이라고 믿고 있습니다. 겉보기엔 작은 이 변화가 크게 확대된 영향을 미칠 수 있습니다. 예를 들면, 연구자들은 기온 상승이 영국에서만 일년에 2천 명 이상의 더위로 인한 죽음을 야기할 수 있다고 추정합니다. 그러나 같은 보고서에서 현재 더위로 인한 사망보다 훨씬 더 흔한 추위로 인한 사망이 영국에서 2만 명 정도 감소할 것으로 예상하고 있습니다. 그것은 순전히 1만8천 명의 생명이 살아남는 꼴이 됩니다. 또한 연구결과에 따르면 더 높아진 기온에 적응하는 인간의 능력과 늘어나는 에어컨의 사용으로 더위로 인한 사망자 수가 결국에는 감소할 것이라고 합니다.

여 지구 온난화에 대한 이 모든 신경질적인 논쟁에 너무 신물이 나.

남 이런, 네가 바로 과학자들이 다 틀렸다고 생각하는 회의론자들 중 하나는 아니겠지? 거기엔 충분한 증거가 있다는 거 너도 알잖아.

여 기후변화가 사실이 아니라고 말하는 게 아냐. 이 모든 어두운 전망들이 과장되었다고 말하는 거야. 아무도 미래를 알 수는 없어.

남 그렇지. 하지만 지구 온난화는 지금 진행 중이야. 지난 150년 동안 기온이 많이 올라갔고 멈출 기미가 보이지 않아.

여 맞아. 그렇지만 그게 반드시 엄청난 재앙이 될 거라는 걸 의미해? 우리는 그걸 막기 위해 할 수 있는 일을 해야 해. 하지만 또한 긍정적으로 생각하려고 노력해야 할 것 같아.

남 지구 온난화에 긍정적인 면은 없어.

여 없다고는 생각지 않아. _______________

Q: *여자의 말을 완성하는 가장 알맞은 것은?*

---

37 Which of the following is NOT true about the conversation?

✓ ① It has been a long time since the girl went to the museum.
② The Egyptian exhibit will be closing sometime soon.
③ The girl was surprised by the size of the dinosaurs.
④ The girl enjoyed looking at all of the different paintings.
⑤ The girl learned a lot about the local wildlife.

다음 중 대화에 대해 사실이 아닌 것은 무엇인가?

① 소녀는 박물관에 가 본 지 오래되었다.
② 이집트관 전시는 곧 폐관될 것이다.
③ 소녀는 공룡의 크기에 놀랐다.
④ 소녀는 다양한 그림을 보는 것을 즐겼다.
⑤ 소녀는 지역 야생동물에 대해 많은 것을 배웠다.

38 According to the girl, what was her favorite exhibit at the museum?

① the local wildlife exhibit
② the Impressionist painting exhibit
③ the dinosaur exhibit
④ the art exhibit
✓ ⑤ the ancient Egypt exhibit

소녀의 말에 따르면, 박물관에서 그녀가 가장 좋았던 전시는 무엇이었는가?

① 지역 야생동물 전시
② 인상파 미술 전시
③ 공룡 전시
④ 회화 전시
⑤ 고대 이집트 전시

▶ field trip 현장 학습 fascinating 환상적인 exhibit 전시 dinosaur 공룡 fossil 화석 wildlife 야생 생물 mummy 미라 temporary 일시적인 Impressionist 인상화 화가 painting 그림 original 원작 regret 후회하다

(37~38)

M How did you enjoy your field trip to the museum, Linda? Did you have a good time?

W It was such a fascinating place. I'd never been there before, so I was really pleased to see all the different exhibits.

M Yeah, I haven't been there in a few years, so it would be nice to go again. Does the museum still have that dinosaur exhibit?

W It sure does. They've got a bunch of dinosaur fossils displayed right in the first exhibition hall. You know, I never knew just how big the dinosaurs actually were. But do you know what my favorite part of the museum was?

M I'd say it was probably the exhibition on all the local wildlife. Am I right?

W Well, that was fascinating. I had no idea all those different animals lived in our area. But, the best part of the museum was the ancient Egypt exhibition. I'd never seen a mummy before then.

M They have mummies at the museum? I never knew that. Perhaps I'll have to go check them out.

W You'd better go soon because it's just a temporary exhibit, and it's going to be closing in about two weeks. Oh, and the same is true of the art exhibit they have. They've got a lot of Impressionist paintings, which are so nice when you can see the originals.

M It sounds like the museum's gotten a lot better since I first went. I think I'll go this weekend.

W I'm sure you won't regret it.

(37~38)

남 박물관 현장학습은 잘 다녀왔니, 린다? 재미있었어?

여 정말 매력 있는 곳이었어요. 전에 한번도 가 본 적이 없어서 여러 전시물을 보는 게 정말 기뻤어요.

남 그래, 나도 몇 년 동안 안 가 봐서 다시 가면 좋을 것 같다. 그 박물관에 여전히 공룡전시물이 있니?

여 당연히 있지요. 바로 첫 번째 전시홀에 전시되어 있는 공룡 화석이 있었어요. 글쎄, 전 공룡들이 실제로 얼마나 컸는지 전혀 몰랐던 거 있죠. 근데 박물관에서 제가 제일 좋아했던 부분이 뭔지 아세요?

남 아마 지역 야생생물에 관한 전시관이었을 것 같은데. 내 말이 맞니?

여 그것도 맘에 들었어요. 우리 지역에 그렇게 다양한 동물들이 살고 있었는지 전혀 몰랐거든요. 그렇지만 박물관 최고는 고대 이집트 전시관이었어요. 전에 미라를 본 적이 없거든요.

남 박물관에 미라가 있었어? 몰랐네. 가서 확인해 봐야겠구나.

여 일시적인 전시물이고 2주 안에 문을 닫을 예정이니까 빨리 가는 게 좋을 거에요. 미술전시관도 마찬가지예요. 인상파 화가들의 그림이 많이 있는데 원작을 볼 수 있다는 게 너무 멋져요.

남 내가 처음 갔을 때보다 박물관이 훨씬 더 나아진 것 같구나. 이번 주말에 가야겠다.

여 절대 후회하지 않을 거에요.

39 Which expression best describes the man's situation?

☑ He is burning the candle at both ends.
② He has the patience of an ox.
③ He is putting all his eggs in one basket.
④ He is playing the wrong game.
⑤ He is flying high.

남자의 상황에 가장 잘 맞는 표현은 무엇인가?

① 그는 너무 무리를 하고 있다.
② 그는 황소와 같은 인내심을 가졌다.
③ 그는 모든 달걀을 한 바구니에 담고 있다.
④ 그는 잘못된 게임을 하고 있다.
⑤ 그는 높이 날고 있다.

40 What is the woman's complaint about the man?

① He studies too hard.
② He spends too much time playing golf.
③ He never helps the family chores.
☑ He doesn't spend enough time with the family.
⑤ He earns little money.

남자에 대한 여자의 불만은 무엇인가?

① 남자가 공부를 너무 열심히 한다.
② 남자가 골프 치는 데 너무 많은 시간을 보낸다.
③ 남자가 집안일을 돕지 않는다.
④ 남자가 식구들과 충분한 시간을 갖지 않는다.
⑤ 남자가 돈을 적게 번다.

▶ **crisis** 위기, 중대 국면 **drive … mad** …을 화나게(미치게) 만들다 **on account of** …로 인하여, …때문에 **crack under the strain** 과로로 몸이 망가지다 **quit** 그만두다 **qualification** 자격, 능력 **leisure activity** 여가 활동 **manage** 관리하다

(39~40)

W You're home late again! Because of that, your dinner is ruined.

M I'm so sorry about that, but there was a crisis in the office, so I couldn't get away from work until we had solved the problem.

W You seem to have a crisis in the office every day. It's driving me mad.

M It's a very busy time of the year for us. I can't simply run away when there's a problem. I have to work with everyone to fix it. We work as a team, so nobody leaves until everyone is done with their work.

W Well that's just stupid. Why should everyone stay late on account of one or two people?

M You don't seem to understand. We have very stressful jobs, so if we don't help each other, we'll all crack under the strain of our deadlines.

W Why don't you stop studying in the evening then? Maybe you'll have more time to spend with us here at home. What do you think about that idea?

M I'd love to do it, but I can't quit my studies. I'd really like to work in another country one day, so I have to continue studying in order to get better qualifications.

W Why don't you give up playing golf on the weekend then?

M That's the only leisure activity I do, so I don't want to stop doing it. But I'll do my best to manage my time better in the future.

여 너 또 집에 늦게 들어왔어. 식사가 망쳐졌잖아.

남 미안. 하지만 사무실에 큰일이 있어서 나올 수가 없었어.

여 넌 사무실에 매일 큰일이 있는 거 같아. 그게 나를 미치게 만들고 말이야.

남 우리에게는 일년 중 바쁜 시기야. 문제가 있는데 그냥 나올 수는 없다고. 문제를 고치기 위해 모두 함께 일해야 해. 우리는 팀으로 일해서 모두가 일이 끝날 때까지는 누구도 떠나지 않아.

여 정말 어이 없다. 한 두 사람 때문에 왜 모두가 늦게까지 머물러야 해?

남 이해를 못하는 거 같구나. 우린 스트레스가 많은 일을 한다고. 우리가 서로 돕지 않으면, 우리 모두 스트레스나 마감 때문에 미쳐 버릴 거야.

여 그럼 저녁에 공부하는 걸 중지하면 어때? 아마 집에서 더 많은 시간을 우리와 보낼 수 있을 거야.

남 내 공부를 멈출 순 없어. 언젠가 다른 나라에서 일하고 싶어. 더 나은 자격을 얻어야 하거든.

여 그럼, 골프를 포기하는 건 어때?

남 그건 내 유일한 레저활동이야. 앞으로는 시간을 더 잘 쓰도록 해 볼게.